Praxishandbuch Rockmusik in der Jugendarbeit

D1926834

Wolfgang Hering
Burkhard Hill
Günter Pleiner (Hrsg.)

Praxishandbuch Rockmusik in der Jugendarbeit

Leske + Budrich, Opladen 1993

ISBN: 3-8100-0970-9

© 1993 by Leske + Budrich, Opladen

Das Werk einschließlich aller seiner Teile ist urheberrechtlich geschützt. Jede Verwertung außerhalb der engen Grenzen des Urheberrechtsgesetzes ist ohne Zustimmung des Verlags unzulässig und strafbar. Das gilt insbesondere für Vervielfältigungen, Übersetzungen, Mikroverfilmungen und die Einspeicherung und Verarbeitung in elektronischen Systemen.

Satz: Leske + Budrich
Druck und Verarbeitung: Druckerei Enk, Bocholt
Printed in Germany

Vorwort

Unsere Erfahrungen mit musikpädagogischer Arbeit, Anfragen interessierter Kollegen und Kolleginnen aus dem gesamten Bundesgebiet, die verstärkte Hinwendung des Jugendhilfebereichs zu kulturpädagogischen Arbeitsformen und nicht zuletzt das immer wieder faszinierende Interesse von Jugendlichen an praktischer rockmusikalischer Betätigung gaben den Ausschlag: Wir, Mitglieder der hessischen Landesarbeitsgemeinschaft ROCK IN [1], wollen das Praxisfeld „Rockmusik in der Jugendarbeit“ nach jahrelangen eigenen Erfahrungen „weitergeben“ und uns für die Zusammenstellung eines Buches engagieren, das dazu vorliegende Ansätze aus dem gesamten (alten) Bundesgebiet bündelt und als Ideensammlung zur Verfügung stellt.

Die LAG ROCK IN ist ein seit 1986 bestehender Kreis größtenteils hauptamtlicher MitarbeiterInnen aus verschiedenen Bereichen der hessischen Jugendhilfe, die, so der gemeinsame Nenner, das Medium „Rockmusik“ ihren Zielgruppen zugänglich machen, regelmäßig Erfahrungen austauschen und inzwischen auf eine Reihe interessanter Musikinitiativen blicken können. Ohne die LAG ROCK IN wäre dieses Buch nicht zustande gekommen. Wir möchten uns an dieser Stelle bei all denjenigen bedanken, die uns ihre Unterstützung zuteil werden ließen, insbesondere bei Horst Böhmer und Michel Widmer für die zahlreichen Anregungen.

Unser Praxisbuch bringt die Rockmusik mit dem Jugendhilfebereich in Verbindung und ist insofern pädagogisch motiviert. Wir versuchen, einen Überblick über vorhandene musikpädagogische Konzepte und Erfahrungen im außerschulischen Bereich zu bieten, ohne bestimmte Herangehensweisen zu bewerten oder als allein sinnvoll hervorzuheben. Statt dessen sollen die vielfach selbst noch auf wackligen Füßen stehenden Initiativen als „Möglichkeiten“ vorgestellt werden, die zur eigenen Praxis motivieren. Einen „Königsweg zur Rockmusik“ können und wollen wir nicht präsentieren, wohl aber eine Reihe von Argumenten und Erfahrungen in diesem Bereich.

Lehrveranstaltungen, Fortbildungsangebote und vorliegende kleinere Berichte zur Rockmusikarbeit stoßen im pädagogischen Sektor auf große Nachfrage. Deutlich wird an dieser Stelle der Mangel an einer aktuellen und umfassenden Arbeitshilfe, die Multiplikatoren, Lernenden und Direktanwendern exemplarisch gebündelte Ansatzpunkte für eigene Projektideen liefert, das „Gewußt wie“ betont und all denen eine praxisorientierte Sammlung bietet, die danach bislang vergeblich suchten.

Einschlägige und aktuelle Informationsquellen stehen, wie 1989 im Rahmen einer kulturpädagogischen Fachtagung konstatiert, in der Tat nur eingeschränkt zur Verfügung: auf der Suche nach Literatur zum Thema „Musik in der offenen Jugendarbeit" stoße man zwar auf viele Materialsammlungen und Handreichungen. Auch gebe es grundsätzlich Literatur über Musik und Soziale Kulturarbeit. Außer im „Handbuch Musik und Sozialpädagogik" und der Publikation „Musik in der offenen Jugendarbeit" finde sich jedoch kaum etwas Handfestes zum Thema (vgl. Rizzi, 1989, 165). Die hier aufgeführten Publikationen datieren aus den Jahren 1979 und 1981.

Offene Jugendarbeit steht zur Zeit in zahlreichen Städten auf dem Prüfstand, was die Akzeptanz bei den Jugendlichen einerseits und das erforderliche innovative kommunalpolitische Handeln andererseits betrifft. Unter dem Stigma der Überpädagogisierung scheinen allenfalls noch erlebnisorientierte Angebote für Jugendliche interessant, die von sozialpädagogischer Bevormundung wegführen und sich an freien Kulturgruppen orientieren.

Wir hoffen, mit unserem Praxisbuch einige exemplarische Anstöße dafür zu liefern, wie sich Jugendliche *ihre* Räume und Ausdrucksformen sichern können und wie ein neues, „entpädagogisiertes" Verhältnis zu den Angeboten der Jugendarbeit entstehen kann.

Frankfurt/M., im Juli 1992

Wolfgang Hering
Burkhard Hill
Günter Pleiner

Inhaltsverzeichnis

Wolfgang Hering / Burkhard Hill / Günter Pleiner

I. Rockmusik in der Jugendarbeit — eine Einführung

1. Rockmusik und Jugendarbeit

„Selbstproduzierte" Rockmusik wird gegenwärtig in der Jugendarbeit, nachdem es um sie Ende der siebziger Jahre eher ruhig geworden ist, neu entdeckt. Dies gilt gleichermaßen für die Pädagogen wie die Jugendlichen selbst und erfolgt zu einer Zeit, in der die kommerzielle Rockmusik sich einesteils an computergesteuerter Elektronik orientiert[2] und sich andererseits auf das „Ursprüngliche" und „Livehaftige" besinnt, wenn auch Letzteres im Amateurbereich mit deutlich abnehmender Tendenz.

Wir möchten insbesondere all jene Kollegen und Kolleginnen im außerschulischen pädagogischen Sektor ansprechen, die dem Praxisfeld Rockmusik in ihren beruflichen Zusammenhängen Raum und Zeit geben wollen, an praktischer musikalischer Betätigung ihrer jeweiligen Zielgruppe interessiert sind, Bedarf an konzeptionellen Überlegungen und Begründungen haben und einen Überblick über bereits realisierte (und finanzierte) Initiativen gewinnen möchten.

Unser Buch knüpft damit an ein wesentliches Ergebnis des 1988 in der Akademie Remscheid veranstalteten ersten bundesweiten Treffens sogenannter „Musikwerkstätten" an: Die dort versammelten VertreterInnen bilanzierten bei sich „eine gewisse Unsicherheit (oder besser: momentane Artikulationsunfähigkeit) ..., und dies betraf den Austausch über die jeweilige Animationsarbeit, über das Nachdenken und Hinterfragen der Pädagogik und Psychologie, die man / frau in der eigenen Rockmusikarbeit bewußt und unbewußt einsetzt" (Porcher / Ortmann, 1989, 11). Hier spürten, so Berichterstatter Peter Ortmann weiter, die Teilnehmer einen Nachholbedarf (ebenda, 11).

Im Verlauf dieses Erfahrungsaustauschs wurde ein weiterer, hier interessierender Sachverhalt deutlich: „Die Zuständigkeit der Jugendhilfe ist angesichts der spezifischen Sozialisation vieler junger Rocker nicht ganz unberechtigt: fehlende Schulabschlüsse, chancenarme Berufsperspektive, ergebnislose Stellensuche, eigene kriminelle Erfahrungen sowie Probleme im Elternhaus sind einige der Kennzeichen ihres Lebensalltags" (Porcher / Ortmann, 1989, 10). Davon ausgehend betont Ortmann in seinem Bericht die besondere Bedeutung des „sozialtherapeutischen Aspekts in der Rockmusikarbeit", der sich, meist unausgesprochen, aber konzeptionell mitgedacht, durch die gesamte musikpädagogische Betreuung ziehe (ebenda, 11). Wir halten diesen Aspekt inzwischen für ein mögliches, nicht jedoch durchgängig verfolgtes Ziel derartiger Ansätze, wenngleich positive sozialisatorische Auswirkungen immer wieder beobachtet werden.

Mit der vorliegenden Publikation wollen wir in erster Linie die Notwendigkeit einer kulturpädagogischen Praxis begründen, deren Bezugspunkte zum einen „Jugendliche", zum anderen die verschiedenen Stilformen der „Rockmusik" sind. Rockmusik, so die These, ist ein wesentliches kulturelles Ausdrucksmittel und Orientierungsfeld für Jugendliche aller gesellschaftlichen Schichten. Sie hat bei der Selbstdefinition von peer-groups eine wichtige Funktion und ist untrennbar verknüpft mit Moden, Konsumgewohnheiten und den audiovisuellen bzw. Print-Medien.

Diesen Umständen hat, in Konkurrenz zu kommerziellen Angeboten, eine „zeitgemäße" sozialpädagogische Praxis Rechnung zu tragen, die den Ruch des beständigen „Danebenliegens", des Dilettantischen und des allgegenwärtig Pädagogisierenden abzustreifen bemüht ist. Dies bedeutet in der Konsequenz nicht zuletzt, Arbeitsfelder neu zu beschreiben, Qualifikationsanforderungen an das pädagogische Personal neu zu formulieren und die Praxis der Jugendarbeit einer kritischen Betrachtung zu unterziehen.

Wir beziehen uns im wesentlichen auf den Bereich der außerschulischen Jugend-Musikarbeit. Wenn wir von Jugendarbeit sprechen, meinen wir nicht nur die sogenannte „Offene Jugendarbeit", sondern die gesamte (professionelle) pädagogische Interaktion mit Jugendlichen in den verschiedenen Bereichen der Jugendhilfe, wie sie z.B. im Kinder- und Jugendhilfegesetz (KJHG) aufgeführt sind.[3]

Wir plädieren in diesem Handbuch erstens für eine Kulturpädagogik, die für ihre Zielgruppen einen unmittelbar nachvollziehbaren und bewertbaren Gebrauchswert besitzt, die Jugendliche zum Beispiel in die Lage versetzt, unter fachlicher Anleitung miteinander zu musizieren und das erforderliche „Umfeld" zu organisieren (Technik, Promotion, Präsentation usw.). Die Gratwanderung zwischen der Überforderung durch professionelle Standards der Musikindustrie, voreiligen Karriere-Phantasien und den ersten musikalischen Gehversuchen stellt in diesem Zusammenhang einen sensiblen Punkt für eine kontinuierliche und realistische Musikpraxis mit Jugendlichen dar. Dies insbesondere dann, wenn den zum Teil hoch motivierten „Newcomern" die Durchlässigkeit „nach oben" nicht bereits von vornherein, durch rationale Abwägung des beteiligten Erwachsenen, verbaut werden soll, und wenn die musikalische Praxis ein gutes Stück weit derartige Phantasien miteinbezieht.

Zweitens möchte das Handbuch ein kulturpolitisches Anliegen transportieren — dies im Sinne einer breiten Kulturförderung in Ergänzung zu den Formen traditioneller „Hochkultur", die auch für scheinbar trivial wirkende Ausdrucksformen, insbesondere der Pop- und Rockmusik, Platz schaffen will. Jugendliche stehen in unserer massenmedial geprägten Gesellschaft heute vor dem Problem, mit dem Bedürfnis nach eigenständiger kultureller Betätigung — wie dem aktiven Musizieren in Bands — gleich von zwei Seiten auf Schwierigkeiten zu stoßen. Zum einen sind der Freizeitsektor und das Jugendkulturelle fast vollständig kommerzialisiert. Jede neue Erscheinung innerhalb der Jugendszenen wird begierig vermarktet und in das Konsumsystem überführt. Rockmusikmachen ist seit jeher — und dies mit steigender Tendenz — eine teure Angelegenheit und mit hohen Kosten für das technische Equipment verbunden. Die eigene Rockmusikpraxis ist insofern inzwischen auf einen finanzstarken oder kreditwagemutigen exklusiven Kreis beschränkt.

Zum anderen bleibt die öffentliche Kulturförderung gegenüber den Ausdrucksformen der Jugend- und Subkulturen weitgehend auf Distanz. In diesem Zusammenhang fehlen Jugendlichen in der Regel die Mittel, Räume, Gelegenheiten und Möglichkeiten für selbstbestimmte kulturelle Aktivitäten. Die Forderung „Kultur für alle" hat demnach nichts an Bedeutung eingebüßt, sondern eher noch hinzugewonnen.

Unser kulturpolitisches Anliegen mündet daher auch in den Aspekt, diese Situation zu hinterfragen, um entsprechende Gegeninitiativen zu ermöglichen.

Drittens ist das Praxisbuch einem sozialpädagogischen Anliegen verpflichtet: Es soll verdeutlichen, wie die Interessen Jugendlicher praktisch „beim Wort" zu nehmen sind, ohne die „Bedürfnisse" von vornherein ideologisch zu überfrachten, und wie insbesondere „Benachteiligte" Freiräume für kreative Prozesse und die handelnde Teilnahme am kulturellen Geschehen erhalten können. Letzlich geht es in einer Reihe der Beiträge auch um die stabilisierende Wirkung von Musik als pädagogisch intendiertes Sozialisationsangebot, um die Chance von Gruppenprozessen, um musikbezogenes Erlernen von Kommunikations- und Konfliktfähigkeit und um das Entdecken neuer Ausdrucksformen.

Rockmusik, so eine zentrale Prämisse der von uns dargestellten Musikinitiativen, erreicht auch und gerade im sozialpädagogischen Feld die Sprache und das Denken Jugendlicher, setzt an ihrer Lebenswelt und ihren Träumen an, ermöglicht vielfältige Lernzusammenhänge und führt, nahezu im Selbstlauf und ohne in den Vordergrund drängende pädagogische Intervention, zu langfristigen, von Ernsthaftigkeit getragenen Prozessen. Rockmusik wird damit zu einem wesentlichen Element der Jugendarbeit, weil sie zum jugendlichen Lebenszusammenhang gehört und eine soziokulturelle Ausdrucksform Jugendlicher darstellt. Kann Rockmusik, anders gewendet, somit zum „Sozialisationsangebot" (Fluck) werden, das zur Strukturierung der jugendlichen Lebenswelten beiträgt und exemplarische Chancen „zur spielerischen Erprobung und Simulation von Vorstellungen, Gefühlen und Erfahrungen, zur symbolischen Lösung von Konflikten, zur Verarbeitung von Ängsten und Aggressionen" (Schütz, 1982, 11) eröffnet?

Eine in dieser Weise verstandene pädagogische Auseinandersetzung mit dem Praxisfeld Rockmusik kann sich nicht in bloßem „Musikhören" oder in „nebenbei organisiertem" Musikmachen erschöpfen. Entsprechende Konzeptionen sind unseres Erachtens vielmehr, wie noch auszuführen, auf die Berücksichtigung der musikalisch-handwerklichen Dimension, auf ein kulturpädagogisches Praxisverständnis, auf geschlechtsspezifische Differenzierung sowie gruppenpädagogische und strukturorientierte Arbeitsansätze angewiesen.

Der Zusammenstellung des vorliegenden Praxisbuches sind inhaltliche Grenzen gesetzt, die wir an den jeweiligen Stellen durch die Angabe weiterführender Literatur auszugleichen versuchen. Wir verzichten in diesem Zusammenhang insbesondere auf die nährere Beschreibung der „Jugendphase" und ihrer Problematiken, auf die Diskussion des Begriffs „Jugendarbeit" und seiner verschiedenen Spielarten und desgleichen auf die inhaltliche Auseinandersetzung mit der Funktion und Spannbreite der Bereiche „Sozialarbeit und Sozialpädagogik".

Wie legen zum anderen einen „weiten" Rockmusik-Begriff zugrunde, wenn wir entsprechende Modelle vorstellen. Pragmatisch gewendet sind wir der Auffassung, daß wir pädagogisch begründete Musikinitiativen als Rock-Praxisprojekte beschreiben können, ohne zunächst ihre musikalischen Genre-Hintergründe umfangreich terminologisch und inhaltlich ableiten und qualifizieren zu müssen.[4]

Unser Praxisbuch ist, dies eine weitere Einschränkung, exemplarisch zu verstehen, das heißt wir wissen bzw. ahnen, daß es über die vorgestellten Initiativen hinaus eine gut dreistellige Anzahl ähnlicher Projekte geben dürfte, die im Jugendhilfebereich auf dem Wege der Rockmusik mit Jugendlichen zusammenarbeiten. Wir hoffen, aus der vorliegenden „Grauzone" zumindest eine Reihe interessanter Modelle herausgefiltert zu haben!

Möglicherweise kann das vom Bundesministerium für Bildung und Wissenschaft finanzierte Forschungsprojekt „Popularmusik in Deutschland" auch diesen „pädagogischen" Sektor ein Stück weit quantifizieren.[5]

Das vorliegende Buch gliedert sich in drei Teile: In einem ersten Teil führen wir die Rockmusik mit dem von uns gewählten Bezugspunkt „Jugendarbeit" zusammen und verweisen auf die kulturpädagogischen, sozialpädagogischen und geschlechtsspezifischen Dimensionen dieses Ansatzes, nicht zuletzt unter dem Blickwinkel einer sich auch als „Strukturarbeit" verstehenden Jugendarbeit.

Der zweite Teil des Sammelbandes stellt eine Reihe von Praxisbeispielen aus verschiedenen Jugendhilfesparten vor, in denen Rockmusik zum Bezugspunkt pädagogischer Prozesse wurde und die wir als exemplarische Ansätze für eine solchermaßen gestaltbare Praxis begreifen.

Der dritte Buch-Teil bietet Anregungen, Informationen und konkrete Arbeitshilfen für AnwenderInnen und versteht sich als eine Art „gebündeltes Serviceangebot".

Nicht weiter eingehen konnten wir aus Zeit- und Platzgründen auf Themenbereiche, die angesichts ihrer Relevanz in der Jugendarbeit eine eingehendere Betrachtung verdienten:

- Wie läßt sich im pädagogischen Bereich der Umgang mit Rollenklischees bewältigen, wie sie in bestimmten Rock-Gattungen verbreitet sind (Gewalt- und Horrorphantasien, der immer mehr an Bedeutung gewinnende Rechtsradikalismus usw.)?
- Wie können unrealistische Lebensperspektiven (z.B. der Wunsch „Star" zu werden) erkannt, thematisiert bzw. vermieden werden, wenn sie z.B. dazu beitragen, als unbefriedigend empfundene Schul- und Berufsausbildungen abbrechen zu wollen?
- Welche Probleme wirft das wachsende Lebensalter von KollegInnen in der Jugendarbeit auf, wenn sie sich — nicht zuletzt auch durch geänderte musikalische Präferenzen — immer mehr von den Stilvarianten der Jugendlichen entfernen bzw. diese gar nicht mehr durchschauen?

2. Kultur ist „in"

Formen kultureller Betätigung und entsprechende Angebote sind für die Jugendarbeit der BRD nichts Neues. Diskussionen zum Für und Wider und zu möglichen Praxismodellen durchziehen die frühe bürgerliche Jugendbewegung ebenso wie die antiautoritäre Pädagogik der späten 60er Jahre. Zu Beginn der 90er Jahre steht das Thema „Kulturarbeit" erneut hoch im Kurs — bei „Praktikern" und — wie es scheint — mehr noch bei den Theoretikern sozialer Arbeit.

Die verwendeten Begriffe sind vielfältig: Die Rede ist von „Jugend-Kulturarbeit", „Kulturpädagogik", „Soziokultureller Arbeit", „Sozialer Kulturarbeit" und umgekehrt „Kultureller Sozialarbeit", von „Kunst" und „Kultur" an sich und ihrer Einbindung in die Praxisfelder der „Jugendarbeit" bzw. der Sozialarbeit und Sozialpädagogik.

Fest steht: Die Suchbewegung nach ergiebigen kulturpädagogischen Konzepten hat spätestens Ende der achtziger Jahre nachdrücklich auch die Jugendarbeit erfaßt, „Kultur" ist „in", wenn auch nicht unumstritten. Kulturarbeit erscheint bei flüchtigem Hinsehen als nahezu unbeschränktes Füllhorn pädagogischer, sozialer und gesellschaftspolitischer Möglichkeiten, als pädagogischer Tausendsassa und als Frischzellenkur für ratlos gewordene Sozialpädagogen, denen die „Zielgruppe" davonläuft oder deren Angebote — umgekehrt — dem „Bedarf" der Jugendlichen nicht länger gewachsen sind.

Aus kulturpolitischer Sicht stellt das von Hilmar Hoffmann einst formulierte Postulat „Kultur für alle" in dieser Diskussion einen Eckpunkt dar. Die Forderung einer „Kultur von allen" beschreibt die zweite Linie, will den passiven Rezipienten — quer durch alle sozialen Schichten — als eigenständigen Kultur-Mit-Macher animieren, zur Demokratisierung des Kulturbetriebes beitragen und, nicht zuletzt, zur Berücksichtigung alltagskultureller Ausdrucksformen in Ergänzung des „Hochkulturellen" anregen.

Die derzeitige Hausse der Kulturdiskussion vermittelt nicht selten den Eindruck einer kulturellen Hochblüte auch in solchen Bereichen, die im Schatten grandioser Kunstausstellungen, prachtvoller Museumsbauten und gefeierter Theaterpremieren stehen. Zwischen „traditioneller" und sich nur langsam formierender „anderer" Kultur scheinen indes Welten zu liegen, was das „Ansehen" und Ernstgenommenwerden betrifft und nicht zuletzt die Finanzierung solcher Kulturkonzepte, die abseits des kulturellen „mainstreams" angesiedelt sind oder sich neuen Kulturadressaten zuwenden.

Der Schein trügt, vermelden in dieser Situation denn auch aufmerksame Beobachter der Kulturszene: „Werfen wir einen Blick in die real existierende Wirklichkeit, so können wir feststellen, daß dort die Kultur keineswegs Konjunktur hat. Wir müssen also feststellen, Kultur hat derzeit eine stark verbale Konjunktur. Es wird viel über Kultur geredet und geschrieben. Es findet jedoch — insbesondere, wenn man Kriterien einer zahlenmäßigen Erfassung zugrunde legt — keine Entwicklung statt, die auch nur annähernd mit dem verbalen Kraftakt in Verbindung zu bringen ist", erklärt etwa Max Fuchs, seines Zeichens Direktor der renommierten Akademie Remscheid für musische Bildung und Medienerziehung. (Fuchs, 1989, 27).

Der Blick in die Wirklichkeit bestätigt sehr schnell den von Fuchs konstatierten Sachverhalt, daß gerade die Kulturarbeit mit einem entschieden pädagogisch-politischen Profil „sehr stark eine ABM-Kulturarbeit" ist, die Langfristigkeit und kreative Entwicklungsprozesse nur in den seltensten Fällen zuläßt. In der Gegenüberstellung mit der Flut kommerzieller Kulturveranstaltungen und mit den sieben- und mehrstelligen Ausgaben für Kulturgüter, die dem überwiegenden Teil der Bevölkerung kaum ein Begriff sein dürften, tut sich hier die Misere der „anderen" Kulturkonzepte in ihrer gesamten Tragweite auf. Die Entfremdung der Hochkultur von weiten Teilen der Bevölkerung ist unübersehbar und weiterhin nahezu ungebrochen. Initiativen zur Wiederaneignung kultureller Teilhabe und zur Realisierung anders gelagerter Kulturkonzepte enthalten vor diesem Hintergrund eine entschieden gesellschaftspolitische Fragestellung.

Der eher zaghafte Sturm auf die traditionellen kulturellen Bastionen und Kulturetats hat nach Fuchs erste Anfragen zu dem möglichen „Zauberlehrling-Syndrom" solcher kultureller Neubemühungen zur Folge, gebündelt in der Frage, „wer denn die ‚neuen Freunde' der Kultur sind, was für Interessen diese haben und inwieweit wir die für uns wichtigen Kulturgüter vor diesen neuen Freunden in Schutz nehmen müssen", wie es während eines Kulturkongresses an der Universität Oldenburg etwa hieß (Fuchs, 1989, 27).

Sicherlich: Es kann nicht um die vorschnelle Verdammung der „Hochkultur" in Opernhäusern und Konzertsälen gehen und das Ziel kann nicht eine „Kultur zum Billigtarif" heißen, die, als Art Sozialhilfe, bei ihren Adressaten unter Umständen noch dazu Energien absorbiert, „die sehr viel dringender für die Durchsetzung einer vernünftigen Stadtsanierung ... oder für verbesserte soziale Absicherungen verwendet werden müßten" (Fuchs, 1989, 28)).

Ziel der hier angesprochenen soziokulturellen Neuorientierung kann unseres Erachtens auch nicht das lässige Abtun traditioneller Kultur sein, die in Künsten und Wissenschaften ihren Ausdruck findet: „Künste und Wissenschaften sind Mittel der Erkenntnis und Selbsterkenntnis; sie tragen bei zum Verständnis unserer Lage und zum Entwurf von Alternativen zur Bestimmung menschlicher Ansprüche und Fähigkeiten ... Ausschluß von Wissenschaft und Künsten ist der Ausschluß von emotionalen, gefühls- und wissensmäßigen Widerstandspotentialen" (Maase, 1987, 94).

Um das Letztgenannte geht es auch unserer Intention einer „breitangelegten" Jugendkulturarbeit, nämlich um die Frage, wie, mit welcher Hilfe und in welchem Rahmen „Jugendliche", „Kids", „junge Menschen" oder wie immer sie bezeichnet werden, den Ausschluß von kultureller Teilhabe und damit den hier gewiesenen Ausschluß von emanzipatorischer Erkenntnis aufheben können und welche Rolle ihre spezifischen kulturellen Interessen und Fähigkeiten dabei zu spielen vermögen. Diese Sichtweise bedeutet, daß die in eine solche Richtung formulierten Ansprüche nicht durch die bloße Umdefinition von „Kultur" zu realisieren sind, die „alles" zum kulturellen Ausdruck erklärt und vielfach dabei beläßt.

Wesentlich scheinen uns in diesem Zusammenhang die bewußte und aktive Auseinandersetzung mit traditionellen wie zeitgenössischen Kulturformen zu sein und nicht zuletzt Versuche eigener Praxis in den sich bietenden „Versuchsfeldern". Solche „Versuchsfelder" zu schaffen, die mit den Interessen Jugendlicher übereingehen, zugleich

Spaß machen, Kreativität herausfordern und zum „Weitermachen“ motivieren, ist die erklärte Absicht unserer Gedanken- wie Praxismodelle im kulturellen Umfeld der Popularmusik, die wir in Form dieses Buches vorstellen.

3. Emanzipatorische Kulturpädagogik mit Jugendlichen

3.1 Die Sache mit der „Kultur“ ....

Lexikalisch ist „Kultur“ die „Gesamtheit der Lebensäußerungen eines Volkes, aufgegliedert

a) in die Summe der Bestrebungen einer Gemeinschaft, die menschlichen Grundbedürfnissen unter Meisterung der natürlichen Umwelt zu befriedigen,
b) die Hilfsmittel zu diesen Leistungen und ihr objektiver Ertrag in den darauf bezogenen Techniken,
c) die Bestrebungen nach Veredelung, Verfeinerung und Formung („Kultivierung“) der menschlichen Persönlichkeit“ (dtv-Lexikon, 1977).

Der bürgerlichen Ästhetik folgend, wird „Kultur“ heute zunächst immer noch mit „Kunst“, künstlerischen Produktionen und den damit zusammenhängenden Einrichtungen der Gesellschaft verbunden: mit Theater, Museum und Konzertsaal, Film, „schönen Künsten“, Literatur usw., daneben mit den insbesondere philosophisch begründeten (Geistes-)Wissenschaften und dem gesellschaftlichen Bildungsstand.

Die Vorstellung von „Kultur“ als Reich der schönen Künste und Hort der geistigen Produktion, das dem profanen Alltag und dem täglichen Leben diametral entgegensteht, wurde in der BRD, im Gefolge der Studentenbewegung, Mitte der 60er Jahre einer deutlichen Revision unterzogen (Nachtwey, 1989, 70). Herbert Marcuse etwa weist in seinem Aufsatz „Über den affirmativen Charakter der Kultur“ (1975) auf die Allianz der hohen Kultur mit dem deutschen Faschismus hin und formuliert zugleich einen anderen, weiten Begriff von Kultur: Ein solcher Begriff meint bei Marcuse „das jeweilige Ganze des gesellschaftlichen Lebens, sofern darin sowohl die Gebiete der ideellen Reproduktion (Kultur im engeren Sinne, die geistige Welt) als auch der materiellen Reproduktion (der Zivilisation) eine ablesbare und begriffliche Einheit bilden ...“ (Marcuse, 1975, 62).

Damit wird der Blick für bis dahin weitgehend unbeachtete kulturelle Äußerungen geöffnet: Für die Kulturen der Arbeiterschicht und für die von Horkheimer und Adorno so bezeichnete „Kulturindustrie“ (Adorno, 1974, 347 ff.)

„Kultur“ wird heute — angesichts einer zunehmend multikulturellen Bevölkerungsstruktur — mehr und mehr zu einem „Schmelztiegel der unterschiedlichen kulturellen Einflüsse und Fragmente“.[6] Die Festlegung auf einen abgeschlossenen, einheitlichen Kulturbegriff erscheint dabei als unzulässige Reduktion der damit verbundenen Komplexität.

„Kultur“ ist diesem Verständnis zufolge nicht mehr länger das gleichsam statische Gut einer Gesellschaft, das in Traditionen, geistigen Schöpfungen und Ideen seinen

Ausdruck findet. Vielmehr ist Kultur beständig im Fluß und damit historischen Veränderungen und neuen „Überlieferungen" unterworfen: „Kultur" bezogen auf die heutigen Jugendkulturen z. B. meint „die Schaffung von Stilen über Medien, deren ‚bildender Gehalt' unter Pädagogen eher strittig sein dürfte: Konsum, Pop und Rock, Mode sowie Schaffung neuer sozialer Treffpunkte" (Baacke, 1989, 99). Und weiter: „‚Kultur' ist im Kontext heutiger Jugendkulturen die Spur einer neuen ‚Überlieferung', die in der Geschichte jugendkultureller Neu-Orientierungen (siehe Veränderungen in der Rock- und Popszene, in unterschiedlichen Gruppierungen etc.) sowie in neuen Auffassungen von Stil (Kleidung, Körpersprache, aus Konzepten von Individualität, wie sich noch zeigen wird) zu finden sind" (Baacke, 1989, 99).

3.2 Jugendarbeit und Kulturarbeit

Die Bedeutung des Begriffs „Kulturarbeit" geht in der gegenwärtigen Diskussion über eine allein ästhetisch-handwerkliche Dimension hinaus und hat ihren Hintergrund in dem zugrundeliegenden Verständnis von Kultur als „Lebensweise": „‚Kultur' als Lebensweise umfaßt sämtliche lebenslang erzogenen, alltäglichen Ausdrucksformen von Menschen, die weit über Kunstinteressen und ästhetische Formgeben hinausreichen" (Treptow, 1988, 86).

Konzeptionell ist Kulturarbeit „zwischen der Bestätigung des Gewohnten und einer Gegenüberstellung mit Ungewohntem, Neuem, Fremdem" angesiedelt und erfordert in dieser Orientierung eine ästhetische Praxis, „der sich die angelernten Denk- und Wahrnehmungsmuster, ja Vorurteile der Nutzer nicht sofort fügen, aber dennoch mit den mitgebrachten Deutungsmustern ‚vermittelt' werden können. Damit setzt Kulturarbeit Verständigungsbedarf frei und organisiert Verständigung" (Treptow, 1988, 86).

Jugendkulturarbeit steht dabei vor dem besondere Sensibilität erfordernden Problem, daß es sich im Falle der Jugendkultur um persönliche Haltungen Einzelner oder von Gruppen gegenüber der Gesellschaft oder gegenüber gesellschaftlichen Gruppen handelt, denen Freiräume gegeben werden müssen, ohne sie pädagogisch zu unterwandern oder aufzulösen: „Jugendkultur ist insofern auch Selbstzweck, Ästhetik, Gestaltung und Ausdrucksformen haben eine Art ‚Eigenwert', der vorschnelle pädagogische Indienstnahme für jeweilige Zwecke verbietet und zugleich ‚das Pädagogische' zugunsten kultureller Sachkompetenz in den Hintergrund drängt. Eigene, umfangreiche und offene ästhetische Praxis der Kinder und Jugendlichen und kulturelle Sachkompetenz (als Schauspieler, Musiker, Filmer, Gestalter usw.) der ‚Jugendkulturarbeiter' sind die Konsequenzen für entsprechende professionelle Arbeit und Milieus" (Mayrhofer / Zacharias, 1988, 46).

Zur Diskussion gestellt sind an dieser Stelle nicht zuletzt die Methodenarmut, die Zielpenetranz und der Postulatcharakter traditioneller Jugendarbeit: Jugend ist, wie Baacke annimmt, „inzwischen eine kulturelle Eigenleistung geworden, die der pädagogischen Supervision und Anleitung nicht mehr bedarf. Dies bedeutet: Jugendiche sind heute nicht nur rezeptiv im kulturellen Bereich tätig, sondern sie entwerfen kulturelle Muster selbst. Die Punks sind ein Beispiel für eine jugendautonome, kulturelle

Szene: von der Kleidung bzw. dem Outfit bis zur Musik, zur Mode, zum Umgangstil, zu Abgrenzungen und Allianzen — all dies ist „auf der Straße“ oder in bestimmten szeneorientierten Räumen entstanden ... Der ‚Entstrukturierung der Jugendphase‘ entspricht, so vermute ich, zunehmend eine ‚Entstrukturierung der Pädagogik‘, verbunden mit einer Auflösung traditioneller pädagogischer Rollenmuster“ (Baacke, 1989, 29f.).

Anders ausgedrückt: Wenn SozialpädagogInnen in der Funktion des „Über-Ichs“ und des „idealen Selbst“ gegenüber ihrer Zielgruppe „Jugendliche“ mehr und mehr ausgedient haben, wird ein tendenziell anderes Berufsverständnis erforderlich, bedarf es pädagogisch vermittelter Kommunikationsformen, die über die „Beziehungsarbeit“ hinausweisen. Dies hat nicht zuletzt eine Erweiterung der Rolle der JugendarbeiterInnen zur Konsequenz: Gefordert ist mehr und mehr auch die Mitgestaltung und Herstellung sozialer Infrastruktur (Böhnisch / Münchmeier, 1989, 41), das heißt die Schaffung von Räumen und Gestaltungsmöglichkeiten für Mädchen und Jungen, jüngere wie ältere Jugendliche, Behinderte wie Nichtbehinderte, Deutsche wie andere Nationalitäten.[7]

Der gesellschaftliche Wertewandel, gespiegelt in der sogenannten „Lifestyle-Debatte“[8], erfordert insofern eine Reaktion auch im Angebot der Jugendhilfe. Geänderte gesellschaftliche Bedingungen (Treptow, 1989, 33) verlangen nach innovativen Wegen: Die Orientierungshilfe innerhalb des undurchschaubar und komplexer gewordenen Normen- und Wertesystems gewinnt in der (sozial-) pädagogischen Arbeit zunehmend an Bedeutung. Die Unterstützung der Lebensstilsuche wird notwendiger Teil der auf Jugendliche bezogenen Programmatik.

„Welchen Lebensstil ein türkisches Mädchen zwischen dem Anpassungsdruck ihrer Familie und den kulturellen Emanzipationszumutungen ihrer Mitschülerinnen entwickeln soll; wie der Lebensstil eines Jugendlichen aus dem bäuerlichen Milieu in ländlichen Regionen aussehen soll, der der normativen Kraft großstädtischer Kulturmuster ausgesetzt ist; wie ältere Menschen in einer Gesellschaft Selbstvertrauen behalten sollen, die dem Kult des Jugendlichen frönt; wie schließlich Jugendliche die Erfahrungen bewältigen sollen, daß der Jugendlichkeit gesellschaftlich ein hohes Prestige zugeschrieben wird, Jugendliche aber täglich mit der Erfahrung von Marginalität und Ohnmacht konfrontiert werden — dies alles sind Fragen, die oft oberflächlich auf der Ebene ästhetischer Präferenzen erscheinen und Fragen der Lebensbewältigung repräsentieren. Kulturarbeit ... übernimmt wichtige Aufgaben, indem sie mit ihren Mitteln Fragen des Lebensstils aufdeckt und — manchmal ganz sozialpädagogisch — die ‚dahinter‘ liegenden Lebensschwierigkeiten zur Sprache bringt“ (Treptow, 1989, 33).

Diesem Verständnis folgend, ist es Aufgabe der Jugendkulturarbeit, die Orientierungssuche Jugendlicher zum Thema zu machen, ihre Hinwendung zu bestimmten Moden, Stilen, Ausdrucksformen und Szenen aufzugreifen und Möglichkeiten zur Entwicklung eigener Aktivitäten an die Hand zu geben.

Das Schlagwort „Kultur heißt — Selbermachen“ gewinnt vor einem solchen Hintergrund wieder an Aktualität. Da sich die „Lebensstilsuche“, das Experiment mit unterschiedlichen Formen des Selbstausdrucks und der Selbstverortung, gegenwärtig hauptsächlich in Konsumaktivitäten zu erschöpfen scheint, fehlt es vielfach an Anregungen und Freiräumen, selbst aktiv und gestaltend tätig zu werden.

Die „Wiedergewinnung sinnlicher Erfahrung“ (Schriever) macht den Kern der von uns verfolgten Jugendkulturarbeit aus. Gemeint ist das Schließen der Erfahrungslücken „zwischen den Abstraktionen, Entsinnlichungen der unterrichtlichen Wissensvermittlung und den elektronischen Medien einerseits und einer alltäglichen authentischen gegenständlichen Lebenswelt, in der man körperlich und sozial präsent und verankert ist“ (Schriever, 1988, 46). Das sich hierin abzeichnende „Emanzipatorische“ ist der Versuch, analytische Fähigkeiten und selbstbestimmte Ausdrucksformen in einem Feld zu erlangen, das von den Medien der Unterhaltungsindustrie beherrscht wird. Das „Kulturelle“ besteht darin, sich neue, zeitgemäße Sprachen anzueignen zu versuchen und sich in dem komplexen Symbol- und Wertegeflecht unserer Gesellschaft selbstbewußt zu verorten.

Jugendkulturarbeit steht angesichts einer überbordenden Medien-Welt damit nicht zuletzt vor der Aufgabe einer — wie wir es nennen möchten — „medialen Alphabetisierung“ in Analogie zur Freire'schen Pädagogik (vgl. Freire, 1984): Die „Sprache“ der Medien und ihre in Schrift, Wort und Bild übermittelten Botschaften verstehen und decodieren zu lernen, auch das zu reflektieren, was zwischen den Zeilen transportiert wird, um auf diesem Wege unter Umständen eigenständige inhaltliche und ästhetische Kriterien entwickeln zu können.

Der Zusammenhang des zuvor Ausgeführten zu einer in ihrer Produktionsweise weitgehend von den Rezipienten entfremdeten, nur noch in Teilbereichen dieses Genres nachvollziehbaren aktuellen Rockmusikszene ist an dieser Stelle unmittelbar deutlich. Die „Zurückgewinnung der Musik“ als nicht nur elektronisch-technisches Geschehen, sondern als kommunikativer, sozialer und handwerklicher Prozeß, wird, im Gegenzug, zum Ausgangspunkt emanzipatorischen und kulturellen Lernens.

Das Zusammenfallen kultureller und politischer Erkenntnisse kann — dies ist nicht von vornherein als pädagogischer Trick „eingebaut“ — in der kreativen und exemplarischen Verarbeitung persönlicher und gesellschaftlicher Realität das eine Ergebnis sein, die Stabilisierung von Persönlichkeiten im Verein mit „transferierbaren“ positiven Sozialerfahrungen ein anderes.

Bei alledem ist „das Kulturelle“ für die pädagogisch-politische Interaktion mit Jugendlichen keineswegs neu. Für die bürgerliche Jugendbewegung zumindest stellte die „Jugendkultur“ einen zentralen Bezugspunkt dar. „Das Schlagwort „Jugendkultur“ bedeutet „...einen besonderen jugendlichen Lebensstil“ und fordert dazu heraus, „eigene Interessen und Ideale, ja sogar eine eigene Sprache und Gesittung zu schaffen“, zitieren Mayrhofer / Zacharias dazu etwa den Pädagogen Gustav Wyneken aus dem Jahre 1914 (Mayrhofer / Zacharias, 1988, 45).

Mit dem Begriff „Kulturarbeit“ sind unterdessen nicht nur positive Assoziationen verbunden, wie H. Giesecke (1986, 297) anmerkt: „Da assoziiere ich Hitlerjugend oder die Grenzlandarbeit bündischer Gruppen oder von Teilen der Jugendmusikbewegung“. „Kulturarbeit“ sei, so Giesecke weiter, vor diesem Hintergrund auch denkbar als „die Instrumentalisierung kultureller Tätigkeit, die Manipulation von Themen und Gegenständen: gemeinsames Singen, weil es das Gemeinschaftsgefühl weckt oder stärkt, oder weil es das Deutschtum erlebbar macht“. Die damit verbundene Absage an den „ästhetischen Wert“ der Sache selbst sieht Giesecke als Problem der pädagogischen Kulturarbeit an sich, nachvollziehbar am traditionellen Umgang mit dem Medium Film: „Weder die Schulpädagogik noch die Jugendarbeit hat jeweils den Film als ästhetisches Phänomen, als eine eigentümliche künstlerische Aussageform ernstgenommen. In der Jugendarbeit war der Film, solange er Jugendliche interessierte, also vor der Verbreitung des Fernsehens, lediglich „Gruppenfutter". Hauptsache, die Leute redeten hinterher gemeinsam darüber" (Giesecke, 1986, 297).

Für den bei uns im Vordergrund stehenden Zusammenhang ist insbesondere der Begriff „Soziale Kulturarbeit" von Bedeutung, in dem zum Ausdruck kommen soll, „daß Menschen in allen Schichten, Nationen und Altersgruppen kulturelle Aneignungs- und Ausdrucksformen entfalten wollen" (Treptow, 1988, 81-104). Treptow unterscheidet hiervon die „Kulturelle Sozialarbeit" als „Mittel sozialpädagogischer Fachlichkeit, die in der Absicht auftritt, z.B. jugendliche Delinquenten von Straftaten abzubringen, älteren Menschen einen sinnvollen Lebensabend zu ermöglichen, alkoholsüchtigen, langzeitarbeitslosen Frauen und Männern den Entzug zu erleichtern etc." (Treptow, 1988, 86).

Angesprochen ist an dieser Stelle nicht zuletzt das Verhältnis zwischen Kulturarbeit und Sozialarbeit, das im Ressortdenken der Jugend- und Kulturämter seinen Niederschlag findet und eine kulturell motivierte Sozialarbeit nicht selten voreiligen Verdächtigungen aussetzt: „Aus anwaltschaftlichem Blick für Schwierige und in Schwierigkeiten Geratene setzt sich jedes Angebot an Kulturarbeit, das nicht sofort zu vermitteln ist, mit den hier entstehenden Ausdrucksformen jugendlicher Teilkulturen, unterschichtsspezifischen Geschmackspräferenzen und entsprechenden körperbetonten Expressionen, dem Verdacht aus, Fluchtversuch einer Sozialarbeit zu sein, die dem unaufhörlichen Andrang von Suchtproblemen, Zorn, Zerstörung oder Apathie nicht standhalten kann oder will. Kulturarbeit ist dann etwas für die feinen Leute, mit denen sich Sozialarbeit gemein macht, um ‚dem Arme-Leute-Geruch' zu entkommen und ihre Professionalität neu bestimmen zu können'" (Oelschlägel, 1984, 32).

Obgleich Sozialarbeit — verstanden als „Hilfe zur Selbsthilfe" — primär auf Beratungs- und Unterstützungsarbeit zur Lebensbewältigung ihrer Adressaten angelegt ist, war ihr Augenmerk seit jeher auch auf die Förderung kultureller Ressourcen gerichtet. Nicht immer konnte dabei eindeutig geklärt werden, was die jeweils gemeinte „Kultur" eigentlich ausmachte. Gleichwohl war und ist die Auseinandersetzung mit Sub- bzw. Teilkulturen besonderer Zielgruppen — von Slumbewohnern, Sintigruppen bis hin zur ausländischen Bevölkerung — Bestandteil sozialer Interventionskonzepte[9], ausgedrückt in einem nicht nur allgemeinpolitischen Mandat für die in einer quasi-Anwaltsfunktion vertretene Zielgruppe, sondern auch in einer Art „kulturellem Mandat" (Treptow, 1988, 91f.), als Anwaltschaft für kulturelle Ausdrucksformen bestimmter Adressatengruppen.

An dieser Stelle nähert sich Sozialarbeit der Kulturarbeit und umgekehrt: „Das kulturelle Mandat der Sozialpädagogik richtet sich auf eine Unterstützung der kulturellen Selbstbehauptung von Gruppen, deren ethnische, geschlechtliche oder generationsbezogene Lebens- und Erfahrungsformen gefährdet oder mißachtet werden... Geht es um eine Förderung und Unterstützung der kulturellen Selbstbehauptung bestimmter Gruppen im Hinblick auf Lebensstil und Erfahrungsform, so übernimmt Sozialpädagogik einen weiteren Part von Kulturarbeit in einem engeren Sinn: musisch-ästhetische Bildung als Gegenstandsaneignung und -gestaltung" (Treptow, 1988, 92).

Ein deutlicher Bezugspunkt zum Anliegen unseres Praxisbuches ist darüber hinaus: In einer Reihe von Arbeitsfeldern der Sozialpädagogik werden Räume und „Grundequipment" personeller und ausstattungsbezogener Art für kulturelle Aktivitäten bereitgestellt, die anderweitig in dieser Form und Quantität nicht zur Verfügung stehen. Zu denken ist an dieser Stelle konkret an den gerade in der Rockmusikszene häufig beklagten krassen Fehlbestand an Übungsräumen und Auftrittsorten.

Und nicht zuletzt: Von der Sozialarbeit und -pädagogik werden potentielle Zielgruppen auch für kulturelle Projekte erreicht und noch dazu solche, die vielfach in anderen gesellschaftlichen Bereichen kaum noch angesprochen werden können. Die Diskussion um die Besucherstrukturen von Jugendzentren weist in die hier gedachte Richtung, wenn etwa festgestellt wird, daß sich dort insbesondere die „benachteiligten Gruppierungen" ihre Treffpunkte und Szenen schaffen.

Die zur Verfügung stehenden Räume können dabei, wie Treptow anschaulich macht, durchaus zu Ausgangspunkten für längerfristige Betätigung werden, „wenn der Genuß- und Gebrauchswert im Rahmen ihrer kulturellen und oppositionellen Erlebnis- und Nutzungsformen angesiedelt ist" (Treptow, 1988, 93).

Eine andere Frage: Ist bereits die längerfristige kreative Betätigung „Kulturarbeit" bzw. wann ist es berechtigt, von Kulturarbeit zu sprechen, wo verläuft die Grenze zwischen sozialpädagogisch nachgesehenem „Dilettantismus" und der auf Gütekriterien bestehenden Kulturarbeit?

„Daß ein halbwegs gelungenes Ölbild, eine leidliche Video-Produktion oder ein paar gelungene Imitate auf der E-Gitarre nicht ernsthaft Kulturarbeit genannt werden können, ist aus dem Blickwinkel einer autonomisierten Wertsphäre ‚Kunst' verständlich, der sozialpädagogische Kriterien fremd sind. Die professionell begründete Bereitschaft der Sozialpädagogen, das Ungekonnte zu verzeihen, weil ihnen ein anderer struktur- und subjektzentrierter Zusammenhang mitunter wichtiger ist als derjenige, der einer ästhetischen Urteilskraft entspricht, ist dem künstlerischen Blick fast eine ‚barbarische' Bereitschaft zum Dilettantisus... Gemalt werden soll solange nur, bis die Gruppe aufgebaut und gefestigt ist. Denen es in der sozialpädagogischen Kleingruppe die Sprache verschlagen hat, die dürfen solange musizieren, bis sie wieder reden können..." (Treptow, 1988, 94).

Zurückgefragt: Inwieweit ist professionelle Kulturarbeit bereit, sich für solche Produktionsformen und Produkte zu öffnen, die noch im Orientierungsstadium, amateur- und laienhaft und vielfach durchaus auch (noch) „dilettantisch" sind? Und insgesamt: Wer liefert die Beurteilungsstandards darüber, ob das Ungekonnte finales Ergebnis oder Potential für eine sich schrittweise ausformende Ästhetik und Güte ist?

Wenn es als Merkmal von Kulturarbeit gilt, auf Güte und Qualitätskriterien zu bestehen, „weil das zu erstellende Produkt, die primäre Relation von Subjekt und Material, ins Zentrum ihrer Professionalität gehört" (Treptow, 1988, 97), ist die prozeßhafte Betrachtungsweise der „kleinen Schritte" ein Charakteristikum sozialpädagogischer Praxis: „Nicht die Differenz von Materialzustand zu Materialzustand ist zentral, sondern die Differenz zwischen subjektiven Zuständen, die Bedeutung der Gegenwartsbearbeitung für die Bewältigung von Lebensschwierigkeiten des Adressaten" (Treptow, 1988, 97).

3.3 Emanzipatorische Kulturpädagogik und Rockmusik

Der Ausweg aus dem Dilemma zwischen potentiell dilettierender, sozialpädagogisch motivierter Kulturarbeit und professioneller Kulturarbeit zeichnet sich im Begriff der „Kulturpädagogik" ab.

Ansätze zur Kulturpädagogik tragen wesentlich der prozeßhaften Dimension kultureller Arbeit Rechnung, bieten dem Unvollkommenen, Noch-nicht-Gekonnten Raum und ermutigen zum eigenen „Versuch", ohne sich mit dem jeweiligen — beliebigen — Resultat kritiklos zufriedenzugeben. Um positives Erleben, Spaß an der Entdeckung eigener Kreativität, um das Vertrauen in eigene, bis dato möglicherweise unbekannte Fähigkeiten, geht es mit Blick auf die „Kulturmacher", um die Einbeziehung auch des Alltäglichen und Trivialen — in Musik, Literatur, Darstellung usw. Gefragt ist die kulturell-gesellschaftliche Kompetenz der Adressaten eines solchen Konzepts, nicht allein das Zugänglichmachen hochkultureller Ereignisse für breitere Schichten der Bevölkerung im Sinne eines Abbaus von Kulturbarrieren. „Kulturpädagogik durchbricht das gewohnte passive, rein additive Aufnehmen und Konsumieren und nutzt die unmittelbare Lebenswelt mit ihrer Alltäglichkeit und ihren besonderen Anlässen, ihren aktuellen und gewachsenen Kulturgütern als Hintergrund für ein aktives, subjektorientiertes Handeln und Gestalten. Das, was den Einzelnen umgibt, wird in Projekten, Aktionen und Kursen verständlich und handhabbar. Kulturpädagogik eröffnet Handlungs- und Erfahrungsräume, in denen Kultur erfahrbar wird als etwas, was mit dem eigenen Leben zu tun hat, als gestalteter und gestaltbarer sozialer Prozeß, der selbstverständlich und nützlich-befriedigend gebraucht und verändert werden kann" (Schäfer, 1988, 15).

Die emanzipatorische Chance der Kulturpädagogik scheint insbesondere in der Überlassung von Freiräumen für Spaß, Vergnügen, Sinnlichkeit und Phantasie zu liegen, die Möglichkeiten zur kreativen Verarbeitung gesellschaftlicher Realität und zur Verfremdung des Alltäglichen bieten: „Das emanzipatorisch-politische Potential liegt hier in der Freisetzung subjektiver, expressiver, eigener Kräfte, in den vielen unterschiedlichen Bewußtwerdungsprozessen mit sinnlich-authentischen Verläufen und Phänomenen und deren Entwicklung und ‚Veröffentlichung'" (Mayrhofer / Zacharias, 1987, 47).

Eine derartige Sichtweise kulturpädagogischer Praxis ist einem „Jugendkulturbegriff" verpflichtet, der auf Eigenständigkeit und Partizipation zielt: „Es gilt, für Kinder und Jugendliche für alle in gleicher Weise erreichbare (räumlich, finanziell, milieugemäß) Bedingungen des rezeptiven und produktiven Umgangs mit generations- und zeitspezifischen ‚Kulturen' zu schaffen, ohne die großen pädagogischen Legitimations- und Wertfragen zu stellen. Kinder und Jugendliche sind Mitbürger ohne besondere Bevormundungen, sind Teile der Gesellschaft, die die gleichen Partizipationsrechte an Kultur und das Recht auf ihre ‚Kulturen' haben wie die Erwachsenen, ohne besonders sportlich, katholisch, pfadfinderisch, politisch, gewerkschaftlich, musikalisch usw. sein zu müssen, ohne Eltern haben zu müssen, die bildungsbeflissen, zahlungskräftig usw. sind" (Mayrhofer / Zacharias, 1987, 47).

Müller-Rolli führt an anderer Stelle diesen Gedanken weiter, wenn er kulturpädagogisches Handeln als Organisation, Planung und Förderung individueller Bildungsprozesse in außerschulischen Bildungs- und Kulturinstitutionen versteht, in deren Zusammenhang die Initiierung „selbstreflexiver Prozesse“ primär ist (Müller-Rolli, 1988a, 21). Der immanent angesprochene „Bildungsgehalt“ sei dabei, wie bereits von Wolfgang Klafki gefordert, ausgehend von den jeweiligen Adressaten zu bewerten: „Was ein Bildungsinhalt sei oder worin sein Bildungsgehalt oder Bildungswert liege, das kann erstens nur im Blick auf bestimmte Kinder und Jugendliche gesagt werden, die gebildet werden sollen, und zweitens nur im Blick auf eine bestimmte, geschichtlich-geistige Situation mit der ihr zugehörigen Vergangenheit und der vor ihr sich öffnenden Zukunft“ (Klafki, 1963, 132).

Damit eröffnet sich für die kulturpädagogische Praxis ein Verständnis kultureller Bildung, das „immer aus der gesellschaftlichen Praxis erwachsend zugleich auch auf diese als einer stets besonderen geschichtlich-geistigen, individuellen und sozialen Situation bezogen ist“ (Müller-Rolli, 1988, 26f.).

In einem nächsten Schritt lassen sich die Anliegen der emanzipatorischen Kulturpädagogik vor diesem Hintergrund näher erläutern. Wir beziehen uns hierbei auf die von Brigitte Schäfer vorgeschlagene Auffächerung (Schäfer, 1988, 13-23).

Kulturpädagogik sucht, Schäfers Ansatz folgend, „Antworten auf gesellschaftliche Herausforderungen, auf Zersplitterung von Lebenswelten, gegen die Aufdringlichkeit kommerzieller (Kinder- und) Jugendkultur und gegen die Dominanz der Medienwirklichkeit“. Entsprechende Praxisansätze

— versuchen, „die Sinnzusammenhänge einzelner Lebensbereiche wieder deutlich zu machen und Netze zu spannen, in denen sich das Vertraute im eigenen Alltag mit dem Neuen, Unbekannten vermischt“ und Kindern und Jugendlichen „ein Stück Partizipation zu ermöglichen, indem sie Anlässe zur Neu- und Mitgestaltung ihres sozialen und kulturellen Umfeldes bieten“;
— setzen „dem Verlust an Anschaulichkeit und direkter Wahrnehmung ein Angebot vielseitiger schöpferischer Tätigkeiten entgegen“;
— wollen „Betätigungs- und Spielräume erschließen, in denen Kinder und Jugendliche nicht mehr nur in der Rolle passiver Konsumenten oder in der Rolle kleiner Nachahmer von Erwachsenenkultur verhaftet bleiben“;
— versuchen, Bewegungsflächen, Treffpunkte, Räume und Nischen zu erhalten bzw. zurückzuerobern;- wollen „Kindern und Jugendlichen ein solides künstlerisch-handwerkliches Wissen vermitteln, das sie in die Lage versetzt, ihre Gestaltungswünsche und -ideen in eine dem jeweiligen Material oder Medium entsprechende Form umzusetzen“. Gemeint ist damit zum einen der Zugang zur eigenen praktischen Kreativität, zum anderen auch der Umgang mit musikalischen, bildnerischen, theatralischen und audiovisuellen Ausdrucksformen als eine notwendige Voraussetzung für ein auf sie bezogenes kritisches, selbstverständliches und selbstbewußtes Verhältnis.

Als Merkmale kulturpädagogischer Praxis werden an gleicher Stelle genannt (Schäfer, 1988, 25-35):

— die „Einlagerung“ der Lernsituation in die alltägliche Lebens- und Erfahrungswelt der Jugendlichen — ein „Lernen mit allen Sinnen“ und jenseits eines rein sprachlichen oder rein kognitiven Vorgangs,

— der — auch für Jugendliche nicht unbedeutsame — spielerische Charakter der Angebote, wobei sich aus unserer Sicht das „Spielerische" insbesondere auf die zwanglose Lernatmosphäre bezieht, in der ein durchaus ernsthaftes (Musik-)Projekt entstehen kann,
— die „ganzheitliche" Projektorientiertheit der kulturellen Aktionen, die diese immer wieder an der „Realität" mißt, auf die curriculare Zersplitterung von Lernsituationen verzichtet und stattdessen geschlossene, kurz- oder langfristige Projekteinheiten anstrebt.

Die so verstandene emanzipatorische Kulturpädagogik nimmt Bezug auf die Lebenswelt ihrer Adressaten, hier: der Jugendlichen, greift deren Erfahrungsaneignung auf und bietet Zugangswege, Orientierungen und Gelegenheit zur Auseinandersetzung. Die „Wirklichkeiten jugendlicher Erfahrungsproduktion" (Thole / Krombach, 1989, 115) — der Erfahrungs- und Orientierungsbereich „Musik" erhält an dieser Stelle seine nachhaltige Bedeutung! — werden auf diese Weise in die pädagogische Arbeit integriert und bieten Jugendlichen die Chance, ihre Alltagserfahrungen einzubringen, darin ernstgenommen zu werden und darüber ihre Denk- und Handlungsspielräume zu erweitern.

Rockmusik wird, so unsere These, insofern notwendigerweise zum „thematisierungswürdigen" Inhalt einer pädagogischen Praxis, die mit Interesse, Empathie und Neugier auf die Lebenswelt Jugendlicher zugeht, ohne dies als kritikloses „Anbändeln um jeden Preis" zu begreifen. Im Gegenteil: Es geht darum, sich auf die Wirklichkeiten jugendlichen Alltags und jugendlicher Erfahrungsproduktion (wieder) einzulassen und diese in die pädagogische Praxis so einzubeziehen, daß Ausgrenzungen vermieden [10]und Ausdrucksmöglichkeiten gefördert werden. Die Bereitstellung von Räumen, Produktionsmitteln, Fachlichkeit und Personal ist die eine Konsequenz, die kritisch-solidarische Auseinandersetzung mit fragmentarischen und kurzfristigen Versuchen der Jugendlichen eine andere, und die eingestandene Konkurrenz zu kommerziellen Anbietern eine dritte.

Die aktuelle Diskussion zur Bedeutung populärer Musikformen bei der Lebensstil-Ausdifferenzierung Jugendlicher und Erwachsener ist in diesem Zusammenhang von auseinanderstrebenden Tendenzen geprägt, wie Peter Wicke anläßlich des XXX. Loccumer Kulturpolitischen Kolloquiums anmerkt: „Daß die populären Musikformen als eine Art kulturelles Ferment im Prozeß der Ausdifferenzierung von Lebensstilen eine entscheidende Rolle spielen, ist kaum von der Hand zu weisen ... Insbesondere Jugendliche entwickeln aus ihrem Musikgebrauch heraus und gebunden an diesen kulturelle Verhaltensmuster, die als Faktor der sozialen Integration, der individuellen Sinn- und Identitätsstiftung wirksam werden. Versteht man unter Lebensstil gruppenspezifisch differenzierte, relativ stabile kulturelle Muster der Organisation des Alltags, dann ist Musik ganz offensichtlich in einer alles andere als marginalen Weise darin integriert" (Wicke, 1991, 175).

Auf der anderen Seite sieht Wicke „massenkulturelle Gegenstände wie die Popmusik bislang weitgehend von jeder ernsthaften Erörterung der kulturellen Reproduktionszusammenhänge von Gesellschaft ausgeschlossen" (Wicke, 1991, 177). Obgleich an diesen „sprachlichen, musikalischen und visuellen Gebilden, die in kulturellen

Massenprozessen zirkulieren und im Alltag nahezu allgegenwärtig geworden sind (Popsongs, Filme, Fernsehbilder, ‚Trivial'-Literatur, Comics etc.)" (Wicke, 1991, 175), Werte von Bedeutung festgemacht seien, die für die Formierung von Lebensstilen eine konstitutive Funktion erlangen, habe das traditionelle Kunstdenken dieses „nachgerade uferlose Problemfeld" bislang nicht bewältigen können (Wicke, 1991, 176).

Die kulturpädagogische Beschäftigung mit Rockmusik ist auf die hier getroffenen Feststellungen verwiesen, will sie dieses Genre „bearbeiten": Zu berücksichtigen sind zum einen die „kaum irgendwie sinnfällig aufeinander bezogenen unterschiedlichen Materialformen dieser Musik (sprachlich, gestisch und visuelle gleichermaßen)" (Wicke, 1991, 178), zum anderen die dazugehörigen verschiedenen Kommunikationszusammenhänge, „die jeweils ihren eigenen Code der Signifikation besitzen" (Wicke, 1991, 178) und nicht zuletzt der Rezeptionskontext.[11]

Musik ist Wicke zufolge am ehesten in einer ausschließlich vermittelnden Funktion und mit einer medialen Qualität zu verstehen, die „ein Medium, nicht aber selbst Gegenstand der Aneignung wie ein Kunstwerk ist" (Wicke, 1991, 180). Musik als kulturelles Symbol und Medium spielt im Jugendalter eine besonders herausragende Rolle: „Das Material für die Bildung derartiger kultureller Symbole finden die Individuen im Alltag vor, in Sprachbildern, Sinnbildern, im kollektiven Gebrauch sinnfällig gewordener Gegenstände, die sie in ihren Lebensprozeß so integrieren, daß sie einen sinnstiftenden Zusammenhang bilden, der seinerseits Verhaltensmuster vermittelt, die dann als Lebensstil erscheinen ... Die in der Geschichte ihres Gebrauchs akkumulierten Bedeutungen der Gegenstände, Bilder und Sprachbilder müssen erschlossen und als subjektiv bedeutsam erfahren werden, ihre Zuordnung zueinander muß sinnbildend sein. Und eben das vollzieht sich über das Medium Musik, das mit der Vermittlung sinn- und identitätsstiftender kultureller Symbolmuster damit zugleich als Medium für die Konstituierung von Lebensstil fungiert. Dies gilt umso mehr, je weniger derartige sinn- und identitätsstiftende Zusammenhänge das Sediment gelebter Erfahrungen sein können — daher die herausragende Bedeutung von Popmusik im Jugendalter" (Wicke, 1991, 180).

Auf die Pädagogik übertragbar scheint an dieser Stelle nicht zuletzt das in Loccum in Richtung politische Parteien Gesagte: „Wer die Lebensstil-Codes nicht beherrscht, gerät in Gefahr, die Mehrheit zu verlieren oder gar nicht erst zu gewinnen", die „Jugendliche und ihre inzwischen gar nicht mehr so jungen mit Pop-Musik sozialisierten Eltern heute ausmachen" (Jogschies, 1991, 171). Der hier enthaltene Gedanke, „daß unter der Oberflächlichkeit der Äußerlichkeiten sich im Lebensstil eine entscheidende Änderung des Wert- und Normengefüges, ein grundlegender Paradigmenwechsel unbemerkt vollzogen hat, der sich in der relativen Ruhe, dem Schweigen zwischen den Generationen nicht entsprechend ausdrückt" (Jogschies, 1991, 167), beschreibt den in die Jugendarbeit hineinwirkenden Strukturwandel der Jugendphase insgesamt: Stichworte wie „Monopolverlust der älteren Generation", „Zunahme schulisch-kognitiver Lernarbeit bei gleichzeitiger Entwertung der Bildungsabschlüsse", „Pluralisierung der Lebensstile und -ziele", „Angleichung der Geschlechterrollen" oder „Enttabuisierung der Sexualität", weisen in die hier gemeinte Richtung.[12]

Der Zusammenhang struktureller Wandlungsprozesse mit Erscheinungsformen der Mode und Musik wird an dieser Stelle einmal mehr deutlich und läßt sich auf den sinnstiftenden Funktionsverlust traditioneller Institutionen rückführen: „Über Musik und Mode ausdifferenzierte Lebensstile von Jugendlichen übernehmen für viele Jugendliche quasi identitätsstiftende Funktionen. Sie treten an die Stelle der — durch unaufhaltsame Erosionen — geschwächten identitätsstiftenden Funktion traditionell-kollektiver Lebensformen“ (Ferchhoff, 1991, 153).

Insbesondere der von Wilfried Ferchhoff so bezeichnete „körper- und actionorientierte“ Typus der von ihm unterschiedenen fünf jugendkulturellen Lebensmilieus scheint die Musik als bevorzugtes Medium zur Erzeugung des gewünschten Lebensgefühls intensiv zu nutzen: „Bevorzugte Medien sind gemeinhin Musikmedien, und hier dominieren die harten Klänge ‚metallener Gruppen‘; Hard Rock, Heavy Metal, aber auch ältere Formen des Rock'n'Roll transportieren und erzeugen das richtige Lebensgefühl ... Die Kraft der Symbole geht auf das Publikum über, Lebensgefühl staut sich auf und kann häufig nur noch (von den Musikern stellvertretend) über die Malträtierung der Instrumente und Anlage abgeleitet werden. Gemeinsam in Cliquen kann dieses Lebensgefühl auch über konservierte Musik erzeugt werden. Platten, Cassetten, CD's oder Videoclips beheimaten die Welt dieser Jugendlichen“ (Ferchhoff, 1991, 160).

4. Die Jugendarbeit und „das Musische“ — ein Blick zurück

„Jugendbewegung und Jugendarbeit haben kaum den Zugang zur zeitgenössischen Kunst, Musik und Literatur gesucht“, stellte Giesecke (1986, 298) vor einigen Jahren im Rückblick auf die Entwicklungsetappen der deutschen Jugendarbeit[13] fest. ‚Das Musische‘, um dessen verschiedenartige Spielarten es in den folgenden Abschnitten gehen soll, war dennoch von Beginn an wesentlicher Bestandteil einer sich entfaltenden Jugendarbeit und ein wichtiger Bezugspunkt der pädagogischen Praxis, der „Szenen“ und „Stile“ zugleich bildete wie widerspiegelte.

4.1 Musikbewegte Frühzeit

Die Freizeitaktivitäten der bürgerlichen Jugendbewegung vor dem Ersten Weltkrieg fanden in der Gemeinschaft Gleichaltriger ihren Ausdruck, um die sich — neben dem zentralen Erlebnis der „Wanderfahrt“ — eine Reihe kultureller Tätigkeiten — Liedgut, Musik, Tanz, Kleidung, Sprache usw. — gruppierte. Das sich darin äußernde Eigentümliche der Jugendbewegung wurde später von der Jugendpflege unter dem Stichwort „das Jugendgemäße“ im Kern übernommen.

Die Jugendmusikbewegung, mit Namen wie Fritz Jöde, Georg Götsch und Walter Hensch verbunden, repräsentierte, ähnlich wie die Laienspielbewegung, eine Art gegenkulturelles Element der Jugendbewegung. Die Musikbewegung wandte sich ausdrücklich gegen den artifiziellen Konzertbetrieb, der das Publikum von den Musikakteuren abtrennte, und suchte stattdessen gemeinschaftliche Formen des Musikerlebens, die man im Repertoire der vorbürgerlichen, vorklassischen Zeit zu finden glaubte.[14] Gefragt war die Musik ohne exponiertes Solistentum, die besondere Betonung der Liedtexte, der Vorrang des Chores und die im Hintergrund stehende, begleitende Rolle der Instrumente. „Das Ganze war eine Gebrauchsmusik für soziale Anlässe", resümmiert Giesecke diese Passagen zur frühen Jugend(kultur)arbeit (Giesecke, 1986, 298).

In der Jugendmusikbewegung ging es der sich entfaltenden Jugendarbeit um's Selbermachen, Selbstsingen und -spielen, obwohl die ‚Produkte' oft nicht im entferntesten an entsprechende professionelle Vorgaben heranreichten. „Der Laie" und „die Laiin" wurden entdeckt und aufgewertet, ein, wie Giesecke urteilt, durchaus ernstzunehmender „Beitrag zur Demokratisierung der Kultur", gemessen an dem elitären Kunstbetrieb vor und neben der musischen Bewegung (Giesecke, 1986, 299).

Die dabei zum Ausdruck kommende „Selbstgenügsamkeit", in ihrer Distanz zur zeitgenössischen Kunst, Literatur und Musik, verstellte andererseits den Blick für neue Impulse und konnte unschwer zum Bestandteil konservativer Weltanschauungen und Orientierungsmuster werden. Mit dem sich etablierenden Nationalsozialismus wurde dies dann rasch vollzogen: Das „gesunde Volksempfinden" wurde zum höchsten kulturellen Maßstab und beherrschte, wie Giesecke (1986, 299) konstatiert, auch nach 1945 noch lange die Szene der Nachkriegs-Jugendarbeit. Die Jugend- und Kulturhäuser der Besatzungsmächte, insbesondere der Amerikaner, konnten in dieser Situation zunächst nur geringe Gegenimpulse geben. Festzustellen bleibt: Musische Ansätze innerhalb der Jugendbewegung hatten keine gesellschaftspolitischen Ansprüche, soziale Wirklichkeit war nicht das Thema. Teile der bürgerlichen Jugendbewegung konnten nicht zuletzt aus diesem Grunde später nahtlos in die nationalsozialistische Jugendbewegung integriert werden.

Die Hitlerjugend instrumentalisierte — auf der Grundlage entsprechend erlassener Gesetze und der Ausrichtung aller Wohlfahrtseinrichtungen an den Zielen und Organisationen der Nationalsozialisten — auch die kulturellen Aktivitäten der Jugendgemeinschaften, -verbände und -organisationen. „Dieses organisatorische Grundmodell, Gruppen ‚als solche' zu bilden und nicht etwa um gemeinsam interessierende Sachen herum, entsprang nicht in erster Linie einem Bedürfnis der Jugendlichen selbst, sondern dem Wunsch der erwachsenen Führer bzw. Funktionäre, möglichst viele Jugendliche für die eigenen Reihen zu ‚erfassen'" (Giesecke, 1986, 299).

„Gleichschaltung" wurde auf diese Weise nicht nur organisatorisch, sondern auch unmittelbar, in den Köpfen der handelnden Personen, hier: der jugendlichen Bevölkerung, vollzogen. Kulturelle Aktivitäten trugen, ähnlich wie abenteuer- und sportbezogene Angebote, das ihre dazu bei, nationalsozialistisches Gedankengut zu propagieren und zu leben.[15]

4.2 Nachkriegsjahre und Musikbox

Die Nachkriegsjahre der BRD standen — und stehen — unter dem Zeichen der Amerikanisierung Europas. Das während des Nationalsozialismus Verbotene drängte nun nachdrücklich in das gesellschaftliche Leben, der als dekadent, aus der Gosse kommende „Jazz" der Benny Goodman, Louis Armstrong und Glen Miller gelangte über „American Forces Network" (AFN) in bundesdeutsche Wohnstuben. Amerikanische Filme brachten die neuen Idole von Übersee mitten in die „roaring fifties". Die konzertierte Aktion anderer Hör- und Sehwelten befreite die sich neuorientierende junge Generation von dem einengenden Mief der Vergangenheit, gab, zumindest ansatzweise, den Blick für Neues frei.

Ende des 2. Weltkrieges war die Diskussion um die Jugend- und Bildungsarbeit zunächst von einer deutlichen Abstinenz von politischen und gesellschaftlichen Fragestellungen geprägt. Die Restauration Westdeutschlands fand in weitgehend affirmativen Jugend-Programmen ihre Bekräftigung. „Begünstigt durch das Nachkriegs-‚Wirtschaftswunder' festigte sich der Glaube an die Überlegenheit der ‚freien Welt'. Erst nach Abschluß der Rekonstruktionsphase der westdeutschen Wirtschaft traten die Systemgrenzen (strukturelle Diskrepanz) deutlicher in das öffentliche Bewußtsein. So konnte allmählich, später auch verstärkt durch die ‚antiautoritäre Bewegung' und deren Auswirkungen auf den Bereich der Jugendarbeit, eine inhaltliche Neuorientierung der politischen Bildung durchgesetzt werden. Statt unbefragter Lernziele rückten nun Orientierungen an Zielen wie Kritikfähigkeit, Konfliktbewußtsein und Konfliktverhalten in den Vordergrund" (Jordan / Sengling, 1988, 62).

Die erste Rock'n'Roll-Welle der fünfziger Jahre kam dann mit Bill Haley und Elvis Presley, später weitere Idole wie Jerry Lee Lewis oder — auf der Kinoleinwand — James Dean; in den sechziger Jahren die Beatles, Rolling Stones und all die anderen Epigonen der aufkommenden englischen Pop- und Rockszene. „Dies alles durchdrang die Jugendszene und gab ihr schnell ein kulturelles Feeling, das schneller von Nationalgefühlen und der düsteren deutschen Vergangenheit wegführte, auch ideologisch, als die bemühte Bildung der gleichen Zeit … Es waren die Jungen, die Amerika (— gleichgesetzt mit Freiheit, Ekstase, Ungebundenheit, Aufbruch zu neuen Ufern —) und seine Popmusik als ihr Ausdrucksmedium entdeckten und sie damit zu einem Organisations- und Bedürfniszentrum jugendlicher Praxis machten" (Baacke, 1987, 34).

Die Musikbox[16] hatte zu Beginn der fünfziger Jahre Einzug in die kommerziellen Freizeitlokale gehalten, Mono- und Stereokoffer standen bei Freizeit- und Gruppenaktivitäten pädagogisch hoch im Kurs, trugen sie doch zur Atmosphäre und Raum-Gestaltung in kahlen, flexibel nutzbaren Kirchensälen und Gemeindehäusern bei.

Ende der 50er Jahre verebbte die musische Bewegung allmählich, bedrängt von den übermächtigen Einflüssen und der Faszination der neuen, auch unkomplizierten Unterhaltungsmusik. Die in dieser Tradition 1958 gegründete „Musische Bildungsstätte Remscheid" wandte sich in den Folgejahren mehr und mehr der kulturellen Bildung an sich zu und änderte ihren Namen in „Akademie Remscheid für musische Bildung und Medienerziehung". Die sozialen und gesellschaftlichen Bezüge des „Kulturellen“ und seine Beziehung zum Felde der Pädagogik traten nun in den Vordergrund sozialpädagogischer Beschäftigung mit diesem Thema, zumindest in entsprechenden Seminaren und Fachtagungen. „In den sechziger Jahren rückten die kulturellen Ausdrucksweisen Jugendlicher mehr und mehr in den Blickwinkel offener Jugendarbeit, allerdings nun mit der Intention verknüpft, sie unmerklich an die kulturellen Formen Erwachsener anzupassen“ (Nachtwey, 1989, 81).

4.3 Jugendpflege und Beatparty

Die zunächst amerikanischen, später zunehmend englischen Rock'n'Roll- und Pop-Importe haben Mitte der sechziger Jahre auch in der BRD ihren Hörer- und Käufermarkt gefunden. In den Rundfunk-Hitparaden werden die Seemannslieder eines Freddy Quinn von den Beatles auf die Plätze verwiesen, deutsche Schlager geraten angesichts des frischen anglo-amerikanischen Musiksturms zusehends in's Hintertreffen, ohne freilich jemals gänzlich aus den Musikläden und „deutschen Hitparaden“ zu verschwinden. Der Hörer- und Käufermarkt differenziert und formiert sich entsprechend des ausgeweiteten stilistischen Angebots. „Fans“ und „Szenen“ entstehen um ihre Idole. „Wellen“ werden verzeichnet und „abgehakt“.

Die Jugend, soviel steht fest, hat Amerika und England mit ihrer Rock- und Popmusik für sich entdeckt: „Rock'n' Roll aus den USA — das war eine kulturelle Innovation für Europa, die von den Jugendlichen aufgegriffen und verbreitet wurde. Sie sind bis heute ihre Statthalter“ (Baacke, 1987, 36).

Die „musikalische Bildung“ schien sich diesen kulturellen Vorgängen nur allmählich und eher widerwillig zu stellen, mußte sich den später im Bundesjugendplan von 1977 festgehaltenen Vorwurf gefallen lassen, sich in eine unpolitische Welt geflüchtet zu haben, auch wenn sie für die ästhetische Praxis späterer Jugendbildungsarbeit vielfach das medienbezogene „Handwerkszeug“ lieferte. „Jugendkultur kam in der musischen Bildung nicht vor. Musische Bildung war Ideologie, war Verlängerung der mittelständischen Familienkultur in die außerfamiliale Gleichaltrigenszenerie — die sinnvolle Freizeit als des Jugendpflegers Krönung“ (Böhnisch, 1988, 41).

Parallel hatte sich längst die kommerzielle Jugendindustrie entfaltet. „Der Jugendkommerz hat den Begriff ‚Jugendkultur‘ seit den 50er Jahren bei uns besetzt. Er hat es verstanden, sowohl oder gerade Elemente der Abgrenzung und der eigenen Ästhetik der Jugendkultur miteinander zu verschmelzen, zu synthetisieren ... Der Jugendkommerz beherrscht das Feld bis heute. Er vermarktet jugendkulturelles Abgrenzungsverhalten in Kleidung, Mobilität, Ausdruck; er vermarktet die gleichaltrige Kultur genauso wie das andere Feeling, wie es sich in Musik und Symbolik zeigt“ (Böhnisch, 1988, 41).

Die Jugendarbeit der öffentlichen Jugendpflege, der Jugendverbände und sonstigen Anbieter gerät angesichts derartiger Tendenzen zunehmend unter Konkurrenzdruck und in die Gefahr, den Anschluß zu verpassen und die Jugendlichen dort stehen zu lassen, wo sie bereits waren. „In der Aufbau- und Konsolidierungsphase der Häuser der offenen Tür, die sich bis in die späten 50er Jahre hinzog, war die kunst- und kulturpädagogische Praxis durch eine offene und vehemente Abwehrhaltung gegenüber kulturellen Ausdrucksweisen Jugendlicher gekennzeichnet. Die spezifische Form der musisch inszenierten ‚jugendgemäßen' Kultur mit ihren pädagogischen Postulaten der Ganzheit und der Volkstümlichkeit und ihrem Kult der schöpferischen Tat diente letztlich der Abwehr der sich neu artikulierenden sub- und gegenkulturellen Ausdrucksweisen Jugendlicher" (Nachtwey, 7 / 88, 21).

„Von Beat zu Bach" lautete nun die griffige Formel pfiffiger Musiklehrer an den höheren Schulen, ehrenamtlich tätige Pfadfinder stellten den „Lieblingsplatten" ihrer Jugendgruppe die „ganz andere eigene Schallplatte" gegenüber, die mit ihren Texten in der Gruppe mithalf, über „das Eigentliche" zu sprechen, der braune „Phonokoffer" gehörte zum Equipment des „Jugendleiters" und ergänzte den gleichfalls griffbereiten 8 mm- bzw. 16 mm-Filmprojektor.

Ende der 60er Jahre hieß „das Musische" schließlich auch im Felde der offenen Jugendarbeit nahezu ausschließlich „Pop und Rock". Angebote und Veranstaltungen in den Häusern der offenen Tür sind seither wesentlich durch diese Musik geprägt. Die offene Jugendarbeit arrangierte sich auf diese Weise — und mehr oder weniger davon überzeugt — mit dem Kommerz und dem davon geprägten „Geschmack" ihrer jugendlichen Besucher. Da und dort wurden Jugendpfleger schließlich sogar zu Vorreitern in Sachen öffentlicher „Promotion" der jugendkulturellen Szene: Es war, erinnert sich Lothar Böhnisch, der damalige Essener Stadtjugendpfleger, der Frank Zappa zum ersten Mal nach Deutschland gebracht hat (Böhnisch, 1988, 41).

Die bis heute weitgehend gleichgebliebene dreigliedrige Angebotspalette der Jugendhäuser — offener Bereich, Neigungsgruppen, Veranstaltungen — orientierte sich zu Beginn der siebziger Jahre schließlich interessierter an den Lebensformen und kulturellen Äußerungen Jugendlicher. „Musik" wurde nun großgeschrieben und zum profilierten Aushängeschild vieler Jugendzentren. „Live" war angesagt und nachgefragt, sei es in Form der angebotenen Gitarren- oder Schlagzeug-Gruppen und Band-Workshops oder in Form der regelmäßigen Auftritte lokaler, regional oder überregional bekannter Bands. „Haus-Bands" entstanden auf diesem Wege und fanden in den Jugendzentren ebenso ihr Publikum, wie professionelle Formationen hier auf „seriöse" Veranstalter und in der Regel auf ein größeres Publikum trafen, das nicht selten als Sprungbrett in's außerpädagogische Musikgeschehen diente. Modellhaft entstanden hier und dort einzelne gutausgestattete „Übungsräume" in den Jugendhäusern, die solange Bestand und Ausstattung hatten, wie sich Personal zur Betreuung dieser in der Regel schichtweise genutzten Räumlichkeiten fand.

Nicht selten erschien die Anknüpfung an der Lebenswelt Jugendlicher und der trivialen Alltagskultur vielfach dennoch lediglich als Lockvogel für eine gefällige Besucherstatistik oder für das pädagogisch wie politisch „Eigentliche", das sich im Zuge der antiautoritären Bewegung bis auf weiteres dem Primat der politischen Aufklärung und Aktivierung verschrieben hatte. Die Instrumentalisierung jugendlicher Lebensäußerungen durch die Erwachsenen war einmal mehr als potentielle Gefahr vorhanden.

Die Musik der Jugendlichen setzte nicht nur in der offenen Jugendarbeit nachhaltige Akzente. Beat- und Discoabende, aber auch Musikgruppen und Bands hielten in Erziehungsheimen, Obdachlosensiedlungen und in der Jugendverbandsarbeit Einzug und es fanden Versuche einer ersten Koordination solcher Aktivitäten statt.[17]

Ende der siebziger Jahre wird dem Thema „Pop- und Rockmusik" schließlich auch im Rahmen der sozialpädagogischen Praxis größere Aufmerksamkeit geschenkt. Ein fünfjähriger Modellversuch zur „Mobilen Jugendarbeit mit arbeitslosen Jugendlichen" (1979-1984) bestätigt zum Beispiel in Baden-Württemberg unter anderem, „welche Bedeutung die Musik (speziell die Rockmusik) gerade in der Arbeit mit Jugendlichen aus sozialen Brennpunkten einnehmen kann".[18] Ähnliche Ergebnisse bilanziert ein im hessischen Gießen 1976 gestartetes Musikprojekt mit Jugendlichen einer stadtbekannten Schlichtbausiedlung.[19]

4.4 Rockmusik als „Neuentdeckung" im Jugendhaus

Irgendwann — beim Schreiben dieses Buches — fragten wir uns innerhalb der Autorengruppe, warum es in der pädagogischen Diskussion lange Zeit ruhig blieb um die Rockmusik. Obwohl sie in der Jugendarbeit fortwährend präsent war — sei es durch Übungsräume im Keller, sei es durch Musikveranstaltungen im Jugendzentrum oder durch die fortwährend plärrende HiFi-Anlage im Clubraum — wurde sie, im Gegensatz zu den anderen Medien (Foto, Video, Theater), nur selten im Rahmen einer Fachdiskussion überhaupt gesondert erwähnt.[20]

Daher begannen wir, uns zu erinnern, wie sich die Inhalte und Schwerpunkte von Jugendarbeit im Laufe der vergangenen zwei Jahrzehnte verändert haben, wie sich Praxiserfahrungen, Modethemen und Arbeitsschwerpunkte gegenseitig bedingt haben mögen.[21]

Da waren zunächst die 70er Jahre, in denen die Professionalisierung von Jugendarbeit ihren größten Schub erlebte. Viele Studenten verknüpften — vielleicht als „Nachwirkung" der Protestbewegungen der 60er Jahre — mit ihrer Ausbildung zum Sozialpädagogen die Hoffnung, die berufliche Zukunft mit einem gesellschaftsverändernden Engagement im Jugend- und Bildungssektor verbinden zu können.

Zentrale Themen der Jugendarbeit waren damals, Räume und Treffpunkte zu schaffen, das Anliegen der Jugendlichen nach selbstbestimmten Freizeitmöglichkeiten politisch durchzusetzen und Jugend als gesellschaftspolitischem Faktor Gehör zu verschaffen (Jugendzentrumsbewegung). Inhaltlich kreiste die Fachdiskussion um die zentralen Begriffe der politischen Bildung, standen gesellschaftspolitisches Engagement und politische Aufklärung als Zielvorstellungen im Vordergrund.

Diese Auffassungen erhielten zunächst berechtigterweise Nahrung aus einer gesamtgesellschaftlichen Reformeuphorie, die — wiederum in Folge der Studentenbewegung — Veränderungen im Bildungs- und Hochschulwesen und z.B. in einer Lockerung der Sexualmoral brachte.

Rockmusik gehörte bereits damals zum Alltag der Jugendarbeit. Aber angesichts eines verbreiteten „engen" Politikverständnisses blieb sie weitgehend Hintergrundmusik. Zwar bot sie auch Anlässe zum Tanzen und für größere Veranstaltungen, insgesamt jedoch war der Blick eher auf die „politische Überzeugungsarbeit" in Schule, Ausbildungsbetrieb und Stadtteil gerichtet.

Natürlich übten schon damals Bands in Jugendzentrumskellern und es gab „Modelleinrichtungen", die z.B. einen voll ausgestatteten Musikraum vorweisen konnten und

Musik-AG's anboten. Aber die „musische Arbeit“ galt als „unpolitisch“ und war nur ein Nebengleis der Jugendarbeit. So übten die Beat-Bands weitgehend unbeachtet im Keller. Die ehemals teure Musikeinrichtung war bald verschlissen. Niemand kümmerte sich um eine Reparatur. Einige Überreste zierten jahrelang die Ecken des insgesamt eher zum Lagerraum gewordenen Übungsraumes.[22]

— Moment mal, da gab es doch noch den „Polit-Rock“?! Klar, hätten wir fast vergessen! „Floh de Cologne“ und die „Scherben“, jede politische Strömung hatte eben so ihre Lieblinge! —

Mitte der 70er Jahre spätestens kehrte der große „Frust“ ein. Die „Bewegung“ hatte sich mannigfaltig gespalten und diskutierte in Wohngemeinschaften, Jugendzentren, Uni-Hörsälen, Schülerselbstverwaltungen usw. die „richtige“ politische Linie. Die gleichzeitig entstehende Friedens- und Ökologiebewegung bzw. die Frauenbewegung brachten neue Themen, auch für die Jugendarbeitsdiskussion. Es wurden Orientierungen zwischen „Politischer Jugendarbeit“, „Antikapitalistischer Jugendarbeit“, „Politischer Bildung“, „Gemeinwesenarbeit“, „Gewerkschaftlicher Orientierung“, „Bedürfnisorientierter Jugendarbeit“ usw. gesucht.

Als plötzlich die ersten Punks auftauchten, machte schnell das Schlagwort von der „No-Future-Generation“ die Runde. Da trafen sich „gefrustete Altlinke“ in inhaltlicher Übereinstimmung mit themengeilen Journalisten und einer völlig überforderten Erwachsenengeneration. Die Fachdiskussion verarbeitete den „Politikfrust“ in ähnlicher Weise, indem sie den „Neuen Sozialisationstypus“ verkürzt rezipierte und eine ganze Jugendgeneration zu narzistischen Selbstdarstellern stilisierte. Sie entdeckte die „neue Subjektivität“ und manches Seminar fand plötzlich unter dem Stern der „Selbsterfahrung“ statt.

Mit der Punk-Bewegung kamen zunächst wohl nur die Wenigsten zurecht. Mitten in der Theoriediskussion und noch mit den Nachwirkungen der letzten Anti-Akw-Demo beschäftigt, tauchte sie als eine Erscheinung auf, die zunächst gar nicht zu deuten war. Musikalisch hatte sich die Rockmusik bis dahin einerseits zu bombastisch-konzertanten Klängen entwickelt (z.B. „Genesis“), andererseits war die Musik von Filmen wie „Saturday Night Fever“ Ausdruck und Auslöser der aufkommenden Disco-Welle. Oder der Jazz-Rock ermöglichte es seinen Fans, einen besonders erlesenen Musikgeschmack zu beweisen. Was also sollte da plötzlich diese „Kaputten-Musik“ ohne jeglichen musikalischen Anspruch, wie sie die Punks machten? Einige ganz Eilige unter den Theoretikern entdeckten darin sofort ein Wiederaufkeimen der schon totgeglaubten Bewegung und apostrophierten sie als *die* angesagte Form des Jugendprotestes.

Zwischen „Politikfrust“ und „Neuer Innerlichkeit“ hin- und hergeworfene professionelle JugendarbeiterInnen hatten es derweil mit einem anderen Problem zu tun bekommen: Die „Kids“ zeigten sich unmotiviert, waren zu keiner „inhaltlichen Diskussion“ zu gebrauchen. Alles, worauf sie „standen“, war die Disco, die sie den zähneknirschenden Hauptamtlichen zweimal wöchentlich abgerungen hatten. Alles schien sich wieder so zu entwickeln, „als hätt‘ es ‚68 nie gegeben!“ Die Mädels schminkten sich erst recht, die Jungs posierten in Muscle-Shirts auf der Tanzfläche: „Baggern und Balzen wie eh und je im Rollenklischee!“

In den Fachzeitschriften tauchten mehr und mehr Artikel auf, die sich mit den Praxiserfahrungen in den Jugendzentren auseinandersetzten. Diese schienen gänzlich anders zu verlaufen, als in der Theoriediskussion prognostiziert: Mit den einst aufgestellten Ansprüchen an politische Arbeit und Aufklärung wirtschaftete man offensichtlich an den Bedürfnissen und Interessen der Jugendlichen vorbei, die die Jugendzentren und -clubs zunächst schlicht als Treffpunkte zu nutzen gedachten.

So mußte sich die Diskussion auch dem Phänomen „Disco im Jugendhaus" zuwenden, das die Jugendlichen mit Beharrlichkeit überall durchzusetzten verstanden hatten. Und schließlich — ohne gänzlich Abschied von einem engen Politikverständnis nehmen zu müssen — gelang es auch dogmatischen PädagogInnen, der „Disco" etwas Positives abzugewinnen: Der „offene Bereich" sollte als „Rekrutierungsfeld" für die ansonsten verfolgten Bildungsabsichten dienen.

Insgesamt aber schwanden Zug um Zug die Vorstellungen von globalen Konzepten zur Gesellschaftsveränderung und machten einer realistischeren Einschätzung der Chancen und Möglichkeiten von Jugendarbeit Platz. Ebenso wandelten sich ihre Konzepte, Methoden und Angebote. Das inzwischen weitgehend professionalisierte Arbeitsfeld wurde in spezialisierte Angebote ausdifferenziert. Es entstanden Beratungsstellen, Ausbildungsprojekte, Bildungswerke usw. und auch im Jugendhaus wurde versucht, einiges zu ändern: Viele Hauptamtliche hatten es inzwischen verstanden, ihre Ansprüche an eine politisch-emanzipatorische Jugendarbeit auf die dortigen Möglichkeiten zu übertragen. Mit einzelnen Projekten, in denen ein Stadtteil- bzw. Regionalbezug hergestellt wurde, ließen sich z.B. öffentlichkeits- und medienwirksam kommunalpolitische Themen aufgreifen und bearbeiten.

“Live-Musik? — Klar, die gab‘s auch noch, ab und an ein Konzert. Das kam aber nicht mehr so gut an. Die Kids wollten lieber ihre Disco. Und der Probenraum im Keller wurde schon länger nicht mehr benutzt. Die Geräte waren kaputt oder geklaut, da hat sich keiner mehr darum gekümmert." So lautete eine der von uns zusammengetragenen, insgesamt durchaus ähnlichen Erinnerungen aus der Zeit zu Beginn der 80er Jahre. Natürlich gab es immer auch die Kontakte zu MusikerInnen und Bands: durch die telefonische Anfrage, ob man einen Übungsraum stellen oder bei Konzerten und Veranstaltungen mitwirken könne. Um Musik als eigenes Arbeitsfeld sehen zu können und dabei mehr als nur den Gitarrenkurs mit „braven" Jugendlichen im Auge zu haben, dafür war die Zeit wohl noch nicht „reif" — trotz der eigenen Erfahrungen in Amateur- und semiprofessionellen Bands. Der Vorbehalt, SozialpädagogInnen würden dann während der Arbeitszeit nur ihrem Hobby nachgehen, tat sein übriges.

In der Fachdiskussion hatte man inzwischen die „Kulturarbeit" entdeckt. Zwar schien auch sie ein „Modethema" zu sein, eröffnete aber — nach allen dogmatisch-politischen Blockaden — wieder Handlungsspielräume. Was sich in der Stadtteilarbeit z.B. schon früher durchgesetzt hatte, fand nun auch in die Jugendarbeit Einzug: Medienarbeit, Kulturarbeit, Stadtteilbezug. Der ehemals obligatorische „politische Zeigefinger" machte anderen Lernzieldefinitionen Platz: der Auseinandersetzung mit „Alltag", „Lebenswelt", „Bedürfnissen" usw.

In der gleichzeitig beginnenden Diskussion um „selbstbestimmte Ästhetik", um „Wiederaneignung kultureller Ausdrucksformen", um „kulturelle Anregungsmilieus" usw. ließen sich die neuen jugendkulturellen Erscheinungen nun auch besser deuten. Was sich im Alltag bereits als „Pluralität der Lebensstile" und als Ausdruck eines „gesellschaftlichen Wertewandels" mit veränderten Orientierungen und Normen manifestiert hatte, bildete den Ansatzpunkt für neue konzeptionelle Überlegungen: Wenn Kultur als wichtiger Orientierungsfaktor zum „Lebensmittel" geworden war, so mußte sich auch Jugendarbeit dieser veränderten Situation stellen. Vor diesem Hintergrund erhielt z.B. die Auseinandersetzung mit Rockmusik — als einer jugendkulturellen Ausdrucksform mit Orientierungsfunktion — neue Nahrung.

Pädagogische Konzeptionen und Programme hatten sich inzwischen entsprechend gewandelt. Theater, Musik, Mode, Tanz, all diese Erscheinungen wurden aufgegriffen, thematisiert und z.T. in eigenen Produktionen bearbeitet. Keine Frage: Ein „Musikseminar" mit Jugendlichen war jetzt begründbar und finanzierbar. Die Hauptamtlichen, selbst häufig MusikerInnen, hatten zudem entdeckt, daß das Musik-Machen auf großes Interesse stieß, für viele „Musik-Konserven-sozialisierte" Jugendliche einen schon „exotischen" Charakter besaß und dazu noch als gruppenpädagogisches Angebot gut funktionierte. Warum also nicht das Medienangebot von Foto, Video und Theater um die Musik erweitern? Man mußte sich ja nicht mehr, wie etwa vor zehn Jahren noch, den Vorwurf gefallen lassen, „völlig unpolitische Arbeit" zu leisten.

So oder ähnlich mag sich unserer Einschätzung nach der Themenwandel von Jugendarbeit in den Köpfen der Professionellen niedergeschlagen und auf die Praxis ausgewirkt haben. Für den Kreis der Herausgeber und einen Teil der Autoren jedenfalls scheint weitgehend unumstritten, daß Rockmusik dann als wichtiges Arbeitsfeld innerhalb der Jugendarbeit akzeptiert werden konnte, als der Kopf von verengten Konzepten politischer Bildung und Aufklärung frei war. Erst jetzt wurde es möglich, Rockmusik und Jugendarbeit in einen Zusammenhang zu bringen, in dem sich musikalische Neigungen und Fähigkeiten sinnvoll mit pädagogischen Überlegungen kreuzen ließen.

5. Rockmusik — eine Standortbestimmung

61 % aller jungen Leute halten Rockmusik für ihre Musik. Sie geben 63 % ihres Taschengeldes für Platten und Musik-Cassetten aus. Pro Monat sind das im Schnitt 50.-DM. Die 11-18jährigen kaufen die meisten Platten überhaupt[23]

Der Versuch, Rockmusik per Definition näher zu beschreiben, muß all die soziokulturellen Begleitumstände miteinbeziehen, die über das rein musikalische Phänomen hinausweisen. Gemeint sind die Zusammenhänge zwischen Musik und sozialen Beziehungen (Peer-Groups), zwischen Musik und sozial-räumlichen Orientierungen, zwischen Musik und Moden bzw. Lebensstilen, zwischen Musik und Freizeitindustrie usw.

So verstanden ist Rockmusik mehr als nur ein „Stil" in der populären Musik, sondern sie transportiert eine Vielzahl soziokultureller Bedeutungsgehalte: Sie dient bei Jugendlichen — und mehr und mehr auch bei Erwachsenen — als Ausdruck für ein Lebensgefühl bzw. zur Darstellung eines Lebensstils und der Zugehörigkeit zu einer kulturellen Szene. Ihr musikalisch-textlicher Gehalt hat in vielen Fällen lebensstilbezogene Konnotationen, die soziale Orientierungsfunktionen bieten.

Lange Zeit galt Rockmusik als „authentische Ausdrucksform" des Jugendprotestes. Diese Kennzeichnung leitete sich aus ihrer Entstehungsgeschichte im Zuge der Protestbewegungen der 60er Jahre ab. Angesichts der seither erfolgten Veränderungen in den jugendkulturellen Szenen und angesichts der Kommerzialisierung von Jugendkultur bis in ihre Nischen hinein, läßt sich diese Behauptung heute nicht mehr aufrechterhalten. Die lange Zeit gebräuchliche Unterscheidung zwischen „authentischer" Rockmusik und „kommerzieller" Popmusik greift nicht mehr.[24]

Wir verwenden „Rockmusik" als Überbegriff für eine Vielzahl von Stilen in der populären Musik. Vor allen Dingen im deutschen Sprachraum bietet sie sich als Sammelbegriff für die populäre Musik an, deren Wurzeln in der afro-amerikanischen Volksmusik zu finden sind. Auf diese Weise kann eine Grenze z.B. gegenüber dem deutschsprachigen Schlager und der sogenannten „deutschen Volks-" oder „Blasmusik" gezogen werden, an der sich auch verschiedene soziale Welten scheiden.[25]

Musikalisch hat Rockmusik ihren Ursprung in den afroamerikanischen Musikformen des Blues, des Folk, des Jazz, der Country & Western Musik. Mit dem Aufkommen der elektrisch verstärkten Instrumente in den 50er Jahren wurden die technischen Voraussetzungen für ihre Entwicklung als eigenständige Musikgattung geschaffen. Neu daran war, daß die Musik sehr laut und durch elektronische Effekte verändert gespielt werden konnte: Die Gitarre konnte durch „Übersteuern" verzerrt werden, der Baß gewann an „Power", der Gesang an Durchsetzungsvermögen in großen Arenen. Die Musik — deren rhythmische und harmonische Grundlagen im Folk, Blues usw. bereits weitgehend entwickelt waren — erhielt durch den „Sound" ein neues Gepräge. Die verfügbare Lautstärke begünstigte „fetzige" Darbietungen vor großem Publikum und damit neuartige Gemeinschaftserlebnisse, aber auch eine unmittelbare körperliche Empfindung der Musik („Bässe, die in den Bauch fahren").

Kulturell bezog Rockmusik ihren Nährboden lange Zeit aus dem Klima des Jugendprotestes der 60er Jahre, der der Bevormundung durch Normen und Verbote der Erwachsenenwelt zunehmend eigene Werte gegenüberstellte. Heute — zu Beginn der 90er Jahre — erscheint sie eher als Ausdruck unterschiedlicher, miteinander konkurrierender Lebensstile, zwischen denen sich Jugendliche „irgendwie" selbst zu verorten haben [26]

Auf diese Weise dokumentiert sich die Veränderung des „Zeitgeistes" — vom Protestverhalten einer Jugendgeneration in den 60er Jahren zum Pluralismus der Lebensstile in den 90er Jahren. Entsprechend gilt es, den längst nicht mehr zwangsläufigen Zusammenhang zwischen Rockmusik und Protesthaltung endgültig aufzulösen. Ein Festhalten daran würde heute u.E. zu viele Stilarten ausgrenzen, in denen sich Jugendliche — trotz aller Kommerzialisierung — „wiederfinden" und Orientierung bzw. Selbstausdruck suchen. Der Mythos der „rebellischen" bzw. „authentischen" Rockmusik verstellt u.E. den Blick auf das, was sie heute ausmacht: Sie ist Teil eines nonverbalen Systems von Zeichen und Codes, das für die Peer-Groups und Jugendkulturen gemeinsamkeitsstiftend ist.[27]

Neben dem „kulturellen Background" haben sich auch die technischen Produktionsbedingungen der Rockmusik entscheidend gewandelt. Der Trend zur Digitalisierung der Musikproduktion hat ihren Sound und ihre Live-Präsentation, sowie die Hörgewohnheiten der Konsumenten verändert. In Discos bzw. bei Großkonzerten wird der zeitgemäß „knackige“ Sound reproduziert, der das Klangerleben beim Hören einer CD heute kennzeichnet. Er wird kombiniert mit aufwendigen Licht- und Showarrangements, die „live“ ähnliche Szenen entstehen lassen, wie sie für Videoclips typisch sind.

Während solche Licht- und Sounderlebnisse immer kostspieliger gestaltet werden und beim Publikum einen regen Zulauf finden, schwindet das Interesse für Live-Konzerte von Amateur- und semiprofessionellen Bands mehr und mehr. Auch hierin spiegelt sich ein Wandel innerhalb der Rockmusik-Geschichte. Genügte vor 20 Jahren allein die Tatsache, daß irgendwo eine Band spielte, um eine Veranstaltung zum wichtigen jugendkulturellen Ereignis werden zu lassen, so finden heute am ehesten noch die Multi-Media-Inszenierungen der Mega-Stars besondere Beachtung.

Dagegen ist die Anzahl der musikalisch anspruchsvollen Amateur- und Nachwuchsbands in den vergangenen Jahren beständig gewachsen, so daß die paradoxe Situation entstand, daß ein Mehr an MusikerInnen einem Weniger an Zuschauerinteresse und Auftrittsmöglichkeiten gegenübersteht.

In dem hier dargestellten Rahmen veränderter kultureller und technischer Bedingungen lassen sich für die rockmusikbezogene Kulturpädagogik eine Reihe von Anforderungsprofilen entwickeln, wie sie in diesem Buch noch ausführlicher behandelt werden. Dies betrifft, zusammengefaßt, einerseits die Entwicklung von musikalischen Fähigkeiten, von Kreativität, Sinnlichkeit und eigenem Ausdrucksvermögen in der musikalischen Praxis im Gegensatz zur allgemein eher konsumorientierten Freizeitentwicklung.[28] Es betrifft gleichermaßen die Auseinandersetzung mit Stilen und Moden bzw. mit jugendkulturellen Orientierungen, also die „erweiterte“ kulturelle Praxis Jugendlicher.

Unser Blick richtet sich hier — nicht zuletzt auch entsprechend des gesetzlichen Auftrags in § 1 Abs. 3 (Punkte 1 und 4) des Kinder- und Jugendhilfegesetzes von 1990 (KJHG) — insbesondere auf jene Gruppen, die von produktiver Beteiligung und Mitgestaltung weitgehend ausgeschlossen sind. Der potentiell emanzipatorische Aspekt der Kulturpädagogik steht damit im Mittelpunkt unserer Überlegungen: Die Chance, im Prozess der kulturellen Praxis zu experimentieren, sich kulturelle Erfahrungsfelder wieder anzueignen und zu eigenen Ausdrucksformen zu finden. Der Herstellung von „Öffentlichkeit“ im kleinen oder größeren Rahmen kommt in diesem Zusammenhang eine besondere Bedeutung zu, in unserem Falle bezogen auf die Unterstützung jugendlicher Öffentlichkeit und bezogen auf das Verhältnis zwischen Gleichaltrigen, verschiedenen Nationalitäten und verschiedenen Generationen.

6. Rockmusik in der Sozialisation Jugendlicher

Dieser Abschnitt will einen gerafften Überblick über Sozialisations- und Jugendtheorien bieten. Im Zentrum steht dabei die Fagestellung, welche Bedeutung Rockmusik in der Sozialisation Jugendlicher einnimmt — dies quer zu den gesellschaftlichen Schichten und unabhängig von den unterschiedlichen Altersstufen.

6.1 Rockmusik und die Gefühlswelt Jugendlicher

„Rockmusik ist (...) besonders als Identifikationsmedium geeignet, weil Gefühle erlebt, nachvollzogen und mitempfunden werden können" (Hußing, 1982, 318).

In der Rockmusik werden in Text und Musik die alltagsweltlichen Erfahrungen Jugendlicher, ihre Stimmungen und Gefühle aufgegriffen und künstlerisch verarbeitet. Die Unterschiedlichkeit der zur Verfügung stehenden musikalischen Formen erlaubt den Ausdruck differenzierter Gefühlslagen, von der zarten Träumerei bis zur gesteigerten Aggressivität.

Durch das Musik-Hören erleben Jugendliche nicht selten „einen wahren Gefühlsrausch. Darauf ist zum Teil auch die entspannende Wirkung von Rockmusik zurückzuführen. Hören von Rockmusik hilft Gefühlsdefizite zu kompensieren. Sie erleichtert das Erleben von Ganzheit in einer zerstückelten, als chaotisch erlebten, nicht durchschaubaren und unstrukturiert erscheindenden Realität. Besonders in der Pubertät, in der häufig Probleme der Depersonalisierung auftreten, ist diese Form der Realitätswahrnehmung ein Problem. Vorgänge der Innen- und Außenwelt werden als sinnentleert und kalt empfunden.; sie lösen keine Gefühlsempfindungen aus; ein Teil der Selbstwahrnehmung ist ausgefallen. Hier kann laute Rockmusik als starkes akustisches Reizmittel dazu dienen, Gefühle auf dem Umweg über Sinneswahrnehmung zu erleben" (Hußing, 1982, 319).

Musik dient als Stimulans, wenn sie auf dem Umweg der Sinneswahrnehmung innere Gefühlszustände von außen verstärkt, indem sie Gefühlsausdruck ohne verbale Äußerungen ermöglicht und Empfindungen intensiviert. Die Chance, durch Musik-Hören Gefühle zuzulassen, empfinden und ausdrücken zu können, steht im Gegensatz zu den Anforderungen, denen sich Jugendliche im Alltag ausgesetzt sehen. Schule und Ausbildung funktionieren sprachbezogen und leistungsorientiert und blenden die Gefühlswelt in der Regel weitgehend aus. Die Familie ist für viele Jugendliche eine weitere Konfliktbühne, wenn Eltern nicht ausreichend Verständnis aufbringen, sondern den Außendruck noch verstärken.

Im Freizeitbereich bieten Sportvereine, Jugendorganisationen und ähnliche Einrichtungen nicht immer den Rahmen, um das Bedürfnis nach gefühlsbetonten Aktivitäten aufzugreifen. Musik-Hören — alleine oder in der Gruppe Gleichgesinnter — bietet dagegen einen wohltuenden Kontrast zur weitgehend von Leistungsanforderungen und rationalem Denken geprägten Alltagssituation. Rockmusik ist dabei wesentlich auch ein „Assoziationsmedium für Träume und Sehnsüchte" (Vollbrecht, 1988, 84).

„Die Rezeption von Rockmusik leistet eine kommunikative Verständigung über lebensweltliche Wirklichkeit. Dies gilt insbesondere für (...) z.B. die Spannung zwischen den Geschlechtern, das Glücksgefühl nach einer gelungenen Liebeswerbung, die Trauer beim Partnerverlust oder die Wut über erlittene Ungerechtigkeit" (Vouilléme, 1987, 43).

Rockmusik verwendet in Text, Musik, Performance und in den „Rand-Medien" eigene Ausdrucksmittel, Zeichen und Codes, die es erlauben, Bedeutungen nonverbal und unter Ausschluß Außenstehender zu kommunizieren.[29]

Die Zugehörigkeit zu einer Gruppe wird häufig nur durch Details signalisiert — z.B. durch ein bestimmtes Emblem auf der „Kutte“ oder durch farbige Schnürsenkel. Andererseits werden Zeichen, Accessoirs und Moden auch so auffällig präsentiert, daß jeder Außenstehende den beabsichtigten Effekt ohne weiteres ablesen kann. „Das, was den Menschen ausmacht, liegt dann nicht ‚tief innen‘, in seiner verborgenen Gesinnung, seinen versteckten Antrieben, seinen „Herzensbedürfnissen“, sondern an der Oberfläche, ist abzulesen an seiner Kleidung, seinen Accessoirs, seiner Musik“ (Vollbrecht, 1988, 80).

Jugendliche haben damit eine variable Kommunikationsform entwickelt, die ihrer Gefühlswelt und ihrem Bedürfnis nach Abgrenzung von der Erwachsenenwelt gerecht wird. Sie entfalten im Umgang mit den sich ihnen bietenden Ausdrucksmöglichkeiten innerhalb der heutigen Medienwelt eine immer neue Kreativität, die von den Außenstehenden in der Schnelligkeit des Wandels, dem sie unterliegt, kaum noch nachvollzogen werden kann.[30]

6.2 Rockmusik und Sexualität

Jugendliche unterliegen während der Adoleszenz durch die erwachende Sexualität und eine neue Selbst-Wahrnehmung einer Vielzahl bis dahin nicht gekannter Spannungen. Es entstehen neue Triebe, neue Emotionen und Bewußtseinszustände, die entwirrt, gegliedert und sozialisiert werden müssen. „Die physiologischen Veränderungen der Pubertät (Fortpflanzungsmöglichkeit, biologischer Sexualtrieb, äußere Erscheinungs- und Körperform), und die durch die Sexualhormone hervorgerufenen Interessen im geschlechtlichen Bereich (ausgedrückt in Körperpflege, Introspektion, heterosexuellen Unternehmungen, Tagebüchern, Tagträumen usw), erfordern jetzt eine Neuordnung der emotionalen Ausdrucksmöglichkeiten und die Herausbildung der Geschlechtsrolle“ (Spengler, 1985, 117).

Über Rockmusik kann das für Jugendliche brennende Thema Sexualität aufgegriffen werden:. „Das sexuell ansprechende Moment der Musik wird gewöhnlich im Rhythmus gesehen — es ist der Beat, der eine direkte körperliche Reaktion hervorruft —, aber die Sexualität der Rockmusik hat auch noch andere Komponenten. Die Rock-Erfahrung ist vor allem eine soziale Erfahrung, ...und was die Sexualität angeht, ist unsere Reaktion auf Musik wohl in erster Linie eine Reaktion auf die besondere ‚Struktur‘ einer Stimme, auf den ‚touch‘ eines Instrumentalisten — sie beruht auf einem Gefühl für das Spielerische“ (Frith, 1981, 277).

Frith spricht damit nicht nur die Bedeutung der Rhythmik, sondern auch die der Präsentation von Rockmusik im sozialen Rahmen an: Vieles, was an Gefühlen und Sehnsüchten beim Musik-Hören entsteht, wird auf die Interpreten als fiktives Gegenüber projeziert. Der Wunsch nach Partnerschaft, Liebesbeziehungen und einem sexuell „attraktivem“ Partner äußert sich im „Schwärmen“ für ein Idol. Die gemeinsame Verehrung von Idolen in der Clique verschafft diesen „virtuellen Beziehungen“ einen sozialen Rahmen und ist häufig Beginn einer Thematisierung von heterosexuellen Bedürfnissen.

Rockmusik lebt nicht alleine von ihrem musikalisch-textlichen Gehalt, in dem Sexualität so offen thematisiert werden kann, wie in sonst kaum einem anderen den Jugendlichen öffentlich zugänglichen Bereich, sondern vom gesamten Ambiente, das von mehr oder weniger offenen sexuellen Anspielungen geprägt ist. Gemeint sind Plattencover, Bücher, Zeitschriften, T-Shirts, Videoclips und natürlich die Live-Bühnenshows der Interpreten. War es zu Beginn der Rock'n' Roll-Ära Elvis Presley mit einem für damalige Zeiten gewagten Hüftschwung, der die Fans in Aufregung versetzte, so verkörperten in den 80er Jahren Tina Turner und Mick Jagger den Typus eines nie alternden, sexuell attraktiven Idols. Madonna und Prince, als nachfolgende Generation von Stars, erregten Aufsehen mit ihren gesteigert erotisch-tänzerischen Darbietungen und ihrem aufreizenden Outfit.

Eric Burdon behauptet: „Sex ist Rock'n'Roll. Rock'n'Roll Musik ist eine sexuelle Ausdrucksform...Für mich ist der back-beat[31]gleichbedeutend mit dem Herzschlag eines Menschen, der lustvoll mit einem anderen Menschen körperlich zusammen ist" (Burdon, 1979, 191). Er beschreibt damit einen Mythos der Rockmusik, der an Anziehungskraft nach wie vor nichts eingebüßt zu haben scheint.

Unsere zentrale Prämisse, „Rockmusik erreicht die Sprache und das Denken Jugendlicher und setzt an ihrer Gefühlswelt an", gilt insbesondere für den Umgang mit Erotik und Sexualität. Dieser ansonsten eher tabuisierte Bereich wird vielfältig thematisiert und musikalisch, textlich und in Bühnenshows szenisch bearbeitet — und gleichwohl kommerziell ausgebeutet. Rockmusik transportiert damit als einen zentralen Inhalt das, was Jugendliche entwicklungsbedingt besonders bewegt und wofür sie in erster Linie unter Gleichaltrigen eine Austragungsebene suchen. Insofern bietet Rockmusik den Anlaß und die Gelegenheit zur ästhetischen Inszenierung eines ganzen Bündels von Bedürfnissen, wie es z.B. bei Konzerten, in Disco's, auf Party's usw. geschieht. Die Musik und der soziale Rahmen, in dem sie konsumiert bzw. seltener auch aktiv produziert wird, unterstützen Körpergefühl, Sinnlichkeit, körperliche und erotische Ausstrahlung und Attraktivität. Musik und Ambiente bieten einen attraktiven Rahmen zum Erproben der Selbst- und Fremdwahrnehmung, die während der Adoleszenz eine wichtige Funktion für die Entdeckung der eigenen Identität hat.

6.3 Rockmusik und Orientierungssuche

Mit „peer-groups" werden Gruppen Gleichaltriger und Gleichgesinnter bezeichnet, die die Bewältigung jugendspezifischer Probleme außerhalb der Normen und Werte der Erwachsenenwelt und außerhalb der herkömmlichen Sozialisationsinstanzen ermöglichen. Die „peers" sind nach Spengler als „Selbsthilfegruppen" Jugendlicher eine Antwort auf die Defizite der ‚mächtigen' Sozialisationsinstanzen (Elternhaus, Schule, Ausbildungsbetriebe, Kirchen usw.). Im Zuge eines gesamtgesellschaftlichen Wertewandels[32]scheinen — in der Tendenz — die traditionellen Normen, Erziehungskonzepte und Lebensentwürfe für die heutigen Sozialisationsanforderungen nicht mehr hinreichend plausibel zu sein. „Für die Individuen ist vor dem Hintergrund verblassender traditionaler Lebensformen ein verbindlich vorgezeichneter und in sozialen Lebensmilieus abgestützter Lebensfahrplan immer weniger erwartbar" (Vollbrecht, 1988, 72).

In den westlichen Industriegesellschaften kennzeichnet ein wachsender gesellschaftlicher Reichtum und ein für den Einzelnen größerer Anteil an frei verfügbarer Zeit den sozialstrukturellen Wandel. Zinnecker (1987, 173 ff.) spricht in diesem Zusammenhang vom „freizeitkulturellen Lebensstil", der an die Stelle tradierter Lebenskonzepte getreten sei. Demnach wird die Identität nicht mehr vordringlich aus der beruflichen Tätigkeit und der familiären Situation gewonnen, sondern mehr auch aus der Aneignung eines Lebensstils, der sich im wesentlichen durch Warenkonsum und die entsprechende Gestaltung des Freizeitbereiches bzw. durch Selbststilisierung vollzieht.

Die „Peers" als Zusammenschluß der Altersgenossen garantieren unter diesen veränderten gesellschaftlichen Bedingungen vorübergehend emotionalen Rückhalt und ermöglichen, ohne die unmittelbare Kontrolle der Erwachsenen, das Herausbilden eigener Orientierungen. „Die Suche nach Gemeinschaftserlebnissen mit Gleichaltrigen ... und der Wille zu Abgrenzung und Widerstand gegenüber der Erwachsenenwelt sind eng miteinander verknüpft" (Weiß, 1982, 93).

Ein Orientierungsdilemma besteht, angesichts der „Pluralität der Lebensstile", nicht nur für die Jüngeren, sondern mehr und mehr auch für die Erwachsenen.

„In dem Maße, in dem die verbindliche Kraft selbstverständlicher Normalitätsentwürfe und Lebensstile geschwunden ist; in dem Maße, in dem der Orientierungsdruck für den Einzelnen gestiegen ist, zwischen der Vielfalt von kulturellen Mustern auswählen und sich einen eigenen Lebensstil zurechtbasteln zu müssen, wächst die Bedeutung der Lebensstilsuche für die Lebensbewältigung insgesamt" (Treptow, 1989, 32).

Dies geschieht in engem Zusammenhang mit dem immer größer werdenden Warenangebot einer Konsumgüterindustrie, die in den vergangenen Jahrzehnten entsprechend „boomte" und ständig neue Bereiche für den Konsum erschloß (Mode, Sport, Reisen, Musik, Elektronik usw.). Der „Markt der Lebensstile" offeriert ständig wechselnde Angebote und scheint zeitweise vollständig die geschwächten gesellschaftlichen Orientierungsfunktionen ersetzt zu haben. „Auf dem Jahrmarkt der Möglichkeiten, den die Medien eröffnen, scheint alles greifbar, ohne es für den einzelnen wirklich zu sein" (Vollbrecht, 1988, 76).

Wegbereiter hierfür mögen unter anderem auch die jugendkulturellen Strömungen der vergangenen Jahrzehnte gewesen sein. Mit bis dahin nie gekannter Kreativität entwickelten sich — aus einer Protesthaltung gegenüber der festgefahrenen Erwachsenenwelt — eine Vielzahl von „Szenen" mit entsprechenden musikalischen und modischen Stilen, mit einer intensiven Nutzung der Medien und letztlich nachhaltigen Wirkungen auf das gesamte gesellschaftliche und kulturelle Leben. Die Kreativität speiste sich ursprünglich aus dem Bestreben, den Tendenzen zur Vermarktung und Vereinnahmung durch Industrie und Gesellschaft zu entgehen und der Vermassung durch immer neue Stilexperimente ständig um eine Nasenlänge voraus zu sein.

Dieser Prozess vollzog sich zwischen dem kreativem Experiment als „authentischem" Selbstausdruck und der Verwendung schon bestehender Stilelemente, die zitiert und neu kombiniert wurden. Er scheint sich bis in die Gegenwart hinein fortzusetzen: Immer neue Stilbildungen sind zunächst Ausdruck einer Unabhängigkeitserklärung derjenigen, die einfach anders sein, anders leben und denken wollen, als die Masse.

Waren derartige Entwicklungen stets von Parallelen im Musikgeschehen begleitet und fanden einen Ausdruck bzw. größere Verbreitung (z.B. Punk), so war und ist Rockmusik eine Erscheinung des Zeitgeistes, in dem sich der Wandel von Wertvorstellungen künstlerisch aufgearbeitet spiegelt.[33]

„Rock begann als Rebellion, wird vermarktet, den Massenkonsumtionskanälen einverleibt und explodiert an anderer Stelle neu, als Protest, Provokation, Regelverletzung" (Baacke, 1985, 30).

Einige soziologische Untersuchungen und Beobachtungen versuchten, ab der Mitte der 80er Jahre einen „Überblick" über die undurchsichtig gewordene Landschaft der Jugendkulturen zu schaffen. Becker (1984, 499 ff.) unterscheidet z.B. folgende „Typen" jugendkultureller Milieus:

— Die „subkulturellen Milieus" rekurrieren auf die eigene Körperlichkeit in der Aneignung öffentlicher Orte, als Fußballfans, Skinheads, Punks oder Motorrad-Cliquen (mit dominant maskuliner Prägung).
— Die „gegenkulturellen Milieus" bestehen aus den Protestgruppen und politisch orientierten Jugendbewegungen im Rahmen der Friedens-, Ökologie- und Frauenbewegung.
— Die „manieristischen Milieus" zelebrieren in besonderer Form die Selbststilisierung durch Mode und Outfit an ihren „Kultorten", den Discos, Kneipen und Theatern.
— Die „Milieus der Institutionell-Integrierten" bzw. „Familienorientierten" verbleiben innerhalb der traditionellen Institutionen, Parteien und Verbände, der Jugendorganisationen, der Kirchen und des Sports bzw. der Familie.

Zu einer ähnlichen Einteilung nach „jugendlichen Handlungstypen" gelangt Lenz (1988) als Ergebnis einer empirischen Studie.[34] Die jugendlichen Handlungstypen werden zunehmend auch zum Orientierungsmuster für die Erwachsenenwelt. „Jugendlichkeit" steht mehr und mehr für Flexibilität, Spontaneität, Ungebunden-Sein, körperliche Attraktivität und Leistungsfähigkeit — allesamt hochbewertete Attribute von modernen Industriegesellschaften.

Im Zuge dieser Entwicklungen büßte schließlich auch die Rockmusik ihren Nimbus als „Jugendmusik" ein. Mit ihrer eigenen, bereits drei Jahrzehnte zählenden Geschichte[35] hat sie faktisch schon mehr als nur eine Jugendgeneration auf ihrem Weg zum Erwachsenwerden begleitet und ist damit auch zum Medium der jüngeren Erwachsenengenerationen geworden. Die Grenzen zwischen Jugend und Erwachsenen scheinen an dieser Stelle durchlässiger geworden zu sein.[36]

War es früher ausschließlich Kennzeichen der Adoleszenz — als Entwicklungsstufe zwischen Kindheit und Erwachsen-Sein —, die Suche nach Identität und neuen Orientierungen bewältigen zu müssen, so scheint dies zunehmend ein über die Altersgrenzen hinauswirkendes gesellschaftliches Problem zu sein: „Orientierungssuche" kann angesichts der sich wandelnden gesellschaftlichen Normen zur lebenslangen Aufgabe werden. Für die emanzipatorische Kulturpädagogik ergeben sich daraus, wie später im Abschnitt 7 skizziert, vielfach neue Anforderungen.

6.4 Rock — Eine „jugendgefährdende Musik"?

Hinter dieser Frage verbirgt sich gleich ein ganzes Bündel an Vorurteilen und Klischees, wie sie von den Gegnern der Rockmusik immer wieder vorgetragen werden. Dazu gehört der Vorwurf, Rockmusik fördere den Drogenkonsum, genauso, wie die Behauptung, sie sei der Auslöser für Gewalttätigkeit. Die Reihe ähnlicher Vorurteile ließe sich fortsetzen.

Solche Behauptungen sollen in diesem Buch nicht einfach übergangen werden, treten sie den Bands, ihren MusikerInnen, den Konsumenten und Befürwortern von Rockmusik doch alltäglich entgegen, und sind sie doch nach wie vor beliebte „Argumente" gegen eine öffentliche Förderung, gegen Veranstalter und Konzerthallen, gegen Proberäume und gegen eine pädagogische Praxis, die die Rockmusik in den Mittelpunkt stellt. Im folgenden Teil wollen wir uns exemplarisch mit einigen dieser Vorwürfe auseinandersetzen.

Hartnäckig hält sich die Behauptung, Rockmusik fördere bzw. verherrliche den Drogenkonsum. Wieviel Beachtung diesem Thema geschenkt wird, zeigen allein die beiden musikwissenschaftlichen Symposien, die in den vergangenen Jahren im deutschsprachigen Raum unter der Fragestellung „Musik als Droge ?" veranstaltet wurden.[37]

Ursache hierfür dürften die — vor allen Dingen aus den 70er Jahren — hinlänglich bekannten Affären einiger Stars und Bands bzw. der anhaltende Drogenmißbrauch in Diskotheken und bei Live-Konzerten sein. Die ‚wilden' sechziger Jahre lieferten dazu genügend Gesprächsstoff: Nicht nur die Beatles (Sgt. Pepper) und die Stones (Two Thousand Light Years From Home) verarbeiteten in einigen Texten ihre Drogenexperimente, sondern mit Brian Jones, Jim Morrison, Jimi Hendrix und Janis Joplin gab es gleich reihenweise prominente Opfer der Drogenabhängigkeit.

Heute kann der Vorwurf, Rockmusik verherrliche den Drogenkonsum, für die Masse der Musikproduktionen nicht gelten. Psychedelische Experimente entsprechen nicht mehr dem ‚Zeitgeist' und geben für die Rockmusik — anders als Ende der 60er Jahre — keine provokativen Themen mehr ab.

Statt dessen gehören Anti-Drogen-Kampagnen internationaler Stars zum öffentlichen Erscheinungsbild der Musikszene, denn das Business hat sich verändert: Die große internationale Konkurrenz erfordert für eine Karriere körperliche Fitness, geistige Wendigkeit und persönliches Durchsetzungsvermögen. Eine Anzeigenserie unter dem Titel „play it straight" im „Modern Drummer", einer international verbreiteten Schlagzeug-Fachzeitschrift, verdeutlicht diesen Trend: Spitzenschlagzeuger empfehlen dem Nachwuchs, sich von Alkohol und anderen Drogen fernzuhalten, um die körperliche Gesundheit und Leistungsfähigkeit nicht aufs Spiel zu setzen. Ähnliches findet man in vielen Interviews auch in anderen Fach- und Musikzeitschriften.

Die musikwissenschaftliche bzw. medizinische Forschung hat sich der Fragestellung „Musik als Droge?" auf der Basis neurophysiologischer Untersuchungen angenommen und kommt zu einer klaren Aussage:

„Die Anwort muß zweigeteilt sein. Ja, wenn wir im Sinne ...einer (medizinischen) Droge Musik als therapeutisch wirksames Agens zur Erzielung bestimmter physiologischer und emotionalpsychischer Vorgänge im Menschen einsetzen. Nein, wenn wir von der Gefahr des zwanghaften Angewiesenseins auf die Befriedigung eines Triebes ungeachtet des Verlustes an Selbstwert und Umweltbezug, von körperlicher und psychischer Suchtstoffabhängigkeit, von Tendenzen zur Dosissteigerung und von dem Auftreten eines Entziehungssyndromes ... sprechen" (Spintge, 1991, 19).

Damit ist die Behauptung, Musik könne als ‚Einstiegsdroge' für körperliche Abhängigkeiten wirken, weitgehend entkräftet.[38] Gleichzeitig ist aber angesprochen, daß Musik Wirkungen auf das vegetative Nervensystem des Menschen hat, die sich z.B. in Pulsbeschleunigung, Blutdrucksteigerung, veränderter Atemfrequenz und Muskelaktivität[39] äußern können. Schon Platon hatte eine Ahnung von derartigen Zusammenhängen und beschrieb die „heilende Wirkung" von Musik. Auf derartigen Erkenntnissen beruhen im wesentlichen musiktherapeutische Ansätze sowie Forschungsprojekte innerhalb der Medizin, die Musik zur Beruhigung von Patienten vor operativen Eingriffen einsetzen.

Auch bei Jugendlichen gibt es Erfahrungen mit der Wirkung von Musik auf die Gefühlswelt: Sie nutzen sie, um sich in eine bestimmte Stimmung zu versetzen oder vorhandene Stimmungen zu verstärken. Die Industrie schlägt letztlich aus der Beeinflußbarkeit durch Musik Kapital, indem sie unsere Empfindungen in der Werbung und in den Verkaufsräumen der Warenhäuser mit akustischer Berieselung steuert.[40] Die Möglichkeit, Menschen durch Musik zu beeinflussen, ist also nicht erst seit den Anfängen des Rock'n'Roll bekannt.

Ein weiterer Vorwurf gegenüber Rockmusik steht in engem Zusammenhang mit den Körperreaktionen auf Musik: ihre Lautstärke und Rhythmik verursache Aggression und Gewalttätigkeit. Zum Beispiel sah sich der englische Operndirigent Denis Vaughan aufgrund seiner Beobachtungen im Londoner „Marquee Club" dazu veranlaßt, einen nachhaltigen öffentlichen Feldzug zu starten: „Die gewaltige Lautstärke der Rock-Musik, das mechanische Hämmern ihrer Rhythmen, ihre nackte physische Gewalt und ihr völliger Mangel an Nuancen läßt am Ende ein Publikum zurück, das sich in einem Stadium völliger geistiger Benommenheit befindet, erschlagen, betäubt, unempfänglich für Gefühle ... Die Frustrationen, die so entstehen, können dann in ansonsten unerklärlicher Gewalt hervorbrechen."[41] Als Medizin gegen diese „soziale Krankheit" verschreibt Vaughan klassische Musik: Sie versetze Körper und Geist in Harmonie und beruhige die Sinne.

Diese Einschätzung ist zur Beschreibung der Empfindungen eines 63-jährigen Klassik-Liebhabers tauglich, verläßt jedoch den Boden einer nachvollziehbaren Kritik, sobald sie auch für die jüngere Generation Anspruch auf Geltung erhebt. Durch die Ergebnisse der neueren musikwissenschaftlichen Forschung wird u.a. belegt, daß Einstellungen zur Musik, sprich: Vorlieben und Hörgewohnheiten, vom Lebensalter, vom Sozialstatus, von der Bildung sowie von steigender Vertrautheit mit dem jeweiligen Musikstil abhängig sind (vgl.: La Motte-Haber, 1985).

Diese Erkenntnisse lassen Vaughans Äußerungen, wie einen Großteil der ähnlich vorgetragenen Befürchtungen, in einem anderen Licht erscheinen. Demnach gibt es keine per se ‚gute' oder ‚schlechte' Musik, sondern Bewertungen stellen sich als abhängig von persönlichen Präferenzen heraus. Was Vaughan als unerträgliche Lärmbelästigung erscheint, mag jugendlichen Hörern ein Erlebnis von besonderer Intensität vermitteln, das ihrem aktuellen Lebensgefühl entspricht.

Natürlich ist es zu verurteilen, wenn in Diskotheken und bei Konzerten gigantische Lautstärken produziert werden, die das Risiko einer Gehörschädigung in Kauf nehmen.[42] Der von den „Rolling Stones" auf ihren LP's einst obligatorische Hinweis „play it loud!" ist mit Vorsicht zu genießen, sofern er nicht mehr mit dem Lautsprecher im Deckel eines „Mister-Hit-Plattenspielers", sondern mit Hilfe von Kopfhörern bzw. einigen tausend Watt zählenden P.A.-Anlagen umgesetzt wird. Insgesamt jedoch steht „play it loud" u. E. eher für den Wunsch nach Intensität der Musik, denn als Aufforderung zur Körperverletzung.

Rockmusik kann auch nicht als der „Auslöser" von Gewalt und Aggression gesehen werden. In bestimmten jugendkulturellen Milieus werden zwar Gewaltbereitschaft und Musikkonsum miteinander verknüpft: Die Musik kann dabei eine durchaus stimulierende und katalysatorische Funktion haben. Die Gewaltbereitschaft selbst ist dadurch jedoch noch nicht erklärbar geworden und bedarf genauerer Analysen und Milieustudien. Übrigens: Einen Zusammenhang zwischen der (ebenfalls gewaltigen) Lautstärke einer Kirmeskapelle, dem bei solchen Anlässen gebräuchlichen Alkoholkonsum und der sich in den dazugehörigen Schlägereien Bahn brechenden Aggression herzustellen, würde sich gewiß genauso anbieten, wie bei Rock'n' -Roll-Konzerten — auch das ist kein rock-spezifisches Problem!

Ein weiteres Vorurteil gegenüber der Rockmusik kommt von anderer Seite: Unter der Überschrift „CSU-Frauen wittern im Hard-Rock ‚satanische Kräfte'" veröffentlichte die Frankfurter Rundschau[43] ein Beispiel dafür, wie der Zusammenhang zwischen Rockmusik und ‚dämonischen' Mächten hergestellt wird. Von „Teufelswerk" ist darin die Rede und von den berüchtigten „Rückwärtsbotschaften", die — wie der Name schon sagt — erst beim Rückwärts-Abhören von Platten hörbar werden. So lächerlich dies dem aufgeklärten Leser vorkommen mag: Derartige Äußerungen nähren noch immer — und gezielt, wie man vermuten darf — die bestehenden Vorurteile innerhalb bestimmter Bevölkerungsschichten.

An der Gesamthochschule Kassel wurden Rückwärtstexte in einem Forschungsprojekt eingehend untersucht.[44] Das Ergebnis fiel weit weniger spektakulär aus, als es selbst die Forscher erwartet hatten. Zwar entdeckten sie eine Reihe sogenannter Rückwärtsbotschaften. Diese wurden von den Versuchspersonen jedoch nur in seltenen Fällen eindeutig mit demselben — meist ‚harmlosen' — Inhalt identifiziert. Selbst mit Hilfe komplizierter akustischer Meßverfahren konnten darüber hinaus keinerlei „versteckte" Botschaften aufgespürt werden, wie sie von den Münchener CSU-Frauen — zwischen den Songs versteckt — angenommen werden, die ihre Wirkung im Unterbewußtsein der Hörer entfalten könnten. Die Studie kommt insgesamt zu dem nüchternen Ergebnis, daß es zwar Rückwärtsbotschaften gibt, dies jedoch mehr im Sinne technischer Gags und Spielereien. Auf die Frage, wer eigentlich seine Platten rückwärts dreht, braucht u.E. daher gar nicht mehr näher eingegangen zu werden.

Erscheinungen, wie Drogenmißbrauch, wachsende Gewaltbereitschaft Jugendlicher, Verbreitung von Horrorvideos und -Computerspielen, existieren als gesamtgesellschaftliche Phänomene, die zu ihrer Beförderung allerdings am wenigsten die Rockmusik benötigen: Nehmen wir die Ereignisse von Hoyerswerda 1991, die internationale Verstrickung von Politik und Wirtschaft in den Drogenhandel, die Geschäftemacherei mit Horror-Videos, die Gesundheitsschädigung durch alltäglichen Lärm, so wird schon an diesen wenigen willkürlich herangezogenen Beispielen deutlich, wie konstruiert häufig ein Zusammenhang mit Rockmusik ist.

7. Praxisfeld Rockmusik

In den vorangegangenen Teilen des Buches haben wir einige Zusammenhänge zwischen Rockmusik, Kulturpädagogik und Jugendarbeit bzw. zwischen Rockmusik und der Sozialisation im Jugendalter dargestellt. Dabei wurden auch Veränderungen im gesellschaftlichen Wertesystem und in der Diskussion um Inhalte von Jugendarbeit („Kultur ist in") skizziert. Rockmusik erscheint in diesem Zusammenhang heute als ein Anknüpfungspunkt für spezialisierte Jugendhilfeangebote, die Lebensweltbezug herstellen, einen Gebrauchswert vermitteln, soziale Bindungen fördern und kooperative Arbeitsformen beinhalten. Rockmusik in der Jugendarbeit erschöpft sich, nach unserem Verständnis und im Gegensatz zu noch immer verbreiteten Vorurteilen, nicht im belanglosen Musik-Machen oder Musik-Hören. Im pädagogischen Arbeitsfeld ermöglicht sie vielfältige Ansätze und Wirkungen (s. Praxisprojekte im Teil II) und stellt zugleich eine Reihe von Anforderungen an sozialpädagogisches Handeln.

Wer Rockmusik in seine pädagogische Praxis einbeziehen will, sollte

— *musikalisch-handwerklich denken,* da die Vermittlung musikalischen Basiswissens und instrumentaler Fähigkeiten den Ausgangspunkt der Arbeit darstellt;
— *kulturpädagogisch denken,* da der Ansatz, Jugendlichen zu kulturellen Äußerungen und Aktivitäten zu verhelfen, nur in Auseinandersetzung mit ihrer Lebenswelt, deren spezifischen ästhetischen Standards sowie medialen und kommunikativen Strukturen Sinn erhält;
— *geschlechtsspezifisch denken,* um Rollenbilder und -klischees bewußt „präsent" zu haben, anstatt sie stillschweigend fortzuschreiben und zu verstärken;
— *gruppenpädagogisch denken,* um die Chancen kooperativer Tätigkeiten, sozialer Bindungen, persönlichkeitsstabilisierender Momente usw. zum Nutzen der Zielgruppe zur Entfaltung bringen zu können;
— *strukturell denken,* um die Voraussetzungen einer pädagogischen Arbeit zu sichern, die sich, über die gewohnten Grenzen hinaus, als vernetzende und vermittelnde Instanz zwischen pädagogischen, künstlerischen, politischen und verwaltungsmäßigen Strukturen begreift.

In diesen Ebenen verdeutlichen sich die veränderten Anforderungsprofile an kulturelle Jugendarbeit, die nicht an begrenzten Methoden festhält, wie etwa an der von Jittler (1989, 251) treffend kritisierten „Verbalpädagogik der 70er Jahre".

„Wir glauben (...), daß wir heute in der Jugendarbeit vernetzt denken müssen, d.h. daß wir nicht alles auf uns ziehen und von der Jugendarbeit her machen können. Vernetzt denken heißt, die Jugendarbeit als einen Teil in der Gesamtumwelt Jugendlicher zu sehen, d.h. aus der pädagogischen Zweierbeziehung Jugendarbeit — Jugendlicher, die die Jugendarbeit immer in den Mittelpunkt stellt, auszuzusteigen" (Bohnisch / Münchmeyer, 1987, 80).

Dieses Plädoyer fordert „vernetztes Denken" zur Kombination bislang getrennter Qualifikationen an Stelle eines begrenzten Ressort- und Fachlichkeitsdenkens, um der Jugendarbeit neue Handlungsspielräume zu eröffnen, ohne dabei pädagogische Absichten und differenzierte Sichtweisen aus den Augen zu verlieren. „Vernetztes Denken" und „Raumorientierung" im übertragenen Sinne — "Räume als Öffentlichkeiten, Medien, Zugangsmöglichkeiten zu Kontakten und Kommunikation" (Böhnisch / Münchmeyer, 1987, 91) — stehen bei einem den gesellschaftlichen Wandel und veränderte Sozialisationsanforderungen reflektierenden Konzept von Jugendarbeit in engem Zusammenhang. Im folgenden werden einige zentrale Aspekte des Praxisfeldes Rockmusik skizziert, denen erfahrungsgemäß besondere Bedeutung zukommt.

7.1 Das „Handwerk" Musik

Lange Zeit schien der Einsatz von Medien und die Auseinandersetzung mit künstlerisch-kreativen Ausdrucksformen in der Jugendarbeit nur dann gerechtfertigt, wenn ein „Um-zu-Effekt" konzeptionell festgeschrieben war: „Theaterspielen, um politische Bildung zu betreiben", „Fotografieren, um die Auseinandersetzung mit der Umwelt anzuregen", einen „Videofilm machen, um Gruppenarbeit anzuregen" usw. In all diesen Begründungszusammenhängen steckte neben einem Körnchen Wahrheit häufig eine Haltung, die das Produkt gegenüber dem „Lernziel" bzw. dem „pädagogischen Prozeß" allzu sehr in den Hintergrund treten ließ. Ein solches Verständnis pädagogischer Arbeit vertraute in erster Linie auf die Wortgewalt der eigenen Methoden und grenzte sich von anderen (z.B. künstlerischen) Professionen stark ab.

Die Folge war ein vielkritisierter Dilletantismus in der Jugendarbeit, der die Berührungsängste der Künstlerszene mit pädagogischen Projekten noch wachsen ließ. Verwaltungsvorgaben und in politischen Gremien geäußerte Vorstellungen von „guter" Pädagogik verordneten diesen Dilletantismus nahezu, indem sie ernsthafte Versuche kreativer Arbeit mit dem Argument behinderten, aus öffentlichen Geldern seien professionelle künstlerische Ambitionen von Jugendlichen und PädagogInnen nicht zu fördern.

Besucherschwund in den Einrichtungen, Attraktivitätsverlust und „Krise der Jugendarbeit" hatten u. E. ihre Ursache auch darin, daß die Finanzen für eine attraktive und ernsthaft betriebene künstlerisch-kreative Arbeit nicht bereitgestellt wurden. Von der „Um-zu-Argumentation" fühlten sich Jugendliche spätestens dann hintergangen, wenn sie durchschauten, daß das Angebot halbherzig betrieben, fachlich schlecht betreut und mit mangelnder Ausstattung versehen war, wenn das Endprodukt enttäuschte, wie so mancher laienhaft gedrehte Videofilm.

„Gebrauchswertorientierte" Konzepte in der Jugendarbeit gewannen zu Beginn der 80er Jahre an Gewicht, als derartige Erfahrungen zu neuen Ansätzen führten: Wenn für die Jugendlichen etwas Befriedigendes dabei heraus kommen sollte, mußte investiert werden, um ihre ästhetischen Ansprüche befriedigen zu können. Im Medien-

und Theaterbereich (noch kaum allerdings in der Musik) konnten — Kultur war auf einmal „in" — eine Vielzahl Projekte gestartet werden, in denen sich eher die umgekehrte Gefahr einer künstlerischen Elitenbildung abzuzeichnen begann: Die Anforderungen an kreative Aktivitäten begannen sich an hohen ästhetischen Standards zu orientieren und näherten sich schulischen Lern- und Arbeitsformen.

Mit dem Begriff „Handwerk Musik" soll eine konzeptionelle Ausrichtung beschrieben werden, in der einerseits die Vermittlung musikalischen Wissens und instrumenteller Fertigkeiten durch fachliche Anleitung sichergestellt wird, in der andererseits die pädagogischen Prozesse und Lernziele nicht „außen vor" bleiben. Das eine funktioniert nicht ohne das Andere: Ohne ernsthaft betriebene Anleitung können Jugendliche keine musikalische Entwicklung vollziehen. Musikalische Anforderungen können aber z.B. Spannungen im Gruppengefüge zur Folge haben, diese wiederum hemmen die Gruppenarbeit und so weiter und so fort: Im Praxisfeld Jugendarbeit ist für die Beteiligten ein Zuwachs an gleichermaßen musikalischer wie sozialer Kompetenz als Zielsetzung bzw. Lerneffekt zu beschreiben.

Die Begabtenförderung spielt insbesondere in dem traditionellen Bereich der Musikschulen und im Rahmen des privaten Unterrichts eine Rolle und ist in der Regel auf die individuelle Förderung von Talenten ausgerichtet. Innerhalb der musikbezogenen Jugendarbeit liegt der Schwerpunkt in der Förderung von Gruppenarbeit mit persönlichkeitsstabilisierenden Wirkungen für die Einzelnen, die, so unsere Erfahrungen, am ehesten auf dem Wege der ernsthaften Auseinandersetzung mit Musik und Instrumentalspieltechnik gelingt.

Der Begriff „Handwerk Musik" steht auch dafür, daß in bestimmten Zeitabständen „Öffentlichkeit" hergestellt wird, die es den Jugendlichen ermöglicht, ihr „handwerkliches" Können vor Publikum zu präsentieren. Je mehr die jugendeigene Öffentlichkeit (z.B. im Jugendhaus) erweitert werden kann (z.B. Stadtteilfest), je mehr öffentliche Beachtung eine Band findet, desto mehr Bedeutung gewinnt das eigene Tun.

Zum „handwerklichen Rüstzeug" der musikalischen Anleitung gehören z.B. das Spielen eines oder mehrerer Instrumente, musikalische Grundkenntnisse (Rhythmik, Harmonien, Noten- bzw. Tabulaturschreibweise), einige Erfahrung mit Bands und deren Probentätigkeit, ein Überblick über die Musikszene und ihre Stile usw. Neben der Vermittlung musikalischen Wissens steht die Frage nach der „richtigen" Ausstattung, nach der entsprechenden Bühnentechnik, der Organisation von Veranstaltungen, dem Umgang mit Agenturen usw. im Raum. Damit dürften pädagogische MitarbeiterInnen in der Regel überfordert sein, und es gilt, entsprechendes Know-How „von außen" hinzuzuziehen, sofern die eigenen Kenntnisse an ihre Grenzen geraten.

7.2 Die kulturpädagogische Dimension

Der kulturpädagogische Ansatz macht, bezogen auf das Praxisfeld Rockmusik, Kultur als etwas erfahrbar, was mit dem eigenen Leben zu tun hat, einen unmittelbaren Gebrauchswert besitzt und als sozialer wie ästhetisch-künstlerischer Prozeß gestaltbar wird. Das Noch-nicht-Gekonnte erhält in diesem Rahmen den erforderlichen

Raum zur Freisetzung von Kreativität, Entdeckung von bis dato ungeahnten Fähigkeiten und Stärken und zum Aufbau von Selbstvertrauen.

Das hier implizierte emanzipatorsiche Potential liegt in der Überlassung von Freiräumen für Phantasie und neue Rollenerfahrungen, in der Überwindung passiv-rezeptiver Haltungen im — exemplarischen und möglicherweise transferierbaren — Lernfeld Musik sowie in der Auseinandersetzung mit diesem für die Entwicklung der jugendlichen Identität wesentlichen Medium.

Kulturpädagogisch denken heißt demzufolge in unserem Zusammenhang, Rockmusik als Ort und Bezugspunkt jugendlicher Erfahrungsproduktion ernstzunehmen und Gelegenheiten zur praktischen Auseinandersetzung zu bieten, Rockmusik als Alltagserfahrung Jugendlicher und als kulturelle Ausdrucksform in der pädagogischen Arbeit zu berücksichtigen und ihre Bedeutung im Prozeß der Ausdifferenzierung von Lebensstilen zu reflektieren.

Kulturpädagogik meint nicht zuletzt die Abkehr von rezeptiv-seminaristischen Angebotsstrukturen hin zum „Selbermachen" und zum Lernen mit allen Sinnen, jenseits eines rein sprachlichen oder rein kognitiven Vorgangs.

Die kulturpädagogische Konzeption gibt alternativen Stilbildungen, abseits des jeweiligen „mainstreams", Möglichkeiten zur eigenen Praxis und fördert, etwa im Rahmen multikultureller Jugendarbeit, sozio-kulturell anders begründete Ausdrucksformen. Sie grenzt sich von einem rein kommerziellen Jugend-Dienstleistungs- und Unterhaltungssektor ab und nimmt ihm gegenüber einen kritisch-analytischen Standpunkt ein. Die von uns verfolgte Kulturpädagogik sucht ihre Adressaten insbesondere, wenn auch keinesfalls ausschließlich, in den Gruppen und Szenen benachteiligter Jugendlicher und bietet ihnen nicht-kommerzielle Zugangswege mit einem hohem Erlebnis- und Gebrauchswert.

Kulturpädagogik arbeitet im Praxisfeld Rockmusik projektorientiert und „ganzheitlich", erschließt das Medium mit „Kopf, Herz und Hand" (Pestalozzi) und unter der Zielsetzung von „Ernsthaftigkeit" und „Kontinuität". Dies setzt die Distanz von pädagogischer Bevormundung ebenso voraus, wie die Sichtweise der TeilnehmerInnen als „souveräne Kunden" und unterscheidet sich deutlich von der „Klientenzentriertheit" sozialpädagogischer und therapeutischer Strategien.

7.3 Die geschlechtsspezifische Dimension „Rockmusik ist Männersache ... (?)"

„Nirgends wird so freizügig über Sex gesprochen, nirgendwo wird er so offen gezeigt wie in der Rockmusik. Die Befreiung von Tabus ging Hand in Hand mit der Rockmusik und scheinbar auch die Emanzipation. Niemand scheint die Gleichberechtigung so wörtlich zu nehmen und verwirklichen zu wollen wie Rockmusiker und deren Gefolgschaft — zumindest, wenn man von ihrem Vokabular ausgeht. Doch nirgendwo wurde gleichzeitig die alte, bestehende Ordnung so geschickt und konstant aufrechterhalten, wurden überlieferte Rituale verteidigt und unter dem Mäntelchen des Fortschritts unter's Volk geschmuggelt" (Schober, 1980, 89).

Diese von Ingeborg Schober zu Beginn der 80er Jahre getroffene Feststellung hat ihre Gültigkeit bis heute nicht verloren. Rockmusik ist „Männersache", zumindest das „musikalische Handwerk", die Produktion von Rockmusik, liegt nahezu ausnahmslos fest in männlicher Hand.

Das Rock-Genre steht damit indes nicht alleine: „Mädchen und Frauen werden auf allen Ebenen kultureller Betätigung, ob in Kunst oder Leben, auf eine ‚Karriere der Enge und Bescheidenheit' verwiesen: Sie sollen sich weniger raum- und platzgreifend betätigen, von ihren Bewegungen bis zur Lautstärke ihrer Stimmen und Verrichtungen, sie werden trainiert, mit wenig Geld auszukommen, sie sollen sich überhaupt auf Gebiete und Betätigungen beschränken, die als inferior betrachtet werden, und am liebsten ehrenamtlich im Zeichen der Caritas" (Rentmeister, 1985, 17).

Im Felde der Kulturarbeit bleiben nicht zuletzt Mitarbeiterinnen „außen vor": Die Leitung von Jugend- und Kulturzentren obliegt nahezu ausschließlich Männern, Fachtagungen werden von Männern organisiert, Fachliteratur wird mehrheitlich von Männern verfaßt — dies gilt auch für den vorliegenden Sammelband, ist an dieser Stelle anzumerken.[45]

Cillie Rentmeister spricht in diesem Zusammenhang von einer Art „Kulturschock", wenn Mädchen und Frauen männliche Territorien in Beruf, Freizeit oder in anderen Räumen betreten, von „Fremdheit und Desorientierung in einer anderen Kultur, die EinwanderInnen und ArbeitsemigrantInnen wohlvertraut ist" (Rentmeister, 1985, 17).

Die Unterprivilegierung im Rahmen kulturpädagogischer Initiativen trifft einmal mehr Mädchen aus den benachteiligten gesellschaftlichen Schichten sowie, davon häufig nur unscharf trennbar, ausländische Mädchen.[46]

Seitens der Bundesregierung, der Jugendminister und -senatoren und der Obersten Landesjugendbehörden wurden mädchenspezifische Jugendhilfeangebote eingefordert, die die besondere Lebensrealität von Mädchen berücksichtigen und zum Abbau mädchenspezifischer Benachteiligungen in allen gesellschaftlichen Bereichen beitragen.[47]

Die Notwendigkeit kulturpädagogischer Initiativen wird in diesem Zusammenhang — nicht zuletzt im Kinder -und Jugendhilfegesetz (vgl. § 11 KJHG) nachdrücklich betont. Dies setzt mädchenspezifische (§9.3 KJHG) Angebote, Zielsetzungen und Didaktiken voraus, die sich um neue Formen der Entwicklung kultureller Identität für Mädchen und Frauen bemühen: „Der erste Schritt muß dabei sein, daß Pädagoginnen sich die Medien kultureller Gestaltung selbst aneignen, um diese in ihrer Arbeit Mädchen zugänglich zu machen bzw. Expertinnen für die Arbeit heranziehen. Die wesentlichen Medien für eine kreative Selbstgestaltung sind Sprache, Musik, Theater und die neuen Medien: Film, Video, Photographie etc." (Savier, 1987, 183).

In Weiterführung dieses Gedankens weist die von Rentmeister geforderte Zielperspektive einer „im weiblichen Interesse forschenden Kulturgeschichte" zur Aufdeckung „weibliche(r) Anteile in den patriarchalischen Gesellschaften" auf die „bewußte Bestimmung des Selbst in Gegenwart und Zukunft, als Bestandteil dessen, was Kulturanthropologen die ‚Kulturenfähigkeit' nennen" (Rentmeister, 1985, 27): „Kulturenfähigkeit aber bedeutet, sich als Schöpfer und Geschöpf einer spezifischen Kultur erkennen, erkannt und anerkannt zu werden — und das heißt: Identität in einer Alltagswelt zu besitzen, in der ,Kultur' nicht das abgetrennte Segment des Kunstgenusses oder der Warenästhetik darstellt, nicht nur nostalgisches Versatzstück ist, sondern die Totalität einer sinvollen Alltagswelt umfaßt, in der der einzelne (Anm. C. Rentmeister: „und die einzelne hoffentlich auch") sich als definiertes Ich einer Gruppenindentität integrieren kann" (Greverus, 1979, 279).

Notwendig wird vor diesem Hintergrund eine Theorie und Praxis von kulturpolitischer Bildung für Mädchen (und Frauen), „die Kultur umfassend definiert, indem sie die Kultur als Politikum und die Politik als Bestandteil von Kultur umfaßt" und in der Trennung zwischen einerseits „politischer" und andererseits „kultureller" Bildung aufgehoben wird.[48]

Über die Rolle der Mädchen in den verschiedenen jugendkulturellen Gruppen scheint im allgemeinen sehr wenig geschrieben worden zu sein: Sie treten kaum in Studien über Subkulturen auf, noch in Geschichten der ,Pop-Kultur'. In den Bands selbst sind Frauen selten und dann meist als „Sängerinnen" oder optische Begleiterinnen beteiligt, auch wenn einige bekannte „Frauen-Top-Acts" vereinzelt Ausnahmen dieser Regel darstellen. Nur sehr wenige der hier tätigen Frauen wenden sich den hochentwickelten Klangerzeugungssystemen wie Sampling oder Midiverfahren zu. Die technisch-elektronisch Musikproduktion bleibt eine Männerdomäne.[49]

In den Rocksongs dagegen sind „Frauen" gefragt, wenn es um Textinhalte geht (die natürlich wiederum von Männern verfaßt sind...): Zahlreiche Rocktitel thematisieren und transportieren eine männliche Sichtweise von Sexualität und Weiblickeit in ihren Texten und komplettieren auf diesem Wege den vorherrschenden maskulinen Gestus dieser Musik.

Insgesamt betrachtet bieten Rockmusik-Texte einen schier unerschöpflichen Fundus an Beschreibungen des Geschlechterverhältnisses, von klischeehaft-griffigen 0815-Herz-Schmerz-Formeln angefangen bis zur Thematisierung von „Dreiecksverhältnissen" und dem Durchbrechen gesellschaftlicher Tabuzonen (vgl. dazu Urban, 1979, 120ff.).

Von den kommerziell präsentierten und bekannt gewordenen Sängerinnen werden oft die traditionellen Geschlechterrollen aufgegriffen und verstärkt. Sie werden häufig erst dadurch zu Mega-Stars, daß sie sich von den Medien-Multis auch als Sexsymbole vermarkten lassen. Allerdings gibt es gerade in den letzten Jahren eine zunehmende Anzahl von Künstlerinnen, deren Erfolg nicht auf diesen Klischees basiert. Dadurch wird der Gesamteindruck des Genres aber immer noch nicht wesentlich verändert: Rockmusik wird weitgehend von Männern und ihren Phantasien bestimmt!

Für die kulturpädagogische Beschäftigung mit Rockmusik und nicht zuletzt für die Frauenforschung scheint es erforderlich, das kulturelle Verhalten von Mädchen und Frauen auch im Sektor der „populären Musik" aus weiblicher Sicht zu analysieren und vorherrschende geschlechtsspezifische Klischees und Standards zu beschreiben. Für die rockmusikalische Praxis verweisen wir in diesem Zusammenhang auf die im vorliegenden Band dargestellten Mädchen-Rockprojekte.

Rockmusik kann umgekehrt zum Lernfeld solcher pädagogischer Konzepte werden, die in der Diskussion unter dem Stichwort „Jungenarbeit" zusammengefaßt sind. „Männlichkeit als sozialpädagogisches Problem" läßt sich unschwer in die Rockszene verfolgen, wenn damit die Ausübung und gesellschaftliche Zuweisung von

Macht, Kontrolle, Stärke, Führung, Dominanz usw. in Frage gestellt wird (Hollstein, 1991, 200-210). Der „neue Mann“ in der Rockmusik als Thema einer musikbezogenen „Jungenarbeit“ — so oder ähnlich könnte die Perspektive lauten, in der die „Front-Supermänner“ auch als „kleine Helden in Not“ (Schnack, Neutzling, 1990)[50]reflektiert werden und in der „mann“ im Rahmen der Bandarbeit neue Aktionsfelder, Rollenmuster und Orientierungen gemeinsam zu erarbeiten sucht.

Geschlechtsspezifische Konzepte haben im Praxisfeld Rockmusik vor dem skizzierten Hintergrund unseres Erachtens folgende Schritte zur Voraussetzung:

- Notwendig ist die Auseinandersetzung mit den in der Rockmusik-Szene vorherrschenden Männer- und Frauenrollenbildern und den darauf bezogenen Klischees in Texten, Bühnenpräsentation etc.
- Der Mythos des „Rockers“, seine Art zu leben und Konflikte auszutragen, sind auf Klischees und Kritikpunkte zu hinterfragen (Alkohol-Drogen-Groupies-Gewalt).
- Rockmusikarbeit kann die emotionale Ebene nicht ausblenden und kann das Klischee des omnipotenten „frontman“ nicht unangetastet lassen.
- Rockmusik bietet Ansatzpunkte, Widersprüchlichkeiten und (ungleichgewichtige) Strukturen innerhalb der Rockgruppen aufzuspüren und zu thematisieren.
- „Musikalische Jungenarbeit“ könnte der Versuch sein, mit Jungen „ungewöhnliche Sounds“ zu testen, z. B. gemeinsamen mehrstimmigen Gesang, „body-percussion“ oder „leise“ Instrumente.
- In gemischten Gruppen spielt bereits die Instrumentenwahl bzw. -vergabe eine wesentliche Rolle bei der Reproduktion rollentypischer Verhaltensmuster.
- Geschlechtsspezifische Rockmusik-Projekte haben die jeweils eigenen Arbeitsweisen von Mädchen- und Jungenbands zu reflektieren, was z. B. das Verhältnis zur Technik, das Ausprobieren von Instrumenten und die Dominanz im Gruppenprozeß anbelangt.,
- Geschlechtsspezifische Ansätze haben auf Seiten der Mädchenbands einen großen Bedarf an Musikerinnen, die den Mädchen als Modelle für den Umgang mit Epuipment und „Szene“ dienen können und als fachkundige Teamerinnen fungieren.
- Insgesamt geht es darum, ein besonderes Augenmerk auf „Mädchenbands“ zu legen und entsprechende Zugangswege zu eröffnen: Jugendarbeit ist auch in diesem Zusammenhang gefordert.
- Es gilt, für Mädchen auch auf dem Wege der Rock-Praxis Bewegungsflächen, Treffpunkte, Räume, Nischen, Technik und Medien zu erschließen, die bislang von Jungen dominiert waren.
- Es gilt gleichermaßen, Betätigungsräume zu eröffnen, in denen Mädchen nicht länger in der Rolle passiver Konsumentinnen, Applaudeurinnen der agierenden Jungen oder in der Nachahmerrolle der Jungen- bzw. Erwachsenenrolle verharren.
- Nicht zuletzt geht es wie im Falle der Jungen um die Vermittlung handwerklich-technischer Musikfähigkeiten, die Mädchen in die Lage versetzen, ihre Gestaltungs- und Ausdruckswünsche mit Hilfe des Mediums Musik selbständig zu realisieren, auf dieser Grundlage zu experimentieren und den Jungen selbstbewußt gegenüberzutreten.

Das aktive Musizieren in Gruppen setzt auf kollektiv gestaltete Prozesse, in denen die Kommunikation bzw. Interaktion der Teilnehmer unmittelbare Voraussetzung dafür ist, daß ein Musikstück im Zusammenklang entstehen kann. Das unterscheidet das „Live-Spielen“ von der Studioarbeit, die musikbezogene Arbeit von anderen Medien in der Jugendarbeit, deren Produktionen unabhängig von den beteiligten Menschen als Fotografien, Musikcassetten, Videofilme usw. fortbestehen.

Beim musikalischen Zusammenspiel geschieht eine Art „positive Rückkopplung“, indem die Bandmitglieder sich gegenseitig bestärken, indem sie ihr Spiel miteinander koordinieren und durch das Zusammenwirken der einzelnen mit dem Gesamtklang etwas völlig Neues schaffen. Selbst wenn Fehler gemacht werden, dürfen diese in der Regel nicht dazu führen, daß das Zusammenspiel beim Live-Auftritt zusammenbricht. Die Bandmitglieder müssen sich gegenseitig vertrauen können, daß jeder sein Bestes gibt und daß unvorhergesehene Fehler gemeinsam aufgefangen werden.

Während der Probenarbeit wird versucht, ein Höchstmaß an Routine und Perfektion einzustudieren, um die Fehlerquellen gering zu halten. In der Live-Situation jedoch muß eine Band unter erhöhtem Streß in der Lage sein, eine wechselseitig „positiv-gestimmte“ Interaktion aufzubauen, die Stimulation und Inspiration genauso wie eine kollektive Fehlerkorrektur ermöglicht. All dies setzt langfristige Gruppenprozesse und Gruppenstrukturen voraus, in denen sich der Einzelne „angenommen“ und „aufgehoben“ fühlen kann. Rockbands sind äußerst sensible soziale Konstrukte, in denen Konflikte und ihre Austragungsebenen immer wieder neu ausgehandelt werden müssen.

Das Musikmachen in der Gruppe bietet darüber hinaus für den Einzelnen neue Möglichkeiten der Selbsterfahrung:

„Musikalische Tätigkeiten bieten dem Teilnehmer die Möglichkeit, sich neu zu erleben und ein neues Bild von sich selbst zu gewinnen. Dieses Erlebnis kann vor allem dann wichtig sein, wenn er bisher nicht oder kaum Musik betrieben hat. Bisher für ihn gültige Vorstellungen über das, was er kann, und das, was er nicht kann, werden fallen gelassen, neue Rollen werden übernommen, ein ständiger Rollenwechsel ist möglich. Aufgrund der positiv erlebten Erweiterung der eigenen Möglichkeiten entwickelt sich eine Anhebung des Selbstwertgefühls, die fast jeder benötigt, der heute in sozialpädagogischen Arbeitsfeldern anzutreffen ist“ (Auerbach, 1979, 58).

Über die Wirkungen des aktiven Musizierens liegen inzwischen umfangreiche Untersuchungen und Kenntnisse vor, die sich die musikpädagogische Gruppenarbeit zunutze machen kann. Nach Canacahis-Canas ist sicher, daß Musik „stimulierende, unterstützende und auslösende Funktion haben kann. Sie kann

a) *physiologische Wirkungen* hervorrufen, die Muskeln des Körpers „antreiben“ und somit Bewegung, Entspannung oder Anregung auslösen kann;
b) *auf die Psyche wirken:* Musik kann Gefühle und Stimmungen verändern und damit die psychische Dynamik mobilisieren;
c) *Kommunikation auf anderen, unbelasteten Ebenen ermöglichen.* Dieses bedeutet Erleichterung und Vereinfachung des zwischenmenschlichen Kontakts und somit Verbesserung zwischenmenschlicher Beziehungen;

d) die *Assoziationspotentiale* im Organismus aktivieren und die *Imaginationskräfte* ungeahnte Wege beschreiten lassen;
e) *schöpferische Energien* verfügbar machen und auf spielerischem Weg — mit der daraus entstehenden Fähigkeit, sich ausdrücken zu können — mit der Welt im Hier-und-Jetzt in Beziehung treten lassen;
f) *die Erlebnis- und Genußfähigkeit steigern* und die Fähigkeit zu einem differenzierteren ästhetischen Erlebnis verbessern;
g) die Wahrnehmungsfähigkeit entwickeln, verfeinern und ausbilden helfen (vgl. Canacakis-Canas, 1985, 60).

Das gemeinsame Musikmachen ist — neben den bestehenden Hierarchien und Rollenverteilungen in der Gruppe — wesentlich auf Formen nonverbaler Kommunikation und kooperativer Interaktion angewiesen. Das Zusammenspiel in einer Gruppe ist daher geeignet, eine Vielzahl gruppenpädagogischer Effekte auszulösen, ohne daß eine Intervention von PädagogInnen unmittelbar erforderlich ist. Das Ziel, ein Musikstück gemeinsam „über die Bühne zu bringen", zwingt die Jugendlichen dazu, die hierfür notwendigen Prozesse und Regeln in der Gruppe auszuhandeln. Diese Tatsache entbindet die begleitenden Pädagogen zwar nicht von ihrer Verantwortung für die Gruppe, entläßt sie jedoch in der Regel aus der Pflicht, die zur Bearbeitung solcher — im Zusammenwirken der Individuen begründeten bzw. zutage tretenden — Prozesse und Konflikte erforderliche Situation erst noch herstellen zu müssen: Der Rahmen ist — als eine Art zielgerichtete peergroup — über eine Band und ihr Arbeitsziel für alle gleichermaßen sinnhaft gegeben.

Nicht zuletzt aus diesen Gesichtspunkten ist das Musizieren in Rockbands gerade für solche Jugendliche interessant, die nach Orientierung suchen, sich selbst verwirklichen wollen und dafür einen Rahmen benötigen, der — im Gegensatz zu Familie, Schule, Ausbildung und Beruf — ein Höchstmaß an Selbstbestimmung ermöglicht.

Schließlich wird häufig übersehen, daß Rockmusik für Jugendliche „erreichbar" bleibt, weil sie musikalisch z.T. leicht nachvollziehbar ist und es zunächst keiner virtuosen Instrumentalkenntnisse bedarf, um in das gemeinsame Musizieren mit anderen hineinzuwachsen. Auf diese Weise kann gerade für solche Jugendliche, deren „kulturelles Anregungsmilieu" nicht allzu viel an Orientierungen bereit hält, der Einstieg in das musikalische Lernen ohne die Überwindung zusätzlicher (kultureller) Schwellen erfolgen, wie sie häufig mit einer „klassischen" Instrumentalausbildung assoziiert werden.

7.5 Arbeitsgrundlage: Strukturen vernetzen

Im Sinne des „vernetzten Denkens" hat sich Jugendarbeit mehr und mehr mit den Strukturen auseinanderzusetzen, innerhalb derer sie sich bewegt. Sie hat die Vorlieben, Bedürfnisse und Problemlagen von Jugendlichen ernst zu nehmen und ihnen eine entsprechende Infrastruktur in Gemeinde und Stadtteil zur Verfügung zu stellen. Jugendarbeit wird hier in einem Rahmen gefordert, der als „Strukturarbeit" weit über die Anforderungen z.B. an eine Einzelfallhilfe oder Gruppenbetreuung hinausreicht:

Im Sinne eines „sozialen Managements“ sind Arbeitsfelder miteinander zu vernetzen, Informationen weiterzuvermitteln, Infrastrukturen und Öffentlichkeiten zu schaffen, politische Hintergründe abzuwägen, Interessenvertretungen zu organisieren usw. Diese Anforderungen stehen jeweils in engem Zusammenhang mit der verfolgten Absicht: Strukturarbeit verliert das Ziel der pädagogischen Aktivität nicht aus den Augen und leitet Jugendliche im Sinne emanzipatorischer und kulturpädagogischer Zielsetzungen an.

Am Beispiel Rockmusik und Jugendarbeit soll dieser Anspruch erläutert werden. Noch immer ist die öffentliche Akzeptanz und Förderung dürftig und wird von einer Reihe Vorurteile behindert: RockmusikerInnen gelten als in erster Linie lärmende und unbequeme Gestalten, deren Nähe scheinbar jegliches Ruhebedürfnis unmöglich macht und Alkohol- bzw. Drogenexzesse nach sich zieht. Ein weiteres Vorurteil geht davon aus, daß Rockmusik grundsätzlich mit kommerziellen Interessen betrieben wird und daher als gewinnträchtige „Privatangelegenheit“ keiner öffentlichen Förderung bedarf. Zudem sind die kommunalen Kulturetats in der Regel sehr schmal bemessen und, ähnlich wie etwa die Kulturförderung bei Bund und Ländern, in der Regel vorrangig den anerkannten Kulturbereichen (Konzertbetrieb, Theater, Jazz) verpflichtet.

So fällt der Jugendarbeit automatisch — und oft eher unbewußt und „nebenbei“ — ein großer Teil der Rockmusik-Förderung zu, ohne daß Mitarbeiter hierfür geschult wären und entsprechende Mittel bereit ständen: Sie stellt, meist ohne großen Aufhebens, eine minimale Infrastruktur zur Verfügung (Übungsräume, Auftrittsmöglichkeiten).

Die Erfahrung zeigt, daß der außerhalb der pädagogischen Projekte existierende Amateurbereich ohne die von der Jugendarbeit bereit gestellte Infrastruktur angesichts des herrschenden kommerziellen Drucks kaum noch überlebensfähig wäre. Ein Beispiel, das auch im nachfolgenden Praxisteil häufiger thematisiert wird, ist das der Übungsmöglichkeiten. Gerade in den Städten haben die Mieten für Gewerberäume eine drastische Steigerung erfahren und übersteigen den Etat einer Nachwuchsband bei weitem übersteigen. Im Gegensatz dazu weist die Gagenentwicklung im Amateurbereich eine umgekehrte Tendenz auf, so daß bei Auftritten, anders als vor etwa 15 bis 20 Jahren, häufig nicht einmal mehr die Transportkosten gedeckt sind.[51]

Der ehemalige „Randbereich“ von Jugendarbeit, jugendkulturellen Initiativen wie Musik- und Theatergruppen Produktionsmöglichkeiten zu bieten, gewinnt zunehmend an Bedeutung. Im Rahmen des „Strukturarbeitsverständnisses“ hat sich Jugendarbeit solcher Problemlagen anzunehmen und Jugendliche in der Umsetzung ihrer Interessen zu unterstützen.

Die „Förderungswürdigkeit“ von Rockmusik durch Jugendarbeit wird umso augenfälliger, als viele Jugendliche aus sog. benachteiligten Milieus heute kaum noch Chancen haben, sich Übungsräume, Instrumente und qualifizierten Unterricht zu beschaffen, sofern sie nicht von öffentlichen Institutionen Unterstützung erhalten. Rockmusik als ein Medium, das traditionell gerade auch von Benachteiligten genutzt wurde, bleibt ohne das Engagement der Jugendhilfe nur noch für jene gesellschaftlichen Schichten ein Betätigungsfeld, denen die Musikerziehung der Kinder aus kulturellen und Status- Gesichtspunkten wichtig und finanziell möglich ist.

Das Praxisfeld Rockmusik stellt an die PädagogInnen eine Reihe differenzierter Anforderungen, denen sie mit einem begrenzten Verständnis pädagogischer Arbeit, im Sinne eines strengen Ressortdenkens oder eines engen sozialtherapeutischen Methodenverständnisses, nicht gewachsen sind. Eine Vielzahl organisatorischer Tätigkeiten (Veranstaltungsplanung, Kooperation mit MusikerInnen aus der Szene, technisches Know-How usw.), neuer Qualifikationsanforderungen (z.B. theoretisches Musikverständnis) und pädagogischer Sensibilitäten (z.B. Gleichrangigkeit pädagogischer und künstlerischer Absichten) wollen miteinander abgestimmt und letztlich als Arbeitsplatzbeschreibung auch vom Träger abgesegnet sein.

Die erforderlichen Qualifikationen können beim gegenwärtigen Ausbildungsstand nicht vorausgesetzt werden. Eigene Neigungen müssen daher eingebracht, Fortbildungsangebote sollten wahrgenommen und „Fremdqualifikationen" aus dem musisch-künstlerischen Bereich hinzugezogen werden.

All dies setzt ein Verständnis von Jugendarbeit voraus, das nicht mehr sich selbst, sondern die Lebenswelt der Jugendlichen in den Mittelpunkt stellt: Jugendarbeit soll ein attraktiver Teil davon sein, in dem Jugendliche beispielsweise künstlerisches und soziales Lernen „gewinnbringend" und mit Spaß erleben können. Die Verbindung von Rockmusik und Jugendarbeit eröffnet in der Praxis viele Möglichkeiten, diesen Anspruch zu realisieren.

Anmerkungen:

1 Der volle Name lautet: Landesarbeitsgemeinschaft zur Förderung der Popularmusik in der kulturellen Jugendarbeit und Erwachsenenbildung e.V. Hessen (LAG ROCK IN). Vgl. dazu den Beitrag von M.Widmer / LAG ROCK IN in diesem Buch.

2 Verglichen mit der sogenannten „handgemachten" Rockmusik zeigt sich Kreativität im Umgang mit den modernen elektronischen Musikstilen vielfach nicht nur in der Computerprogrammierung, sondern auch bei den „Live-Performances", indem sie als riesige Interaktionsspiele angelegt sind, an denen Sprayer, Geschichtenerzähler, Tänzer, Skater usw. beteiligt sind.

3 Gesetz zur Neuordnung des Kinder- und Jugendhilferechts (Kinder- und Jugendhilfegesetz — KJHG) vom 26.Juni 1990, hier: § 11.
Das KJHG faßt unter „Jugendarbeit" „offene", „gemeinwesenorientierte" und für „Mitglieder" bestimmte Angebote, im einzelnen 1. außerschulische Jugendbildung mit allgemeiner, politischer, sozialer, gesundheitlicher, kultureller, nationalkundlicher und technischer Bildung, 2. Jugendarbeit in Sport, Spiel und Geselligkeit, 3. arbeitswelt-, schul- und familienbezogene Jugendarbeit, 4. innerdeutsche und internationale Jugendarbeit, 5. Kinder- und Jugenderholung, 6. Jugendberatung. In § 13 wird darüber hinaus die sogenannte „Jugendsozialarbeit" als Förderung der schulischen und beruflichen Ausbildung, Eingliederung in die Arbeitswelt und soziale Integration näher umrissen. Vgl. auch Wiesner / Zarbock (1991).

4 Vgl dazu Kapitel 5 in diesem Buch.

5 Vgl. dazu: Sekretariat für gemeinsame Kulturarbeit in NRW (Institut für Pop-Kultur, 1991).
Der Dt. Musikrat nennt 1989 bei vorsichtiger Schätzung die Zahl von ca. 50 000 Amateurbands im Bereich der alten Bundesländer (vgl. Dt. Musikrat, 1989, 8)
Die Veranstalter des 1. Treffens deutscher Musikwerkstätten sprechen 1989 von entsprechenden Initiativen in ca. 100 Orten (vgl. Porcher / Ortmann, 1989, 11).

6 Nachtwey (1989, 74): Der Autor verweist in diesem Zusammenhang insbesondere auf einen Beitrag von Rolf Hanusch, Kulturelle Fragmente und Identität, in: deutsche jugend, Nr. 7-8 (1986, 315ff.)

7 Zur Begründung und Praxis einer sozialräumlichen Jugendpädagogik vgl.Böhnisch/Münchmeyer (1990) und dieselben (1989, 89-113).

8 Vgl. auch Kapitel 3.3 in diesem Buch

9 Dies gilt insbesondere für Arbeitsansätze der Gemeinwesenarbeit, die sich auf die französische Tradition der „animation culturelle" beziehen. Vgl. dazu etwa Kirchgäßner, 1988, 34-39.

10 Aufgabe der Jugendhilfe ist u.E. insbesondere die Bereitstellung von „Möglichkeiten" für benachteiligte und devianzgefährdete Jugendliche mit biographischen Brüchen und wenig kalkulierbaren Lebensperspektiven.

11 Wicke (1991, 178): „Was für den Umgang mit Musik in der Diskothek gelten mag, gilt noch lange nicht für ihre Rezeption zu Hause unter Kopfhörern und schon gar nicht bei einem Großkonzert mit einem nach Zehntausenden zählenden Publikum."

12 Vgl. dazu näher den hier herangezogenen Beitrag von Wilfried Ferchhoff: Jugendstile und Jugendmedien im Lichte des Strukturwandels der Jugendphase (1991, 143-165).

13 Zur Nachkriegsentwicklung der Jugendhilfe vgl. z.B. den Überblick von Richard Münchmeyer: 40 Jahre Jugendhilfe, in: dji-bulletin, Heft 13, hrsg. vom Deutschen Jugendinstitut e.V. (1989).

14 Vgl. z.B.: Kolland (1979)

15 Jordan/Sengling bilanzieren in diesem Zusammenhang eine durchaus vorhandene Loyalität vieler sozialer Organisationen und auch vieler Jugendverbände mit den nationalsozialistischen Machthabern (1988, 58).

16 Zur „Juke-Box" vgl. etwa: Meister (1974, 11-65)

17 In Hessen z.B. Ende der 70er Jahre, als die Landesarbeitsgemeinschaft Soziale Brennpunkte zu ersten „Band-Treffen" in den staatlichen Jugendhof Dörnberg einlädt.

18 Landeswohlfahrtsverband Württemberg-Hohenzollern/Landesjugendamt (Hrsg.): Mobile Jugendarbeit mit arbeitslosen Jugendlichen. Verlauf und Ergebnisse eines Förderprogrammes 1979-1984 (Stuttgart, 1985, 4).

19 Vgl.: Hoffmeister/Loh/Pleiner/Stehn: Die Siedlung am Rande der Stadt, Gießen/Eigenverlag (1985), hier das Kapitel: Die „Tune-Up-Band".

20 Dies gilt ähnlich auch für die Praxis der offenen Jugendarbeit, wenn z.B. im August 1991 ein großer süddeutscher Träger in einer Stellenausschreibung für ein „Teenie-Abendprogramm" unter dem Stichwort „Medialer Einsatz von ..." die Medien Video, Fotolabor, Computer, Disco, Kino, Holz- und Metallwerkstatt aufführt, nicht aber die Musik in dem von uns verstandenen Sinne als Praxisfeld der Jugendarbeit.

21 Bei der folgenden Darstellung handelt es sich folgerichtig um unsere Sichtweise, die von den eigenen langjährigen Erfahrungen in der außerschulischen Jugendarbeit geprägt ist.

22 So geschehen Mitte der 70er Jahre z.B. in einem Gießener Jugendhaus.

23 Vgl. dazu: Gross, (1985).

24 Vgl. dazu: Spengler (1985, 27) und Frith (1981, 13ff.). Hier wird diese Auffassung noch ungebrochen vertreten. Rockmusik gilt als „ehrlich", „authentisch" und „nichtkommerziell", während Popmusik als Inbegriff für eine „industriell-manipulierte Tonalität" steht.

25 Vgl. dazu: Kulturpolitische Gesellschaft (1980, 9). Hier wird zwischen Volksmusik aus dem deutschsprachigen Raum und der populären Musik mit Wurzeln in der angloamerikanischen Volksmusiktradition unterschieden.

26 Vgl. dazu auch 6.3. Rockmusik und Orientierungssuche.

27 Als Beispiel für die Auseinandersetzung mit den spezifischen Merkmalen einer Subkultur sei das Buch „Skinheads in Deutschland" erwähnt (Eberwein/Dreler, 1987). Die Autoren versu-

chen, die Skinheadszene „von innen“ heraus zu beschreiben und gelangen dabei zu differenzierten Aussagen über die Anziehungskraft, die sie für Jugendliche interessant werden läßt. Vielleicht würde das Buch heute — so muß angemerkt werden — anders ausfallen müssen, da sich die Szene im Zuge der Wiedervereinigung erheblich radikalisiert hat.

28 Die Jugendhilfe hat hier u.a. auch die Funktion der Amateur- und Nachwuchsförderung zu erfüllen, da es häufig keine anderen öffentlichen Institutionen gibt, die sich hierfür zuständig fühlen.

29 Vgl. dazu Peinhardt / Sparschuh (1983, 42f.)

30 Musikalische Aktivitäten ermöglichen in besonderer Weise den Ausdruck und das Ausleben von Gefühlen. Im Gruppengefüge kommen dabei gemeinsamkeitsstiftende Erlebnisse und gefühlsmäßige Übereinstimmungen zustande. Gerade das aktive Musizieren stellt eine Bereicherung und Vertiefung des gesamten seelischen Erlebens dar. Vgl. dazu Auerbach (1979, 59).

31 Mit back-beat wird die im Rock'n' Roll gebräuchliche 2-4-Betonung im Takt, hervorgehoben z.B. durch Snare-Trommelschläge, bezeichnet.

32 In den 80er Jahren gewann eine Diskussion in den Sozial- und Kulturwissenschaften an Bedeutung, innerhalb der der Normen- und Wertewandel in den modernen Industriegesellschaften genauer betrachtet wurde. Stichworte wie „kultureller Umbruch“ bzw. gesellschaftlicher „Orientierungsverlust“ bezeichnen die Folge der Auflösung traditioneller Normen und Lebensentwürfe, an deren Stelle die Suche nach einem „Lebensstil“ getreten ist, verbunden mit Erwartungen an soziale Absicherung, an kulturelle Teilhabe und an Möglichkeiten zur Selbstinszenierung. Gerade bei der Erziehung in und außerhalb der Familie treten für die jungen Menschen Orientierungsdefizite dadurch auf, daß die Elterngeneration selbst verunsichert ist bzw. die herkömmlichen Sozialisationsinstanzen (Schule, Ausbildungsbetrieb, Jugendverbände, Kirchen usw.) größtenteils noch keine ‚Antworten, auf die veränderten Lebenswelten und Orientierungsprobleme gefunden haben. Vgl. dazu Beck (1986), Inglehart (1989) und Kulturpolitische Gesellschaft (1991).

33 Vgl. dazu: Vollbrecht (1988, 79)

34 Vgl. auch: Baacke (1985, 23)

35 Ein Anekdote aus den Anfängen der Rockmusik berichtet Tennstedt (1979): Die hessische Beat-Band „The Petards“ mußte sich vor Gericht wegen Lärmbelästigung der Anwohner bei einem Konzert in einem mittelhessischen Dorf verantworten. Damit sich das Gericht eine Vorstellung vom entstehenden „Lärm“ machen konnte, mußte die Band im Gerichtssaal „eine Probe ihres Könnens abliefern“.

36 Vgl. dazu: Ebbecke / Lüschper (1987): mehr als ein Drittel der in Dortmund im Rahmen einer Untersuchung befragten Musiker war z.B. älter als 25 Jahre. Vgl. auch: Zimmermann (1989): „Aufwachsen mit Rockmusik — Rockgeschichte und Sozialisation“.

37 Vgl dazu 1.: Arbeitsgemeinschaft der Musikerzieher Österreichs (Hrsg.): Musik — eine Droge? (1986). Tagungsdokumentation im Band 14 der AGMÖ-Publikationsreihe und 2.: Helmut Rösing (Hrsg.) (1991): Musik als Droge? Tagungsdokumentation des Arbeitskreises Studium Populärer Musik e.V

38 Dadurch ist das Problem nicht gelöst, daß die Drogenszene sich nur innerhalb bestimmter sozialer Milieus entfalten kann, die häufig mit den Treffpunkten der Jugendszenen, sprich: Kneipen, Discos und Live-Konzerten, identisch sind. Eine vergleichbare Gefährdung geht aber auch z. B. von Schulhöfen und anderen Orten aus, die Jugendlichen jederzeit frei zugänglich sind.

39 Vgl. Harrer (1991, 9)

40 Die Berieselungs-Programme der Firma „Muzak“ sind auf die Verkaufsförderung in Warenhäusern abgestimmt — Musik in angenehmen Frequenzen und Lautstärken — mit nachweisbarem Erfolg.

41 Vaughans Vorwürfe sind der Tagespresse entnommen und wurden 1991 z.B. im Londoner „Independent“ und in der „New-York-Times“ dargestellt und in zahlreichen Leserbriefen diskutiert.

42 Diese Gefahr besteht auch beim Walkman-Hören, was die Industrie inzwischen zu entsprechenden Warnhinweisen veranlaßt hat.

43 Frankfurter Rundschau vom 11.03.1991

44 Vgl. Rösing (1991, 73ff.): Heavy metal, hard Rock, Punk: Geheime Botschaften an das Unbewußte?

45 Die gesellschaftliche Realität der Unterrepräsentation von Mädchen und Frauen im Rock-Bereich spiegelt sich auch in diesem Buch, u. a. in der Anzahl der vertretenen AutorInnen. Vgl. die Beiträge von Herma Fokken, Ute Meinig und Manuela Pohl.

46 Für die neuen Bundesländer scheint — dies gilt im übrigen für den kulturpädagogischen Sektor insgesamt! — eine gesonderte Betrachtung erforderlich. Dennoch kann auch in diesem Falle ein großer Nachholbedarf an emanzipatorischen Angeboten für Mädchen vermutet werden.

47 Vgl. Helga Krüger (1985): Sachverständigenkomission Sechster Jugendbericht der Bundesregierung

48 Vgl. Rentmeister (1985, 30): Die Autorin betont in diesem Zusammenhang die Bedeutung der „individuellen Intuition“ auf diesem Weg, im Sinne jenes „ganzheitlichen Systemgedächtnisses“, das besonders den Frauen seit jeher zugeschrieben werde: „Intuition ist ‚Lernen aus sich selbst‘, im Vertrauen auf sich selbst und die anderen“.

49 Vgl. Binas (1991): Frauenphantasien — Männerphantasien — Populäre Musik als ein Medium geschlechtsspezifischer Sozialisationsformen

50 Vgl. zur „Jungenarbeit“ auch: Heimvolkshochschule Alte Molkerei Frille (1988), Sielert (1989) und Brenner / Grubauer (1991).

51 Nicht zu vergleichen sind damit z. B. die Gagen im Tanzmusikbereich, die um ein Vielfaches höher ausfallen.

II. Praxisprojekte

Einleitung

Im folgenden zweiten Teil unseres Praxisbuchs wollen wir Initiativen im Praxisfeld Rockmusik vorstellen. Wir haben versucht, die Aufgabenfelder der Jugendarbeit möglichst vollständig durch darauf bezogene Musik-Projekte einzubeziehen und standen dabei nicht nur einmal vor der Schwierigkeit, geeignete Berichte ausfindig zu machen. Es bleibt zu vermuten, daß die Zahl „verborgener" Rockmusik-Initiativen in der Jugendarbeit um ein Vielfaches größer und sicherlich auch vielfältiger ist, als im vorliegenden Buch dargestellt. In diesem Zusammenhang ist erneut darauf hinzuweisen, daß nicht die vollständige Sammlung im Stile einer empirisch-statistischen Totalerhebung unser Ziel sein kann, sondern die exemplarische Vorstellung interessanter Rock-Ansätze in verschiedenen Sparten der Jugendarbeit und bezogen auf unterschiedliche Zielgruppen und Aufgabenstellungen.

Die einzelnen Beiträge unterscheiden sich nicht nur hinsichtlich ihrer jeweiligen Adressaten, sondern auch hinsichtlich des Entwicklungsstandes der beschriebenen Initiative, was Förderungsumfang, Reichweite, Kontinuität und Absicherung des Projekts anbelangt. Auf diese Weise wird nicht zuletzt ein Einblick in die vielfach noch instabile Situation solcher Jugendhilfe-Ansätze möglich, die das Medium Rockmusik mit ihrer „Klientel" und dem eigenen pädagogischen Arbeitsfeld in Verbindung bringen.

Deutlich wird auch, was Autorenschaft und Projekte betrifft, die Unterrepräsentation von Kolleginnen und Musikerinnen im Felde der Rockmusik, eine Tatsache, auf die wir bereits an anderer Stelle hingewiesen haben.

Der folgende Teil beginnt mit zwei Beiträgen zu einer „Gretchenfrage" rockmusikalischer Praxis, dem (Nicht-)Vorhandensein geeigneter Proberäume, und stellt Ansätze einer darauf gerichteten Jugend- und Strukturarbeit vor.

In einem nächsten Schritt geht es um einen erneuten „Mangel", wenn die Arbeit verschiedener Mädchenbands vor dem Hintergrund eines insgesamt nur spärlichen Bestands solcher Ansätze im Felde der Jugendarbeit (und natürlich nicht alleine dort!) beschrieben wird.

Die vier folgenden Berichte haben als gemeinsamen Nenner den Bezug der dargestellten Musik-Ansätze auf das Lebensumfeld der Jugendlichen. Die Adressatengruppen sind dabei ganz unterschiedlich: Die Palette reicht von jungen Bewohnern sog.

„Sozialer Brennpunkte“ über Jugendliche aus einem multikulturellen großstädtischen Lebenszusammenhang bis hin zu Jugendlichen „aus der Provinz“.

Die beiden anschließenden Beiträge befassen sich mit dem Thema „MitarbeiterInnen in der Jugendarbeit“ und den Möglichkeiten von musikpädagogischer Kooperation und Fortbildung.

Es folgen Berichte zu verschiedenen pädagogischen Handlungsfeldern, eingeleitet durch einen Aufsatz zur rockmusikalisch orientierten Jugendbildungsarbeit. Als Praxisfelder werden im einzelnen vorgestellt: Die Zusammenarbeit von Behinderten und Nichtbehinderten, ein multikulturelles Rock-Projekt, eine Initiative im Rahmen der Aus- und Übersiedlerbetreuung, Beispiele aus der Heimerziehung und aus der Arbeit mit „Azubis“ sowie Musik-Ansätze aus dem Bereich Drogenarbeit.

Abschließend bleibt zu bemerken, daß wir Patentrezepte für eine rockmusikorientierte Jugendarbeit weder vorweisen können noch wollen. Wir haben uns in der Zusammenstellung der verschiedenen Berichte um einen Überblick über vorhandene musikpädagogische Herangehensweisen bemüht, ohne ein bestimmtes Konzept abzuqualifizieren oder hervorzuheben. Stattdessen möchten wir die vorgestellten Initiativen als „Möglichkeiten“ verstanden wissen, die zur eigenen Praxis motivieren, weil sie auf „konstruktiven“, wenn auch oft langwierigen Erfahrungen von KollegInnen beruhen. Daß die Berichte in Schreibstil und Pointierung dabei durchaus unterschiedlich ausfallen, ist der Natur eines „Sammelbandes“ verschiedener Autoren geschuldet und soll an dieser Stelle kurz betont werden.

Karlheinz Brauer

„Let's work together" — ohne Proberäume läuft nichts

Hier wird die Entstehung einer lokalen Musikszene beschrieben, die sich, ohne von PädagogInnen initiiert zu sein, durch das Vorhandensein von Proberäumen in einem Jugendhaus entwickelt hat. Es soll versucht werden, aus Erfahrungen Schlußfolgerungen über den Stellenwert der Rockmusik in der Jugendarbeit zu ziehen und die Rolle einer kommunalen Jugendpflege auszuloten. Ort des Geschehens ist das Jugendzentrum einer Gemeinde mit rund 15000 Einwohnern im Rhein-Main-Ballungszentrum.

Im Jahre 1980 konnte ein jahrelang leerstehendes Gebäude in Ortsrandlage umgebaut und als Jugendzentrum eröffnet werden. Das Ungewöhnliche an diesem Bau waren die zahlreichen unbeheizten Kellerräume, die für den Bedarf des Jugendzentrums nur zum Teil genutzt waren. Es dauerte nicht lange, bis Jugendliche danach fragten, ob es möglich sei, in einem der Kellerräume Musik zu machen. Die ersten musikalischen Gehversuche dieser Band waren nicht zu überhören und lockten weitere Interessenten an. Zunächst wurden für vier Bands Probemöglichkeiten geschaffen. Als Miete für einen Kellerraum wurde ein kostenloser Auftritt pro Jahr bei einer Veranstaltung des Jugendzentrums festgesetzt. Das ist bis heute so geblieben.

Durch diese Entwicklung begünstigt, veranstaltete die örtliche Jugendpflege gemeinsam mit dem Selbstverwaltungsgremium des Jugendzentrums, dem oft auch Musiker angehörten, regelmäßig Konzerte im Jugendzentrum und auf lokaler Ebene. Die Kreisjugendpflege und das Jugendbildungswerk des Kreises boten flankierend dazu auf Kreisebene Musikseminare und ein Austauschprogramm mit einer französichen Partnerorganisation an. Damit hatten die Bands die Möglichkeit, in Frankreich aufzutreten. Im Gegenzug wurden Konzerte mit französischen Bands in den Jugendzentren des Kreisgebietes organisiert.

Es entwickelte sich im Laufe der Jahre eine lokale Musikszene, die inzwischen bis in den semiprofessionellen Bereich hineinreicht. Von Musikern wurde ein Beschallungsunternehmen und ein Studio gegründet. Das Jugendzentrum hat sich eine Klein-PA (Verstärkeranlage) angeschafft, die sich die Bands ausleihen können. Zur Zeit nehmen sieben Bands Proberäume im Jugendzentrum in Anspruch. Der Bedarf ist damit keinesfalls gedeckt und geht weit über die hier gebotenen Kapazitäten des Jugendzentrumes hinaus. Vor kurzem hat sich eine MusikerInnen-Initiative gegründet, die von der Kommune die Schaffung weiterer Probemöglicheiten verlangt.

Das alles hat sich weitgehend unabhängig vom Engagement der JugendarbeiterInnen vollzogen. Es bedurfte nicht der Motivation durch pädagogische Fachkräfte, um Jugendliche zum Musikmachen zu bewegen. Hier wird der zentrale Unterschied zu anderen Medien in der Jugendarbeit (Theater, Foto, Video etc.) sichtbar: Rockmusik spielt im Leben Jugendlicher eine so zentrale Rolle, daß sie sich ohne die Initiatve und die Anleitung von PädagogInnen dieses Medium aneignen und Kreativität entfalten können. Sie müssen nur über die notwendigen Produktionsmittel verfügen können und hier liegt das Problem.

Rockmusik ist laut. Sie ist weder in der elterlichen Wohnung, noch im Keller eines Wohnblocks und oft auch nicht im Partyraum eines Einfamilienhauses spielbar. Bemüht sich eine Band um einen Proberaum in einem öffentlichen Gebäude (z.B. im Keller einer Schule), erhält sie in aller Regel den Bescheid, es sei nicht Aufgabe der öffentlichen Hand, Privatpersonen Räume in öffentlichen Gebäuden zu vermieten. Da könne ja jeder Alleinunterhalter kommen und von der Kommune einen Proberaum verlangen. Im Unterschied zu Gesangsvereinen, Posaunenchören und Handharmonika-Spielvereinigungen, die sich in aller Regel einen Vereinsstatus gegeben haben und mit öffentlichen Mitteln gefördert werden, ist das Produzieren von Rockmusik Privatsache.

Seit vor rund 40 Jahren die ersten Rock'n' Roller auf der Bühne standen, hat sich eine eigenständige Jugendkultur entwickelt, die bis in‘s abgelegenste Dorf reicht. Daß dafür adäquate Fördermodelle nötig sind, haben die Verantwortlichen in Politik und Verwaltung bisher weitgehend ignoriert.

Die Bereitstellung von öffentlich geförderten, langfristig nutzbaren, trockenen, beheizten und einigermaßen einbruchssicheren Proberäumen ist für die Entwicklung einer lokalen Musikszene von zentraler Bedeutung. Hier ist die kommunale Jugendpflege in doppelter Weise gefordert: zum einen in der Rolle des „Anwaltes“ der MusikerInnen; andererseits in der Aufgabe, die Vereinzelung der meist miteinander konkurrierenden Bands aufzubrechen und mit ihnen über Organisationsformen nachzudenken, die geeignet sind, ihren Forderungen kommunalpolitischen Nachdruck zu verleihen.

Ein weiteres Problem ist das Fehlen von adäquaten Auftrittsmöglichkeiten, insbesondere für noch „unperfekte“ Amateurbands. Kommerzielle Veranstalter winken, selbst wenn auf Gage verzichtet wird, dankend ab, weil bei den zu erwartenden Besucherzahlen auch über den Verzehr nichts zu verdienen ist. Stadthallen, Bürgerhäuser und Dorfgemeinschaftshäuser bleiben Rockbands oft verschlossen, weil der hochwertige Parkettboden bei den Konzerten Schaden nehmen könnte oder weil den Anwohnern die Geräuschkulisse nicht zuzumuten ist. Es bleiben die Jugendzentren, die oft nicht den geeigneten Rahmen für Rockkonzerte (z.B. Akustik) bieten oder über keine angemessenen Räumlichkeiten verfügen. Nicht zu Unrecht bezeichnen MusikerInnen, die in Ermangelung anderer Möglichkeiten durch die Jugendhäuser der Region tingeln müssen, die Auftritte als „Schweine-Gigs“.

Es wäre natürlich absurd, wenn sich die Jugendarbeit in erster Linie an den Bedürfnissen der Musikszene orientieren würde. Jugendzentren und Musikszene gehören nicht zwangsläufig zusammen, Proberäume und Auftrittsmöglichkeiten müssen nicht unbedingt in Jugendzentren vorhanden sein. Andere Räumlichkeiten in der Gemeinde oder im Stadtteil könnten von der Jugendpflege genutzt werden.

Wer mit den Bands spricht, könnte den Eindruck bekommen, daß Live-Musik nicht mehr gefragt ist. Ein Blick in die Szenen-Zeitschriften belegt das Gegenteil. Jedoch wird der Markt von den großen Konzerten dominiert. Was fehlt, sind kleine Veranstaltungsorte mit subventionierten Auftrittsmöglichkeiten für die Bands der regionalen Szene. Im Sommer gibt es kaum ein Wochenende, an dem nicht ein überregionales Open-Air-Konzert stattfindet. Lange Anfahrtswege und hohe Eintrittspreise werden in Kauf genommen und die Branche boomt kräftig. Oft treffen sich dort unterschiedliche Generationen. Das ist nicht verwunderlich, wenn man bedenkt, daß die Leute, die damals in den Konzerten der Beatles und Rolling-Stones ausflippten, heute um die fünfzig sind.

Bei Volks- und Vereinsfesten ist die breite Akzeptanz spürbar, die Rockmusik genießt. Aus Rundfunk und Fernsehen bekannte Bands begeistern jung und alt. Die große Angebotsdichte der Freizeitindustrie in den Ballungszentren ist eine erdrückende Konkurrenz für die jugendlichen Bands. In ländlichen Gebieten ist das Publikum um so zahlreicher und um so begeisterter. In den letzten Jahren sind viele, meist von Initiativgruppen getragene Kulturzentren eröffnet worden. Mit ihnen hat sich die Situation der Amateurbands etwas verbessert. Es müßte indes mehr passieren. Fast überall fehlt eine lokale Infrastruktur, in der eine eigenständige (nicht von den Vereinen der Erwachsenen dominierte) Jugendkultur ihren Platz hat. Jugendkultur darf sich nicht nur in den ihr zugewiesenen Reservaten — meist Jugendzentren — abspielen, sie muß auch einer breiten Öffentlichkeit zugänglich sein.

Zum Beispiel könnte bei Volks- und Straßenfesten etc., wo sich das kulturelle Schaffen der traditionellen Vereine gerne präsentiert, auch „Jugendkultur" ihren Platz haben. Rockbühne, Hardrock-Café und vieles mehr könnten zur festen Einrichtung bei solchen Anlässen werden. Diese Räume sind jedoch erst zu erobern und das wird nicht ohne Konflikte zwischen den verschiedenen Kulturen und Generationen gehen. Eine Musikszene, die sich öffentlich präsentiert und wahrgenommen wird, kann von der öffentlichen Kulturförderung nicht mehr übersehen werden.

Die Konzequenz für die kommunale Jugendpflege liegt auf der Hand: Es ist notwendig, „Strukturarbeit" zu leisten, ohne für die beteiligten MusikerInnen eine Stellvertreterrolle zu übernehmen. Hier eröffnet sich für die Jugendlichen und die PädagogenInnen ein praktisches Lernfeld: In der Auseinandersetzung um Proberäume und Auftrittsmöglichkeiten können sie ihre Lebenswelt mitgestalten. So gesehen, fällt der Rockmusik als Medium in der Jugendarbeit eine besondere Bedeutung zu.

Angebote wie Percussionsworkshops, Gitarrenkurse, Musik-Seminare etc., egal ob sie von der Jugendpflege selbst oder in Zusammenarbeit mit anderen Institutionen angeboten werden, haben dann ihren Stellenwert, wenn sie in eine lebendige Musikszene eingebettet sind und von Jugendlichen nachgefragt werden. Sie sind dann ein sinnvoller Bestandteil einer soziokulturellen Infrastruktur. Für sich alleine betrachtet, haben sie einen eher fragwürdigen Charakter. Warum sollte man Jugendlichen mit einem Musikseminar den Mund wässrig machen, wenn keine Chance auf Proberäume besteht? Eine kommunale Jugendpflege, die Musik als Medium in ihrer Jugendarbeit einsetzt, muß sich auch über die Verbesserung der Infrastruktur für MusikerInnen Gedanken machen und das Problem gemeinsam mit interessierten Jugendlichen angehen.

Bob Läßig / Ulla Kart / Heiner Schmittner / Hans Ernst

„Room to move" — Musikerinitiativen organisieren sich!

In vielen Städten, Gemeinden und Regionen existieren selbstorganisierte Musikerinitiativen. Einige zentrale Aspekte aus dieser Arbeit sind im folgenden beispielhaft angesprochen. Ausführlich können die Hintergründe der bayrischen Rockszene im *Rockbuch Bayern* nachgelesen werden.[1]

1. Die Übungsraumnot

Fast alle, die Rockmusik in einer Gruppe spielen wollen, kennen die Übungsraumnot! Zusammen mit den fehlenden Auftrittsmöglichkeiten ist dies wohl das größte Problem für RockmusikerInnen — nicht nur in Bayern. Wo bekommt man einen Proberaum her? Für die Musiker und Musikerinnen auf dem Land ist das weniger schwierig — da gibt es noch Platz; selbst wenn es in Nachbars Scheune ist. Doch in der Stadt, wo selbst das letzte Kellerloch als Wohnung vermietet wird, schaut es düster aus. Hier einige Meldungen, die aus Städten wie Regensburg und München kommen:

In Regensburg ging die Band *Diebe* auf die „Straße" bzw. auf den Haidplatz, um mit einer öffentlichen Aktion gegen die Proberaumnot in der altehrwürdigen Uni-Stadt zu demonstrieren. Die Musiker brachten ihre Instrumente mit, drehten die Verstärker auf und entfalteten ein Transparent: „Unser Groove braucht ‚Room to move'".

Am 1. April 1989 lud die Musikinitiative Feierwerk[2] unter dem Slogan „1000 Münchner Musiker brauchen Übungsräume!" zum zweiten „Öffentlichen Üben" mit „Heißer Musik zu einem heißen Problem" ein. Von den Politikern wurde die Aktion begrüßt, jedoch hat sich bis heute die Situation um keinen Deut gebessert.

In München exitiert ein einziges städtisches Projekt. Es handelt sich um zwei Baracken des ehemaligen Krankenhauses Oberföhring, wo inzwischen 40 Bands spielen. Sonst gibt es nur ein paar wenige Übungsmöglichkeiten in Freizeitheimen und städtischen Einrichtungen. Nach Erhebungen von *Feierwerk* stehen fast 500 der rund 1500 Münchner Gruppen auf der Straße. In den Zeiten von Wohnungsnot und Wirtschaftsboom sind Rockmusiker die letzten, denen Räume angeboten werden. Sobald ein Altbau saniert ist, gibt es auch keine Kellerschlupflöcher mehr. Eine grundlegende Lösung des Problems ist für einzelne Bands oder musikalische Einzelkämpfer natürlich nicht zu erreichen.

Eine Musikerinitiative könnte einen Ausweg bieten, die dann an die jeweilige Stadt oder Gemeinde Anträge auf Raumnutzung stellt. Je mehr Bands sich mit ihren Forderungen zusammentun, desto wahrscheinlicher ist natürlich ein mögliches Echo in der Öffentlichkeit. Dann heißt es am Ball bleiben: Liegenschaftsamt, Baureferat, Ordnungsamt, Feuerpolizei, Nachbarschaft und so fort. Jeder will mitreden.

Aber manchmal führt dieser Weg zum Erfolg. So in Nürnberg, wo die Musikzentrale e. V. seit 1985 um Proberäume kämpft und schließlich die Stadt Nürnberg durch das Jugendamt 13 Übungsräume mit derzeit 20 Bands im Jakobsstor-Bunker zur Verfügung stellte. Mit acht Räumen in der Regensburgstraße gibt es ein weiteres realisiertes Projekt. Jedoch ist der Bedarf bei weitem größer. Wuchergeschäfte mit Übungsräumen sind die Folge.

Feierwerk hat in München ein Übungsraum-Studio-Konzept entwickelt, das ein kleiner Schritt zur Lösung der Misere sein könnte. Im Folgenden sind wichtige Punkte festgehalten:

2. „Erste Hilfe" — Modell „Übungsstudio"

Nicht alle Bands brauchen oder wollen unbedingt einen eigenen Übungsraum. Da gibt es zum Beispiel — meistens Anfänger-Gruppen (Alter: unter 20 Jahren), die gerade erst dabei sind, Instrumente und Anlage zusammenzukaufen. Viele Bands üben nur einmal die Woche; wieder andere treffen sich unregelmäßig, um dann an mehreren Abenden hintereinander intensiv zu proben.

Das Konzept von *Feierwerk* ist für drei Räume entwickelt worden und sieht wie folgt aus:

Raum I: Hier können Demo-Tapes aufgenommen werden. Folgende Geräte sollten zur Verfügung stehen: ein Mehrspurtonbandgerät, eine Mastermaschine und Kassettendecks. Ferner Mischpult, Echo-Gerät und die nötigen Teile zum Mit- und Abhören der Aufnahmen. Kosten: ca. 15000.— DM.

Raum II: Dieser Raum ist vor allem für neugegründete Bands mit jungen MusikerInnen um die 18 Jahre vorgesehen. Denen mangelt es nicht an Drive, Musik zu machen, jedoch häufig an den Möglichkeiten, ihre Geräte zu transportieren und den finanziellen Voraussetzungen, vernünftiges Equipment zu kaufen. Der Raum ist nahezu vollständig ausgestattet mit Gitarren- und Baß-Verstärkern, Gesangsanlage, Keyboard, Schlagzeug und Mikrophonen. Diese Ausstattung kostet ca. 8000.— DM.

Raum III: ist geeignet für MusikerInnen, die mit ihrem eigenen Equipment proben wollen, d.h. der Raum wird immer wieder leer hinterlassen. Gut überlegt sein sollte die Frage der Schalldämpfung, der Notausstiege und der feuerpolizeilichen Abnahme etc.

Kurz etwas zum geplanten Betrieb. Sinnvoll sind Übungszeiten von je drei Stunden. Vor allem dem Nachwuchs wird das Übungs-Studio zugute kommen. Ganz vorne in der Warteschlange stehen jüngere Jugendliche und etat-schwache Gruppen. Die Selbstkostenbeteiligung muß im Rahmen der finanziellen Möglichkeiten der Bands liegen. Selbstverständlich wird es rund um das Übungs-Studio eine Menge zu organisieren, zu „checken“, zu reparieren und zu putzen geben. Es wird auch manche Hilfestellung bei Problemen mit dem Sound oder dem Arrangement angebracht sein. Wenn ein Übungs-Studio — wie bei *Feierwerk* — in den sonstigen Betrieb integriert ist, lassen sich natürlich eine Menge Kosten für diese Arbeiten sparen. Obwohl Räumlichkeiten existieren, konnte das Übungsraum-Konzept bisher leider nicht verwirklicht werden.

Die Gründe, die dazu führten: *Feierwerk* bot einen erheblichen Beitrag an Eigenleistung beim Umbau an. Eine Baufirma hätte Maschinen günstig zur Verfügung gestellt, hätte zusammen mit einem Architekten die fachgerechte Ausführung der Arbeiten garantiert. Viele MusikerInnen sind bereit, beim Schaufeln und Mauern mitzuhelfen. Damit würde der reine Umbau nur 25000.— DM kosten. Dieses Geld plus Mittel für die oben beschriebene Ausstattung wurden daraufhin bei der Stadt beantragt und vom Jugendamt auch bereitgestellt. Vom Baureferat der Stadt München wurden, mit Hinweis auf die Verwaltungsvorschriften, die Eigenleistungen von MusikerInnen oder Feierwerk-MitarbeiterInnen nicht akzeptiert. Eine eigene Kalkulation der Stadt veranschlagte 175000.— DM mit steigender Tendenz.

So war dieser Konzeptvorschlag erst einmal wieder vom Tisch. Das bedeutet: *Feierwerk* kämpft weiter und klopft an Münchner Rathaustüren.

3. Auftritts-Misere und die Feierwerk-Aktivitäten

Ein weiteres Problem besteht darin, daß so gut wie keine Auftrittsmöglichkeiten für Amateurbands vorhanden sind, ganz im Gegensatz zu den Top-Acts mit 1000 Besuchern aufwärts.

Die Szene braucht jedoch Bühnen für kleinere Publikumszahlen. Die Fluktuation bei Münchner Bands ist gigantisch. Wenn die Gruppen keine Auftrittsmöglichkeiten haben, brechen sie oft bald wieder auseinander. Die Medien (Rundfunk, Fernsehen, Presse) orientieren sich fast nur an den Top-Acts. Die Amateur-Rockmusikszene ist dort eigentlich kein Thema. Für aufwendige Werbung fehlen die Gelder.

Vor diesem Hintergrund bleibt oft das Publikum aus (besonders, wenn Gruppen von außerhalb spielen), obwohl gute Nachwuchsbands auf den wenigen Rockmusikbühnen spielen.

Auf Grund dieser Misere organisiert und betreut *Feierwerk* Live-Konzerte und einen Wettbewerb Münchner Bands. Workshops und Bandaustausch, eine Sampler-LP, Mitgliedschaft in der Arbeitgemeinschaft Bayrischer Musikinitiativen, Mitarbeit an dem oben genannten Rockbuch und Realisierung von Video-Clips runden das Programm ab. Auch Jazz und experimentelle Musik werden gefördert. Es existiert eine Demokassettenbörse (jeder Veranstalter sucht sich seine passende Band) und natürlich gehört auch Presse- und Öffentlichkeitsarbeit dazu. Ein Radiosendeplatz für örtliche Rock-Aktivitäten ist beantragt.

Manuela Pohl

Mädchen- und Frauenrockbands in der Jugendarbeit

1. Grundsätzliche Überlegungen zur mädchen- und frauenspezifischen Kulturarbeit

Mädchen- bzw. Frauenarbeit entwickelte sich in den letzten Jahren zu einem wesentlichen Schwerpunkt der außerschulischen Jugendarbeit. Öffentliche und private Träger entschieden sich immer mehr für eine spezielle Förderung von Mädchenkulturarbeit. Erscheint dies zunächst als Widerspruch zur lange propagierten Koedukation, so soll dieser Beitrag belegen, daß spezifische Angebote für Mädchen erforderlich sind, um den bestehenden Automatismus „Jugendarbeit = Jungenarbeit" zu durchbrechen. Mädchen sollen gleichfalls die Gelegenheit haben, sich ‚öffentlich darzustellen' und ‚öffentliche Räume' zu nutzen.

Die Hessische Mädchenstudie von 1986 verdeutlicht noch einmal die Problemstellung: „Auch in Hessen nutzen die Mädchen die koedukativen Einrichtungen der offenen Jugendarbeit signifikant weniger als Jungen, ihr durchschnittlicher Anteil liegt bei 34 %. ... Deutlich wird, daß die Mädchen die Angebote unter geschlechtspezifischen Fragestellungen auswählen. Sie bevorzugen Bereiche, in denen feinmotorische Geschicklichkeit, musische, kunstgewerbliche und tänzerische Fähigkeiten gefordert sind, sie interessieren sich besonders für Kultur, Bildung und gesamtgesellschaftliche Zusammenhänge sowie soziale Verantwortlichkeit. Hier übersteigt ihr Anteil deutlich den des Gesamtanteils von 34 % der Mädchen in der offenen Jugendarbeit" (Hessische Mädchen Studie, 1986, 84).

Diese Beobachtungen belegen die Tatsache, daß die Gleichung der Koedukation — Jungen und Mädchen sind gleichberechtigt — zumindest in der außerschulischen Jugendarbeit nicht aufgegangen ist. Die endlosen Diskussionen über Vor- und Nachteile der Koedukation führten bislang für die Mädchenarbeit noch zu keiner wirklich gangbaren Praxis, sie kämpft im Alltag von Jugendarbeit noch immer um eine gleichberechtigte Stellung. In der offenen Jugendarbeit gilt die Regel: Jungen behaupten durch ihr lautstarkes Auftreten, durch ihre Körpersprache, durch die Übernahme wichtiger Aufgaben (Discjockey) den Anspruch auf ihr Territorium: Für Mädchen ist am Kicker, hinter dem Plattenspieler oder am Schlagzeug kein Platz![3]

Die Psychoanalytikerin Sylvia Florstedt stellte fest, daß die Koedukation in der Schule früher als progressiver Schritt galt, sich nach dem heutigen Stand der Erkenntnis allerdings für die Mädchen oft als problematisch erweist: „Wenn Mädchen in der Schule von Anfang an eine Direktorin und weibliche Lehrkräfte haben, haben sie viel stärkere weibliche Identifikationsobjekte, dort werden sie auch mehr naturwissenschaftliches Wissen erlangen als an koedukativen Schulen, wo Mädchen sich leicht zurückziehen aus dem „männlichen" Bereich" (Florstedt, 1988, 37).

Diese Erkenntnis deckt sich mit den Erfahrungen aus der musikpädagogischen Kulturarbeit: Mädchen und Frauen fühlen sich in den ‚reinen' Frauenbands wohler und untereinander gleichberechtigter, als wenn sie mit Musikern zusammenspielen. Mit Anleiterinnen, die musikalisch-künstlerisch kompetent sind, steigt zudem der Effekt der Identifikationsmöglichkeit mit einer Frau.

Ein weiteres Argument für eine mädchenspezifische Kulturarbeit besteht darin, daß es die intuitiv-emotionale Persönlichkeit zu fördern gilt, die wirklich individuell und originell sein will: *‚die Künstlerin in Dir!'*. Dies steht im Gegensatz zu dem Bild von Individualität und Originalität, wie es die Freizeitindustrie suggeriert, indem sie vorgibt, dies sei alleine schon über Konsum zu erreichen. Auf dem Weg zur Entwicklung eigener Kreativität bedarf es daher gezielter Anregungen und einer Förderung von außen, soll es nicht bei einem passiven Konsumentenverhalten bleiben.

Betty Edwards versucht das (intuitiv)-künstlerische Gestalten, das Freisetzen von kreativen Kräften, über denkpsychologische Ansätze zu erklären: „Die Rechte und die Linke des Denkens" (Edwards, 1987, 24ff.). Bei den meisten Menschen ist die linke Hirn-Hemisphäre auf verbales, logisches, analytisches Denken spezialisiert; die rechte Gehirnhälfte ist nonverbal, „ist auf visuelle, räumliche Wahrnehmung spezialisiert" (Edwards, 1987, 26). „Entsprechend liest der L-Modus beim Musizieren die Noten und hält den Takt, während der R-Modus sich um Ton, Melodie und Ausdruck kümmert" (Edwards, 1987, 28).

Im vom männlichen Denken geprägten Bildungssystem unserer Gesellschaft wird in der Regel die linear analytische Denkweise (der L-Modus) favorisiert, das bedeutet eine Überbetonung von ‚mathematischen Herangehensweisen' zu Lasten der gefühlsbetonten Umgehensweisen (R-Modus). „Wenn Sie beide Denkweisen oder Modi gemeinsam anwenden, können Sie lernen, produktiver zu denken, wie auch immer ihr Ziel im einzelnen aussehen mag. Und die Ergebnisse, die ihr schöpferischer Umgang mit der Welt um Sie herum hervorbringt, sind Ihre individuellen Spuren auf dem Boden des Lebens" (Edwards, 1987, 22).

Künstlerisches Arbeiten potenziert und intensiviert kreative Fähigkeiten. Kreativität ist somit nicht nur Voraussetzung für künstlerisches Schaffen, sondern sie wächst auch in ihm.[4] Die Beschäftigung mit Musik und Kunst fördert somit nicht nur Kreativität — für neue ungewöhliche Ideen, Erfindungen, Einsichten, Entdeckungen, die auch von sozialem Nutzen sind —, sondern wirkt auch in Form von praktisch-kreativen Lösungen für Probleme des täglichen Lebens.

Von den speziellen Sozialisationsbedingungen der Mädchen ausgehend — die sie von Anfang an emotional stärker bindet, die helfend dienende Qualifikation fördert, die häusliche Verpflichtungen reglementiert, die die Forschungs- und Experimentierfreudigkeit dämpft, die Freizeit einschränkt, die Verhaltensmuster wie Anpassung, Unterordnung und Abhänigkeit produziert — sind sie vom kreativen Umgang mit modernen Kommunikations- und Kunstformen allerdings weitgehend abgeschnitten.

Damit Frauen aber nicht nur die gleiche Chance in dieser Gesellschaft haben wie Männer, sondern auch die Gesellschaft mitgestalten und prägen — sich Räume schaffen — können, muß früh genug mit einer pädagogisch-intervenierenden Emanzipationsarbeit[5] eingesetzt werden, die die Suche nach weiblicher Identität, nach Selbstausdruck, Selbstbewußtsein, Erfolgserlebnissen und Selbstbestätigung befördert[6].

Übertragen auf Rockmusik bedeutet dies, daß über die musikalische Aktivität ein Impuls für die künstlerisch-kreative Entwicklung der gesamten Persönlichkeit gegeben werden kann. ‚Musik öffnet die Herzen', sie ist, in Verbindung mit Körper (Ausdruck, Tanz) und Bild (Video), eines der geeignesten Medien, Intuition, Inspiration, Imagination, Phantasien, Träume künstlerisch auszudrücken. Sie bietet die Basis für kreatives Schaffen und somit für Mädchen und Frauen die Möglichkeit einer selbstbewußten, eigenständigen weiblichen Identitätsbildung. Mädchen sind hierbei — durch die in der geschlechtsspezifischen Erziehung verstärkt vermittelten sozialen Kompetenzen — gegenüber Jungen in Sachen Kooperation, Kommunikation und innerhalb von Gruppenprozessen i.d.R. im Vorteil: Mädchen können eher ‚zuhören und abfahren'. — Dies sind Grundbedingungen, um Töne empfinden, das Rhythmusgefühl schulen und Songmaterial organisieren, kurz: Komposition und Arrangement ohne Konkurrenz in der Gruppe erarbeiten zu können.

Insgesamt gilt es, die Strukturen der größtenteils männlich geprägten (Rock-)Musik aufzubrechen und zu verändern. Hierzu zählt nicht nur die Weiterentwicklung von identitätsstiftender, interessenorientierter Mädchen (Frauen) Kultur, sondern auch das Beherrschen der Musikinstrumente und Geräte, das Bewahren oder Entwickeln einer gewissen ‚Coolness' gegenüber neuen Technologien und Medien, also Durchblick schaffen gegenüber allen technischen Erneuerungen, um damit in der Lage zu sein, eine kritische Haltung gegenüber einer expandierenden, sich ständig erneuernden Technik zu entwickeln.

Die Aufarbeitung kulturindustrieller Hintergründe der Medien und die Vermittlung von Kenntnissen über das Musikbusiness schaffen ein Wissen über das Medienangebot (CD's, Schallplatten etc.) und somit eine größere ‚Medienkompetenz', die zu einer aktiveren Stellung als Konsumentin verhilft. Über eine solche Herangehensweise wäre auch die Entmystifizierung des hysterischen Starkults, wie er oft von ‚kreischenden Teenies' (Mädchen) betrieben wird, anzugehen.

Innerhalb der spezifischen Musik-Kultur-Arbeit für Mädchen und Frauen gilt es, angst- und zweckfreies Spielen, Experimentieren, Performance sowie Tanz, Körpererfahrung und die Bewußtseinsarbeit zu fördern. Es müssen Bedingungen geschaffen werden, in denen Mädchen ihre Interessen und Bedürfnisse weitgehend selbstbestimmt wahrnehmen können, diese aber auch beachtet, unterstützt und gefördert werden. Die bewußte Aufarbeitung der Sozialisationserfahrung — um damit typisch geschlechtsspezifische Probleme transparent zu machen —, d.h. die eigene und die gesellschaftliche Wirklichkeit zu reflektieren, sie sich kreativ und gestalterisch anzueignen, ist ein weiterer Weg für Mädchen (und Jungen!), eingefahrene (männliche) Strukturen zu verändern.

2. Praxiserfahrungen in drei Mädchen- und Frauenbands

Aus den Erfahrungen mit vielen Workshops und mit den drei im Anschluß kurz skizzierten Bands werden nachfolgend einige Stichpunkte verallgemeinert zusammentragen.

Die Bands:

Das Jugendzentrum Club 32 aus Offenbach bot vor sechs Jahren einen „Musikschnuppertag“ für Mädchen an. Seitdem ist Myriam dabei, die sich sofort für das Schlagzeug entschied, und stellt sozusagen die „Urbesetzung“ der Frauenband „The Radicals“. Die Mädchen waren damals zwischen 14 und 16 Jahre alt und fanden es toll, gemeinsam Musik zu machen.

Anfangs zählte mehr das gemeinsame soziale Erlebnis, als das Einstudieren eines festen Repertoires und einer bestimmten Musikrichtung. Der Gedanke an einen öffentlichen Auftritt stand gänzlich im Hintergrund. Dann kam der erste Besetzungswechsel. Mit zwei Freundinnen von Myriam — Claudia und Dada — rockten sich die Mädchen zu ihren ersten Auftritten. Mit Ute, der neuen Gitarristin, wurde die Band endgültig komplett. Die Art und Weise, wie ich Gitarre spiele und die Erfahrungen, die ich aus dem Musikbusineß vermitteln konnte, mache ihnen Lust und Laune, meinten die Mädchen.

Das Jugendzentrum stellte den Mädchen einen Proberaum mit der nötigsten Ausstattung, wie Gesangsanlage, Micros, Kabeln und Instrumenten, zur Verfügung. Mit der Zeit kauften sie sich ihre eigenen Instrumente. Zusätzlich unterstützte sie der Club 32 dadurch, daß er ein Info über „The Radicals“ drucken ließ und ihnen gelegentlich Auftritte besorgte. Die Gage wurde für den Kauf von gebrauchten Musikinstrumenten verwendet. In der Regel wird noch heute einmal die Woche geprobt. Der Übergang von der Schul- zur Ausbildungssituation brachte allerdings erhebliche Zeitprobleme mit sich, das ursprünglich vorhandene Engagement mußte etwas eingeschränkt werden.

Die Deutsche Angestellten Gewerkschaft, Bereich DAG Jugend Hessen, sieht ebenfalls die Kultur(Musik)-Arbeit als wichtige politische Bewußtseinsarbeit und fördert darin speziell die Frauenarbeit. Darum werden hier nicht nur Bildungswochenenden und -urlaube mit Workshopcharakter angeboten, sondern seit einem Jahr wird eine Frauenrockband, „The DAD's“, regelmäßig unterstützt. Die Frauen sind zwischen 20 und 25 Jahren alt und alle Angestellte. Auch diese Gruppe formierte sich erst nach einem gemeinsamen „Schnupperwochenende“, an dem wir einen Song gemeinsam produziert hatten. Nach einigen Monaten kam es zum ersten Besetzungswechsel, gegenwärtig scheint sich ein „harter Kern“ zu bilden. Katja, Anja, Kerstin, Maria und Susi wußten von Beginn an genau, welche Instrumente sie spielen wollten. Dadurch, daß der Proberaum und die Instrumente von den „Radicals“ im Club 32 benutzt werden dürfen, gibt es in diesem Projekt keine Ausstattungsprobleme. Der Kauf eigener Instrumente, mit einem Zuschuss der DAG, ist jedoch geplant. Die Band probt regelmäßig einmal die Woche und trifft sich zusätzlich privat zum Üben.

Die Frauenband „On The Verge Of" vom Jugendbildungswerk Rüsselsheim ist das jüngste Projekt aus dieser Reihe und existiert seit dem Frühjahr 1991. Tanja und Sandra spielten bereits in einer anderen Mädchenband. Nach ihrer Auflösung suchten sie zwei weitere Mädchen, die Lust hatten, Rockmusik zu machen — Saskia und Sandra. Die Mädchen sind zwischen 16 und 18 Jahren alt und befinden sich im „Oberstufen-Schulstreß". Die Mädchen lernte ich auf einem gemeinsamen Wochenendseminar mit dem Thema „Songproduktion mit dem Computer" kennen. Da sie alle „Live" spielen, hatten sie entsprechende Vorurteile gegenüber der Computermusik. Nachdem wir aber einen Song, eine Eigenkomposition von ihnen, mit dem Computer aufgenommen hatten, waren sie regelrecht begeistert. Die Gruppe spielte auch bei den folgenden Proben von Anfang an nur eigene Songs. Sie üben ein bis zweimal die Woche im Jugenzentrum Dornbusch, indem bereits ein Musikraum mit allen nötigen Instrumenten eingerichtet ist.

Zusammengefaßte Erfahrungen und Thesen

1. Die Vorstellungen der Frauen waren zu Beginn der Projekte immer recht unterschiedlich. Sie hatten zwar ein gemeinsames Interesse, „irgendwie Musik machen zu wollen", aber sehr diffuse Ansichten über die angestrebte Musikrichtung bzw. den -stil.
   Bei Jungen existieren da in der Regel klarere Vorstellungen, sie entscheiden sich schneller für eine bestimmte Richtung, z.B. Heavy-Rock, Ethno, Jazz etc. Ihr angeblich höheres Selbstbewußtsein bzw. der Drang zur Selbstbehauptung äußert sich durch einen stärkeren Konkurrenzkampf innerhalb der Band, wer die Instrumente mit dem größten Prestige oder wer die meisten Soli spielen darf. Es drängt sie auch schneller auf die Bühne, um ihren männlichen Vorbildern nacheifern zu können. Die Mädchen haben hier (quantitativ) weniger die Möglichkeit, sich an weiblichen Stargitarristinnen, -bassistinnen usw. zu orientieren, sie müssen ihren Stil und ihre Rolle in der Regel selbst finden, anstatt einfach ein Idol kopieren zu können.
   Festzustellen bleibt, daß Mädchen experimentierfreudiger und offener für verschiedene Musikrichtungen sind als die Jungen: sie legen sich nicht gleich auf etwas fest. An diesen Potentialen gilt es, als Teamerin anzusetzen, nämlich diese Fähigkeiten zu verstärken, anstatt die Normen der männlich geprägten Rockszenerie zu imitieren und neue Impulse, andere Verhaltensweisen gegenüber einer viel zu leistungsgeprägten Gesellschaft zu schaffen.
2. Die meisten Frauen hatten vorher noch nie Instrumente in der Hand. Das erschwerte die Entscheidung für ein bestimmtes Instrument innerhalb der Band. Ein „Schnuppertag" ist in dieser Situation zwar äußerst interessant, reicht aber letztlich zeitlich immer noch nicht, um eine Entscheidung fundierter treffen zu können. Es muß daher schon ein gewisser Zeitraum zum Experimentieren mit eingeplant werden.

Das Problem, daß die Frauen zunächst keine eigenen Instrumente zum ‚privaten‘ Üben ohne die Band hatten, löste sich mit der Zeit, da sie sich mit wachsendem Interesse ihre eigenen Instrumente zulegten. Dies ist — auf längere Sicht gesehen — eine wichtige Voraussetzung für das aktive Musizieren und fördert die Eigenverantwortlichkeit, die Liebe zum Instrument und damit auch die Beziehung zum eigenen künstlerischen Schaffen.
Somit besteht eine Aufgabenteilung zwischen ‚öffentlichem‘ und ‚privatem‘ Engagement bei der Mädchenkulturarbeit: Die Jugendhäuser sollten eine technische Basis, wie Beschallungs-Anlage, Mikrophone und (gebrauchte) Instumente stellen, wodurch mit Hilfe ‚öffentlicher‘ Förderung die Lust auf das Musikmachen geweckt werden kann. Das wirkliche musikalische Interesse — und die damit verbundene Verantwortlichkeit — kann sich bei den Mädchen — wie bei Jungen auch — erst mit dem Kauf eigener Instrumente entfalten. Auf dieses erforderliche ‚private‘ Engagement sollten die Teamerinnen hinarbeiten.

3. Es besteht ein Unterschied zwischen der Musik, die gerne gehört wird, der Musik, die gerne gespielt werden möchte und der Musik, die spieltechnisch — gerade mit Anfängerinnen — überhaupt umgesetzt werden kann. Eine für den didaktischen Aufbau der Bandarbeit wichtige Erfahrung lautet, zunächst nur einfache Rocksongs zu verwenden: Ein Zwei-Akkord-Schema ist für den Anfang ausreichend und bietet bereits genügend Ausdrucksmöglichkeiten, selbst bei begrenzten spieltechnischen Fähigkeiten.
4. Die Praxis förderte Überlegungen zur „neuen und alten Rolle“ der Frau als Rockmusikerin zutage. Den Frauen fehlt die Identifikation mit Kolleginnen, was eine entsprechende Verunsicherung mit sich bringt. „Frau muß besser oder wenigstens sexy sein, um überhaupt eine Chance im Kommerz oder in einer Männerband zu haben“, ein gängiges Statement aus dem Musikbusineß, das auch den jungen weiblichen Musiknachwuchs prägt. Die Klischees, daß Frauen meistens ‚wackelnd-tanzende‘ Sängerinnen zu sein haben, konnten sich, neben dem progressivsten Ansatz, in Profibands hin und wieder auch akzeptierte weibliche Musikerinnen anzutreffen, hartnäckig halten. Die musikindustrielle Vermarktung tut ein Übriges, zeigt Frauen noch immer hauptsächlich als ‚plärrende Sex-Objekte mit erotischen Vibrierstimmen‘. Der Rest des Territoriums gehört den Männern als Instrumentalisten, Sänger und Techniker, die ihre Instrumente hin und wieder auch als ‚Sex-Objekte mit onanierender Gewalt‘ schrubben.
   Viele der jungen Frauen haben Schwierigkeiten, ihren Freunden und Familien ihr neues Interesse an aktiver Rockmusik mitzuteilen. Einigen war dies ausgesprochen unangenehm!
   Der Beweis, genauso gut wie die „Typen“ sein zu können, ist nicht nur hinderlich für die kreativ-individuelle Arbeit der jungen Musikerinnen — da sie die Konzentration auf sich selbst und die Arbeit ablenkt —, sondern sie stabilisiert ein unnötiges Sich-Messen-Wollen mit der männlichen Konkurenz.
5. Zu den oft zitierten „Fingernagelproblemen“ gibt es einen einzigen akzeptablen Ratschlag: *Frau muß entscheiden, was sie will!* Ein Instrument muß so gespielt werden, daß ein Ton heraus kommt, mit langen Fingernägel ist dies aller-

dings nicht möglich! Wer auf einem Computer arbeitet, kann dies auch nicht unbedingt mit langen Fingernägeln. Hier erfordert das Interesse, ein Instrument zu spielen, ggf. Abstriche an das gewohnte Outfit.

6. Berührungsängste mit elektronischer Technik seitens der Mädchen legten sich mit dem wachsenden kreativ-spielerischen Einsatz dieser Geräte. Erfahrungsgemäß gibt es zunächst immer natürliche Ängste bei der Begegnung mit ‚Neuem'. Der praktische Einsatz von Computern z.B. und die selbstverständliche Umgangsweise mit ihnen, sowie ein Zuwachs an Kenntnissen neutralisieren diese Ängste jedoch mit der Zeit.
7. Der Gesang, das so typische Fraueninstrument, entpuppte sich als eines der größten musikalischen Ausdrucksprobleme. Die Stimme gilt als das ‚intimste' Instrument, da sie im Gegensatz zur Gitarre, zu Keyboards usw., direkt aus dem Körper kommt, auf jegliche Hilfsmittel verzichten muß. SängerInnen sind damit dem Publikum schonungslos ausgesetzt. Außerdem wirken Stimmungen und Emotionalität unmittelbar auf den gesanglichen Ausdruck. Dies sind einige der Gründe, warum sich Musikerinnen, besonders in der Anfangsphase, sehr oft hinter einem Instrument verstecken.
   Durch den Versuch, aus dem üblichen melodieorientierten Songaufbau in freiere Gestaltungen überzugehen, z.B. Sprechgesang, Stimme als Geräusch, Dialoge als Gespräch einzusetzen, legten sich die meisten Hemmungen und Ängste mit der Zeit. Gesangstraining umfaßt des weiteren dann, neben der unmittelbaren Stimmbildung, viel Arbeit an einer selbstbewußten Haltung zu sich selbst als Sängerin.
8. Die Zeitfrage bringt große organisatorische Schwierigkeiten mit sich. Mittlerweile macht sich im Freizeitverhalten insgesamt ein Trend zu „Over-Activities" bemerkbar. Jugendliche nehmen eine Vielzahl an kulturellen, bildenden und sportlichen Angeboten wahr. Gemeinsame Termine für eine Bandprobe sind nur noch schwer zu vereinbaren. Auch die Eltern bestimmen bei der Zeiteinteilung mit. Die junge Musikerin ist — im Gegensatz zu gleichaltrigen Jungen — mehr noch von der Haltung und Unterstützung ihrer Eltern abhängig. Dies beeinflußt wesentlich ihre Möglichkeiten und damit auch die Gruppenarbeit.
9. Größere Schwierigkeiten ergaben sich aus den folgenden Beobachtungen erst im Laufe der weiteren Zusammenarbeit, wie sie ähnlich auch in ‚normalen' Bands zu beobachten sind:
   a) Durch die intensive emotionale Zusammenarbeit wurde mehr und mehr ein gleiches ‚soziales Level' wichtig (Zusammengehörigkeitsgefühl, ähnliche subkulturelle Orientierungen, ähnliche Bildung, ähnliche Hobbys usw.);
   b) nur ein einigermaßen einheitlicher ‚Musikgeschmack' ermöglichte die Weiterarbeit auf Dauer;
   c) nach dem Ausstieg einer der Frauen aus der ersten Bandgeneration ergaben sich oft die Probleme, eine neue und ‚passende' Mitmusikerin zu finden, was erfahrungsgemäß zwischen drei und sechs Monaten dauerte. Dies war häufig ein erheblicher Einschnitt für die kreativ-soziale Bandarbeit und brachte die Gruppen zum Teil an den Rand ihrer Existenz, trübte mindestens aber für eine gewisse Zeit die Motivation zum Weitermachen;

d) die erforderliche Geduld und die Notwendigkeit kontinuierlichen Übens brachten die Mädchen häufig an die Grenzen dessen, was sie bisher an dauerhaftem Tun in der Freizeit erlebt hatten. An der Fähigkeit, diese ‚Tugenden' aufzubringen, scheiden sich die Geister zwischen gelingenden und mißlingenden Projekten;
e) hinsichtlich des ‚privaten' Übens außerhalb der Bandproben stellte sich im Jugendzentrum die ‚Schlüsselfrage'. Zu einem sinnvollen Arbeiten innerhalb der Gruppe gehört es, daß auch die einzelne Musikerin die Möglichkeit hat, alleine und eigenverantwortlich zu üben, um sich musikalisch zu verbessern. Die Institution Jugendzentrum muß sich darauf einstellen, daß derartige Übungsmöglichkeiten in einem abschließbaren Raum mit eigenem Schlüssel, für die Bandarbeit unabdingbar sind.

10. Auftrittserfahrung heißt die wichtigste, zugleich auch glücklichste Erfahrung der jungen Frauen, nämlich sich erfolgreich ‚öffentlich' präsentiert zu haben. Alle bisher dargestellten Probleme, Ängste und Vorbehalte neutralisieren sich zunächst durch dieses ‚künstlerische Omnipotenzgefühl'. Die ‚Belohnung' für die aufgebrachte Disziplin, für kontinuierliches Lernen und soziales Engagement wird im Applaus des Publikums erfahren, und spiegelt sich auch längerfristig im Feedback von Freunden und einem wachsenden sozialen Prestige. Es sind letztlich die Auftritte, für die die Bands arbeiten, sie schaffen die größte Motivation zum Proben. Probenunlust entsteht, wenn sich keine derartigen Perspektiven auftun. Daher gehört es zu einer der wichtigsten Aufgaben für die TeamerInnen, „Gigs" zu beschaffen.

Eine Umsetzung der in diesem Artikel aufgeführten Erfahrungen und theoretischen Überlegungen erfordert zunächst auch eine Analyse der Strukturen in den Jugendzentren und der Tätigkeitsfelder der jeweiligen MitarbeiterInnen. In den letzten Jahren habe ich als Teamerin für Musikseminare und als Musikerin in meiner Band Jugendzentren in der gesamten BRD kennengelernt und dabei folgende Erfahrungen gemacht: Die „Herren" der Sozialarbeit spielen immer noch die Techniker im Video-, Computer-, Musikbereich etc. (Durchblick = Macht), die „Damen" bevorzugen immer noch die typischen Frauenfächer wie Tanz, Malen, Selbsterfahrung, Töpfern, Schneidern usw. Auch hier also reproduzieren sich immer noch die klassischen Rollenverteilungen und typischen Identifikationsmöglichkeiten, obwohl doch gerade im Bereich Sozialpädagogik — qualifikationsbedingt — von hierfür besonders sensibilisierten Mitarbeitern ausgegangen werden müßte.

Erst wenn die SozialarbeiterInnen sich ihrer eigenen Rollen bewußter werden, erst wenn sie sich für neue Angebote öffnen und diese auch auf ihre geschlechtsspezifischen Wirkungen hin überdenken, erst wenn sie auch die jeweils aktuellen Jugendtrends verstehen lernen, können sie das Angebot der außerschulischen Jugendarbeit verbessern und neue Zielgruppen ansprechen. Die Bandarbeit mit jungen Frauen und Mädchen bietet hierfür mehrfach gute Ansatzpunkte.

Die Musik von morgen wird die Computermusik sein, in einer Mischung aus „synthetischer" und „handwerklicher" Musik, gekoppelt an visuelle Medien,

Tanz und Performance. Das bedeutet für die hier skizzierte Arbeit, daß sie die Jugendlichen darauf vorbereiten will, daß lustvolle Erfahrungen und die Entwicklung von Kreativität auch mit dem Computer möglich wird. Daß hier als Schwerpunkt die Arbeit mit Mädchen und Frauen gefördert werden muß, ergibt sich allein aus der Tatsache, daß ohne eine solche Mädchen-/Frauen-Kulturarbeit z.B. die gesamte zukunftsorientierte, elektronische Musikproduktion automatisch eine Männerdomäne bleiben wird, die für Frauen — bis auf einige wenige Vorzeigebeispiele — weiterhin keinen Platz läßt.

Ute Meinig

Von „e-Moll" und „langen Fingernägeln" — eine Mädchen-Rockband in Hamburg-Eidelstedt

1. Mädchen-Rock in Hamburg-Eidelstedt

Seit Sommer 1990 leite ich die Interessengruppe „Mädchen-Rockband" im Haus der Jugend (HdJ) Hamburg-Eidelstedt, einer Freizeiteinrichtung der Stadt Hamburg.

Das HdJ Eidelstedt hält seit einiger Zeit einen Wochentag ausschließlich für Mädchen frei, der ihnen Gelegenheit bieten soll, ihre Freizeitinteressen ohne „Behauptungsstreß" gegenüber den männlichen Jugendlichen zu gestalten. Mädchen äußerten in diesem Zusammenhang den Wunsch, ähnlich wie eine bereits bestehende „Jungenband" Rockmusik machen zu können.

An der von einem Kollegen angebotenen Rockgruppe hatte, mit Ausnahme einer Gitarristin, bislang keines der Mädchen teilzunehmen gewagt, obgleich entsprechendes Interesse an einer „Band" eindeutig bei mehreren Mädchen festzustellen war. Die Gitarristin hatte die Jungengruppe bald wieder verlassen. In dieser Situation wurde ich von dem Anleiter der „Jungen-Rockgruppe" gebeten, eine „Mädchen-Rockgruppe" zu initiieren.

Der Bedarf an einem solchen Angebot war rasch — wenn auch zunächst noch recht unkonkret — zu verzeichnen, so daß ich meine Vorbereitungen vor dem Hintergrund folgender Zielsetzungen entwickeln konnte:

1. Die Mädchen sollen die Möglichkeit erhalten, ohne eigene Vorkenntnisse oder Übungsgelegenheiten Musik zu machen. Sie sollen dabei dort „abgeholt" werden, wo sie sich musikalisch befinden, um Leistungsstreß und Entmutigung zu vermeiden.
2. Es gilt zu zeigen, daß bereits mit etwas Mut und dem ernsthaften Willen, mit wenigen Vorkenntnissen, jedoch mit Sinn für das Zusammenspiel und die gegenseitige Rücksichtnahme, ein musikalisches Gruppenerlebnis entstehen kann, das schon bald „anhörbar" wird: Rockmusik ist einfacher zu spielen, als frau sich vorstellen kann und es entsteht rasch ein guter Sound, wenn viele zwar wenig, aber dafür konzentriert und konstruktiv mitspielen.
3. Sie sollen Verantwortung für ihre gemeinsame Musik und das eigene Können übernehmen, trotz Entmutigungen auch ihre Erfolgserlebnisse „verbuchen" und zwangsläufige Frustrationsphasen überstehen lernen.
4. Die Mädchen sollen sich verdeutlichen: „Was die Jungs musikalisch machen, können wir auch!"
5. Sie sollen Spaß daran haben, aktiv und gemeinsam Musik zu machen.

2. Achtel, Wechselschlag, Grund-Groove und e-Moll... — Die ersten Proben

Zu Beginn der geplanten „Musikpraxis" sprach ich im Verlaufe eines Mädchentages die Besucherinnen des HdJ einzeln auf mein Vorhaben einer Rockband an. Fast alle Befragten äußerten Interesse an einer derartigen Gruppe, gaben jedoch zumeist gleich zu verstehen, „völlig unmusikalisch" zu sein oder zumindest keine Vorkenntnisse zu besitzen. Da in Hamburger Schulen der Musikunterricht häufig ausfällt, hatten die Mädchen hier wenig Selbstbewußtsein zum Thema „Musik selbermachen" entwickeln können. Ein Mädchen hatte Orgelunterricht erhalten und fiel mir auch dadurch auf, daß sie klare Vorstellungen und Wünsche für eine Band formulierte.

Es fanden sich schließlich vier Mädchen, die es mit mir und der Rockmusik versuchen wollten.

Für den zweiten Termin bereitete ich die im HdJ vorhandenen Instrumente und Verstärker vor, die, wie etwa das Schlagzeug, z.T. unvollständig waren. Die erste Probe begann für alle Mädchen mit rhythmischen Übungen auf verschiedenen Percussionsinstrumenten. Ihre spätere Rolle innerhalb der Rockgruppe fand in dieser Phase keine besondere Berücksichtigung.

Die Schlagzeug-Interessentin setzte sich anschließend als erste und sichtlich zögernd an ihr Wunsch-Instrument und bewältigte, nach einigem Zaudern, die erste Anforderung, mit der rechten Hand auf der festgestellten „Hi-hat" (Becken) zu „achteln" (Schläge auf die Zählzeiten „1 + 2 + 3 + 4 +").

Nachdem das Schlagzeug auf diese Weise einen für die Rockmusik typischen Klangteppich legte, erhielten die weiteren Instrumente ihre Aufgaben.[7]

— Die Bassistin übte den Wechselschlag auf dem Ton „E" („1" und die „3" des Vier-Viertel-Takts). Nachdem sie ein Gefühl für die rhythmische Zusammenarbeit mit dem Schlagzeug gefunden hatte, steigerte sich das ihr abverlangte Tempo und sie hatte das „Achteln" und den Grund-Groove des Schlagzeugs zu unterstützen. Die Schlagzeugerin konnte nun ihrerseits versuchen, die „1" des Taktes mit der Baßtrommel zu betonen.

— Die Gitarristin erhielt zur Aufgabe, den Klang des e-Moll-Akkordes nach eigenem Gefühl, jedoch im Zusammenspiel mit Baß und Drums einzuarbeiten. Sie konnte ausprobieren, wie der Akkord zu schlagen oder laut und leise einzubringen ist.

— Zwei Mädchen setzten Percussionsinstrumente im Rahmen des Grund-Grooves ein und experimentierten mit verschiedenen Klängen.

Unsere Musik weckte rasch die Neugier weiterer Mädchen, die ich umgehend an den Percussionsinstrumenten beteiligte. Die Tür des Übungsraums stand immer offen, so daß interessierte Mädchen jederzeit ein-, aber auch problemlos wieder aussteigen konnten. So entstand ein erster zwangloser Kontakt mit selbstgemachter Musik.

Als wichtigste musikalische Grundregel galt in dieser Übungsphase, die Schlagzeugerin stets den Grund-Groove beginnen zu lassen und erst wenn dieser sicher stand, den Baß, die Gitarre und schließlich die verschiedenen Percussioninstrumente zu integrieren. Die Percussion-Spielerinnen konnten auf Grund dieser Vorgehensweise zwar weniger differenziert als die „Grundinstrumente“ beteiligt werden, dafür allerdings mit weniger Anleitung meinerseits auskommen.

Nach etwa einer halben Stunde war die erste Pause fällig und ein Instrumentenwechsel möglich.

Das Schlagzeug wechselte die Besetzung, Bassistin und Gitarristin hielten ihren Platz und ich schloß das Keyboard an, das rasch Interesse fand. Der von einem Mädchen gespielte „Flohwalzer“ wurde mit den Gitarrenversuchen anderer Mädchen kombiniert. Es entstand ein musikalisches Chaos, in dem alles durcheinandergespielt und drauflosexperimentiert wurde. Das Keyboard schien, insgesamt betrachtet, das Instrument zu sein, an das sich die Mädchen am ehesten herantrauten.

Nach einer Weile strukturierte ich wieder und arbeitete, nach bereits bewährter Vorgehensweise, alle Mädchen Schritt für Schritt in den vorgegebenen Grund-Groove ein, der allen Beteiligten immer mehr Spaß bereitete.

Über den so entstandenen Klangteppisch spielte ich daraufhin auf der E-Gitarre ein konventionelles Solo. In der Folge war schließlich ein weiterer Grundton einzusetzen. Auf deren Wunsch erklärte ich der Bassistin und der Gitarristin das „A“ bzw. den „A-Dur-Griff“. Der Wechsel von e-Moll nach A-Dur und zurück wurde in der Folge eher selten und auf ein von mir gegebenes Zeichen geübt.

Die Basis für das Lied „Venus“ der Gruppe „Shockin' Blue“ war gelegt und am Ende des Treffens hatten sieben Mädchen ausreichend Motivation für die weitere Zusammenarbeit![8]

Gleichfalls denkbar ist m.E. folgende Variante der Vorgehensweise: Es wird zunächst eine Percussion-Gruppe aufgebaut und erst dann kommen Baß, Gitarre, Keyboard und schließlich der Gesang hinzu. Es ist u. U. angebracht, beim Vorhandensein einer zweiten Gitarre eine Art Solospiel über mehrere Töne der Pentatonischen Tonleiter von einer der Teilnehmerinnen ausprobieren zu lassen. Sinnvoll ist es in den meisten Fällen, die Gruppe auf eine von vornherein konstante Teilnehmerinnenanzahl zu begrenzen, um mehr Ruhe und Konzentration herzustellen.

Das Stück „Venus“, von „Shockin' Blue“ in den frühen siebziger Jahren in die internationalen Charts gebracht, schlage ich als ersten „Rocktitel“ deshalb vor, weil es durch eine aktuelle Coverversion den meisten Mädchen bekannt ist. Es handelt sich zudem um ein Stück, das relativ einfache Elemente enthält: Einen einfachen, wenig ausgefeilten Rock-Rhythmus, der „straighte“ Drums verlangt und der den Gitarren eine Reihe wesentlicher Grundlagen für das Mitspielen abfordert.

3. Next steps — und dann der erste Auftritt ...

Während der folgenden Termine wurde in der Band relativ lange an dem Wechsel von „e-Moll“ nach „a-Moll“ gearbeitet, da die angehende Gitarristin noch nie eine Gitarre in der Hand hatte und zunächst die Grund- und Fingerhaltung, die Koordination der Finger und das gleichmäßige Spiel im Rock-Groove von Anfang an lernen mußte.

Die Bassistin hatte es etwas leichter, mußte z.T. lediglich Leersaiten anschlagen und konnte sich mehr auf den Grund-Groove und das rhythmische Zusammenspiel konzentrieren. Es kostete anfänglich einige Überredungskunst, sie davon zu überzeugen, daß der zunächst etwas schwieriger einzuübende Finger-Wechselschlag ihr zwar zu Beginn ein etwas mühseligeres Einüben abforderte — verglichen mit dem Plektrum-Spiel —, ihr jedoch schon bald eine schnellere Spielweise erleichtern würde.

Die Schlagzeugerin lernte während der folgenden Proben, einen einfachen Rock-Groove möglichst gleichmäßig durchzuspielen. Da ich selbst kaum Schlagzeug spielen kann, zog ich eine mir bekannte Schlagzeugerin hinzu, die Korrekturen anbot und weitere Tips zur Verbesserung des Schlagzeugspiels gab.

Als die Mädchen ihren Vorschlag, Nena's „99 Luftballons" zu spielen, realisieren wollten, wurde es erforderlich, die Gruppe um die Position „Keyboard" zu erweitern. Zu diesem Zeitpunkt hatte sich das Spiel in der Gruppe so positiv und stabil entwickelt, daß keine Gefahr mehr bestand, eine Keyboarderin könne die übrigen Instrumentalstinnen „an die Wand spielen".

Nach ca. vier Wochen Mädchenband mußte die Gitarristin, die soeben das Stück „Venus" erlernt hatte, wegen schlechter Schulnoten Prioritäten im schulischen Bereich setzen und stieg aus. Außerdem hatte sie sich gerade verliebt ...

Per Plakat suchten wir gemeinsam eine Keyboarderin und eine Ersatzfrau für die Gitarristin.

Angesichts der Möglichkeit, im Rahmen eines Mädchenfestes des HdJ Eidelstedt aufzutreten und dafür eine kleine Gage zu erhalten, wurden die gesuchten Musikerinnen schließlich gefunden und eingearbeitet.

Etwas überstürzt überlegten die Mädchen für den ersten Auftritt einen Bandnamen, der in meiner Abwesenheit dann auch kreiert wurde. Der Name war derart doppeldeutig, daß die Mädchen, obgleich sie umgehend T-Shirts damit bedruckt hatten, sich sogleich wieder davon distanzierten. Der Grund dafür lag in der heftig entbrannten Diskussion darüber, daß der gewählte Name zu wenig selbstbewußt und zu reaktiv auf Jungs sei.

Ein neuer Name soll nun nach dem ersten Auftritt mit allen an der Band Beteiligten gefunden werden und wahrscheinlich wird sich erst im Gefolge dieses Auftritts die endgültige Band-Zusammensetzung konsolidieren.

Mädchen, die an der Musik interessiert waren und immer wieder einmal unregelmäßig „hereinschauten", versuchte ich nach Möglichkeit in die Band zu integrieren. Dies gelang nicht immer und auch schon deshalb nicht, weil die sich stabilisierende Kerngruppe irgendwann nicht mehr bereit war, sich immer wieder neu auf das musikalische Niveau und die Eigenarten der „Neuen" einzulassen.

Die Mädchen-Rockband befindet sich nach wie vor in einer sensiblen Phase. Das Musizieren lebt davon, daß möglichst alle Musikerinnen zur gemeinsamen Probe erscheinen und zum musikalischen Gesamtergebnis beitragen. Nur auf diese Weise nähern sich die bearbeiteten Stücke Schritt für Schritt den zugrundegelegten „Originalen", deren musikalisch-technischer Standard anfänglich leicht entmutigen kann. Die Resignation ist umso umfassender, wenn bei den Proben eines der zentralen Rockinstrumente fehlt.

Das praktische Musizieren in der Gruppe ist nicht zuletzt insbesondere dann notwendig, wenn zuhause keine Möglichkeit besteht, die jeweiligen Titel oder das jeweilige Instrument einzuüben. Wird nicht wenigstens einmal wöchentlich geprobt, gerät nach meiner Erfahrung bei Anfängerinnen das bereits Gelernte rasch in Vergessenheit. Die Folge ist, immer wieder von vorne beginnen zu müssen, was auf Dauer die Toleranz selbst der geduldigsten Mädchen erschöpft.

Solche Zusammenhänge sind den Mädchen inzwischen deutlich und bis auf eine der Sängerinnen treffen sie sich regelmäßig zum gemeinsamen Üben.

4. Mädchentypische Probleme bei der Rock-Arbeit

Während der Probearbeit fielen mir eine Reihe „mädchentypischer Probleme" im Umgang mit Rockmusik auf:

Mädchen trauen sich offensichtlich nicht allzuviel zu: „Ich bin zu unmusikalisch, ein Instrument lerne ich nie... !" war eine typische Aussage der Anfangsphase, in der das fehlende Vertrauen in eigene Fähigkeiten seinen Ausdruck fand.

Mädchen müssen zum Teil gegen elterliche Vorurteile gegenüber der Rockmusik ankämpfen, bevor diese der Tochter erlauben, in der Band mitzuspielen. So inspizierten Mütter den Übungsraum, die Mitspielerinnen und die Anleiterin, bevor sie ihr Einverständnis zur Rockpraxis gaben.

Kein Mädchen besitzt ein eigenes Instrument oder hat es sich im Verlauf der Probetermine angeschafft — möglicherweise deutet dieses abwartende Haltung auf das Mißtrauen hin, als Mädchen in der Rockmusik ein ernstzunehmendes und längerfristiges Betätigungsfeld zu finden.

Die Mädchen zeigten Berührungsängste gegenüber technischem Gerät, Verstärkern, Mischpult usw. („Es könnte ja etwas kaputtgehen...").

Musikalische Entfaltungswünsche kollidierten z.T. mit der Verliebtheit in einen Jungen, ebenso mit Schönheitsidealen (lange Fingernägel, die das Spiel an der E-Gitarre oder am Baß behindern können).

Gerade zur Steigerung des Selbstvertrauens und zur Positionsfindung gegenüber Jungen setzt die Band-Arbeit mit Mädchen eine Reihe von Impulsen — dies gilt nicht zuletzt, wenn es um Selbstverständlichkeit im Umgang mit technischem Gerät geht. Musik ist in diesem Zusammenhang ein schöner und konstruktiver Ansatz der Mädchenarbeit, der die Beteiligten recht schnell motiviert und ihnen eine Menge Spaß bereiten kann.

Herma Fokken

Beobachtungen aus der Arbeit einer Mädchenband

Im Rahmen des Kasseler *Rockmobils*[9] existiert seit Anfang 1991 eine Mädchenband. Die Teilnehmerinnen kamen erstmalig bei einem Workshop zusammen, der von der Jugendpflege in Kassel stadtweit ausgeschrieben wurde. Weitere Interessentinnen meldeten sich aus einem städtischen Jugendheim, in dem *Rockmobil* bereits mit seiner Arbeit präsent war. Die Gruppe sollte von Beginn an möglichst von einer weiblichen Fachkraft betreut werden.

Die Mädchen kannten sich vorher nicht alle untereinander, sondern mußten sich erst als Gruppe finden. Geprobt wurde in einem Kellerraum eines Kasseler Jugendzentrums. Bis auf eine Teilnehmerin, die ein wenig Vorerfahrung an den Tasteninstrumenten mitbrachte, waren alle anderen Anfängerinnen. Es dauerte insofern eine ganze Weile, bis die Band die fünf Stücke spielen konnte, die derzeit ihr kleines Repertoire ausmachen.

Es verging einige Zeit, bis die Phase des Ausprobierens überwunden war und jedes Mädchen sich ein Instrument ausgewählt hatte. Auch gab es Probleme mit der Termingestaltung für den wöchentlichen Probenabend, da die Teilnehmerinnen zum Teil auch sportlich aktiv sind und nicht alle Abende zur Verfügung standen. Trotz einiger Spannungen, die im Verlauf der Besetzungs- und Termindiskussionen auftraten, regelte die Gruppe ihre Angelegenheiten sehr kooperativ und weitgehend selbständig: Als Anleiterin war ich eher als Musiklehrerin, denn als Sozialpädagogin für Gruppenkonflikte gefragt.

Im folgenden sollen einige Beobachtungen und Thesen zusammengefaßt werden, die in der inzwischen halbjährigen Geschichte der Mädchenband unter weiblicher Anleitung gesammelt werden konnten. Der Vergleich zur Arbeit mit männlichen Jugendlichen und gemischten Gruppen drängt sich allerdings immer wieder auf, denn Rockmusik ist unbestritten eine Männerdomäne. Frauenbands sind die Ausnahme. Frauenspezifische Erfahrungen werden kaum weitergereicht und sind für die Mädchen nicht der Orientierungspunkt. Sie betreten mit ihrem Engagement weitgehend „Neuland“.

1.) Die Mädchen der Kasseler Band gingen in der Anfangsphase langsamer und vorsichtiger mit den Geräten und Instrumenten um: Es wurde ausprobiert, welche Wirkung der Lautstärkeregler am Verstärker hat, anstatt ihn gleich voll „aufzureißen“, wie es Jungen zum Teil scheinbar automatisch tun. Auch wurde getestet, wie schwer eine Gitarre ist, ob man sie längere Zeit tragen kann. Es scheint sich hier auszuwirken, daß Frauen und Mädchen sozialisationsbedingt ein eher vorsichtiges Verhältnis zur Technik haben, und sie sich diese Schritt für Schritt aneignen, während Männer sie ganz selbstverständlich in Besitz zu haben glauben.

2.) Die Mädchen versteiften sich nicht von Beginn an auf ein bestimmtes Instrument. In der ersten Zeit wurde noch häufig gewechselt und ausprobiert. Bis heute ändert sich die Besetzung bei verschiedenen Stücken noch immer. Dabei scheint Konkurrenz kein Problem zu sein, ganz im Gegensatz zu Beobachtungen unter Jungen. Für die Mädchen bot die Bandarbeit in fast allen Fällen den ersten Kontakt mit einem Instrument. In dieser Situation schien die Lust am Experimentieren im Vordergrund zu stehen.

3.) Selbstkritisches und selbstbewußtes Verhalten wechselte einander situationsbedingt ab. Die Mädchen „protzten" nicht mit ihrem Können, zeigten andererseits durchaus ihren Stolz, wenn sie etwas dazugelernt hatten. Sie stellten sich dabei nicht unter einen so großen Erwartungsdruck, wie er bei Jungen oft zu beobachten ist. Die Formulierung „Das kann ich nicht!" stand dabei häufig sogar für eine Selbstunterschätzung des bereits erworbenen Könnens und ließ einer anderen Teilnehmerin die Möglichkeit offen, Gleiches zu versuchen, ohne ein Gerangel aufkommen zu lassen.

4.) Es gehörte im Verlauf der Proben durchaus zur Tagesordnung, sich untereinander Mut zu machen und zu helfen. Wenn eine Teilnehmerin besondere Unterstützung brauchte, um ihren Part zu lernen, traf dies in der Regel auf Verständnis und Geduld. Zum Teil schien es einzelnen sogar peinlich zu sein, wenn sie zu den besseren Musikerinnen gezählt wurden.

5.) Die Mädchenband existierte lange ohne den Druck, sich öffentlich präsentieren zu müssen. Den Mädchen war es zunächst wichtig, eine Gruppe zu haben, in der einmal nicht über „Kochrezepte und Stricken und Jungs" geredet wurde. Von Bedeutung war dabei, unter sich zu sein, nach Belieben musikalisch experimentieren und Neues auf den Instrumenten lernen zu können. Wie sehr die Mädchenband ihre eigene Atmosphäre zu schaffen in der Lage war, zeigte sich immer dann, wenn ein männlicher Kollege des *Rockmobils* aus organisatorischen Gründen vorbeikam: Dahin schien alle Unbefangenheit — mit dem männlichen Kollegen hielt offensichtlich das normale Leistungsdenken Einzug.

6.) Als reine Mädchenband mit einer weiblichen Anleiterin schien die Gruppe den Teilnehmerinnen einen Freiraum zu geben, in dem sie sich rollenuntypisch verhalten konnten, ohne daß ein Rechtfertigungszwang daraus entstand. — In diesem Rahmen versicherten sich die Mädchen häufig einer gegenseitigen Rückendeckung: Das Überschreiten der gängigen Rollenklischees und die damit verbundenen Verunsicherungen wurden weitgehend kollektiv gemeistert.

Auf Dauer ließ sich innerhalb der Band die bis dahin praktizierte Abschottung gegenüber jeglicher männlich dominierten Öffentlichkeit jedoch nicht „durchziehen". Auf Druck von Freunden und Bekannten ließen sich die Mädchen breitschlagen, einen Auftritt ins Auge zu fassen. Sie entwickelten selbst ein Konzept, welche Stücke sie fortan einstudieren wollten. Damit änderte sich zugleich der Charakter der Proben: Ansprüche wurden formuliert, Leistungsanforderungen tauchten auf. Die bis dahin geübte Kooperation von Doppelbesetzungen wurde vorerst einmal aufgegeben. „Die Beste“ sollte fortan an dem jeweiligen Instrument spielen. Dieser Prozess ging nicht immer reibungslos vonstatten, Kompromisse zwischen „gruppendienlichem“ Verhalten und individuellen Interessen mußten gefunden werden.

Kurzzeitig erhielt die Mädchenband auf diese Weise in ihrer Entwicklung einen Dämpfer. Der anfängliche Mut und jegliche Unbefangenheit schienen langsam von einer wachsenden Beklemmung verdrängt zu werden. Doch allmählich „rappelte“ sich die Gruppe wieder auf und besann sich „alter“ Tugenden. Die Mädchen vergegenwärtigten sich ihre Lage: „Ich bin ja nicht alleine, den anderen geht es genauso!“ und schufen sich mit einer „Ent-Individuierung“ ihrer Angst eine neue, gemeinsame Basis.

Dies ist der Stand der Dinge bei Drucklegung. Der Auftritt ist für die nächsten Wochen in Planung und die Mädchen bereiten sich darauf vor. Wenn es gegenwärtig auch so scheint, als hätte der „Außendruck“ alle oben geschilderten — positiv mädchenspezifischen — Entwicklungen vom Tisch gewischt, so stellt sich dies aus meiner Sicht anders dar: Die Gruppe befindet sich in einer Phase, in der sie sich nun in ihrer Andersartigkeit gegenüber den üblichen Rollenerwartungen behaupten lernen muß.

Ulrich Glöckler

Identität und Lebensgefühl: Alltagskultur im Wohnumfeld — hautnah, selberg'macht. Die Musikwerkstatt Botnang in Stuttgart

Das Projekt „Musikwerkstatt Botnang" ist Bestandteil der Offenen Jugendarbeit der Stadt Stuttgart, die den „Stuttgarter Jugendhaus e.V." als freien Träger mit den gemäß Kinder- und Jugendhilfegesetz in diesem Bereich bestehenden Aufgaben beauftragt hat. Der Stuttgarter Jugendhausverein ist Träger von 30 Jugendeinrichtungen und beschäftig ca. 150 MitarbeiterInnen. Der Jahresetat beträgt etwa 16 Mio. DM. Die Gründung des Vereins reicht in die Nachkriegszeit, als mit Unterstützung der Alliierten Angebote zur demokratischen Erziehung Jugendlicher initiiert wurden.

Das im folgenden im Mittelpunkt stehende „Haus Botnang" ist in das Bürgerhaus Botnang integriert, in dem, neben ortsansässigen Vereinen, u.a. die Volkshochschule, eine Musikschule und eine Kinderbetreuungseinrichtung ihren Platz haben. Neben der Musikwerkstatt besitzt das Jugendhaus ein Jugendcafe, eine Holz- und eine Kinder-Bastel-Werkstatt sowie diverse Clubräume.

Die „Musikwerkstatt Botnang" stellt im Stuttgarter Jugendhausverein das erste musikpädagogische Projekt dar. Inzwischen gibt es Bemühungen, ähnliche Projekte auch in anderen Stadtteilen aufzubauen und dabei auf die Unterstützung des Hauses Botnang zurückzugreifen.[10]

Das Angebot der Musikwerkstatt richtet sich an Jungen und Mädchen im Alter zwischen 12 und 24 Jahren, die noch keine Erfahrungen im eigenständigen Musikmachen besitzen. Es handelt sich insofern zunächst im wesentlichen um Animations- und Motivationsarbeit. Mehr als die Hälfte der beteiligten Jugendlichen sind zwischen 14 und 16 Jahre alt. Etwa ein Drittel der TeilnehmerInnen gehört der Altersgruppe der 16-bis-24-jährigen an. Mädchen sind zu ca. 40 % vertreten, der Ausländeranteil beträgt etwa 60 %. Knapp die Hälfte der ausländischen TeilnehmerInnen stammt aus Jugoslawien, je 20 % aus der Türkei bzw. aus Italien.

Zu Beginn des Projekts sah das Konzept vor, die das Haus besuchenden Jugendlichen vom rein passiven, häufig mit Alkoholgenuß verbundenen Musikkonsum zur eigenständigen Musikpraxis zu bewegen. Dies gelang: mittlerweile nehmen mehr als 50 Jungen und Mädchen regelmäßig, d.h. zwei- bis dreimal pro Woche, das Angebot wahr.

Die anfängliche Animationsarbeit beginnt für die späteren TeilnehmerInnen i.d.R. im Jugendcafe und führt über „aktives Zuhören" bei bereits „Aktiven" schließlich in das hier beschriebene „Stufenkonzept".

Vom rhythmischen Empfinden über den Klang der Töne zur Bildung von Gruppen

In einem ersten Schritt entwickelte ich ein Arbeitskonzept für Anfänger und Fortgeschrittene, in dem in drei Stufen die Fähigkeit, eigene Stücke dem favorisierten Stil entsprechend komponieren und improvisieren zu können, gebildet wird.

Dieses Stufenkonzept hat mehrere Vorteile: Zum einen kann mit Teilnehmern eines vergleichbaren Kenntnisstands gearbeitet werden. Die Erfahrungen mit den beschriebenen Sessions zu Beginn des Projektes hatten gezeigt, daß die musikalische Zusammenarbeit Jugendlicher unterschiedlicher Kenntnisstände äußerst schwierig ist. Diejenigen mit hohen Kenntnisständen waren oft frustriert, weil sie nicht gefordert wurden und nicht ihren Ansprüchen entsprechend spielen konnten, da sie von Jugendlichen mit niedrigeren Kenntnisständen gebremst wurden. Umgekehrt demotivierte Jugendliche mit niedrigem Kenntnisstand die ständige Überforderung durch die hohen Ansprüche der Fortgeschritteneren.

Demgegenüber bringt das Stufenkonzept zusätzliche Motivationen: Die Anfänger sind oft im Hause und hören zu, wenn die schon etwas Fortgeschritteneren spielen. Meist kennen sich Jugendliche, die anfangen und solche, die länger am Musikangebot teilnehmen, bereits von der Straße oder von anderen Aktivitäten her und sind miteinander befreundet. Die Fortgeschritteneren werden von ihren Freunden, die noch am Anfang stehen, bewundert. Das gibt den Fortgeschrittenen zusätzlichen Auftrieb und die Anfänger werden angespornt, genau so gut zu werden.

Stufe I: Motivation und Rhythmus (Dauer: ca. 18 Monate)

In der ersten Stufe geht es um die Ausprägung rhythmischen Empfindens. Zunächst versuchen wir aufzuspüren, wo Rhythmus in unserem Körper vorkommt.[11] Wir bewegen uns kräftig und hören unseren Atem. Er geht gleichmäßig und schnell, wir fühlen den Puls, hören unser Herz klopfen. Alles geht schnell, aber gleichmäßig.

Wir ruhen uns aus und gehen all diesen Sachen noch einmal nach. Einer nach dem anderen versucht dann, seinen Herzschlag auf der Bassdrum nachzumachen, einmal, nachdem wir uns kräftig bewegt haben und einmal nach der Ruhephase. Während einer Bassdrum spielt, klatschen wir anderen im doppeltem Tempo, im gleichen Tempo, im halben Tempo.

Wir gehen im Rhythmus der Bassdrum und klatschen wieder im doppelten, im halben und im gleichen Tempo, gehen im halben, klatschen im doppelten Tempo etc... Das bringt „action“ und „fun“. Anfangs wird oft gelacht, das ganze als „Kindergartenscheiß“ abgetan. Aber wenn es schwieriger wird, z.B. wenn in doppeltem Tempo geklatscht wird und im Vergleich zur Bassdrum im halben Tempo gegangen, wird es spannend und wenn es allmählich einer nach dem anderen endlich „checkt“, redet keiner mehr von „Kinderkram“.

Der nächste Schritt ist das Erlernen der rhythmischen Koordination von Körperbewegungen. Dies ist sowohl beim Spielen von Schlagzeug als auch Klavier („Keyboards"), Gitarre und Baß eine notwendige Voraussetzung.

Geeignetes Arbeitsmittel dafür ist das Schlagzeug. Hierbei können Arme und Beine eingesetzt werden: Ein Bein bedient die Bassdrum, die Arme werden für Snare, Hi-Hat, Becken und Hängetoms gebraucht.

Wir beginnen mit einfachen Übungen. Ein Beispiel: Zunächst zählen wir gleichmäßig vier Taktschläge. Auf die Eins wird mit dem rechten Bein die Bassdrum geschlagen, auf die Drei mit dem linken Arm (bei Linkshändern mit dem rechten Arm) die Snare. Wichtig ist dabei, die richtige Anschlagstechnik unverkrampft zu praktizieren. Wenn das jeder kann, wird dazu gleichmäßig auf jeden Schlag mit dem rechten Arm das Hi-Hat geschlagen. Um Gleichmäßigkeit zu erreichen, stellen wir uns immer wieder unsere Klatsch- und Gehübungen vor. Voilà: Der erste Rockrhythmus wird schon beherrscht.

Ich spiele dazu auf dem E-Piano einige fetzige Stücke. Die Freude ist groß. „Ich kann Schlagzeug spielen!" jubeln einige der jugendlichen Teilnehmer an dieser Stelle regelmäßig. Schwierigere Koordinationsübungen folgen. Wir setzen Rhythmen zusammen, indem zunächst nur einer Bassdrum und Hängetom spielt und ein anderer Hi-Hat, Snare und Becken. Diese Vorgehensweise hatte sich schon zu Beginn des Projektes bewährt. Man muß aufeinander hören, aufeinander eingehen. Danach muß einer den Rhythmus, den er vorher mit einem anderen zusammen geübt hatte, alleine übernehmen, was oft mit ziemlichen Schwierigkeiten verbunden ist. Aber mit ein bißchen Schweiß schaffen es fast alle.

So arbeiten wir allmählich die wesentlichsten Rhythmen unseres Kulturkreises, die verschiedenen Vierer- und Dreier-Rhythmen, also auch solche triolischer Art durch, bis die Teilnehmer sie nachvollziehen und differenzieren können. Mit dieser Fähigkeit ist die rhythmische Begleitung fast aller Rockstücke möglich.

Wir üben ausgiebig: Einer der Teilnehmer spielt Schlagzeug, ich E-Piano. Die anderen hören zu, beobachten, geben ihre Kritik ab. Dann gebe ich meine Eindrücke wieder. Der entsprechende Teilnehmer versucht die kritisierten Punkte zu verbessern. Dann kommt der nächste dran.

Dabei versucht natürlich jeder, vor allem die von ihm favorisierte Musik zu spielen, was auch in den meisten Fällen möglich ist.

Nur manchmal stoßen die Teilnehmer in dieser Phase an ihre technischen Grenzen, z.B. wenn Rhythmen anderer Kulturkreise notwendig sind, vor allem sog. ungerade Rhythmen (siebenachtel, dreizehn-achtel oder fünf gegen drei etc.) aus dem karibischen (ursprünglich afrikanischen) und vorderasiatischen Raum, die in der populären Musik inzwischen eine wichtige Rolle spielen (z.B. Salsa, Modern Jazz etc.). Solche Rhythmen entstehen oft dadurch, daß eine Gruppe einen drei-viertel Takt (Betonung auf eins), eine andere einen fünf-viertel Takt klatscht (Betonung auf eins und vier, auf eins die Haupt-, auf vier die Nebenbetonung) und die entstehenden Akzente in einem Rhythmus auf das Schlagzeug übertragen werden.

Die Aneignung solch schwieriger Rhythmen ist der nächste und letzte Lernschritt in dieser Stufe. Auch dabei spielen auf dem Schlagzeug zunächst zwei Leute, der Rhythmus wird aufgeteilt. Erst wenn das sitzt, sucht jeweils einer alleine die Komplexität des Rhythmus' zu schaffen. Wer einige solcher Rhythmen nachvollziehen kann und beherrscht, kann von sich sagen, recht gute rhythmische Fähigkeiten entwickelt zu haben.

Stufe II: Klang der Töne (Dauer: ca. 12 Monate)

In der zweiten Stufe des Angebotes geht es zunächst um die Auseinandersetzung mit dem „Klang der Töne", dem sogenannten „sound". Zunächst sollen die Unterschiede der Instrumente gehört werden. Ich lade zu diesem Zwecke oft befreundete Musiker ein, Saxophonisten, Klarinettisten, Violonisten, Gitarristen etc. und spiele mit ihnen zusammen den Jugendlichen verschiedene „Takes" vor. Oft spielen die einzelnen Solisten auch alleine. Die Jugendlichen sehen und hören das entsprechende Instrument und lernen den entsprechenden Klang dem dazugehörigen Instrument zuzuordnen.

Im nächsten Schritt sollen von Bandaufnahmen Instrumentierungen erkannt werden. Welche Instrumente spielen wann was etc..? Wo liegen die Unterschiede beispielsweise zwischen dem vom Klavier produzierten Ton und dem des Saxophons? Wie beginnt der Ton: beim Klavier z.B. schlagartig, plötzlich, hart; beim Saxophon allmählich, langsam, weich? Oder: Wird der Ton nach seinem Beginn leiser oder lauter? Beim Klavier beginnt er mit einem lauten Anschlag, bleibt eine Zeitlang stehen, wird leiser und verebbt. Beim Saxophon kann er leise beginnen und lauter werden, sogar am lautesten Punkt gestoppt werden. Oder: ist der Ton rauh, gurgelnd oder glatt etc..?

Danach versuchen wir, diese gehörten Erfahrungen zur Produktion von Tönen auf dem analogen Synthesizer anzuwenden: Ob ein Ton plötzlich beginnt, wie z.B. beim Klavier, oder allmählich, wie bei Streichern oder bei Blasinstrumenten, ist eine Funktion der sogenannten Hüllkurve: das sog. „Attack".

Auch wie der Ton weiterverläuft, ob er lauter wird, gleichbleibt oder verebbt, können wir über die Hüllkurve bestimmen. Die Toncharakteristik legen wir durch die Wellenformen fest: Soll der Ton weich, brillant und klar sein wie bei Streichern, soll er rauh und hart sein wie bei Bläsern, soll er klar und trocken klingen wie beim Klavier? Dazu muß die jeweilige Wellencharakteristik ausgewählt werden. Hinzu kommen die Obertonreihen, die den Ton eher fett oder eher dünn, rein oder unrein machen etc...

So lernen die Teilnehmer recht genau das Hören der Töne, eine Wechselwirkung zwischen dem Hören der jeweiligen Toncharakteristik und deren Produktion entwickelt sich.

Dann beginnt die Entwicklung des harmonischen Verständnisses. Zunächst produzieren wir auf dem Elektronic-Piano einfache Klänge, Quinten und Terzen. Wir überlagern beide Intervalle entsprechend, bekommen verschiedene Dreiklänge, lernen den Unterschied von Dur und Moll zu hören und lernen, woraus dieser im Dreiklang besteht: große oder kleine Terz, das ist hier die Frage.

Wir bilden einfache Harmonieschemata, lernen Tonika, Dominante, Subdominante und die entsprechenden Mollparallelen kennen.

Wir komponieren zusammen einfache Stücke mit diesen Kenntnissen und setzen dabei auch unsere rhythmischen Vorkenntnisse ein, d.h. wir nehmen das Schlagzeug dazu .... Es wird allmählich rhythmischer und heißer, wir setzen uns mit den harmonischen Gebräuchen in Jazz und Rock auseinander. Im Heavy-Rock vor allem mit der Verwendung von Quarten, im Melodie-Rock viele Moll-Parallelen und Sus-Vier-Akkorde, im Jazz harmonische Erweiterungen und Verminderungen, Septimen, Nonen etc...

Die speziellen Stilwünsche der Jugendlichen werden berücksichtigt. Und wer Jazz haßt und eine None scheußlich findet, muß sich damit natürlich nicht herumschlagen. Aber das Interesse der Teilnehmer geht meist über ihren Musikstil hinaus, haben doch viele Jugendliche, die am Angebot in dieser Stufe teilnehmen, schon erlebt, daß eine Rockband ganz ohne theoretischen Hintergrund nicht so toll läuft.

Dann beginnen wir, zu den verschiedenen, je nach Stilrichtung zusammengestellten Harmonien zu improvisieren. Das E-Piano gibt die Harmonie-Schemata vor und Synthesizer, manchmal auch die E-Gitarren versuchen, darüber zu improvisieren. Bestimmte Skalen, Tonräume, die zu den entstandenen Harmonien passen, werden vermittelt. Aber das meiste läuft über das Ohr. Melodien müssen gefunden, Spannungsverhältnisse von konsonanten und dissonanten Tonverhältnissen erkannt und eingebaut werden etc...

Soli müssen rhythmisch sein, melodiös, abwechslungsreich... Ein langes Kapitel!

Hier fließen die Kenntnisse über den Ton, seine Gestaltung, die Kenntnisse über harmonische Zusammenhänge und rhythmisches Empfinden zusammen. Wenn dies in unterschiedlichen Stilrichtungen läuft, ist „das Ziel" von Stufe II erreicht.

Die Teilnahme am Angebot der beiden beschriebenen Stufen erfordert von den jugendlichen Teilnehmern oft hohe Konzentration. Und sie bringen dies in erstaunlicher Weise. Vermutlich weil das Lernen nicht so trocken abläuft, denn es besteht viel Raum zum Experimentieren, Probieren ... und nach jedem einzelnen Lernschritt werden die Kenntnisse praktisch angewendet, indem wir spielen, spielen, spielen.

Panagiotis, ein junger Grieche, meinte: „So müßt' eigentlich d'Schul sei, man lernt viel und es macht saumäßig Spaß, und mr kann's brauche, mr kann echt zum Schluß des spiele, was mr sonscht bloß hört." Natürlich sollen keine Profis, Supervirtuosen o.ä. aus den Jugendlichen gemacht werden, aber sie sollen die von ihnen favorisierte Musik so spielen können, daß sie nicht dauernd selbst über sich frustriert sind. Die Teilnehmer am Projekt wissen das zu schätzen und kaum einer springt ab. Im Gegenteil — es werden immer mehr.

Stufe III: Zusammenspiel (Dauer: nach Bedarf)

Es geht jetzt darum, Freundesgruppen, also Leute, die zusammen am Angebot teilgenommen haben, zu Musikgruppen „umzugestalten". Das ist natürlich nicht immer einfach.

Die Interessen für die einzelnen Instrumente in den jeweiligen Freundesgruppen sind i.d.R. nicht gleichmäßig verteilt. Manchmal wollen gleich mehrere Jugendliche z.B. Schlagzeug spielen und keiner Baß oder umgekehrt.

Um dem auszuweichen, können natürlich Leute von unterschiedlichen Freundesgruppen „gemixt“ werden, was jedoch ebenfalls nicht leicht ist, da ja alle gleiche Kenntnisstände haben müssen, und die unterschiedlichen Freundesgruppen meist zu verschiedenen Zeiten mit der Teilnahme am Angebot beginnen und deshalb über unterschiedliche Kenntnisse verfügen.

In dieser Phase ist es deshalb wichtig, über die Rolle der Rhythmusgruppe (Baß, Schlagzeug, Keyboard, Rhythmusgitarre, Percussion) und der Solisten (Lead-Gitarre, Saxophon, Sänger) zu reden und zu versuchen, die „geilen“ Seiten der in der jeweiligen Freundesgruppe weniger begehrten Instrumente aufzuzeigen, da es immer gut ist, wenn aus einer Freundesgruppe eine Musikgruppe entsteht. Das Feeling und der „Fetz“ sind in der Regel besser als in einer Gruppe, die nur über die Funktion Musikmachen zusammengehalten wird.

Auf dieser Stufe könnten auch bereits bestehende Musikgruppen intregriert werden. Leider ist solches in der Praxis derzeit unmöglich, da unsere räumliche Situation dies nicht zuläßt: Feste Musikgruppen sollten Übungstermine für sich haben. Da die ausgebauten Musikräume aufgrund der hohen Teilnehmerzahl auf Stufe I und II mit diesen Angeboten fast ständig belegt sind, beginnt auf Stufe III (eigenständiges Üben) stets die Suche nach möglichen Nutzungslücken.

Optimal wären weitere Räume: Zur Zeit liegt dem Jugendhilfeausschuß des Stuttgarter Gemeinderates ein Antrag des Jugendamtes zur Finanzierung des Ausbaus von Kellerräumen vor. Diese Räume im Bürgerhaus Botnang sollen durch die Musikwerkstatt genutzt werden. Momentan sind der Arbeit in dieser Stufe allerdings noch harte organisatorische Grenzen gesetzt.

Musikalisch geht es um die Erarbeitung eigener Stücke und spontaner Improvisationen der entstandenen Musikgruppen, die vorwiegend selbständig üben. Wenn nötig, gebe ich Hilfestellung bei der Komposition von Stücken. Dies ist oft unmittelbar nach der Konstituierung der Gruppen notwendig. Hier spielen die Gruppen dann Titel aus der bevorzugten Stilrichtung nach, wollen aber auch eigene Stücke machen, haben viele Ideen.

Doch häufig wird es zu kompliziert: Sie bleiben an irgendeinem Punkt hängen. Sei es, daß entsprechende Überleitungen zwischen langsamen und schnellen Teilen fehlen oder irgendwelche harmonische Auflösungen falsch klingen... Meist helfen schon kleine Tips...

Schwierig sind Texte. Die meisten der Jugendlichen wollen mit englischen Texten arbeiten. Viele SängerInnen singen einfach irgendwelche Wortfetzen, die von den Vokalen und vom Rhythmus der Phrasen zur Musik passen: Mitch: „i sing zum Beispiel das Wort ‚hurrican‘, wenn des von dr Musik grad so nei paßt oder ‚sunshine‘, ‚i love you‘, ‚it‘s raining‘, ‚the darkness of the night‘, oder so, weil verstehn tut des ja sowieso koiner“.

Wenn eine Gruppe etwas ausdrücken will, versuchen wir, das zusammen in einen Text zu fassen, der dann an die entsprechende Musik angepaßt wird. Insgesamt schenken die Jugendlichen dem Inhalt der Texte relativ wenig Aufmerksamkeit. Hauptsache, es klingt „irgendwie gut“.

Ein wesentlich umfassenderes Thema ist die Vermittlung einer systematischen Übungsweise und ihre zielgerichtete Unterstützung. Durch Übungssystematik wird wertvolle Übungszeit gespart, werden Frustrationen und Streitigkeiten vermindert etc. Zunächst geht es darum, nicht jedes Stück immer wieder von Anfang an zu spielen, an schwierigen Stellen herauszufallen, sich zu ärgern und wieder von vorne anzufangen, sondern jene Stellen, seien es schwierige rhythmische oder harmonische Übergänge oder diffizile Läufe, besonders zu üben. Hier ist die Vermittlung der Erkenntnis wichtig, daß die Musikgruppe wie eine Kette technisch eben gerade so gut ist, wie ihr schwächstes Glied.

Um die schwächsten Glieder zu stärken, gilt es zunächst, die Schwachstellen der Musiker herauszukristallisieren: Sei es, daß die Solisten zu viel und unsauber, ohne Abwechslung und rhythmisches Feeling spielen oder die Rhythmusgruppe treibt o.ä.

Hier führe ich dann Spezialtrainingsprogramme durch: Ich spiele z.B. mit einem Schlagzeuger / einer Schlagzeugerin, der / die immer treibt, unterschiedliche Rhythmen zusammen und diagnostiziere die Situationen, wo er / sie treibt. Systematische Übungen schließen sich an. Ich schlage halbe, er / sie schlägt Viertel, dann Achtel, dann Sechszehntel ohne zu beschleunigen etc...

Oder: Wenn ein Solist / eine Solistin zu viel und unsauber spielt, trainiere ich die sog. „one note improvisation": Aus einer harmonischen Folge wird ein Ton herausgezogen, der zu allen Harmonien paßt. Nun muß der Solist / die Solistin auf diesem Ton zur Folge improvisieren. Alle rhythmischen Variationen und alles, was klanglich im Ton steckt, soll probiert werden. Klappt das gut, kommt ein zweiter Ton dazu. Auch dann gilt es, alle denkbaren Möglichkeiten, die in den beiden Tönen stecken, auszuschöpfen.

Das führt zur Erweiterung des technischen Repertoires, zur rhythmischen Sicherheit und, im Vergleich, zum permanenten Herunterziehen bestimmter Läufe, zu mehr Ideen.

An diesem Beispiel ist leicht zu sehen, daß es sich um harte Arbeit handelt: Nicht jede / r MusikerIn ist auf Anhieb bereit, sich darauf einzulassen. Oft sind auch hier die Erfolge derjenigen, die das Trainingsprogramm durchgezogen haben, die wichtigste Motivation.

Neben dieser zweifellos wichtigen Ausbildung technischer Qualifikationen spielt die Vermittlung der Fähigkeit, neben der Konzentration auf das eigene Spiel auch auf die Mitspieler zu hören, mit ihnen in Interaktion zu treten und musikalisch aufeinander einzugehen, eine fast noch wichtigere Rolle.

Dies trifft sowohl beim Spielen durchkomponierter Stücke, als auch, in noch stärkerem Maße, von Stücken mit Improvisationsteilen zu: Werden die anderen langsamer, schneller, leiser, lauter? Wie reagiere ich auf das Anliegen der anderen musikalisch?

Auch hier biete ich verschiedene Übungen an, z.B. gemeinsam schneller (accelerando) oder langsamer (ritardando) zu werden. Jedesmal muß man genau auf die anderen hören, darf als einzelner nicht zu plötzlich schneller bzw. langsamer werden, und muß immer exakt auf die anderen hören und entsprechend reagieren.

Diese Übungen haben den Nebeneffekt, daß solche Passagen von den Teilnehmern gerne in Stücke eingesetzt werden. Accelerando zur Spannungssteigerung, wenn es z.B. nach einem langsamen Intro „fetzig" wird und das Ritardando bei einem gigantischen, exzessiven Schluß.

Auch die Lautstärkeverhältnisse sind dabei entscheidend.

Wer kennt das nicht: Der E-Gitarrist hört sich „nicht mehr richtig“ (weil er nur sich hören will), dreht am Lautstärkeknopf seines Instrumentes, der Keyboarder hört plötzlich „nur noch Gitarrengekreische“ und geht auch mit der Lautstärke hoch, der Bassist zieht nach, der Schlagzeuger haut rein, daß die Sticks abbrechen und die Frau am Gesang wundert sich, daß die Gesangsanlage immer noch zu schwach ist.

Bei Auftritten mit „PA“ kann dieser Effekt am Mischpult gelindert werden, indem die, die sich lauter machen, in der Lautstärke gedrückt werden. Die gewollte individuelle Lautstärkeregelung vom Instrument aus, um in einer besonderen Situation entsprechend auf die musikalische Situation zu reagieren, wird dadurch weitgehend unmöglich.

Deshalb sollen die MusikerInnen beim Üben möglichst immer leise spielen, so, daß das Schlagzeug gerade noch gut klingt (die Felle müssen ja schwingen) und dabei immer versuchen, das Gesamtklangbild wahrzunehmen, nicht nur das eigene Instrument. So kann die beschriebene Dynamik eines ständigen Lauterwerdens verhindert werden. Anschließend können dynamische Elemente einzelner Instrumente, zur Erzeugung von Spannung und Entspannung, innerhalb der Musikstücke eingesetzt werden. Auch dies trainieren wir in gezielter Form.

Ausstattung und Finanzierung der Musikwerkstatt

Das zur Verfügung stehende Equipment besteht aus E-Piano, 5-teiligem Schlagzeug mit Roto-Toms, Synthesizer, Baß-Anlage mit E-Baß, P.A. und einem Mini-Aufnahmegerät.

Die Finanzierung des Musikpädagogen erfolgt auf Grundlage einer Planstelle. Benötigte Honorarmittel für TeamerInnen müssen zur Zeit noch jeweils einzeln beantragt und — je nach Veranstaltung — getrennt abgerechnet werden.

Identität und Lebensgefühl: Das Finale

Die musikalische Praxis in dem hier beschriebenen Rahmen ist für die teilnehmenden Jugendlichen und jungen Erwachsenen mittlerweile auch im Kontext anderweitiger kultureller Bedürfnisse wichtig für ihre Identitätsfindung geworden:

Indem die am Projekt beteiligten Jugendlichen lernen, in der von ihnen favorisierten Musiksprache, also in dem von ihnen bevorzugten musikalischen Stil zu musizieren, können sie ihr spezifisches Lebensgefühl zum Ausdruck bringen.

Eine solche Musik ist für sie ein lebensphasenspezifisches Medium, über das sie selbst verfügen. So steigert sich beispielsweise das Selbstwertgefühl von Jugendlichen aus der Heavy-Szene, wenn sie, diesem Stil entsprechend, ein geeignetes Instrument beherrschen, das zentral zum Statuserwerb im Rahmen ihres sozialen Netzwerkes beiträgt.

Gerade innerhalb brüchig gewordener Lebensphasenabläufe in der Adoleszenz ist dies ein Beitrag zur Statussicherheit, Orientierung, somit Identitätsfindung und Identitätstabilisierung:

Kulturelle Eigentätigkeit im eigenen Lebensbereich — im unmittelbaren Wohnumfeld, zusammen mit den darin entstandenen Cliquen —, die das eigene Lebensgefühl ausdrückt: Das bringt Spaß und Begeisterung, geht manchmal auch unter die Haut: „What a feeling ...!"

Burkhard Hill / Günter Pleiner

Rockmobil — die Rollende Musikschule im Jugendhilfebereich

ROCKMOBIL ist der Name der 1986/87 in Hessen gestarteten „Rollenden Musikschule", die — mit mobiler „Gehstruktur" ausgestattet — derzeit 23 Jugendtreffs, Jugendheime und Ausbildungsprojekte in acht Städten jeweils einmal wöchentlich aufsucht. „Fachkundige Anleiter" transportieren das erforderliche Equipment mit Kleinbussen „vor Ort" zu den Jugendlichen und bauen gemeinsam mit ihnen — in der Regel handelt es sich um „Musik-Einsteiger" — Pop- und Rockbands auf. Ergänzt wird diese Arbeit von „Schnupperworkshops", d.h. Tagesveranstaltungen, die einen Einstieg in das aktive Musizieren vermitteln, von ROCKMOBIL-Bandtreffen, die dem gegenseitigen Kennenlernen und dem Erfahrungsaustausch dienen sowie von öffentlichen Auftritten der „spielfähigen" Bands.

Die Rollende Musikschule ist mit der in hessischen „Sozialen Brennpunkten"[12] verfolgten „Gemeinwesenarbeit" eng verknüpft und hat ihren Ausgangspunkt in einigen Jugendtreffs, in denen bereits Mitte der 70er Jahre mit verschiedenen Band-Projekten Musik gemacht wurde. Sie spricht diejenigen Jugendlichen an, denen es bislang an Gelegenheit zum Musizieren mangelte.

Der ROCKMOBIL-Träger, die 1974 gegründete Landesarbeitsgemeinschaft Soziale Brennpunkte Hessen e.V. (LAG) mit Geschäftsstelle in Frankfurt/M., griff diese Ansätze im Rahmen des Jugendbildungswerkes auf. Aus zunächst nur sporadischen „Gitarrengruppen" und aus einzelnen lokalen Band-Initiativen entstand auf diesem Wege eine Art „Musik-Verbund" hessischer Gemeinweseninitiativen. Das Tonstudio- und Filmprojekt „Musik von unten — Leise und laute Lieder von Leuten ohne Lobby", erste überregionale Bandtreffen und nicht zuletzt die Nachfrage seitens der MitarbeiterInnen in den Jugendclubs führten schließlich zu der Idee, das Praxisfeld Rockmusik für den Jugendhilfebereich neu — und gewissermaßen exemplarisch — zu erschließen.

Ausgangspunkte und konzeptionelle Überlegungen

Rockmusik konnte seitens der LAG schon nach den ersten Band-Projekten als identitätsstiftendes und stark motivierendes Erfahrungsfeld für Jugendliche eingeschätzt werden, das pädagogische „Moden" überdauert, weil es mit ihrer Lebenswelt eng verbunden ist. Solange indes — dies die zweite Erfahrung — in den meisten Jugendeinrichtungen fachkundige „Starthelfer“ und eine entsprechene Musikausstattung fehlten, blieb das eigenständige Musikmachen für den Großteil der von uns gemeinten Jugendlichen bloßes Wunschdenken.

Das aus diesen Vorerfahrungen entwickelte Konzept einer „mobilen“ Musikschule trug dem Umstand Rechnung, daß spezialisierte Fachkräfte — sprich: MusikpädagogInnen — und ein Bandequipment von mehreren Einrichtungen im Verbund genutzt werden konnten.

Ein derartiger regionaler „Musikverbund“ war nicht zuletzt, auf Grundlage einer insgesamt eher bescheidenen Personal- und Sachausstattung, als maximal effektiv einzuschätzen, was die Kooperation der beteiligten Einrichtungen anbelangt.

Die konzeptionellen Überlegungen gingen des weiteren davon aus, daß die mobile, vor Ort angebotene Arbeitsweise der Rockmobile gewisse „Initialzündungen“ und Eigendynamiken zur Folge haben würde, was den Aufbau eigener Musikansätze betrifft.

Zusammengefaßt sollte exemplarisch gezeigt werden, daß Rockmusik als zentrales Medium der Jugendarbeit auf breites Interesse stößt — unabhängig von Alter, Geschlecht, Nationalität und Lebenssituation. Die rollende Musikschule sollte das „Musikmachen in Bands“ als kulturpädagogisches Angebot auch denjenigen Jugendlichen zugänglich machen, die von entsprechender Teilhabe ansonsten eher ausgeschlossen sind.

Der Begründungszusammenhang für das musikpraktische Engagement der LAG leitet sich weniger aus musikpädagogischen, denn aus sozialpolitischen Überlegungen ab. Das Postulat der „Förderung kultureller Ausdrucksmöglichkeiten Jugendlicher unterer Schichten (als) ein vielfach noch ausstehendes Programm“ faßt — von Treptow (1989) formuliert — die Musikintention der LAG zusammen und weist auf die allgemeinen Zielsetzungen der LAG-Jugendbildungsarbeit: Wie können Jugendliche und junge Erwachsene, vor dem Hintergrund widriger Lebensumstände, bruchhafter Biografien und wenig kalkulierbarer Zukunftsperspektiven, Möglichkeiten für eigene Tätigkeits- und Ausdrucksformen finden und Beteiligte bzw. Gestalter eines soziokulturellen Geschehens werden, das die „Verbindung von Alltäglichkeit und künstlerischer Ausdrucksform“ (Treptow) sucht und entsprechende Angebote „zu den Adressaten bringt“? Und darüber hinaus: Inwieweit ist es, bezogen auf den Lebenszusammenhang „Sozialer Brennpunkt“, erforderlich, neben Initiativen zum Abbau räumlicher, infrastruktureller und materieller Ausgrenzung zugleich Ansatzpunkte gegen die soziokulturelle Randständigkeit und Verelendung treten zu lassen?

In diesem Zusammenhang zielt eine emanzipatorisch kulturelle Bildungsarbeit, wie sie die Rollende Musikschule betreibt, auf:

— die Förderung von Ausdrucks-, Darstellungs- und Mitgestaltungsmöglichkeiten im öffentlichen Raum,
— die Schaffung von „Integrationsbrücken“ und den Abbau von Vorurteilen,
— den Aufbau persönlich-sozialer Denk- und Handlungsspielräume, Persönlichkeitsstabilisierung und die Erweiterung der individuellen, sozialen und gesellschaftlich-politischen Handlungskompetenz,

— den Abbau materieller Randständigkeit durch an die Person des Betroffenen gerichtete (Bildungs-) „Hilfen zur Selbsthilfe".

Das von einem sozialpolitischen Anliegen getragene Konzept von ROCKMOBIL will positives Erleben mit der eigenen Kreativität und Aktivität ermöglichen, Vertrauen in eigene, bis dahin nicht für möglich gehaltene Fähigkeiten entwickeln helfen, zum Umgang auch mit noch Unvollkommenem und Noch-nicht-Gekonntem ermutigen, ohne sich mit dem jeweiligen Resultat kritiklos zufriedenzugeben. Daran geknüpft ist gleichermaßen die Auseinandersetzung mit allen Erscheinungen des Rockmusik-Business, des Starkults, den verschiedenen Moden und Musikstilen.

Der hierin repräsentierte kulturpädagogische Ansatz zielt nicht zuletzt auf die Vermittlung „persönlich-sozialer Schlüsselqualifikationen" mit ihren langfristig positiven Auswirkungen auf die Biografie Jugendlicher: Durchhaltevermögen, gesteigertes Selbstwertgefühl, Team- und Konfliktfähigkeit sollen quasi spielerisch angeeignet und als erweitertes Einstellungs- und Verhaltensrepertoire in alltäglichen Konfliktsituationen wirksam werden können.

Struktur und Zielgruppen der ‚Rollenden Musikschule'

Als Träger zeichnet seit 1986 die Landesarbeitsgemeinschaft Soziale Brennpunkte Hessen e.V. (LAG) verantwortlich, ein 1974 gegründeter Zusammenschluß von Bewohnerinitiativen und Projekten der Gemeinwesenarbeit mit Aufgaben der Beratung, Fortbildung und sozialpolitischen Interessenvertretung. Innerhalb der LAG ist ROCKMOBIL dem Jugendbildungswerk zugeordnet.

Im Zeitraum von vier Jahren entstanden insgesamt drei „Rockmobil-Stationen" in Gießen, Frankfurt/M. und Kassel, deren Arbeit sich an unterschiedliche Adressaten wendet und auf unterschiedliche Finanzierungswege zurückgreifen kann:

— ROCKMOBIL „Mitte" (Gießen) zielt auf Jugendliche in „klassischen" Sozialen Brennpunkten und fährt seit 1987, ausgestattet mit zwei Musikpädagogen, einem Kleintransporter nebst Band-Equipment und einem Musikhaus für stationäre Probentermine, insgesamt sieben Wohngebiete in der Region Mittelhessen an. Es besteht enge Kooperation mit den vor Ort tätigen Gemeinwesenarbeitsprojekten. Die Finanzierung dieses ersten Mobils teilen sich das Hessische Sozialministerium, der Landeswohlfahrtsverband Hessen, die Stadt Gießen sowie das Deutsche Kinderhilfswerk mit einer einmaligen Sachzuwendung. Im Rahmen dieses Projektes werden derzeit acht Bands mit insgesamt 54 Jugendlichen (28 % Mädchen) betreut.
— ROCKMOBIL „Süd" (Frankfurt/M.) wendet sich seit 1988 an Jugendliche in verschiedenen Frankfurter Stadtteilen („Problemgebiete") und im Frankfurter Umland. Die Ausstattung ähnelt der des Rockmobils „Mitte", gleiches gilt für die Kooperation mit den beteiligten Trägern und dem Jugendamt der Stadt Frankfurt. Das Musikmobil wird zunächst auf Basis zweier ABM-Stellen (Musikpädagogen)

des ABM-Stadtprogramms (Kooperation Stadt Frankfurt und Arbeitsamt Ffm) eingesetzt und verfügt über weitere Mittel des Hessischen Sozialministeriums und einer Investivförderung durch die Stiftung Deutsche Jugendmarke e.V. Die Stadt Frankfurt ist an einer „ABM-freien" Weiterführung des Projektes interessiert, hat entsprechende Personal- und Sachmittel bereitgestellt und für einen weiteren Kleintransporter, die Ergänzung des Equipments und einen festen Übungsraum gesorgt. ROCKMOBIL- „Süd" umfaßt gegenwärtig zehn Bands mit insgesamt 70 Jugendlichen (20 % Mädchen) und wird insbesondere von ausländischen Jugendlichen frequentiert.

— ROCKMOBIL „Nord" (Kassel) ist der jüngste Mobil-Ableger. Seit 1989 ist das Modellprojekt flankierend zu Maßnahmen der Jugendberufshilfe angesiedelt. Im Lernfeld „Musikalische Praxis in Band-Projekten" soll bei den Adressaten beruflicher Orientierungs- und Ausbildungshilfen die Entwicklung „persönlich-sozialer Schlüsselqualifikationen" gefördert werden: Es ist davon auszugehen, daß längerfristige Band-Projekte zur Herausbildung von Selbstwertgefühl, Initiative, Kreativität, Stabilität, Durchhaltevermögen, Team- und Konfliktfähigkeit beitragen und langfristig stabilisierende Wirkung auf die berufliche Sozialisation zeitigen. Insgesamt acht Bands aus verschiedenen Einrichtungen (Ausbildungs- und Beschäftigungsprojekte, Heime mit integrierter Berufsausbildung, Beratungsstellen und Jugendfreizeiteinrichtungen mit entsprechenden Beratungsangeboten) sind in der ersten Modellphase beteiligt. 51 Jugendliche werden dabei durch zwei Musikpädagogen angeleitet (25 % Mädchen). Die Ausstattung entspricht den bereits dargestellten Mobilen.

Für die Finanzierung dieses auf vier Jahre angelegten Modellversuchs zeichnen das Bundesministerium für Frauen und Jugend (Bundesjugendplan), das Hessische Ministerium für Wirtschaft und Technik, der Landeswohlfahrtsverband Hessen, die Stadt Kassel und die beteiligten Einrichtungen verantwortlich. Von einigen Trägern des Verbundes wurde ein Interesse an der Weiterführung des Projektes über die Modelllaufzeit hinaus bereits deutlich gemacht.

Aufgrund der Erfahrung, daß Mädchen und junge Frauen in geschlechtsheterogenen Bands — außer als Sängerinnen — häufig nur Randpositionen zugestanden bekommen, und daß der Umgang mit Technik von „Schwellenängsten" begleitet ist, wurden im ROCKMOBIL „Nord" zwei Mädchenbands gegründet, die von einer Anleiterin betreut werden. Zahlreiche weitere Anfragen von Mädchen und jungen Frauen ließen die Idee einer schwerpunktmäßigen Frauenförderung reifen, die sich — als eigenständiges Projekt ausschließlich für MusikerInnen gedacht — derzeit noch im Antragsverfahren befindet.

Im Gesamtüberblick aller hessischen Standorte sind bei Drucklegung 26 Bands mit ca. 175 Jugendlichen in 23 Jugendhilfeeinrichtungen zu bilanzieren, die wöchentlich erreicht werden. Das Alter der MusikerInnen liegt zwischen 13 und 21 Jahren, in einem Falle bei 10-12 Jahren („Kinder-Band"). Mädchen sind im Durchschnitt zu 25 % beteiligt. Ein gutes Drittel der Jugendlichen besitzt einen Ausbildungs- bzw. Arbeitsplatz — z.T. in entsprechenden Fördermaßnahmen —, 20 Bandmitglieder sind arbeitslos, die Hälfte der Jugendlichen besucht noch die (Haupt-) Schule. Zu etwa 30 %

handelt es sich um Jugendliche verschiedener ausländischer Nationalitäten, der Schwerpunkt liegt hier in Frankfurt / M. Die angestellten Musikpädagogen sind derzeit ausschließlich Männer, da trotz intensiver Suche keine Musikerin für dieses Aufgabenfeld gefunden werden konnte.

Die alltägliche musikpädagogische Praxis

ROCKMOBIL wendet sich an Musik-EinsteigerInnen und kooperiert eng mit Einrichtungen der Jugendhilfe. Vorkenntnisse bringen nur die wenigsten Jugendlichen mit. Noch geringer ist die Zahl der InstrumentenbesitzerInnen.

Für die beteiligten Musikpädagogen geht es zusammengefaßt darum, den Jugendlichen einen Einstieg in das aktive Musizieren zu ermöglichen, ihnen musikalisches Basiswissen und das nötige Know-How zum Zusammenspiel zu vermitteln, die entstehenden Bands zu stabilisieren und dauerhaft zu begleiten.

Beispiel I: „Schnupperworkshops" zum Kennenlernen für EinsteigerInnen

Am Anfang der MusikerInnen- „Karriere" der Jugendlichen steht in der Regel ein sogenannter „Schnupperworkshop" in Jugendtreffs oder im Rahmen von Festen, Wochenendseminaren und Veranstaltungen von Jugendhilfeeinrichtungen.

Im Verlauf einer ca. 4 stündigen Arbeitseinheit erhalten die Jugendlichen, neben einer Einführung in die Technik des Band-Equipments, einen ersten Überblick über die Einsatzmöglichkeiten der verschiedenen Instrumente. Daraufhin können sie diese ausprobieren, bevor sie eine Entscheidung für ein bestimmtes Instrument treffen. Anschließend erfolgt, mit rhythmischen Übungen in der Gesamtgruppe, ein erstes Zusammenspiel, das nach und nach durch einfache Akkorde von Gitarren und Keyboard und durch koordinierte harmonische und rhythmische Wechsel erweitert wird. Am Ende steht für die Jugendlichen in fast allen Fällen die positive Erfahrung, mit anderen zusammen bereits „Musik" gemacht zu haben.

Diese Vorgehensweise orientiert sich in den rhythmischen und harmonischen Vorgaben bereits an den gängigen Mustern der Rockmusik. Ein einfacher 4 / 4-Takt kann von mehreren Jugendlichen an Schlagzeug und Percussion zusammen gespielt werden. Reicht die Körperkoordination eines Einzelnen am Schlagzeug zunächst nicht aus, so werden Baßtrommel, Snare und Becken auf verschiedene Personen aufgeteilt.

Congas, Bongos, Schellenkranz, Kuhglocke, Rumbarasseln usw. ergänzen den Rhythmus durch jeweils eigene Akzente, für die situationsbezogen (je nach sichtbaren Fähigkeiten der Teilnehmer) ein Arrangement zu erarbeiten ist: Z.B. kann der Schellenkranz Viertelnoten durchschlagen, die Kuhglocke „Off-Beats" betonen, Congas und Bongos auf Zeichen eines Dirigenten kurze „Wirbel" (fünf Sechzehntel-Schläge ab der Zählzeit 3 geschlagen) spielen usw. Auf diese Weise können bis zu acht und mehr Jugendliche beteiligt werden, ohne sich „mit einer Rassel abgespeist“ vorzukommen.

Bei den Gitarren fällt es AnfängerInnen zumeist schwer, die Akkordwechsel (z.B. als einfache Akkordfolge von G nach A) mit der linken Hand auf den Bünden am Hals zu greifen. Auch hier können die Akkorde zunächst auf zwei Personen aufgeteilt und im Wechsel gespielt werden.

Beim Keyboard erleichtern einige Farbpunkte auf der Tastatur das Auffinden der Akkorde ebenso, wie einige Markierungen am Hals des Basses dem gänzlich Ungeübten die bessere Orientierung ermöglichen. Derartige Hilfskonstruktionen sollen natürlich möglichst bald überflüssig werden, dienen sie doch lediglich dazu, die Anfangssituation so zu gestalten, daß sie von möglichst vielen Jugendlichen gemeistert und mit einer ersten positiven Erfahrung abgeschlossen werden kann.

In vielen Fällen konnte sogar die Scham vor dem Singen überwunden werden. Die AnleiterInnen arrangierten dann zunächst einen Chorgesang, in Einzelfällen sogar erste Versuche mit „Leadgesang“, mit spontan geschrieben Texten, in Form von Sprechgesang und Rap-Einlagen.

Auf diese Weise wurden in der Vergangenheit zahlreiche Workshops in verschiedenen Einrichtungen und zu unterschiedlichen Anlässen erfolgreich gestaltet. Die Palette reichte von Heimen, Jugendzentren und Jugendorganisationen bis hin zu Festveranstaltungen, Ferienspielen und Fortbildungsveranstaltungen für pädagogische Mitarbeiter.

Beispiel II: Ein Probenabend im Jugendzentrum mit der Band „Heroes“

Es ist Dienstag, 18 Uhr. Ort des Geschehens ist das Jugendzentrum im Kasseler Stadtteil Brückenhof. Die sieben Bandmitglieder der Band „Heroes“ — darunter zwei Mädchen — erwarten bereits ungeduldig den roten ROCKMOBIL-Transporter. Für 18 Uhr verabredet, treffen sich die Jugendlichen dennoch jedesmal schon etwas früher. Als der Transporter eintrifft, beginnen sie zügig mit dem Ausladen der Instrumente und Verstärker. Das war nicht schon immer so. Aber nach einem Jahr Probenarbeit mit dem ROCKMOBIL kennt jeder seine Aufgabe. Kisten und Koffer werden nicht mehr planlos hingestellt, wo man sich gegenseitig im Wege ist, sondern alles hat seinen festen Platz. Inzwischen hat sich auch bei den Jugendlichen die Erkenntnis durchgesetzt, daß der Aufbau der Anlage möglichst schnell und reibungslos vor sich gehen soll. Um so mehr Zeit bleibt nämlich zum Proben, denn spätestens um 21 Uhr heißt es wieder aufhören.

Während Theddy noch sein Schlagzeug aufbaut, stimmen die Gitarristen Valentin und Stephan ihre Instrumente mit einem elektronischen Stimmgerät. Astir bringt ihre Percussionsinstrumente in Position, Rita verkabelt Mikrofone und Gesangsboxen, Husseyin baut das Keyboard auf, Richy stellt den Sound am Baßverstärker ein. So langsam wird es höllisch laut, denn jeder probiert zunächst sein Instrument aus, das er eine Woche lang nicht gesehen hat. Paul, der Musikpädagoge, hat inzwischen akzeptieren gelernt, daß es zu Beginn immer diese Krachphase gibt und läßt die Jugendlichen sich einen Moment austoben, bis es ihnen selbst zuviel wird. Er geht derweil ins Büro zu den Mitarbeitern des Jugendzentrums, um zu hören, was es Neues gibt.

Die Band im Jugendzentrum Brückenhof besteht inzwischen seit einem Jahr und setzte sich anfangs aus Musik-Neulingen zusammen. Die Gruppe war wesentlich größer und wechselte außerdem noch häufig ihre Besetzung. Erst allmählich, nach einigen Wochen musikalischen Auf-der-Stelle-Tretens, kristallisierte sich ein harter Kern Jugendlicher heraus, der sich fest für ein Instrument entschieden hatte. Während dieser Zeit hatte die Band auf Vorschlag von Paul an einfachen Rock-Klassikern geübt (z.B. „Stand By Me“), war aber nicht sonderlich vorangekommen. „Diese Anfangsphase ist halt ziemlich anstrengend“, weiß Paul zu berichten, „da muß man erst mal durch, bevor die eigentliche musikalische Entwicklung beginnen kann!“

Die wachsende musikbezogene Motivation einiger Jugendlicher und ein sich stabilisierender Gruppenprozess ließ ihm nach einigen Wochen eine gezieltere Förderung einzelner sinnvoll erscheinen. Vor der Bandprobe erhielten die Gitarristen fortan Gruppenunterricht. Für Schlagzeug und Percussion brachte Paul den Schlagzeuger seiner eigenen Band mit, der Teddy mehr als nur Grundrhythmen vermitteln konnte. Auf diese Weise verbesserten sich einige in der Band merklich und zogen die anderen mit. Wer nicht regelmäßig kam, wie George, der Sänger, wurde im Jugendzentrum abgepaßt und zur Rede gestellt. Nach einiger Zeit wurde er von den Jugendlichen selbst gefeuert, weil mit ihm nicht zuverlässig genug zu arbeiten war. Statt dessen wurde Rita aus dem Freundeskreis gewonnen, die sich seither stimmlich bestens entwickelt hat und gelegentlich auch zu den Schlagzeugstöcken greift.

Neben Stücken, die Paul aus seinem Repertoire als erfahrener Rockmusiker einbringen konnte, wagten sich die Jugendlichen mit der Zeit auch an eigene Vorschläge: „Twist And Shout“ und „Hotel California“. Paul besorgte die erforderlichen Arbeitsmaterialien: Grifftabellen, Akkordsymbole, Texte. Noch etwas später entwickelten sich erste Ideen zu eigenen Stücken, die auf der inzwischen angeschafften eigenen Gitarre von Valentin und Rita zuhause „komponiert“ wurden. Sie wurden Paul vorgespielt und während der wöchentlichen Proben gemeinsam verfeinert und arrangiert.

Auf diese Weise sammelte sich im Lauf eines Jahres ein Repertoire an, das beim „*Rockmobil*-Band-Stand“ im Frühjahr erstmalig vor einem größeren Publikum vorgestellt werden konnte. Die Band „mauserte“ sich seither und bereitet sich nun auf den ersten „richtigen Gig“, zusammen mit einer bekannten lokalen Band, beim Sommerfest im Stadtteil-Freibad vor.

Paul kommt jetzt aus dem Büro zurück in den Proberaum. Inzwischen ist es ruhig geworden. Rita hat die Initiative ergriffen und die Situation strukturiert. Die Gruppe hat sich geeinigt, den Gesang von „Stand By Me“ zweistimmig zu üben, das Gitarrensolo von „Hotel California“ auszuarbeiten und ansonsten das gesamte Repertoire auf „Sicherheit“ hin durchzuspielen. Neue Stücke sollen vor dem nächsten Auftritt erst einmal nicht in Angriff genommen werden. Bis dahin ist Paul hauptsächlich in Sachen Arrangement, Gesang und Gitarrentechnik als musikalischer Berater gefragt. Die Probe verläuft heute in zwei Hälften mit einer Raucherpause zwischendurch. Um 20.45 Uhr wird mit dem Einpacken und Laden begonnen. Gegen 21.15 Uhr fährt Paul wieder ab.

Ein solch geordneter Probenverlauf ist nicht bei allen Bands die Regel. Gerade in der Anfangszeit herrscht viel Chaos. Die AnleiterInnen haben dann alle Hände voll zu tun, den Wissensdurst an allen Instrumenten gleichzeitig zu befriedigen und den dabei entstehenden Lärm zu ertragen. Eine Verständigung ist gelegentlich nur noch über Handzeichen möglich, bis der Geduldsfaden reißt! Dann hilft nur noch: die Lautstärke abdrehen oder den Stecker herausziehen! Klare Regeln müssen aufgestellt (Lärmschutz bzw. Rauchverbot im engen, schlecht gelüfteten Probenraum) und im Interesse aller durchgesetzt werden.

Mit der Zeit aber beginnen die Gruppen, ihre Angelegenheiten mehr und mehr selbst zu regeln, wenn die Motivation, gemeinsam etwas erreichen zu wollen, gestiegen ist. Der Rockmobil-Mitarbeiter wird dann eher zum musikalischen Berater.

Bei den „Heroes", wie in den anderen Bands auch, handelt es sich um Jugendliche aus unterschiedlichen sozialen und ethnischen Milieus. Spannungen aus dem Wohnviertel übertragen sich gelegentlich auch auf die Gruppe, dennoch finden die Jugendlichen in der Band einen Zusammenhalt. Sie können sich mit der Gruppe und „ihrer" Musik identifizieren. Langsam stellen sich, bei gelegentlichen Auftritten im Stadtteil, sogar erste öffentliche Erfolge ein. Die Jugendlichen haben sich auf diese Weise eine Sache zueigen gemacht, die ihnen — im Gegensatz zu vielen anderen Erfahrungen — schon längere Zeit dauerhaft Spaß bereitet.

Lernen mit Spaß und Musik — Vorwärtsgerichteter Rückblick nach fünfjähriger Rockmobil-Praxis

„Ich bin im Rockmobil, weil ich gerne in einer Gruppe auftreten und Erfolg haben will. Ich finde es gut, daß wir in richtige Mikrophone und sowas singen können. Wir lernen, die richtigen Töne zu singen und wenn wir mal schief singen, sind die anderen in der Gruppe nicht sauer. Es ist was ganz anderes, als im Schulchor zu singen, was Besonderes!" Und: „Endlich macht ihr mal „was Vernünftiges mit uns!" Diese Aussagen der damals 16jährigen Bassistin der Limburger ROCKMOBIL-Band „The Kids" und eines Kasseler Jung-Musikers stehen für viele andere Rückmeldungen, die die ‚Rollende Musikschule' seitens ihrer Adressaten erhält. Nach inzwischen fünfjähriger Tätigkeit seit 1987 läßt sich bilanzieren:

Die vom ROCKMOBIL angebotene Musikpraxis ist in den beteiligten Jugendeinrichtungen innerhalb kurzer Zeit zum kontinuierlichen Gruppen-, Freizeit- und Bildungsangebot geworden und hat den Aufbau beständiger, regelmäßig probender Bands ermöglicht, die zu mindestens 80 % länger als zwei Jahre, z.T. bereits seit vier Jahren in nahezu unveränderter Besetzung existieren. Rockmusikpraxis ist damit, wie schon unsere früheren Erfahrungen mit einzelnen Band-Projekten belegen konnten, keine pädagogische „Eintagsfliege", sondern ein jugendadäquates Medium, das pädagogische Strömungen und „Hitlisten" überdauert, weil es den jugendlichen Lebensnerv zu treffen scheint.

Die musikalischen Präferenzen Jugendlicher erscheinen im „Praxiszusammenhang" als durchaus anachronistisch: Selbstgespieltes wird nicht zwingend aus dem Repertoire der jeweils aktuellen Hitparaden und Musikströmungen adaptiert. Vielmehr sind zumeist sehr bald solche Musiktitel gefragt, die als technisch „machbar" eingeschätzt werden können.

Durch das Medium „Rockmusik“ werden auch solche Jugendliche erreicht, die in anderen pädagogischen Bereichen vielfach längst als „unmotivierbar“ und „nicht anpassungsfähig“ abgeschrieben sind.

Der gemeinsame Aufbau einer Band findet in unmittelbar nachvollziehbaren Etappen seinen Ausdruck, läßt den Einzelnen zum unverzichtbaren Teil einer mit eigenem Namen versehenen Gruppe werden, läßt öffentliche Anerkennung erfahren und hilft verschüttete, oft erst zu entdeckende Potentiale zu entfalten und Vertrauen in die eigene Kreativität und Kontinuität zu gewinnen. Die damit verbundene — pädagogische — Erwartung des Lerntransfers in andere Lebensbereiche scheint in diesem Zusammenhang nicht unbegründet.

Die genannten Aussagen gelten für die Gesamtheit der von uns erreichten Jugendlichen, unabhängig von Alter, Geschlecht und Nationalität: Im Band-Zusammenhang lassen sich, vermittelt über die leitende „dritte Sache“ (Brecht) der Musik, multikulturelle und altersheterogene Gruppen zusammenstellen.

Trotz der bestehenden, überwiegend männlichen Personalstruktur erreicht ROCKMOBIL zu etwa einem Viertel auch Mädchen. Zwar bestätigt sich damit zunächst die hinlänglich bekannte Aussage, daß Mädchen im Rahmen solcher Aktivitäten deutlich weniger beteiligt sind. Insgesamt mehren sich jedoch die Anfragen von Mädchen, jungen Frauen und Pädagoginnen, die in einer Mädchengruppe Musik machen wollen, deren nachhaltige Unterstützung in ihren musikalischen Aktivitäten dementsprechend als Aufgabe immer mehr in den Vordergrund rückt und zwar nicht nur in geschlechtshomogenen Bands.

ROCKMOBIL verfolgt ein ganzheitliches Lernen mit „Kopf, Herz und Hand“, das den Adressaten jede Menge positiver Erkenntnisse vermittelt, ohne kritiklos zu bleiben. Musik wird als Kommunikationsfeld und wesentlich auch als soziales Geschehen aufgefaßt, ohne sich damit bereits zufrieden zu geben: Die Betonung liegt vielmehr — seitens der Jugendlichen wie der begleitenden Pädagogen — auch auf der Erarbeitung eines präsentationsfähigen Repertoires und seiner Vorstellung im Rahmen verschiedener Öffentlichkeiten. Die Angebote zielen andererseits nicht auf die Förderung eines musikalischen Virtuosentums oder auf professionelle Karrieren. Vielmehr sollen Jugendliche mit schwierigen Lebenshintergründen neue Erfahrungen mit sich und der Gruppe machen und die Verwirklichung ihrer Interessen z.T. ausleben können.

Fachlichkeit, Equipment und Vernetzung als Grundlagen der musikpädagogischen Arbeit

Fachlichkeit und die Verfügbarkeit über ein gutsortiertes Musik-Equipment mit attraktiven „Produktionsmitteln“ sind — in Verbindung mit einer engen, durch Fortbildungsangebote vertieften Kooperation mit den beteiligten Einrichtungen und deren Vernetzung auf dem Wege gemeinsamer Musik-Aktionen — allererste Voraussetzungen für die von uns verfolgte Beschäftigung mit dem Erfahrungsfeld „Rockmusik“.

Das so angelegte ROCKMOBIL-Konzept hat, nicht unähnlich dem von H. Kirchgässner vorgestellten „Wanderlehrermodell“ (Kirchgässner, 1967), in einer Vielzahl von Jugendhilfeeinrichtungen zur unterstützenden Mitarbeit bis hin zu eigenständigen Ansätzen geführt. Dies betrifft die Bereitstellung und Ausstattung eigener Proberäume ebenso, wie die musikbezogene Sensibilisierung der KollegInnen. Nicht zuletzt haben die Jugendlichen den ihnen zugespielten Ball aufgegriffen und sorgen zum Teil inzwischen selbst für die Anschaffung eigener Instrumente, um in der Zeit zwischen den ROCKMOBIL-Terminen üben zu können. Die beabsichtigten „Initialzündungen" und „Schneeballeffekte" auf Grundlage zunächst exemplarischer Ansätze sind auf diese Weise deutlich belegbar.

ROCKMOBIL hat in der Öffentlichkeit von Beginn an eine breite positive Resonanz gefunden, was Presse-, Rundfunk- und Fernsehberichte anbelangt. Nicht zuletzt finden die jungen MusikerInnen hier ein Forum zur Selbstdarstellung und Reflexion der eigenen Lebenssituation, wenn die nicht auf Laborsituationen reduzierte Öffentlichkeit integraler Bestandteil der Bildungsarbeit wird: Das „generative Thema" (Freire) Rockmusik läßt, in vielen Interviewsituationen mit Presse, Rundfunk und Fernsehen belegt, die vielfach zitierte „Sprachlosigkeit" überwinden und trägt zur selbstbewußten „Standortbestimmung" bei.

Der von uns vorgestellte Ansatz hat bei einer Reihe von Jugendhilfeträgern — auch außerhalb der hessischen Landesgrenzen, in Nordrhein-Westfalen, Niedersachsen, Baden-Württemberg, Rheinland-Pfalz und im Saarland — zur Entwicklung ähnlicher Angebote geführt. Anfragen aus den neuen Bundesländern, aus Österreich und Frankreich vervollständigen dieses Bild. ROCKMOBIL selbst mußte inzwischen eine lange Warteliste für interessierte Einrichtungen anlegen und könnte „aus dem Stand", die erforderliche Ausstattung vorausgesetzt, einige weitere Mobile in unterschiedlichen Praxisfeldern auf Achse schicken. Die Nachfrage nach derartigen spezialisierten Jugendhilfeangeboten ist nach unseren Erfahrungen enorm — und nicht allein auf den Musikbereich (z.B. Medienmobile, Offene Kabelkanäle, Sportmobile usw.) begrenzt.

Michael Koch

„Come together!" — eine lokale Jugendhilfeinitiative zur Vernetzung musikpädagogischer Projekte

1. Einstimmung

Der vorliegende Bericht versucht, ausgehend von der nunmehr vierjährigen musikpädagogischen Praxis in Einrichtungen kommunaler Jugendpflege und Sozialer Brennpunkte Offenbachs, Verlauf und Relevanz dieses Ansatzes außerschulischer Jugendarbeit nachzuzeichnen und zu reflektieren. Dargestellt wird eine Entwicklung, die von der Gründung eines Band-Projektes bis zur Vernetzung mit ähnlichen Projekten kommunaler oder freier Jugendeinrichtungen reicht: Unter dem Titel „OFF-ROCK" ist künftig die systematische Förderung musikpädagogischer Angebote für Kinder, Jugendliche und junge Erwachsene in der Stadt Offenbach / M. beabsichtigt.

Zielsetzung dieses Beitrags ist es, den Ansatz „Musikpädagogische Jugendarbeit" aus dem Schatten von Beliebigkeit bzw. subjektiver Ambition einzelner Jugendarbeiter und Jugendlicher zu lösen und ihm eine verstärkte Bedeutung in der Jugendhilfeplanung beizumessen, was nicht zuletzt aufgrund folgender Entwicklungen angezeigt scheint:

- der zunehmenden Durchdringung sämtlicher Lebensbereiche durch Musik;
- der Definition musikalischer Lebenswelten als integrale Bestandteile allgemeiner Lebenswelten im biographischen und gesellschaftlichen Kontext von Individuen, peer-groups etc.[13] sowie der hieraus abgeleiteten Umsetzung in eine zielgruppenorientierte Praxis außerschulischer Jugend- und Kulturarbeit;
- der Bedeutungszumessung von Musik durch Jugendliche schlechthin;
- der sich über die „musisch-kulturellen, sozialen und politischen Lernprozesse" ergebenden „entpädagogisierten Nebeneffekte" (Pleiner, 1988, 17).

2. Wo und wie alles anfing

Die Lohwald-Siedlung, ein Sozialer Brennpunkt am Rande Offenbachs, weist alle Merkmale eines typischen „Ghettos" auf: Unter isolierten und infrastrukturell mangelhaften Bedingungen wohnen hier ca. 800 Einwohner, von denen ca.70 % nicht älter als 25 Jahre alt sind. Die historische Entwicklung des Stadtteils — vom klassischen

Obdachlosenasyl hin zum „modernen" Sozialen Brennpunkt — sowie die Ballung ökonomischer und psychosozialer Probleme, bedingen die Stigmatisierung der Bewohner und deren Existenz in nach wie vor bestehender Chancenungleichheit und Benachteiligung[14].

Im Stadtteil zählen ca. 250 Jugendliche und junge Erwachsene zur Zielgruppe der „Jugendarbeit im Lohwald", eines Teilbereiches des örtlichen Sozialdienstes, der als Gemeinwesenprojekt dem Offenbacher Stadtjugendamt angegliedert ist.[15]

Aufgrund der konzeptionellen Grundüberlegungen, an den Bedürfnis-, Interessen- und Problemlagen der Jugendlichen und jungen Erwachsenen anzusetzen, definiert sich Jugendarbeit im Lohwald als ein breitgefächertes Angebotsspektrum, auf der Grundlage von Beratungs-, Betreuungs- und Jugendzentrumsarbeit.

Akkordarbeiter — Die erste Band betritt die Bühne

Seitens der Jugendlichen und engagierter Eltern wurden 1986/87 immer häufiger Wünsche nach Medienarbeit (Foto, Video) bzw. nach Musikangeboten geäußert, was das Team zu Überlegungen veranlaßte, dies im Rahmen der Möglichkeiten (finanziell, räumlich und personell) und unter Berücksichtigung des eigenen Qualifikationsprofiles (z.B. Nichtmusiker) zu realisieren. Gleichzeitig galt es zu vermeiden, daß durch Angebote sogenannter „Jugendkulturarbeit" andere Bereiche und potentielle Zielgruppen ausgegrenzt oder vernachlässigt werden, wie dies vielerorts feststellbar ist: Die einzelfallbezogenen Beratungsangebote oder die schulbegleitenden Lernhilfen sollten darunter ebensowenig leiden wie der offene Betrieb des Jugendclubs.

Unterstützung fand das Vorhaben durch das hessische Innovativ-Projekt „Rockmobil"[16]. Es ermöglichte 1987 den Start der musikpädagogischen Arbeit im Lohwald, in dem bis dahin keinerlei Ansätze zur musikalischen Förderung von Kindern und Jugendlichen existierten.

Nach einer dreimonatigen Orientierungsphase für musikinteressierte Clubbesucher stabilisierte sich das Projekt: Eine Gruppe von 9 Personen, inkl. der beiden Betreuer, gründete die erste Jugendzentrum (JUZ)-Band des Lohwalds: DIE AKKORDARBEITER.[17] Nach dreijährigem Bestehen und ca.20 Auftritten in verschiedenen Orten Hessens hat sich diese Gruppe inzwischen wieder aufgelöst.

Diese erste Band bestand vorwiegend aus älteren Jugendlichen und Heranwachsenden. Neben dem einmal wöchentlich hinzukommenden ROCKMOBIL-Musikpädagogen nahmen eine Sozialpädagogin und ein Sozialpädagoge — beide Jugendarbeiter im Lohwald — als Anfänger und somit Mitlernende an dem Projekt teil. Auf diese Weise war es möglich, während der restlichen Woche mit den Jugendlichen auf anfangs ausgeliehenen Akustikgitarren und einem vom JUZ angeschafften Schlagzeug zu üben. Die Jugendlichen richteten sich im Rahmen einer Renovierungsaktion einen eigenen Probe- und Geräteraum ein, bezahlten aus eigener Tasche Teppiche und Einrichtungsgegenstände und eröffneten ein Band-Konto, von dem im Laufe der Zeit ein Großteil des Equipments finanziert wurde (Einnahmen waren „Mitgliedsbeiträge", erste Gagen, Einnahmen aus selbstorganisierten Disco-Veranstaltungen im JUZ, Spenden von Eltern der Jugendlichen etc.).

In der Siedlung wurden die Anfänge teils mit Neugier, teils mit Hohn und Skepsis kommentiert. Doch erste Auftritt inner- und außerhalb Offenbachs, die Studioeinspielung zweier Titel im Rahmen einer ROCKMOBIL-Kassette sowie Presse-, Radio- und TV-Berichte rückten das Bandprojekt allmählich in ein anderes Licht: Neben den auch in der Öffentlichkeit (Lokalpresse etc.) recht hoch angesehenen Freizeitprojekten des Jugendclubs (meist bewegungs- und erlebnisorientierte Action- und Outdoor-Touren), den beiden erfolgreichen Fußballteams der Siedlung sowie den Wettbewerbsbeiträgen der Mediengruppe wurde die Band AKKORDARBEITER zum weiteren Vorzeigeobjekt des „anderen Lohwaldes“: Eine Initiative, die deutlich machte, daß die Jugendlichen dieses Stadtteils auf der Grundlage geeigneter Rahmenbedingungen und klarer Zielgruppenorientierung nicht nur lernfähig, sondern auch motiviert, ehrgeizig und sehr engagiert sind, sich weiterqualifizieren können und wollen. Ein Bandmitglied auf die Frage, weshalb er sich in solchen Gruppen engagiere: „Weil ich hier halt gelernt habe, daß ich lernen und mich konzentrieren kann und dazulernen will. In der Schule hatte ich dies nicht. Aber jetzt merke ich, daß das Ganze halt sehr viel mit mir zu tun hat und Lernen Sinn, aber auch Spaß macht“.[18]

Knapp ein Jahr nach Beginn des ersten Band-Projektes entstand 1988, aufgrund der großen Nachfrage, die zweite Gruppe ZABADAK, ebenfalls mit Unterstützung durch ROCKMOBIL. Die von der ersten Band erworbene Anlage und vom JUZ angeschaffte Instrumente erlaubten nun ein häufigeres Üben beider Gruppen. Mittlerweile äußerten auch Kinder und deren Eltern den Wunsch nach ähnlichen Angeboten. Mit der Festanstellung eines Mitarbeiters in das Kinderbereichsteam, der selbst Drummer und Keyboarder ist, waren dazu 1990 die personellen Voraussetzungen gegeben und in Kooperation mit dem Jugendclub entstanden die ersten beiden Rhythmus- und Musikgruppen des Kinderbereiches.

Als sich Ende 1990 die beiden Rock-Bands AKKORDARBEITER und ZABADAK nach drei- bzw. zweijährigem Bestehen auflösten (hauptsächlich bedingt durch Familiengründung, Fortzug aus dem Stadtteil, neue Arbeitsstellen etc.), stieg innerhalb weniger Tage eine neue Gruppe wie ein Phönix aus der Asche: THIRD GENERATION, das nunmehr dritte Band-Projekt, besteht vorwiegend aus Kindern und jüngeren Jugendlichen, ist multinational (Deutsche, Italiener, Griechen, Türken, Jugoslawen) und wird nach wie vor von den beiden „Akkordarbeiter-Teamern“, die sich mittlerweile in den Musikbereich „hineinqualifizierten“, betreut und weiterhin durch ROCKMOBIL unterstützt.

Was sich nach vier Jahren musikpädagogischer Jugendarbeit festhalten läßt, ist, daß damit eine wichtige Spektrumserweiterung der Jugendhilfeangebote im Lohwald erreicht wurde. Rockmusik als Konzeptionsansatz ist nicht der, aber ein Weg von Jugend (-kultur-)-Arbeit, vor allem dort, wo er eingebettet ist in das Ensemble weiterer jugendrelevanter Angebote (offener Bereich, Sport- und Bewegungsorientierung, Medien, Beratung, Freizeiten etc.), die sich auf Interessens-, Problem- und Lebenslagen von Jugendlichen beziehen und diese aufgreifen.

3. Die Initiative für Kultur- und Bildungsarbeit INKA

„Ohne Moos nix los“, so der Titel eines AKKORDARBEITER-Stücks, ist für die Angebote der Jugendbildungs- und -kulturarbeit im Lohwald eine Art Motto: In Zeiten kommunaler Überschuldung fallen den Sanierungsbemühungen restriktiver Haushaltspolitik zuerst die sog. „freiwilligen Leistungen“ zum Opfer. Einsparungen im Sozialbereich treffen dann meist Angebote der Jugendhilfe und hier wieder vor allem Jugendzentren und Ansätze der Jugendkulturarbeit.

Diese — in Offenbach längst Realität gewordene — Befürchtung teilten vor allem jene Jugendclubbesucher im Lohwald, die im Rahmen der Kulturarbeit (Musik / Video) zusätzliche Finanzquellen für notwendige Anschaffungen oder Wochenendseminare benötigten. In der Folge gründeten Jugendliche und Pädagogen 1988 die „Initiative für Kultur- und Bildungsarbeit“ (INKA), um Fördermittel für soziokulturelle Aktivitäten zu erhalten und diese zum Teil auch in den Aufbau von „Außenkontakten“ (gemeinsame Veranstaltungen mit anderen Offenbacher JUZ-Bands etc.) zu investieren.

Finanziert wurden diese Projekte sowie eine Plattenproduktion (1991) schließlich anteilmäßig aus Spenden, die die INKA u.a. aus Stadt- und Landesmitteln, aber auch von Privatpersonen erhalten hat. Zur Zeit steht zur Diskussion, ob sich die Initiative als Verein eintragen läßt.

4. „OFF-ROCK“, denn gemeinsam Rocken ist lauter...

Der wichtigste musikpädagogische INKA-Beitrag für die örtliche Jugendarbeit leitete sich aus den überregionalen ROCKMOBIL-Wochenendseminaren ab: Trafen sich dort JUZ-Bands aus verschiedenen Sozialen Brennpunkten, um einmal im Jahr ein Wochenende gemeinsam zu proben, aufzutreten und Erfahrungen auszutauschen, so fehlte ein entsprechendes Angebots- und Kontaktnetz in Offenbach. Zwar war bekannt, daß in einzelnen Jugendzentren Band-Projekte existierten oder im Entstehen begriffen waren, doch war dies eher mit dem Schatten der Zufälligkeit behaftet und abhängig von persönlichen Ambitionen und Qualifikationen der dort tätigen Jugendarbeiter. Es fehlte an einer Initiative, der musikpädagogischen Jugendarbeit den Stellenwert einzuräumen, der ihr aufgrund der Bedeutung von Popularmusik für Jugendliche (und andere Altersgruppen) zukommt.

Die Anregung der Lohwald-Jugendlichen, analog der ROCKMOBIL-Seminare eine Veranstaltung mit Offenbacher JUZ-Bands zu organisieren, fand bei den zuständigen Teamern Unterstützung. Unter dem Titel „OFF-ROCK“ fand 1989 ein Wochenendseminar für Offenbacher JUZ-Bands in der Jugendbildungsstätte Dörnberg bei Kassel statt. Gefördert durch Mittel Offenbacher Jugendzentren, des Sozialdienstes Lohwald, des Kommunalen Jugendbildungswerkes und der Initiative für Kultur- und Bildungsarbeit, hatten vier Bands aus Offenbacher Jugendzentren ein Wochenende

Zeit, gemeinsam zu proben, Einzelinstrumenten-Workshops zu besuchen und abschließend vor Publikum aufzutreten. Kontakte zwischen den Bands, Jugendzentren und Stadtteilen entstanden, zwar sicherlich nicht frei von Konkurrenz, jedoch mit dem Ziel der Kooperation, des Erfahrungsaustausches und dem Wunsch, in Zukunft häufiger gemeinsame Projekte zu planen. Für Jugendliche typische Verhaltensweisen, wie Abgrenzung und Abschottung gegenüber anderen Gruppen, gerieten in Dynamik und wurden thematisierbar.

Im gleichen Jahr fand in einer als zentraler Auftrittsort bekannten Jugendeinrichtung das erste OFF-ROCK-Festival statt. Fünf Bands aus vier Jugendzentren spielten vor ca. 150 Besuchern ihr Programm aus Oldies, Blues-Rock, Trashmetal oder Fun-Punk und hatten hier z.T. die ersten Auftrittsmöglichkeiten vor größerem Publikum und vor der Presse.

1990 folgten ein weiteres OFF-ROCK-Festival und ein weiterer Wochenend-Workshop — die Fortführung dieser Veranstaltungsreihen ist auch für die Zukunft geplant.

5. Let's work together: Die erste Offenbacher Rock-Big-Band

Eine Erweiterung des musikpädagogischen Angebotes fand im Rahmen der Offenbacher Jugendkulturwoche 1990 statt. Resultierend aus den Erfahrungen der bisherigen OFF-ROCK-Veranstaltungen und eigener Fortbildungen, konzipierte das OFF-ROCK-Team gemeinsam mit zwei Musikern ein einwöchiges Rock-Big-Band-Projekt. Angelegt als Ferien- aber auch Bildungsurlaubsangebot konnten gleichermaßen Schüler, Auszubildende, Berufstätige und Arbeitslose angesprochen werden. Es war zudem möglich, Anfänger und Fortgeschrittene in dem Projekt zusammenzufassen und sie, je nach musikalischen Vorkenntnissen, einzubinden. Teilnehmer waren 15 Kinder und Jugendliche im Alter von 11 bis 18 Jahren aus verschiedenen Offenbacher Stadtteilen, die sich einzeln angemeldet hatten oder bereits in JUZ-Bands mitspielten und auf diesem Wege angesprochen wurden.

Im Verlauf der Woche wurden drei selbstentwickelte Stücke auftrittsreif einstudiert, fanden Diskussionen zu musikrelevanten Themen statt (z.B. Musik und Gewalt), wurde ein Rockkonzert einer Heavy-Band (Black Sabbath) besucht und anschließend besprochen. Des weiteren waren Musikvideos, Einblick in Rock-Technik (Bühnenaufbau usw.) und ein abschließender Auftritt der 15-köpfigen Rock-Big-Band im Rahmen der Jugendkulturwoche Bestandteil des Programms. Das Fazit des Workshops bildete der einhellig formulierte Wunsch einer Weiterführung dieser Veranstaltung im folgenden Jahr.

Auch hier gilt in der Rückschau festzustellen, daß die sozialpädagogischen Gruppenprozesse an Bedeutung gewannen und sich Jugendliche aus verschiedenen Jugendhäusern, Stadtteilen, Jugendszenen, Musikstilen und Sozialstrukturen — vom Sozialen Brennpunkt bis hin zum Nobelviertel — in ein gemeinsames Projekt begaben, das wesentlich zum Abbau von Abgrenzungsmechanismen, Berühungsängsten und Vorurteilen beitragen konnte. Eine Fortführung des Projektes ist für die nächsten Jahre vorgesehen.

6. Was will OFF-ROCK?

Zusammengefaßt seien an dieser Stelle unsere Anliegen genannt:

1. Aufgrund der Bedeutung von Musik für Jugendliche und Heranwachsende sollten Musikprojekte in außerschulischen Jugendeinrichtungen — ähnliches gilt analog für den schulischen Bereich — nicht länger als beliebige Konzeptelemente der Jugendarbeit verstanden werden. Nicht zuletzt aufgrund der „sozialpädagogischen Nebeneffekte" wird eine zielgruppenorientierte, einrichtungsinterne wie -übergreifende Jugendhilfeplanung erforderlich, die den Musiksektor im Rahmen der im Kinder- und Jugendhilfegesetz (KJHG) ausgewiesenen „Kulturarbeit" angemessen berücksichtigt.

2. Im Unterschied zu Musikerinitiativen, die sich vor allem um die Bereiche Proberaumproblematik, Auftrittsmöglichkeiten, Förderung im Rahmen regionaler Kulturpolitik etc. kümmern (z.B. „Offensive Offenbach" oder in Frankfurt „Kick '91"), setzt OFF-ROCK früher und anders an: Sich im Grenzbereich musik- und sozialpädagogischer Praxis bewegend und der Diskussion um Jugendarbeit verpflichtet, sollen vor allem jene Interessenten angesprochen werden, die über Elternhaus und Schule usw. bislang keine Chance fanden, Musik als Ausdrucksmöglichkeit für sich zu entdecken.

Gleichzeitig sollen Einrichtungen und Projekte, die Interesse am Aufbau pädagogischer Angebote zeigen, beraten und an Kooperationspartner verwiesen werden (Konzeptionierung, Equipmentbeschaffung, Integration in entsprechende Arbeitszusammenhänge). Darüber hinaus plant OFF-ROCK die Organisation von Fortbildungs-Veranstaltungen für JugendarbeiterInnen und die Unterstützung von Mädchen-Bandprojekten.

Arbeitskreis Open Flair e.V.

Open-Flair-Festival Eschwege — ein Festival zur Belebung der ländlichen Jugendkultur-Szene

Seit 1985 wird jährlich das Jugendkulturfestival „Open Flair" in Eschwege/Werra-Meißner-Kreis veranstaltet. Die Entwicklung des Festivals zeigt, wie sich aus einem begrenzten Konzertangebot im Bereich Rockmusik ein viel breiter angelegtes Konzept für eine regional vernetzte und die Vielfalt kultureller Ausdrucksformen einbeziehende Jugendarbeit im ländlichen Raum entwickeln konnte. Dies führte rückwirkend zur Belebung der Musikszene, indem neue Auftrittsmöglichkeiten geschaffen wurden und eine insgesamt größere Unterstützung für die Belange der Jugendkultur hergestellt werden konnte. In diesem Beitrag soll dargestellt werden, wie das Arbeitsfeld Rockmusik in die Jugend- und Kulturarbeit eingebettet sein kann.

1. Vom Rockkonzert zum Kulturfestival

Während das erste Festival in der nordhessischen Burg Ludwigstein veranstaltet wurde, fanden die folgenden Veranstaltungen jeweils auf dem Eschweger Festplatz „Werdchen" am Ufer der Werra statt. Die Besucherzahlen lagen zwischen 2000 im ersten Jahr und 8000 im Jahr 1991. Für den reibungslosen organisatorischen Ablauf sorgten jeweils zwischen 100 und 150 ehrenamtliche Helfer, Jugendliche und junge Erwachsene aus der ganzen Region. Die Beteiligung reicht traditionell von der freiwilligen Feuerwehr bis zu den Pfadfindern und „freien" Jugendgruppen. Das Festival führt damit alljährlich die verschiedensten Gruppen der Region zusammen und hat, als Höhepunkt einer „vernetzenden" Jugendkulturarbeit in einer ländlichen Region, Modellcharakter.

Seinen Anfang nahm das Festival zunächst mit sporadischen Open-Air-Konzerten des Stadtjugendringes auf dem Parkdeck eines Eschweger Innenstadtkaufhauses. Einigen AktivistInnen war, über die Grenzen der Jugendgruppen und Verbände hinaus, daran gelegen, im muffigen Kleinstadtklima Veranstaltungen nach dem Geschmack der Jugendlichen zu ermöglichen. Die Rockkonzerte auf dem Parkdeck wurden so schon bald zu einem Stück „Gegenkultur", beispielsweise während des „Johannisfestes", einem vom traditionellen Brauchtum geprägten, mehrtägigen Heimatfest. Sie wurden zum Kristallisationspunkt der Jugendszene, bei dem sich lokale und gelegentlich auch überregional bekannte Bands präsentieren konnten.

Die Veranstaltungen gewannen an Größenordnung und Beteiligung von verschiedener Seite, so daß alsbald eine Kooperation aller in Stadt und Kreis engagierten Träger von Jugendarbeit erfolgte. Der Gedanke lag nahe, dem Ganzen eine eigene Trägerschaft in Vereinsform zu verleihen: Der Arbeitskreis-Open-Flair e.V. wurde aus der Taufe gehoben. Im jährlichen Rhythmus sollte fortan nicht nur Rockmusik, sondern auch Theater, Kabarett und Kleinkunst präsentiert werden. Man hatte sich zum Ziel gesteckt, „in der Provinz etwas los zu machen". Dabei wurde von Beginn an darauf Wert gelegt, der Jugendarbeit in der Region einen Impuls für eigene Musik-, Theater- und Kleinkunstproduktionen zu geben.

Inzwischen hat sich das Open-Flair-Festival nach sechs Jahren als regionale Musik- und Kleinkunstbühne etabliert und eine überregionale Bedeutung erlangt. Das Programm des dreitägigen Spektakels reicht von Rockmusik und traditionellem Theater bis hin zu Kleinkunstdarbietungen: von Amateuren aus der Region und von Profis aus dem Konzertbusiness. Darüber hinaus finden die Verbände und Jugendgruppen aus der Region ein Forum zur Darstellung ihrer Arbeit mit eigenen Produktionen, Stellwänden und Informationsständen. Viele bereichern das Festival aber auch einfach mit kulinarischen Angeboten und bessern damit ihre Clubkasse etwas auf.

2. Kultur aus der Provinz — Kultur in die Provinz

Die Entstehungsgeschichte des Festivals zeigt, daß es zunächst die Rockveranstaltungen waren, um die sich die Protagonisten der Gegenkultur versammelten. In dem Bestreben, die ländliche Kulturszene insgesamt zu beleben und vom Ballast des traditionellen Brauchtums zu befreien, entwickelten sich bald jedoch auch weitergehende Zielsetzungen.

Das Konzept „Kultur aus der Provinz" entstand als Folge eines wachsenden „provinziellen Selbstbewußtseins", das nach geeigneten Selbstdarstellungsmöglichkeiten suchte. Durch eine langjährige Bildungsarbeit des Bundes Deutscher Pfadinder (BDP) und der Kreisjugendpflege z.B. war ein Bewußtsein auch für die eigenen Fähigkeiten gewachsen. Entgegen der gängigen Auffassung: „Nichts los in der Provinz!", gab es schon lange eine Vielzahl von Aktivitäten im Bereich Theater, Film und Musik, für die es allerdings noch an einer angemessenen Öffentlichkeit mangelte. Da lag es nahe, die Rockkonzerte zum Festival zu erweitern, dafür einen anderen Standort zu suchen und Kultur auf breiter Basis zu präsentieren.

Nach dem Motto „Kultur in die Provinz" sollten auch Künstler und Bands verpflichtet werden, die ansonsten nur in den Metropolen zu bewundern waren. Neben einer steigenden Attraktivität des Festivals sollte die heimische Szene auf diese Weise zusätzliche Anregungen erhalten.

3. Kulturarbeit als Infrastruktur und Anregungsmilieu

Gerade in ländlichen Regionen stehen für derartige Konzepte kaum nennenswerte Ressourcen zur Verfügung. Dieses Defizit mußte durch die Vernetzung von Initiativen und Trägern ausgeglichen werden, wie es der Arbeitskreis-Open-Flair mit seiner Träger-Verbund-Struktur zu verwirklichen suchte. Durch die Bündelung und inhaltliche Ausrichtung einer Reihe von Jugendhilfeangeboten und -veranstaltungen, konnte, unter Ausnutzung vorhandener Quellen, ein Umfeld geschaffen werden, das eine Veranstaltung in dieser Größenordnung überhaupt erst ermöglichte.

Damit einher ging der Aufbau einer entsprechenden Infrastruktur, ohne die der Ideenaustausch und dessen Umsetzung in künstlerischen Produktionen nicht möglich gewesen wäre. Das betraf gleichermaßen die Kommunikationsmöglichkeiten unter den Kulturschaffenden, wie die gesamte technische Infrastruktur (Geräte), die Vermittlung künstlerisch qualifizierter Anleiter, die Kontakte zu Agenturen, P.A.-Firmen, Presse usw. Im Laufe der Zeit entwickelten sich im Organisationsteam entsprechende Spezialisierungen, die auch auf „Neueinsteiger" übertragen werden konnten und für die regionale Szene zum unverzichtbaren Bestandteil geworden sind.

Der Arbeitskreis verfolgt mit seiner Arbeit insgesamt die Förderung eines kulturellen Anregungsmilieus, das der regionalen Szene neue Impulse geben kann. Was für die Metropolen selbstverständlich scheint, mußte hier erst mit besonderer Energie hergestellt werden: Ein Klima, das zu eigenständigen Aktivitäten und Ausdrucksformen reizte, Ideen freisetzte und die erforderlichen infrastrukturellen Voraussetzungen bot, von den Produktionsmitteln bis zur interessierten Öffentlichkeit. So mußte auch das Publikum erst einmal daran gewöhnt werden, nicht nur auf die Top-Acts zu schauen.

4. Open-Flair-Festival — Rahmen und Anregung für eine ganzjährige Jugendarbeit

Ein „Rahmenthema" setzte bislang in jedem Jahr unterschiedliche Akzente für die vielen inhaltlichen Beiträge von Jugendgruppen, Künstlern und Bands. Hier werden aktuelle Fragestellungen, Probleme und Entwicklungen aus der Region aufgegriffen und in Form von Musik-, Medien- und Theaterproduktionen, Diskussionen usw. dem Publikum nähergebracht. 1990 lautete das Rahmenthema „Grenzöffnung" (Eschwege liegt an der ehemaligen DDR-Grenze), 1991 lautete es „Der Europäische Binnenmarkt". Damit ist das Open-Flair-Festival nicht nur jährliches Kulturspektakel, sondern es bietet einen Anlaß und thematischen Schwerpunkt für eine ganzjährige Jugendbildungs- und Kulturarbeit in der Region.

Mit der Gewißheit, als Musik- Theater- oder Mediengruppe beim Open-Flair-Festival eine Bühne zu finden, werden bereits lange im Vorfeld neue Produktionen erstellt. Wochenendseminare und Kurse der regionalen Träger von Jugendarbeit unterstützen diese Vorhaben, sichern sie zum Teil finanziell ab und ermöglichen die künstlerische Begleitung durch Fachkräfte. Die auf diese Weise entstehenden Programmbeiträge beziehen sich nicht ausschließlich auf das Rahmenthema, es bleibt genügend Freiraum für eigene Schwerpunktsetzungen. Aus solchen Produktionen sind beispielsweise die Theatergruppe „mupfsag + i“ und die Frauenrockband „Rolling Cherry Stones“ hervorgegangen, die danach für längere Zeit selbständig weiterarbeiteten.

Schließlich gehört inzwischen ein Teil der Festivalvorbereitung und -auswertung zu den Jugendarbeitsschwerpunkten der Region. Jährlich finden einige Wochenendseminare statt, die der Planung, Koordination und Auswertung des Festivals dienen.

5. Musikförderung im Rahmen des Festivals

Unter dem Stichwort „Regionale Musikbühne“ traten mehrere Jahre lang regionale Bands zu attraktiven Zeiten und vor großem Publikum auf. Die große Nachfrage führte zu einer konzeptionellen Änderung: Der Arbeitskreis veranstaltet jetzt bereits im Vorfeld ein Rock-Nachwuchsfestival. Die von einer Jury ermittelten fünf besten Bands spielen live bei der Endausscheidung. Die danach ermittelten beiden Siegerbands erhalten als Preis einen Studioaufenthalt sowie einen Auftritt beim Festival.

1991 konnten die Gewinner zusätzlich an einer Tournee durch Hessen teilnehmen (zusammen mit zwei weiteren Siegerbands eines Rockwettbewerbs in Kassel) und auf diese Weise neun (!) weitere Auftritte in Folge bestreiten. Mit den übrigen, über das Jahr verteilten Konzertveranstaltungen, ergibt sich auf diese Weise eine beträchtliche Erweiterung der Auftrittsmöglichkeiten für regionale Bands.

Auch in der Verbindung von Rockmusik mit anderen Medien wurden in der Vergangenheit neue Möglichkeiten erschlossen: Zwei Theaterproduktionen, „Endstation Provinz“ und „40 Jahre Jugend“, wurden unter der Beteiligung von Rockbands aufgeführt. Bei einigen Ton-Dia-Serien wurde die Musik von RockmusikerInnen erarbeitet und mit einem Videoclip gestalteten MusikerInnen einen Musikfilm. Auf diese Weise eröffneten sich den MusikerInnen neue Betätigungsfelder und Ausdrucksformen.

6. Organisationsstruktur und Finanzierung

Dem Arbeitskreis-Open-Flair e.V. gehören derzeit ca. 100 Einzelpersonen, Jugendgemeinschaften[19] und Jugendverbände an. Nahezu alle Träger von Jugendarbeit in der Region unterstützen das Festival durch ihre Mitarbeit.

Der Arbeitskreis unterhält, zusammen mit dem Kreisjugendring, ein Büro in der Eschweger Innenstadt. Außer einigen Honorarkräften, die zur künstlerischen Anleitung von Produktionen beschäftigt werden, arbeiten die Vereinsmitglieder auf ehrenamtlicher Basis. Unterstützung erhalten sie sporadisch von hauptamtlichen Mitarbeitern einiger Jugendverbände, die dies mit ihrer Tätigkeit vereinbaren können. Auch ein Teil der Jugendarbeit in den Jugendgemeinschaften und Verbänden wird von Ehrenamtlichen geleistet.

Die Koordination der ganzjährigen Arbeit sowie die unmittelbare Festivalvorbereitung wird in sogenannten „Fachgruppen" geleistet (z.B. Musikprogramm, Kleinkunstprogramm, Kinderprogramm, Pressearbeit, Cafézelt) und im Organisationsausschuß bzw. in Mitgliederversammlungen abgestimmt. In der „heißen" Phase vor dem Festival wird das Büro zum Mittelpunkt der Organisation und Kommunikation.

Die Finanzierung des Festivals wird alljährlich — unter Ausschöpfung der in Frage kommenden „Fördertöpfe" — weitgehend neu zusammengetragen. Eine regelmäßige Bezuschussung ist erforderlich, da die „jugendgemäßen" Eintrittspreise nur einen Bruchteil der anfallenden Kosten decken können. Neben der Stadt Eschwege, dem Werra-Meißner-Kreis, dem „Förderkreis Nordhessischer Kultursommer" tragen Stiftungen und wechselnd auch Bundes- und Landesmittel zur Gesamtfinanzierung bei.

Der Arbeitskreis Open Flair dient als Vernetzungsinstanz zwischen den vielen beteiligten Gruppen und Organisationen. Das Festival hat sich auf dieser Basis zu einer regionalen Bühne mit überregionaler Bedeutung entwickeln können. Es ist zum Kern einer ganzjährigen Jugend- und Kulturarbeit geworden, die mit den spärlichen Ressourcen einer ländlich strukturierten Region neue Impulse zu setzen verstand. Nicht nur die regionale Rockmusikszene konnte davon profitieren: Es ist insgesamt bunter und lebendiger geworden, das Kulturleben in der Provinz!

Landesarbeitsgemeinschaft ROCK IN e.V. Hessen

Rock-Verbund in der Jugendhilfe — Positionen zu einer (auch) musikorientierten Jugendarbeit und Jugendpolitik

In der hessischen Initiative „ROCK IN“ haben sich JugendarbeiterInnen zusammengeschlossen, die die musikalischen Vorlieben Jugendlicher zum Bestandteil ihrer Bildungs- und Freizeitarbeit machen und sich überwiegend selbst als MusikerInnen verstehen. Im folgenden Beitrag werden erste Erfahrungen dieses seit fünf Jahren bestehenden Arbeitskreises vorgestellt und Anforderungen an die Jugendpolitik formuliert.

1986 trifft sich, aufgerufen durch einen Artikel in einer Fachzeitschrift, ein 20-köpfiger Kreis von Musikern und Pädagogen in Dietzenbach. Das Thema — „Rockmusik & Jugendarbeit“ — für alle Beteiligten nichts Neues, das Treffen selbst nicht auf den Austausch literaturtheoretischer Positionen, Thesen und Gegenthesen angewiesen. Um Praxisansätze, Musikprojekte mit Jugendlichen, Erfahrungen und Erfordernisse geht es, um ein erstmaliges Kennenlernen und Zusammenführen ähnlicher Ansätze, die Kolleginnen und Kollegen zwischen Darmstadt und Kassel z.T. seit zehn Jahren erfolgreich praktizieren. Erstes Ergebnis: Der „Arbeitskreis ROCKMUSIK & JUGENDARBEIT“ wird gegründet, trifft sich in der Folgezeit regelmäßig und gibt sich 1988 den Namen „ROCK IN-Initiative zur Förderung der sozio-kulturellen Arbeit mit Rockmusik“.

Hinter diesem Label stehen MusikerInnen und PädagogInnen, die die Bedeutung selbstproduzierter Pop- und Rockmusik für die Lebenswelt Jugendlicher erkannt und entsprechende Musikprojekte realisiert haben. Ansätze und Zielgruppen sind dabei vielfältig: Die Palette reicht von Rocktheater und Theaterrevuen in Jugend- und Freizeitzentren zu musikbezogenen Jugendbildungsveranstaltungen, von Bandprojekten in außerbetrieblichen Ausbildungswerkstätten und mit Jugendlichen verschiedener Nationalitäten bis zur Rollenden Musikschule in Obdachlosensiedlungen und zur kulturellen Neubelebung ländlicher Regionen. Die vorgestellten Ergebnisse können sich sehen und hören lassen, bieten in der vielerorts beschworenen „Krise der Jugendarbeit“ konkrete Ansatzpunkte für motivierende, langlebige und „pädagogisch nutzbringende“ Praxisinitiativen und Lernzusammenhänge.

1989 wird aus dem bisherigen Arbeitskreis ein eingetragener gemeinnütziger Verein, der den nicht eben kurzen Namen „Landesarbeitsgemeinschaft zur Förderung der Popularmusik in der kulturellen Jugendarbeit und Erwachsenenbildung (LAG

ROCK IN) e.V. Hessen" führt und seinen Sitz in Wiesbaden hat. Der Verein unternahm bislang keinen Versuch, öffentliche Fördermittel, z.B. des Landes Hessen, zu erhalten und arbeitet auf einer ausschließlich ehrenamtlichen Basis. Die Koordination der Aktivitäten erfolgt i.d.R. durch den fünfköpfigen „Geschäftsführenden Vorstand", die Fortbildungsangebote werden in enger Kooperation mit der Jugendbildungsstätte des Landes Hessen in Dietzenbach durchgeführt.[20]

Die Vereinssatzung nennt als Zielsetzungen dieses hessenweiten Zusamenschlusses:

(1) Der Verein setzt sich landesweit für die theoretische und praktische Auseinandersetzung mit Popularmusik ein und will zur Förderung der Musik beitragen.

In Zusammenarbeit mit Trägern und Einrichtungen der Jugendarbeit und der Erwachsenenbildung soll es Jugendlichen und Erwachsenen ermöglicht werden, sich kulturelle Ausdrucksformen anzueignen, sich die eigene Alltagskultur zu vergegenwärtigen und sich im Rahmen der Erziehung und Volksbildung musisch-kulturell zu betätigen.

(2) Diese Zielsetzungen sollen besonders verwirklicht werden durch

— Bildungsveranstaltungen für Jugendliche und Erwachsene,
— Fortbildungsveranstaltungen für Mitarbeiter/innen in der Jugendarbeit und der Erwachsenenbildung,
— Beratung und Förderung von Projekten und Initiativgruppen im Bereich Popularmusik,
— Koordination und Vernetzung von Initiativen und Ansätzen im Bereich Popularmusik zur Schaffung und Stärkung einer entsprechenden Infrastruktur,
— Förderung musikpädagogischer Ansätze im Bereich Popularmusik,
— Durchführung von Lehrgängen, Seminaren und Veranstaltungen,
— Förderung multikultureller Ansätze und internationaler Begegnungen,
— Förderung multimedialer Ansätze,
— Öffentlichkeitsarbeit,
— Materialsammlung und Dokumentation.

Eine Art inhaltliche Plattform stellen für den Verein die folgenden Überlegungen zur sozio-kulturellen Arbeit mit Rockmusik dar, von denen sich die anschließend skizzierten Forderungen an eine „bedarfsgerechte" Jugendarbeit und Jugendpolitik ableiten.

1. Für die pädagogische Arbeit mit Jugendlichen, die sich an den Interessen und Fähigkeiten ihrer Zielgruppe orientiert, ist es unerläßlich, wesentliche Ausdrucksformen und -bedürfnisse junger Menschen aufzugreifen und in die konzeptionelle Überlegung einzubeziehen.

Die Jugendlichen von heute hängen salopp gesprochen „von klein auf am Musiknukkel". Musik — und hier in fast 90 Prozent der Fälle „Pop- und Rockmusik" — ist für die 10- bis 18-jährigen (und wohl vielfach über diese Altersspanne hinaus) ein wesentlicher Faktor ihrer Lebenswelt, gemeinsamer Nenner der Freizeitgestaltung, Ausdrucksmöglichkeit der Persönlichkeit, Fixpunkt im Prozeß der Identitätsfindung und — nicht zuletzt — stets präsenter Faktor in nahezu allen Lebensbereichen.

2. Die Beschäftigung mit Rockmusik ist Beschäftigung mit einer zeitgenössischen Musikkultur, die Aufschlüsse über das Zusammenwirken von Mensch, Musik, Kultur und Gesellschaft geben kann, Anstöße und Anregungen für die zielorientierte Kommunikation unter Jugendlichen liefert und ihnen Möglichkeiten zur Wiederaneignung von Sinnlichkeit eröffnet.

Zeitgemäße Jugendarbeit steht vor der Aufgabe, populäre, in der jugendlichen Lebenswelt stark verbreitete kulturelle Erscheinungsformen als sinnstiftende und allgegenwärtige Elemente der Lebensgestaltung zu reflektieren und in die pädagogische Freizeit-, Bildungs und Sozialarbeit zu integrieren.

3. Jugendarbeit ist aufgefordert, die kulturellen Ausdrucksformen Jugendlicher ernst zu nehmen und sie nachdrücklicher, systematischer, fachlicher und professioneller in ihre Angebots- und Interventionspalette einzubeziehen, ohne die der sozialkulturellen Betätigung innewohnenden Freiräume zu demontieren.

Musikkultur und Gesellschaft bedingen einander. Musikmachen heißt kreative Auseinandersetzung mit sich selbst und anderen, erfordert die kreative Nutzung vorhandener und erst zu erwerbender Fähigkeiten, birgt Möglichkeiten des ganzheitlichen Lernens mit „Hand, Herz und Verstand", der individuellen und kollektiven Erfahrung.

Solange fachlich qualifizierte Kräfte fehlen, solange eine bildungsbürgerlich gefärbte lokale Kulturszene sich Neuem verschließt und solange es an öffentlichen Fördermitteln für professionelle musikpädagogische Ansätze im Bereich jugendgemäßer Musikgenres mangelt, bleibt das eigene Musikmachen für einen Großteil der Jugendlichen bloßes Wunschdenken.

Ideen brauchen Raum

Fördermaßnahmen für eine musikorientierte Jugendarbeit brauchen Ideen, und Ideen brauchen Raum. Raum zum Proben, zum Spielen und Lernen. Notwendige Mindestanforderungen sind z.B.:

- Das Bereitstellen von Übungsräumen und Ausrüstung durch die öffentlichen und freien Träger der Jugend- und Verbandsarbeit sowie Unterstützung und Beratung bei der Suche danach.
- Die Schaffung, Erhaltung, Vermehrung und Unterstützung von Auftrittsmöglichkeiten, z.B. durch die Förderung von Festivals und Veranstaltungsreihen.
- Die Einrichtung von Fortbildungsangeboten für die musikalische Entwicklung Jugendlicher, wie Workshops und Seminare, da die Mehrzahl der hier angesprochenen Zielgruppe nicht den Weg in die traditionelle Musikausbildung findet (Musikschulen), die auch nicht in jedem Fall Unterricht in Popularmusik anbietet.

Die Mitglieder von ROCK IN sehen sich nicht allein als Vermittler von Instrumentalkenntnissen, ebensowenig als Wegbereiter kommerziellen Erfolges von Amateurrockgruppen, sondern als Förderer und Initiatoren eigenständiger kultureller Aktivitäten und Ausdrucksformen im Sinne emanzipatorischer Jugendarbeit.

Dies bedeutet, daß die Räume zum Proben, Spielen und Lernen ein Stück weit *Freiräume* sein müssen. Nur unter dieser Voraussetzung kann eine musikalische und kreative Entfaltung und die Erweiterung der sozialen und politischen Kompetenz der Jugendlichen eintreten.

Gemeinsam geht's besser

Die Erfahrungen der an den Fortbildungen teilnehmenden PädagogInnen zeigen, daß bisher vereinzelte Aktivitäten von Musikern, Bands und Rockprojekten der verschiedensten Träger durch Kooperation der Beteiligten effektiver gestaltet werden können, deshalb:

- Kontaktmöglichkeiten und Erfahrungsaustausch müssen initiiert und gefördert werden (z.B. durch regionale Musikerstammtische, überregionale Seminare usw.). Unter dem Leitsatz „Hilfe zur Selbsthilfe" können MusikerInnen-Iinitiativen unterstützt und aufgebaut werden.
- Größere Konzertveranstaltungen, Bandaustausch, gemeinsame Seminare und Workshops könnten weitere verbindende Aktivitäten verschiedener Projekte werden.
- Die Ausweitung der Zusammenarbeit mit anderen Projekten aus der sozio-kulturellen und / oder politischen Jugendarbeit (Jugendbildungswerke, Jugendzentren, Jugendverbände) kann helfen, die Lebensräume der Jugendlichen zu verbindenden Kulturräumen werden zu lassen, in denen Geselligkeit, Kreativität und die Aufhebung von Vereinzelung ermöglicht wird.

Mehr Fortbildungsmöglichkeiten für Pädagoginnen

Seitens der FortbildungsteilnehmerInnen wurde wiederholt kritisiert, daß PädagogInnen für die Arbeit mit Rockmusik nicht ausgebildet werden und sich deshalb organisatorische, inhaltliche und musikalische Kompetenzen im wesentlichen selbst aneignen müssen. In nur wenigen Fachhochschulen und anderen Ausbildungseinrichtungen gibt es ein fundiertes musikpädagogisches Angebot im Bereich Popularmusik. Angesichts der zunehmenden Attraktivität der Rockmusik-Praxis in der Jugendarbeit besteht ein größer werdender Bedarf an Fortbildungsveranstaltungen für Pädagogen. In diesem Zusammenhang sollte u.a. die Zusammenarbeit mit Musikschulen und Bildungsträgern gesucht werden, um langfristige Fortbildungsreihen zu initiieren.

Schaffung einer landesweiten Rock-Koordination

ROCK IN wird weitere Kooperationspartner suchen und um einen Ausbau der bisher ehrenamtlichen Aktivitäten bemüht sein. Insbesondere wird die Förderung aus Landesmitteln angestrebt. Modell könnte hier die 1990 eingerichtete „Hessische Jazzakademie e.V." sein, die, durch das Hessische Ministerium für Wissenschaft und Kunst gefördert, [21] der seit Jahren „stark eigenständigen Szene" hessischer Jazzer Rechnung tragen soll. Die Akademie soll nach den Worten des damalig zuständigen Ministers ein Ansprechpartner für das Ministerium sein, „der für die gesamte Jazzförderung in Hessen die Koordination übernehmen kann"[22]. Analogien zur Rockförderung werden an dieser Stelle deutlich.

Mehr Projektförderung für die Jugendarbeit mit Rockmusik

Während der verschiedenen Fortbildungswochen wurde klar, daß für die Initiierung und Weiterführung von Rockmusik-Projekten öffentliche Mittel erforderlich sind, wie dies in anderen Bereichen, für Theater, klassische Musik usw. bereits seit jeher gewährt werden. Vorstellbar ist ein „Anreizprogramm" mit Landesmitteln, das Kommunen, Landkreise und freie Träger motiviert, eigene Komplementärmittel zur Förderung von Musikprojekten bereitzustellen. Auf Seiten der Kommunen ist zu prüfen, inwieweit vorhandene Haushaltsmittel des Jugend- und Kulturamtes stärker als bisher für fachlich begleitete Musikprojekte eingesetzt werden können und inwieweit „Projekt-Fusionen" zwischen Jugend- und Kulturbehörden möglich sind.[23]

Michel Widmer/LAG ROCK IN e.V. Hessen:

Selbstinitiierte Rockmusik-Fortbildungen für SozialpädagogInnen. Ein Praxisbericht

Sicherlich: Es gibt Fortbildungen im Popularmusikbereich und es gibt sie auch für Sozialpädagogen mit ähnlichen Qualifikationen. Nach kurzem Überlegen fällt hier recht bald die Akademie Remscheid[24] mit ihren Langzeit-Kursen, ihren begrenzten TeilnehmerInnen-Zahlen und den dort ausgestellten Zertifikaten ein.

Der folgende Bericht setzt im gleichen Zusammenhang an und beschreibt die Entwicklungsetappen eines Fortbildungsangebotes für SozialpädagogInnen, denen daran gelegen ist, Pop- und Rockmusik in ihre Berufspraxis einzubringen, sie „zielgruppenadäquat" und phantasievoll als kommunikatives Medium zu nutzen. Bereits an dieser Stelle ist, verglichen mit Remscheid, auf Abweichungen hinzuweisen: Die im folgenden betrachteten Fortbildungen wurden nicht qua konzeptioneller Kraft einer Fortbildungseinrichtung „ausgeschrieben", sondern gleichsam „von unten", von den „Fortbildungsabnehmern" selbst, Schritt für Schritt erdacht und „umgesetzt". Daß dies in Zusammenarbeit mit einer Jugendbildungsstätte des Landes Hessen geschehen konnte, die für kulturelle Anliegen des sozialpädagogischen Feldes sensibel ist, war dabei ein sicherlich nicht zu unterschätzender Vorteil!

Das Thema des vorliegenden Beitrags lautet damit: Wie entsteht eine selbstinitiierte Rock-Fortbildung auf Landesebene? Welche Schritte sind im Rückblick als wesentlich einzuschätzen? Welche Inhalte werden seitens der Teilnehmenden nachgefragt? Welche Kooperationen werden eingegangen und, nicht zuletzt, welche Auswirkungen hat ein derartiges Unterfangen nach fünfjähriger Laufzeit?

Aufbruch

Aufgerufen durch einen Artikel in einer pädagogischen Fachzeitschrift, treffen sich 1986 erstmals MitarbeiterInnen verschiedener hessischer Jugendhilfeeinrichtungen zu einem „Erfahrungsaustausch". Der Ort: Die Jugendbildungsstätte des Landes Hessen Dietzenbach. Die Erfahrungen: Aktivitäten im Einsatz von Pop- und Rockmusik in verschiedenen Jugendhilfebereichen, daraus entstandene „Projekte", Schallplatten, Videofilme, Musikkassetten und ähnliches Material. Das Ziel der Begegnung:

Ein erstes Kennenlernen der hessischen „Pädagogen-Musik-Szene", die Information über aktuelle „Produktionen" und das Aufbrechen des „Einzeln-vor-sich-hin-Arbeitens" in Offenbach, Kassel, Frankfurt und anderswo.

Dieses Treffen wird der Beginn eines kontinuierlichen Fortbildungs- und Bildungsurlaubsangebots zum Thema „Rockmusik in der Jugendarbeit", durchgeführt unter der Mitträgerschaft der Dietzenbacher Jugendbildungsstätte, geplant mit Teilnehmern und realisiert unter Heranziehung einiger Honorarkräfte, z.T. aus den eigenen Reihen[25].

Diente das erste Treffen zunächst dem Austausch von Informationen über die anwesenden Teilnehmer, ihre Arbeitsfelder und ihre dort initiierten bzw. betreuten Musik-Initiativen, so entwickelte sich hieraus recht bald der Wunsch nach weitergehender Auseinandersetzung, nach eigenem Musizieren und musikalischem Hinzulernen und nach einer Fortbildungskonzeption, die der Verbindung von Musik und Jugendarbeit theoretisch wie praktisch Rechnung trägt. Nicht zuletzt sollten künftige Fortbildungen „länger" sein, mehrtägig, um die z.T. langen Anreisewege zu effektivieren und um mit ausreichend Zeit an festzulegenden Inhalten arbeiten zu können.

Stabilisierung

„Erfahrungsaustausche" und erst recht „Fortbildungen" sind mit Kosten für Räume, Unterkunft und Verpflegung, Materialien und Honorare verbunden, müssen organisiert und mit einem „Roten Faden" realisiert werden. Unkonventionell und sensibel für das Thema bot sich die landeseigene Jugendbildungsstätte in Dietzenbach an, auch das zweite und die weiteren Treffen mitzutragen und die dafür benötigten Mittel bereitzustellen. Der Fortbildung „Rockmusik in der Jugendarbeit" war auf diese Weise der Weg geebnet, das Thema konnte unter anerkannter Trägerschaft „ausgeschrieben" werden. Adressen interessierter KollegeInnen wurden zu einem „Rock-Verteiler" zusammengestellt, ein Termin festgelegt und mögliche Inhalte diskutiert.

Für das Folgejahr 1987 konnte vor diesem Hintergrund ein Treffen projektiert werden, das erneut eine Art „Informationsbörse" darstellte und weitere interessierte KollegInnen einbezog: Ein stabiler TeilnehmerInnenkreis formierte sich, glich Fortbildungsinteressen ab und legte Inhalte für geplante weitere Treffen fest:

— „Begründungszusammenhänge der sozialpädagogisch orientierten Arbeit mit Rockmusik": „Argumentationshilfe zur Durchführung und Finanzierung von Musikprojekten in der Jugendhilfe"
— „Zur Problematik der PädagogenInnenrolle — Zwischen Anbiederung an den jugendlichen Geschmack und der Manipulation Jugendlicher?"
— „Methodisch-didaktische Modelle für die sozialpädagogisch orientierte Rockmusik-Praxis"
— „Der kulturpolitische Stellenwert der sozialpädagogisch orientierten Rockmusikarbeit".

Die aufgeführten Themenkreise bildeten den Hintergrund für die 1988 durchgeführte fünftägige Rock-Fortbildung, deren inhaltliches Profil folgende Elemente umfaßte:[26]

- eineinhalb-tägiger Workshop „Stimm- und Rhythmusspiele mit Elementen der Pop- und Rockmusik“ (Chorspiele, Harmoniegesang, Melodieimprovisationen, Bodypercussion usw.)[27];
- Infobörse mit Medien- und Materialsichtung aus dem Kreis der anwesenden Musikinitiativen (halbtags);
- Instrumentalunterricht zu grundlegenden Spielweisen des Rockinstrumentariums in Kleingruppen: Gitarre, Baß, Keyboard, Schlagzeug, Percussion, Gesang (halbtags). Die TeilnehmerInnen unterrichteten sich dabei, je nach „Spezialgebiet“, gegenseitig;
- Kleingruppen zum Thema „Rockarrangement“ (halbtags);
- Referat und Diskussion über die Arbeit des „Rock-Büro Nordrhein-Westfalen“ (D. Gorny) (halbtags);
- Referat zum Thema „Einfaches Recording, Geräte- und Mikrofonkunde“;
- Musik-Sessions in den Abend- (und Nacht-) -stunden.

Zur Durchführung derartiger Theorie-Praxis-Fortbildungen wird, neben einer guten, d.h. in der Regel „doppelten“ Bestückung mit Instrumenten etc. ein umfangreiches Raumangebot benötigt, um z.B. gleichzeitig vier kompletten Rock-Besetzungen die Arbeit zu ermöglichen. Der entstehende „Schalldruck“ bedarf innerhalb der gewählten Tagungsstätte einer besonderen Regelung, um Konflikte mit anderen Besuchern und Mitarbeitern, Hauspersonal und Nachbarschaft vorbeugend zu reduzieren.

Das Equipment wurde überwiegend aus Privat- oder Institutionsbeständen der Teilnehmenden gestellt und z.T. durch Leihen ergänzt. Die Jugendbildungsstätte selbst verfügt über einige Instrumente und Verstärkeranlagen.

Fortbildungsschwerpunkte 1989-1991

- Workshop zu Samba, Salsa und Latin-Percussion in der Großgruppe
- Spiel in der Rock-Bigband
- Workshops in Kleingruppen zum spielerischen Umgang mit Stimme, Rhythmus und Improvisation in der sozialpädagogisch orientierten Arbeit mit Rockmusik
- Referate und Kleingruppenarbeit zu den Musikstilen Hard Rock / Heavy Metal, Reggae / Ska / Dub und HipHop (Kennenlernen von Stilelementen und Spieltechniken, Komponieren und / oder Arrangieren und Spielen eines eigenen oder fremden Titels)
- Workshop in Kleingruppen zur Mehrspuraufnahmetechnik und zur Aufnahmetechnik mit dem Computer
- Referat und Diskussion zur GEMA (Gesellschaft für musikalische Aufführungs- und mechanische Vervielfältigungsrechte)
- Erfahrungsaustausch und Medienschau

— Instrumentalunterricht
— Mädchen und Rockmusik
— Gespräche zum Transfer in die jeweilige eigene Arbeitssituation.

Der TeilnehmerInnenkreis

Durchschnittlich besuchten 25 bis 30 Personen die Fortbildungsangebote. Ihr beruflicher Hintergrund lag in den Bereichen Sozial- bzw. Sonderpädagogik, Musikpädagogik und Psychologie, die Praxisfelder reichten von beruflichen Fördermaßnahmen über Heime, schulbezogene Sozialpädagogik bis hin zur Arbeit in Jugendbildungswerken, Jugendpflegen oder Sozialen Brennpunkten. Zu 80 Prozent waren Männer vertreten, die Altersspanne lag zwischen 20 und 40 Jahren. Viele der Teilnehmenden kamen mehrmals zu den Fortbildungen, einige alljährlich.

Adressaten der bisherigen Fortbildungen waren KollegInnen, die das Medium „Rockmusik" bereits in ihrem Arbeitsfeld eingesetzt hatten. Die Veranstaltungen standen jedoch auch interessierten „NeueinsteigerInnen" offen. Nahezu alle Teilnehmenden konnten ein Instrument spielen, wobei die musikalischen Fähigkeiten auf heterogenem Niveau lagen. Einige Kollegen z.B. entwickelten sich im Laufe der Fortbildungsjahre von „Anfängern" zu durchaus „fortgeschrittenen" Musikern. Nahezu alle Teilnehmenden beschäftigten sich im Rahmen der Fortbildungsgruppe, über ihr Hauptinstrument hinaus, mit grundlegenden Spielmöglichkeiten weiterer Instrumente.

Die Teilnehmenden gehörten, was die SozialpädagogenInnen unter ihnen anbelangt, überwiegend zum (kleinen) Kreis jener, die schon vor ihrem Studium über musikalische Kenntnisse und Fertigkeiten verfügten. Da nur wenige Fachhochschulen ein ausreichendes musikpädagogisches Lehrangebot bieten — dies gilt umso mehr für den Bereich Popularmusik — können musikalische Praxisbezüge während der Ausbildung selten aufgebaut oder vertieft werden. Der Mangel an entsprechenden Lehrveranstaltungen erscheint uns, insbesondere mit Blick auf das Arbeitsfeld „Jugendarbeit", eklatant!

Die Motivation zur Weiterentwicklung der eigenen musikalischen Fähigkeiten und ihres Transfers in den beruflichen Zusammenhang gründete sich i.d.R. auf das persönliche Interesse am Musizieren. Einige Kollegen hatten während ihrer Berufspraxis oder in Praktika und Studienprojekten z.T. „nebenbei" eine positive Resonanz Jugendlicher auf musikalische Aktivitäten feststellen können und diese zum Ausgangspunkt für eine weitergehende musikpädagogische Arbeit genommen.

Ausblick

In den vergangenen Jahren wurde wiederholt versucht, das Thema „Mädchen und Rockmusik“ — über die dazu geführten Diskussionen hinaus — als Schwerpunkt einer Fortbildung anzubieten. Dieses Unterfangen konnte erstmals Ende 1991 durch Verpflichtung einer erfahrenden weiblichen Mitarbeiterin angegangen werden. Angesichts der Unterrepräsentation von Mädchen in Rockgruppen und angesicht der geringen Anzahl von Kolleginnen, die mit dem Medium Rockmusik arbeiten, besteht an dieser Stelle ein erheblicher Nachholbedarf.

Für die bisherigen Fortbildungsschwerpunkte gilt ähnliches für „Musik-EinsteigerInnen“, die in den kommenden Veranstaltungen — einmal jährlich speziell — angesprochen werden sollen. Zielgruppe sind auch hier in erster Linie MitarbeiterInnen aus dem sozialpädagogischen Bereich.

Zukünftig geplant sind weitere „Spezial-Themen“, wie z.B. „Improvisation“, „Stile der Rockmusik“, „Multimediale Arbeit mit Musik“, „Musik & Computer“.

Auswirkungen

Die Rock-Fortbildungen haben mittlerweile ihren prakitischen Niederschlag gefunden. Entstanden ist nicht nur ein fester Stamm „hessischer“ Rock-Musikpädagogen, der sich regelmäßig zum Erfahrungsaustausch und zu gemeinsamen Praxisfortbildungen trifft, sondern auch ein Netz an Zusammenarbeit: Zusammenarbeit einzelner KollegInnen, Zusammenarbeit von Institutionen und gemeinsame Band-Projekte. Nicht zuletzt ist das hier vorliegende Arbeitsbuch ein Ergebnis gemeinsaner Überlegungen und eines guten Stücks Teamarbeit in Sachen „Musik“!

Wolfgang Hering

„The times they are a changin" — Rockmusik im Bildungsurlaub

Fünf Bildungsurlaube (BU), die sich mit der Thematik Rockmusik beschäftigen, sollen im folgenden stichpunktartig dargestellt werden. Die Seminare wurden vom Jugendbildungswerk des Kreises Groß-Gerau in den Jahren 1986 bis 1990 durchgeführt[28].

1. Bildung und Rockmusik

In Hessen — wie in einigen anderen Bundesländern auch[29] — haben Auszubildende, Arbeitnehmerinnen und Arbeitnehmer einen gesetzlichen Anspruch auf Bildungsurlaub. Zusätzlich zum Jahresurlaub können sie bei Fortzahlung der Bezüge eine fünftägige Freistellung für entsprechende Veranstaltungen von anerkannten Trägern der Jugend- und Erwachsenenbildung erhalten. Bildungsurlaube sollen die Möglichkeit bieten, sich — außerhalb der alltäglichen Routine — mit einem Thema der politischen und beruflichen Weiterbildung zu befassen.

„Rockmusik in der Bildungsarbeit" — ein sicherlich etwas ungewöhnliches Unternehmen. Mit Ablehnung muß gerechnet werden. Auf der Seite der Institutionen: Wollen da nicht MitarbeiterInnen aus der Jugendarbeit nur ihrem Hobby nachgehen? Auf der Seite der Jugendlichen: Wollen die PädagogInnen noch an unsere letzten „Freiräume" ran?

Peter Spengler meldet Zweifel an, „ob Rockmusik überhaupt in die pädagogische Arbeit gehört, denn sie ist für den Jugendlichen zuerst eine Möglichkeit, Alltagszwängen auszuweichen, von einem besseren Leben zu träumen und selbständig, in eigener Regie neue Rollen zu erproben" (Spengler 1987, 222).

Ein Blick zurück: In der Jugendzentrumsbewegung der siebziger Jahre war Rockmusik immer auch Teil des Protestes. Eigene Bands und eigene Songs (z.B. Ton-Steine-Scherben: Rauch-Haus-Lied, vgl. Scheding 1979, 152), die Forderungen nach Proberäumen und Equipment gehörten einfach dazu.

Rockmusik ist heute in der Regel ein fester Bestandteil der Jugendhausarbeit. Rockbands, die hier proben, öffentliche Discoveranstaltungen, Rockkonzerte und die Musik, die tagtäglich läuft, sind nicht wegzudenken. Doch hat die Rockmusik ihren Platz auch in der Bildungsarbeit?

Es existieren Ansätze, z.B. der Friedrich Ebert-Stiftung, im Rahmen der Erwachsenenbildung die „politischen Dimensionen des Themas so zu erschließen, daß eine intellektuell reflektierende Betrachtungs- und Rezeptionsweise der Rockmusik angeregt wird, ohne dabei die sinnlichen und ästhetischen Dimensionen zu verschütten“ (Kandel 1985, 5). Dieser Ansatz ist sicherlich für weite Bereiche der Jugendarbeit unbrauchbar, da die akademische Herangehensweise die auf Diskussionsrunden reduzierten Arbeitsformen in den Vordergrund treten läßt.

Versuche, Rockmusik zum Gegenstand von Jugendbildungsarbeit zu machen, gibt es nur vereinzelt. Ende der siebziger Jahre wurden für ein Musikprojekt der staatlichen Jugendzentren Leer und Stade als Ziele formuliert: das Vorhaben „sollte Spaß machen (hedonistischer Aspekt); es sollte zum Nachdenken über Musik und Markt (kritischer Aspekt) ... und zur Eigentätigkeit anregen (produktiver Aspekt)“ (Berghaus, 1981, 40). In einem Bildungsurlaub mit Auszubildenden kam es 1979 in einem Berliner Team z.B. darauf an, „die populäre Musik formenden Kräfte zu untersuchen und darzustellen, möglichst ohne damit irgendwelche Musikvorlieben zu diskriminieren“ (Witte 1979, 270). Aus diesem Erfahrungsbericht wird zugleich deutlich, daß insbesondere die handlungsorientierten Seminarteile (wie Exkursionen, Interviews, Tonproduktionen) erfolgreich waren, während das Diskutieren über Zusammenhänge der Rockszene von den Teilnehmern eher „abgeblockt“ wurde.

Mit unseren Bildungsurlauben knüpfen wir an diese Erfahrungen an. Wir gehen davon aus, daß Rockmusik die Chance bietet, lustvolles Erleben mit ernsthaften Lernprozessen zusammenzubringen. Zielgruppe sind Jugendliche, bei denen die Erprobung von neuen Rollen in „Eigenregie“ auf Schwierigkeiten stößt, und die auf Unterstützung und Anregungen angewiesen sind. An unseren Seminaren nahmen in erster Linie Auszubildende, Arbeitnehmerinnen und Arbeitnehmer teil, die entweder in ihrer Freizeit in einer Rockband spielen oder sehr an der Musikszene interessiert sind. Oftmals sehen sie im Musikmachen einen zentralen Bestandteil ihrer Persönlichkeit und ihres Lebens und waren für unser Angebot sehr motiviert. Ein Problem bestand vielfach darin, die erforderliche Freistellung beim Arbeitgeber zu erreichen.

Es meldeten sich überwiegend männliche Jugendliche an. Deshalb erfolgte in den Seminaren nicht zuletzt die Auseinandersetzung mit männlichen Verhaltensweisen, z.B. dem Umgang mit Emotionalität oder dem Verhältnis zu Frauen. Einige Jugendliche nahmen an mehreren Seminaren teil. Dadurch konnte ansatzweise eine Kontinuität der Diskussionen und Erfahrungen erreicht werden.

Für die Bildungsurlaube mit der Thematik Rockmusik, wie sie im folgenden dargestellt sind, lassen sich folgende allgemeine Zielsetzungen formulieren:

- Aufgreifen gesellschaftspolitischer Entwicklungen, wie sie sich in der Rockmusikszene darstellen
- Hilfestellung bei der Identitätsbildung Jugendlicher
- Förderung der musikalischen Eigentätigkeit
- Aufbrechen von Konsumgewohnheiten
- Reflexion von Gruppenprozessen

— Thematisierung auftretender Konflikte (z.B. übermäßiger Alkoholkonsum, Verhalten in der Gruppe)
— Herstellung der Kommunikation zwischen verschiedenen Lebensstilen, die sich gerade auch am Musikkonsum festmachen.

Nachfolgend nun als eine Art Verlaufsskizze die Darstellung von fünf Bildungsurlauben zur Thematik „Rockmusik“.

2.1 BU „Rationalisierung und Technikentwicklung am Beispiel der Musikszene“ (März 1986)

Wohin entwickelt sich die Rockszene? Was gibt es an typischen Trends? Welche Hoffnungen und Träume haben junge Musiker?[30] Diese Fragen standen in der Ausschreibung eines Bildungsurlaubes, der sich gezielt an RockmusikerInnen wendete.

Etwa zwanzig — bis auf eine Frau ausschließlich männliche — Jugendliche zwischen 18 und 25 Jahren, größtenteils mit langjähriger Banderfahrung, meldeten sich zu diesem Seminar an. Vorausgegangen waren einige Musik-Workshops, bei denen die musikalische Eigentätigkeit im Mittelpunkt stand, die aber wenig Gelegenheit boten, die eigene Lebenssituation und gezielte Fragestellungen zur Rockszene zu reflektieren.

In einer ausführlichen Kennenlernphase mit selbstangefertigten „Steckbriefen“, stellten die Teilnehmer des Bildungsurlaubes den Stellenwert von Musik in ihrem Lebensalltag dar. Viele der jungen Musiker hatten diffuse Vorstellungen, Profis zu werden. Einige hofften, irgendwann als Gruppe mit eigener Anlage so viele Auftritte zu erhalten, daß sie nicht mehr „normal“ arbeiten müssen. Andere erwarteten, durch Unterricht und „homerecording“, d.h. Studioarbeit in Eigenregie, Erfahrungen zu sammeln, um dann Kontakte zu Produzenten zu bekommen und die erhofften Vertragsabschlüsse zu erreichen. Auf die Frage nach den Gründen ihres Musikmachens hatten sie folgende Antworten: Sie wollen dem „beschissenen Alltag“ etwas entgegensetzen und etwas mit Gleichaltrigen tun. Sie wollen öffentlich auftreten, um das Gefühl zu haben, selbst etwas hervorgebracht zu haben.

Während des Bildungsurlaubes besuchten wir ein professionelles Aufnahmestudio und ein Synthesizer-Spezialgeschäft mit modernster Samplertechnik. Im anschließenden Auswertungsgespräch standen die Fragen im Mittelpunkt, ob ein durchschnittlicher Profimusiker, der von Studiojobs für Werbung und Popindustrie lebt, das Ziel einer selbstbestimmten Arbeit erreicht hat und ob dies nicht nur wenigen Stars vorbehalten bleibt. Und: Ersetzen nicht Schlagzeug- und andere Musikcomputer Zug um Zug menschliche Musiker? Rationalisierung und Spezialisierung wurden anschaulich auf den Punkt — besser: auf den Ton — gebracht.

Vor dem Hintergrund dieser Diskussionen komponierten wir — unter Einsatz eines Drum-Computers und zum Teil mit „klassischen“ Rockinstrumenten und Gesang — vier eigene Rocksongs. Eine Gruppe schrieb ein Hörspiel mit dem Szenario einer maschinen-dominierten Musikkultur (vgl. die Hörspielabschrift im III.Teil). Auch hier wurde die Musik selbst gestaltet. Die Musikstücke und das Hörspiel wurden in einem transportablen Studio im Achtspur-Verfahren aufgenommen. Auf diesem Weg lernten die Jugendlichen ein Stück Musikeralltag und wichtige technische Voraussetzungen kennen und konnten eigene Musikerhoffnungen daran messen.

2.2 BU „Leben und Arbeiten im Ried — ein Spielfilmprojekt" (April 1987)

Im Rahmen eines Spielfilmprojektes, finanziell unterstützt vom Institut für Bildung und Kultur e.V. in Remscheid, konzipierte die in Riedstadt[31] bestehende Jugendvideogruppe Kabelsalat ein Drehbuch, das persönliche Erfahrungen mit örtlichen Strukturen in Form einer „Geschichte aus dem Ried" verarbeitete.

Andere Jugendliche wurden für die weitere Mitarbeit angesprochen. So entstand eine sehr heterogen zusammengesetzte Gruppe: knapp die Hälfte Mädchen, zum Teil SchülerInnen, aber auch einige Lehrlinge im Alter zwischen 16 und 20 Jahren.

Während des Bildungsurlaubes, der in den Osterferien stattfand, sollten das Drehbuch ausgearbeitet, die jugendlichen „Schauspieler" mit ihren Rollen vertraut werden und eine Regie-Gruppe sich um die anstehenden Drehaufgaben und technischen Herausforderungen, u.a. Arbeit mit der Kamera, Ton, Licht etc. kümmern. Parallel dazu wurden zwei örtliche Rockbands und einige Solisten angesprochen, als Musikgruppe unter Anleitung gemeinsam die Filmmusik zu gestalten.

Den Einstieg in die Musikarbeit stellten Improvisationen zu verschiedenen Stimmungen dar wie „Spannung", „Ruhe", „Hektik", „Traum und Verfolgungsjagd". Die Titelmusik wurde im Anschluß daran komponiert. Gespräche mit der Filmgruppe konkretisierten die geplanten Szenen und ermöglichten die musikalische Bearbeitung. Erste Vorschläge zu einzelnen Sequenzen wurden gemeinsam diskutiert und verbessert, z.B. sollte das Verlassen einer Kneipe und der einsame Weg nach Hause musikalisch „extremer" ausgedrückt werden. Stimmungen fanden zusätzlich in Textpassagen ihren Niederschlag („Mädchen, die Sterne sind so nah, doch du, du bist so weit weg"). Die Länge der Stücke wurde — wenn möglich — gemeinsam festgelegt.

Eine Computermusik, eine fetzige Rock'n' Roll-Nummer für eine Motorradfahrt, ein musikalisches Besäufnis — nur mit akustischen Geräuschen a capella gesungen — und weitere Filmmusikteile konnten auf diese Weise in Abstimmung mit der Filmgruppe gestaltet und mit einem Vierspurtonbandgerät aufgenommen werden. Die musikalischen und textlichen Ideen der TeilnehmerInnen wurden unter Beratung eines Teamers ausgearbeitet und arrangiert. Der daraus entstandene Film erlebte in Riedstadt und Umgebung mehrere öffentliche Aufführungen, bei denen die daran beteiligten Film- und Musikschaffenden Gelegenheit fanden, dem Publikum Einblicke hinter die Kulissen dieser Produktion zu geben.[32]

2.3 BU „Immer mehr Bilder — immer mehr Technik" (März 1988)

„Welche Veränderungen in der Medienlandschaft lassen sich am Beispiel der Musikszene aufzeigen?" lautete die Fragestellung dieses Bildungsurlaubes.

Die technologische Entwicklung hat zur Folge, daß immer mehr Produkte der Kulturindustrie von massenmedialen Faktoren bestimmt sind. Gerade auf dem Jugendmarkt werden Produkte oft im Medienverbund angeboten: Neue Rockmusik erreicht die Jugendlichen häufig als Video-Clip (meist als rasant geschnittener kurzer Musikfilm, vgl. Bódy / Weibel 1987). Veränderungen im Hören und Sehen bestimmen die Entwicklung: Diese Fragestellungen sollten im Rahmen des fünftägigen Seminars ebenso thematisiert werden wie Manipulationstechniken der Kulturindustrie. Das Interesse der Jugendlichen für Rockmusik war insofern Ausgangspunkt dafür, sich mit der technologischen Entwicklung auseinanderzusetzen. Es meldeten sich fast ausschließlich Amateur-Rockmusiker an, darunter zwei Frauen.

Zunächst standen die Strukturen und Entwicklungen des Medienmarktes am Beispiel aktueller Jugendmusiksendungen im Mittelpunkt. Erstaunlich war für die Jugendlichen, mit welch raffinierten Mitteln professionelle Videoproduktionen z.T. produziert sind.

In der anschließenden Diskussion konnten die Veränderungen von eigenen Sehgewohnheiten und das Ausweiten der Bilderwelten thematisiert werden. Anhand praktischer Beispiele (etwa des amerikanischen Musikkanals MTV) wurden die Einflußmöglichkeiten auf die eigenen Sinne angesprochen und verschiedene Fragestellungen herausgearbeitet:

- Wo führt die Entwicklung hin? Was hat sich im Vergleich zu früheren Generationen verändert?
- Wie sehen Zukunftperspektiven aus?
- Welche Ängste produziert die technologische Entwicklung? Wo wird der Mensch durch die Maschine ersetzt?
- Was verändert sich in der zwischenmenschlichen Kommunikation?
- Bleibt der Mensch noch Herr seiner Sinne oder üben andere Faktoren immer mehr Einfluß auf das eigene Bewußtsein aus?

Ausgehend von diesen Fragen bildeten sich drei Arbeitskreise: eine Gruppe untersuchte anhand konkreter Beispiele den Trend, daß immer mehr Tätigkeiten durch Maschinen ersetzt werden, Die beiden anderen Gruppen verarbeiteten die Thematik in Songs, die sich mit der Realität und den Ängsten der Teilnehmer auseinandersetzten.

Als Exkursion stand während der Seminarwoche der Besuch eines professionellen Video-Produktionsstudios auf dem Programm, um Einblicke in die Möglichkeiten, aber auch Zwänge professioneller Medienproduktionen zu gewinnen. Insbesondere wurde die eigene Ästhetik von bewegten Bildern und verschiedene Typen von Videoclips thematisiert (z.B. realistisch, symbolisiert, surrealistisch, kleiner Spielfilm etc.). Der Symbolcharakter der Bilderwelten in aktuellen Hits fiel in diesem Zusammenhang auf: Im „neuen" Video-Clip ist die Musik zweitrangig, zunehmend sind Raum- und Zeitverschiebungen festzustellen.

Am Ende des Seminars stand als Zukunftsvision: Video-Clipautomaten an jeder Ecke. Überall existieren Bildschirme. Die Augen müssen permanent beschäftigt werden. Die Ohren sind durch Kopfhörer geschützt. Störende Umweltgeräusche werden abgeschirmt. Die totale Walkman-Kultur hat uns erfaßt!

2.4 BU „Punk und Heavy Metal als Ausdruck von Lebensgefühlen" (September 1989)

Den Ausgangspunkt für diesen Bildungsurlaub bildete die Beobachtung, daß sich die Rockmusik-Szene in den letzten Jahren immer mehr differenziert hat. In den Jugendhäusern und im Freizeitbereich wird nach unserer Beobachtung (besonders von den Jungen) häufig fast ausschließlich „harte" Musik gehört, größtenteils „Heavy Metal", aber auch vereinzelt Punk-Musik, während z.B. Disco-Musik und softere Rockmusik andere gesellschaftliche Räume (z.B. Radioprogramme, Diskotheken) ausfüllen.

Die Idee war, sich mit diesen „harten" Szenen zu beschäftigen, da zu vermuten ist, daß hier Lebensgefühle ausgedrückt werden, die für viele Jugendliche gelten. Mit den jeweiligen Musikrichtungen sind zugleich bestimmte Einschätzungen von Außenstehenden verbunden. So erscheint die Heavy Metal-Szene als „laut, aggressiv, teilweise rechtsradikal" und okkulten Praktiken nahestehend. Punk wird als provokant und dilettantisch beurteilt.

Zu diesem Seminar hatten sich — neben den Mitgliedern von Bands — auch einzelne Musikinteressierte angemeldet. Der Bezugspunkt zum Thema war sehr unterschiedlich: Kritische und zustimmende Meinungen zu den einzelnen Musikszenen hielten sich die Waage. Der Altersschwerpunkt lag zwischen 18 und 25 Jahren.

In der ersten Phase des Seminars wurden der Stellenwert und die Bedeutung von Rockmusik in der Biographie jedes Einzelnen erörtert.

Als Fragestellungen zur Lebenssituation und zum Einfluß der Musik auf die Teilnehmer kamen zur Sprache: Attraktivität der Interpreten und ihrer Musik, Männer- und Frauenbilder in der Präsentation der Rockkultur, gesellschaftspolitische Aussagen etc.

Die Heavy Metal-Gruppe bestand aus Fans dieser Szene, aber auch aus Jugendlichen, die andere Musikrichtungen bevorzugen. Die Gruppe besuchte zunächst den für diesen Bereich zuständigen Redakteur des Hessischen Rundfunks. Anschließend wurden in verschiedenen Plattenläden Eindrücke zur Werbeaufmachung von Heavy-Metal-Gruppen und Metal-Zeitschriften gesammelt. Den Abschluß des Exkursionprogrammes bildete ein Heavy-Metal-Konzert in Frankfurt/M.

Am folgenden Tag wertete die Heavy-Metal-Gruppe die Eindrücke des Konzertes und Erfahrungen mit Heavy-Metal-Musik aus. Außerdem befaßten sich die Teilnehmer mit Liedtexten verschiedener Metal-Gruppen. Die fast ausschließlich englischen Texte wurden übersetzt.

Die Teilnehmer der Punk-Gruppe beschäftigten sich mit Entstehung und Geschichte des Punks, mit der Musik und den Texten sowie der Lebenssituation von Punkern anhand mitgebrachter Musikkassetten, Texte und Zeitschriften. Außerdem wurde ein Fragebogen für Interviews während des geplanten Exkursionstages entwickelt. Die Gruppe sprach mit dem zuständigen Redakteur des Hessischen Rundfunks, mit Mitgliedern einer Punk-Band und mit Punkern, die in einer Zeltstadt und in einer Wohngemeinschaft wohnten.

Die Eindrücke der ersten Tage wurden in einer Broschüre über Heavy-Metal und einer „Radiosendung" über Punk festgehalten. Beide Gruppen stellten am letzten Abend ihre Produktionen einander vor. Abends gab es Gelegenheit, die jeweiligen Stilformen musikalisch selbst nachzuspielen. Ein Musiker aus dem Team gab dazu die entsprechenden Tips.

Die Seminarbroschüre wurde im Anschluß an das Seminar, auf Grund großer Nachfrage von Jugendlichen aus dem Freundeskreis der Teilnehmer, gedruckt und in den umliegenden Jugendhäusern und Treffpunkten verteilt.[33]

2.5 BU „Rockmusik in Deutschland Ost und West" (Januar 1990)

Dieser Bildungsurlaub fand Anfang 1990, mitten in der deutsch-deutschen Umbruchphase in Berlin statt und beschäftigte sich mit der Frage: Wie spiegelt sich im Musikeralltag und den veröffentlichten Produkten die gesellschaftliche Wirklichkeit in den alten und neuen Bundesländern wieder? Lassen sich Zusammenhänge zwischen Politik und Rockmusik nachweisen? Ein Fünftel der Gruppe war weiblich; die Mehrheit der TeilnehmerInnen war über 20 Jahre alt.

Auszugsweise einige Ergebnisse des Bildungsurlaubes, wie sie von den TeilnehmerInnen herausgearbeiet wurden:

— Aus der Geschichte der Rockmusik läßt sich einiges vom Umgang der Erwachsenenwelt mit Jugendlichen herauslesen. Der Stellenwert von Rockmusik hat sich im Laufe der Jahre gewandelt. War sie noch in den fünfziger Jahren Ausdruck von Auflehnung und Provokation, so ist sie heute weitgehend geglättet und akzeptiert. Die Rockmusik war in ihrer Frühzeit ein Symbol der (sexuellen) Auflehnung gegen die Spießigkeit der Nachkriegszeit. Sie bot eine gute Möglichkeit, Emotionalität auszudrücken.
— Die Funktionen von Rock — als Tanzmusik, mit gemeinsamem Symbolcharakter, als Stimulation und Ausdruck von Subkultur bzw. Angepaßtheit, als Möglichkeit zur Identifikation etc. — sind nur „im Zeitgeist" der jeweiligen Jahre zu verstehen.
— Vieles hat sich im Vergleich zu den Anfängen gewandelt: verfügbares Geld, Freiheiten, unterschiedliche Szenen, mehr Individualismus. Andere Phänomene sind nach wie vor auf der Tagesordnung: Probleme der Idendifikationsbildung, Rockmusik als Gegenpol zur entfremdeten Berufswelt, der Generationskonflikt. In der DDR wurde Kultur und speziell die Rockmusik mit dem Ziel der Vergesellschaftung aller Lebensbereiche „verwaltet". Die Musikbranche war durch Bürokratisierung, Kontrolle und eine programmierte Ästhetik gekennzeichnet.

Während des Bildungsurlaubes stellten sich Ex-DDR-Musiker und Teilnehmer der BU-Gruppe wechselseitig Songs vor. Klar wurde: Die Orientierung auf westliche (amerikanisch-englische) Kultur ist auf beiden Seiten vorhanden, wenn auch die Stilbildung verschieden und zeitlich versetzt vonstatten ging.

Am Ende des Seminars stand die Frage: „Wie hängen Musik und Politik zusammen?" Antworten erschienen hier nicht einfach: Musik dokumentiere eine bestimmte Haltung, müsse bezogen auf die jeweilige Zeit verstanden werden. Jede Form von Musik sei im weitesten Sinne politische Musik.

3. Schlußbemerkung

Es ist kein Geheimnis, daß weniger als 3 % der Anspruchsberechtigten an Bildungsurlauben teilnehmen (vgl. Berichte des Hessischen Sozialministeriums zum Bildungsurlaub). Diese geringe Anzahl hängt sicher zum einen mit der unzureichenden Werbung in den Betrieben und Berufsschulen für Bildungsurlaubsmaßnahmen und den Problemen bei der Freistellung von interessierten Jugendlichen zusammen. Zum andern müssen auch die Angebote der Träger überprüft werden, ob sie den Interessen und Bedürfnissen des Adressatenkreises entsprechen.

Um die gesetzlichen Möglichkeiten auszuschöpfen und den Bildungsurlaub einer größeren Anzahl von TeilnehmerInnen zu öffnen, müssen auch neue, attraktive Themen gefunden werden. Hier bietet das Feld der kulturellen und politischen Bildung vielfältige Möglichkeiten, sich an aktuellen Entwicklungen zu orientieren. Der pädagogische Bereich muß sich dafür anderen Berufsfeldern (wie z.B. Künstlern oder Medienfachleuten) öffnen und diese zur Mitarbeit bewegen.

Mit den hier dargestellten Bildungsurlauben wurde der Versuch unternommen, Jugendliche mit ihrem Interesse an Rockmusik anzusprechen und spannende Lernprozesse unter pädagogischer und musikalischer Anleitung in Gang zu setzen. Dabei wurde bei der jeweiligen Thematik immer auch eine Verbindung zu anderen Medien bzw. zu übergreifenden Themen gesucht. Viele der TeilnehmerInnen gehörten aufgrund dieser Schwerpunktsetzung nicht zum typischen Klientel von Bildungsurlauben und hätten sich wahrscheinlich — ohne diesen Bezugspunkt — nicht zu einem Seminar angemeldet. Es hat sich herausgestellt, daß kognitive wie emotionale Ebenen in den Bildungsurlaubsprogrammen gleichermaßen vertreten sein müssen, um die Jugendlichen zur engagierten Mitarbeit zu bewegen. Die Möglichkeiten, sich persönlich aktiv zu beteiligen, sei es beim Musikmachen oder bei den handlungsorientierten Seminarteilen, wurden gerne wahrgenommen. Es bleibt zu hoffen, daß die männliche Domianz dieses Bereiches in Zukunft noch mehr aufgebrochen wird.

Hans-Konrad Lorch

„Katrin & Die Quietschboys" — ein ungewöhnliches Bandprojekt

Die Atmosphäre eines Live-Konzerts und das Auftreten dieser Band mit den Mitteln der Schriftsprache wiederzugeben stößt an Grenzen: Man muß KATRIN & die QUIETSCHBOYS einfach gesehen haben, um die Spielfreude ermessen zu können, mit der hier Behinderte und Nichtbehinderte gemeinsam eine Rock'n' Roll-Show auf die Bühne bringen.

Im Folgenden soll dennoch der Versuch unternommen werden, die Entwicklung dieses ungewöhnlichen Bandprojekts nachzuzeichnen. Einige Bemerkungen zum Verhältnis von behindertenpädagogischer Arbeit und populärer Musik sind dabei nicht zu vermeiden.

Eigentlich hat alles ganz harmlos angefangen. Im Jahre 1983 bildete sich an der Schule für geistig Behinderte der Hessischen Diakonieeinrichtung Hephata[34] in Schwalmstadt ein Musikarbeitskreis. Er war eingerichtet worden, um Schülern mit besonderem Interesse an oder außergewöhnlichem Talent für Musik ein Betätigungsfeld zu bieten. Der Arbeitskreis traf sich fortan einmal wöchentlich und es wurde im wesentlichen mit dem Orff'schen Instrumentarium[35], ergänzt von einer Gitarre und einer Orgel, gearbeitet.

Schon bald zeigte sich, daß der Musikgeschmack der Teilnehmer hauptsächlich von der populären Musik geprägt war. Die damals aktuelle „Neue Deutsche Welle" erfaßte bald auch diesen kleinen Musikarbeitskreis, da sowohl ihre Texte als auch die Musik leicht nachzuspielen waren. Einige Lieder von „Nena" (Leuchtturm) und von „Trio" (Ich mach' Bubu, was machst Du? / Dadada) gehörten daraufhin bald zum festen Repertoire der Gruppe. Dabei wurden die Texte recht schnell abgeändert und der eigenen Situation angepaßt. Aus der Zeile „Mir soan a bayrische Band" der „Spider Murphy Gang" wurde zum Beispiel „Wir sind ‚ne Schülerband".

Ein erster Höhepunkt in der Anfangsphase dieser Schülerband — mit unterschiedlichem Echo — war zweifelsohne ein Auftritt zum traditionellen „Weihnachtsmarkt mit Kaffeetrinken" in der Pausenhalle der Schule. Aus Mangel an eingeübten Weihnachtsliedern konnte natürlich nur das bisherige Repertoire dargeboten werden. Dies geschah mit dem gerade frisch erworbenen Verstärker, dessen Lautstärke wohl nicht in jedermanns Vorstellung von besinnlicher Weihnachtsatmosphäre paßte. Zwar konnte die Band ihr Repertoire ungestört spielen, jedoch wurden spontane Beifallsäußerungen — z.B. bei „Marmor, Stein und Eisen bricht!“ — von der Mehrzahl des Publikums mit strafenden Blicken bedacht.

Schon ein Jahr später hatte sich Entscheidendes geändert. Aus dem kleinen Arbeitskreis war eine „Bigband“ geworden, die es zahlenmäßig bald auf die Stärke einer Fußballmannschaft brachte. Musikalisch hatte sich die Band nun ganz der elektrisch verstärkten Rockmusik verschrieben und stand seitdem buchstäblich „unter Strom“. Die Wendung in diese Richtung war mit dem Erscheinen von Arno eingetreten, der seit 1984 in Hephata einen Arbeitsplatz gefunden hatte und gleichzeitig in der Berufsschule unterrichtet wurde. Arno entpuppte sich als ausgezeichneter Musiker und entfaltete sein Talent schon bald auf dem neu angeschafften Schlagzeug. Außerdem kam Reinhard hinzu, der gerade als Lehrer neu an der Schule begonnen hatte und ein erfahrener Rock-Gitarrist war. Durch beide bekam die Gruppe wesentliche Impulse. Darüber hinaus engagierten sich von Anfang an auch Musiker in der Band, die „von außerhalb“ der Einrichtung Hephata kamen und das Bandleben menschlich und musikalisch bereicherten.

Wie im „Showgeschäft“ üblich, mußte für die Band ein Name gefunden werden. Die Entscheidung fiel für KATRIN & DIE QUIETSCHBOYS, in Anlehnung an die legendären „Beach-Boys“ und die Tatsache, daß die Sängerin mit Vornamen Katrin heißt. Erst Jahre später erfuhren die Bandmitglieder von der gleichen Namensgebung in der Kindersendung „Hallo Spencer“.

Durch regelmäßig stattfindende Proben wuchsen mit der Zeit das Gemeinschaftsgefühl und das Selbstbewußtsein in der Gruppe. Natürlich verbesserten sich gleichzeitig auch die musikalischen Qualitäten und der Umfang des Repertoires. Gegenwärtig ist die Band in der Lage, 120 Minuten Rock'n' Roll am Stück zu bieten. Gespielt werden „Rock'n' Roll Evergreens“ oder aktuelle Hits, deren Texte zumeist, der Lebensrealität der Bandmitglieder entsprechend, verändert werden. Ein großer Teil der Stücke handelt von der Band selbst: Über mehr als die Hälfte der Bandmitglieder existiert inzwischen ein Song im Repertoire. So gesehen nehmen sich die Quietschboys und Katrin sehr wichtig.

Bei den Auftritten wird darauf geachtet, daß jedes Bandmitglied einmal zur Geltung kommt und seine Fähigkeiten bzw. seine Persönlichkeit in den Mittelpunkt des Geschehens rücken kann. Deshalb gehören die einmaligen Ansagen und das „Schimpfsolo“ von Thomas genauso zu den „Highlights“ der Show, wie das Aufsehen erregende Kuhglocken-Solo von Andi, die sanften Einleitungen von Oli, das Mundharmonika-Solo von Katrin, die tänzerischen Darbietungen von Go-Go-Boy Reinhard, die Sambapfeiffen-Einlage von Larry, Arnos kleine akustische Tierschau, das Gitarren-Babysitting von Andreas, die Fingerakrobatik des Bassisten Wieland Appelbaum und die Verzauberung eines schnöden „Wimmerscheits“ in eine Harfe, wie sie Solo-Gitarrist Reinhard Knäckebrot regelmäßig in den Konzerten vornimmt.

Was die Show der QUIETSCHBOYS ausmacht, ist nicht die Perfektion, sondern die Originalität, Spielfreude und Spontaneität. Die Frage, ob jemand behindert oder nichtbehindert ist, verliert dabei an Bedeutung. Bei einer Veranstaltung in Frankfurt wollte eine Journalistin nach dem Konzert wissen, wieviele Behinderte denn nun eigentlich in der Band mitwirkten. Es wurde ihr mit der Begründung, das sei Betriebsgeheimnis, nicht verraten. Die Band war anschließend stolz darauf, eine Situation geschaffen zu haben, in der der Unterschied zwischen Behinderten und Nicht-Behinderten nicht mehr erkennbar im Vordergund steht.

Schon bald nach der Umorientierung in Richtung Rock'n' Roll wurde die Band auch über die Grenzen der Schule hinaus bekannt. Erste Engagenments außerhalb folgten. Fanden sie zunächst noch eher im „Schonraum sonderpädagogischer Toleranz“ statt, so wurden sehr bald Auftritte im ganzen Bundesgebiet, auf Stadtfesten, in Rundfunkstationen usw. absolviert. KATRIN & DIE QUIETSCHBOYS erlangten bundesweite Bekanntheit. Zahlreiche Anekdoten von Tourneen und Auftritten können belegen, mit welchem Spaß die Band auch noch nach acht Jahren zusammen ist. Und im Unterschied zu vielen Musikerkollegen haben sich hier — trotz des achtbaren Erfolgs — weder Arroganz noch Starallüren breit gemacht.

Bemerkenswert war in diesem Zusammenhang sicherlich ein Auftritt in der Justizvollzugsanstalt Ziegenhain, vor etwa 100 erwachsenen Männern. Es dauerte nicht lange, und das komplette Auditorium klatschte den Rhythmus mit, so daß die Band davon fast übertönt wurde. Anschließend kam ein Zuschauer hinter die Bühne und sagte, er habe sich besonders darüber gefreut, daß sich mit diesem Auftritt einmal eine Randgruppe um eine andere gekümmert habe. Von diesem Nachmittag konnte die Band für sich mit nach Hause nehmen, daß es einmal nicht Behinderte waren, die dankbar und passiv etwas „entgegennehmen durften“, wie es sonst eher die Regel ist. Diese Erfahrung bestärkte die QUIETSCHBOYS in ihrem Selbstbewußtsein.

Sicher ist der Hintergrund für die Originalität der QUIETSCHBOYS der, daß es nur wenige Bands dieser Art gibt, z.B. die „GHW-Combo“ aus Kassel bzw. „Bernies Presslufthammershow“ aus Marburg. Wird von Behinderten in Zusammenhang mit Musik gesprochen, so fällt mit Sicherheit im selben Atemzug auch das Wort „Therapie“. Darin zeigt sich, daß Behinderten meist nur ein bestimmter Ausschnitt musikalischer Betätigung zugestanden wird. In der Regel wird angenommen, Musik solle bei Behinderten im therapeutischen Sinne eine „beruhigende“ und „heilende“ Wirkung entfalten. Eine Berührung mit Rockmusik käme nach diesen — gängigen — Auffassungen der Sonderpädagogik für Behinderte gar nicht erst in Frage. Anläßlich einer Faschingsfeier, bei der die QUIETSCHBOYS aufspielten, wurden sie von einer Ärztin dringend aufgefordert, die Musik leiser zu machen. Begründung: „Das sind doch Behinderte...“ Natürlich soll hier nicht für bedenkenlos laute Beschallung plädiert werden, die zitierte Aufforderung jedoch scheint symptomatisch für den immer noch vorherrschenden Umgang mit Behinderten. Sie bekommen bei jeder Gelegenheit eine Sonderrolle zugesprochen. Bezogen auf Rockmusik geht dies sogar so weit, daß es ernstlich Theorien und Vorstellungen gibt, die behaupten, Rockmusik mache Behinderte aggressiv, unausgeglichen, überflute sie mit zu starken Reizen.

Im Musikunterricht an Schulen für geistig Behinderte wird daher auch bei älteren SchülerInnen immer noch das Kinderlied hochgehalten: Ein falsch verstandenes Beschützen-Wollen schließt Behinderte auf diese Weise von der Teilhabe an einer sozial relevanten Kulturform (und Rockmusik ist dies für Jugendliche mit Sicherheit) aus. Die QUIETSCHBOYS praktizieren damit etwas, was im Musikunterricht an der „Regelschule“ inzwischen zum Teil dazu gehört: Den Umgang mit einer zeitgemäßen jugendkulturellen Ausdrucksform. Nach wie vor trifft die Band innerhalb der Einrichtung daher auf ein geteiltes Echo: Die Reaktionen reichen von Ablehnung und Unverständnis bis hin zur vollen Unterstützung des Bandprojektes.

Da wundert es nicht, daß diese musikpädagogische Arbeit in Hephata zunächst dem Engagement einiger Mitarbeiter zu verdanken ist, die für Neues aufgeschlossen waren und eigene Neigungen und Interessen einbrachten. Auf diese Weise konnte auch ein Teil des Equipments über die Einrichtung beschafft werden. Nach wie vor aber befinden sich einige Instrumente im Privatbesitz und werden kostenlos und auf Risiko der Band zur Verfügung gestellt.

Die Vorgehensweie innerhalb der Proben unterscheidet sich von vielen Konzeptionen der Sonderpädagogik. Mit der Zeit wurde darauf verzichtet, „Lernziele" zu definieren und „Lernzuwachs" zu überprüfen. Im Vordergrund steht seither, die Fähigkeiten und Bedürfnisse eines jeden Bandmitgliedes zu fördern und in die gemeinsame Show miteinfließen zu lassen. So kam es zu den vielen „Einlagen", in denen die Bandmitglieder ihre Persönlichkeit ausleben können. Dieser Weg erwies sich insgesamt als sinnvoller, als auf einer Übungspraxis nach musikalischen Standards — mit sturem Pauken von Takten, Akkorden und Arrangements — zu beharren und ermöglichte letztlich erst die Spielfreude, die bis heute erhalten geblieben ist. Lebens- und Lernerfahrungen wurden auf eine Weise, über Auftritte und Tourneen, ermöglicht, wie sie die Schule ansonsten wohl kaum leisten kann.

Für KATRIN & DIE QUIETSCHBOYS ist es seither zum Programm geworden, mit ihren Auftritten auch zum Aufweichen eines Klischees beizutragen: daß Behinderung immer gleichzusetzen ist mit Kummer (Sorgenkind!), Leid und Elend. Vielmehr will die Band zeigen, daß Behinderung, Spaß, Lebenslust und Lebensfreude sich nicht gegenseitig ausschließen müssen[36].

Nora Altenheim / Roland Bauer / Stefan Ölke

Heimpädagogik meets Rock. Die Geschichte eines musikalischen Aufbruchs am Beispiel des Marie-Juchacz-Heims in Vöhl

In Heimen der öffentlichen Erziehung leben in der Regel Kinder und Jugendliche aus sozial benachteiligten Milieus. Sie gelten als labil und treten oft durch aggressives Verhalten, gegen sich oder andere gerichtet, auf. Gesellschaftliche Vorurteile drängen die Jugendlichen in eine Außenseiterposition, die ihr auffälliges Verhalten meist nur bestärkt. Ihre von negativen Erlebnissen geprägte Biographien und die besondere Stellung von Heimkindern in der Gesellschaft führen zu mangelndem Selbstbewußtsein und zu einer Geringschätzung der eigenen Person. Aufgabe der Heimpädagogik ist es, diese Defizite zu erkennen und abzubauen.

Rock- und Popmusik haben eine wichtige Bedeutung für die Heimjugendlichen: Sie verbringen einen großen Teil ihrer Freizeit damit, diese Musik zu konsumieren. Im Musikgebrauch von Jugendlichen spielen viele Identitätsaspekte und -merkmale eine Rolle, die, je nach Art der gehörten Musik, ganz unterschiedliche Ausprägungen und Symbole haben. Dies sind im allgemeinen Kleidungsstil, Körpersprache, Tanz und Drogengebrauch. Über den Stil der von ihnen gehörten Musik definieren sich die Jugendlichen selbst und symbolisieren ihre Gruppenzugehörigkeit. Musik dient nicht zuletzt zur Unterstützung und Verdeutlichung ihrer jeweiligen emotionalen Situation. Der hohe Stellenwert, den Rockmusik im Leben Jugendlicher einnimmt, macht sie zum geeigneten Mittel in der pädagogischen Arbeit.

Rock'n' Roll Phantasy

Im April 1988 fand in der Hessischen Jugendbildungsstätte Dietzenbach ein Fortbildungsseminar für Sozialpädagogen unter dem Thema „Rockmusik mit Jugendlichen" statt.

Die dort vorgestellten Initiativen führten zu der Idee, im Marie-Juchacz-Heim ein eigenes Musikprojekt in's Leben zu rufen.[37]

First step

Das erste Projektseminar wurde acht Wochen später im Marie-Juchacz-Heim (MJH) verwirklicht. Die TeilnehmerInnen, 14 Kinder und Jugendliche im Alter von 9 bis 18 Jahren, erarbeiteten in vier Tagen eine 20-minütige Rock-Theater-Revue zum Thema „Fernsehen“: In zwei Gruppen produzierten sie ein Fernsehprogramm mit Nachrichten, Werbespots, Musikeinlagen und Spielszenen, das am letzten Seminartag den Erziehern und weiteren Jugendlichen des Heims vorgeführt wurde.

Die Revue wurde von einem Musiker / Sozialarbeiter, einer Erzieherin und einer Praktikantin des MJH angeleitet.

One more: Die Medienwerkstatt

Die Jugendlichen, Teilnehmer und Zuschauer zeigten Interesse an der Fortführung des Projektes und machten den Vorschlag, in den Herbstferien zwei Wochen außerhalb des Heimes eine Musikfreizeit durchzuführen. Im Oktober 1988 organisierte das Heim eine Fahrt in eine Bildungs- und Erholungsstätte an der Ostsee. Das Seminar mit den Schwerpunkten „Musik“ und „Video“ wurde unter Mitarbeit des Jugendwerkes der Arbeiterwohlfahrt Hessen-Nord organisiert. Das Jugendwerk stellte einen pädagogischen Mitarbeiter und eine Videoausrüstung zur Verfügung. Jeweils zehn Jugendliche nahmen an den Arbeitsgruppen teil. Im Vergleich zur Rockrevue wurden hier die Möglichkeiten der Arbeitsgruppe „Musik“ erweitert: Es standen mehr und bessere Instrumente zur Verfügung, außerdem wurde ein weiterer Musiker als Teamer verpflichtet. Aufgrund dessen und wegen der längeren Dauer des Seminars entstanden drei Musikstücke von guter Qualität, die von der Videogruppe zu Videoclips verarbeitet wurden. Überrascht von ihren eigenen Fähigkeiten, zeigten die Jugendlichen eine hohe Motivation und spielten mit großer Energie bis zu 12 Stunden täglich. Vier Wochen nach Ende der Freizeit wurden die Ergebnisse im MJH vorgestellt.

Do it again: Die Medienwerkstatt II

Ausgelöst vom Erfolg der Medienwerkstatt bei Jugendlichen und Erziehern, beschloß das Heim die Anschaffung von eigenen Instrumenten (Gitarre, Baß, Synthesizer, Verstärker, Schlagzeug), auf denen die Jugendlichen in der Zeit zwischen den Seminaren Unterricht erhielten.

Im Mai 1989 fand in einer nahegelegenen Jugendbildungsstätte ein weiteres viertägiges Seminar statt. Bei dieser „Medienwerkstatt II“ wurden die Arbeitsgruppen „Musik“, „Video“ und „Theater“ angeboten.

In der Musikgruppe wurden zwei Musikstücke entwickelt. Die Theatergruppe erarbeitete mit einem Schauspieler mehrere kurze Sketche. Die Videogruppe produzierte drei kurze Filme, deren Inhalte und Darstellungen in eigener Regie der Jugendlichen lag.

Die Ergebnisse wurden am Ende des Seminars den Gästen der Bildungsstätte vorgeführt. Die Zusammensetzung der Musikgruppe variierte von Seminar zu Seminar nur geringfügig, so daß eine konstante Entwicklung und Festigung der Gruppe beobachtbar war.

On line — Das Recording-Projekt „Musik produzieren!"

Um den Jugendlichen weitergehendere Einblicke in die Musikszene zu ermöglichen, entstand „Musik produzieren!". Die Idee war, mit den Jugendlichen eine Single zu produzieren, d.h. zwei Musikstücke zu entwickeln und sie im Studio oder unter studioähnlichen Bedingungen aufzunehmen. Außerdem waren eine Studiobesichtigung, ein Konzertbesuch und ein Besuch in einem Musikgeschäft geplant. Dies unter der Zielsetzung, den Jugendlichen Erfahrungen zu vermitteln, die über das Spielen von Musikstücken hinausgehen. Konkret: Aufnahmetechnik, Instrumentenpreise, Kennenlernen von Rockmusikern, Technik bei Liveauftritten usw. Eine zweite Arbeitsgruppe sollte eine Dokumentation der Produktion per Video, Foto und in schriftlicher Form erstellen und Covervorschläge erarbeiten. Darüber hinaus war eine schriftliche Dokumentation mit pädagogischer Einschätzung des gesamten Musikprojekts als Anregung für andere Heime und Einrichtungen vorgesehen. Die Gruppe sollte sich aus TeilnehmerInnen zusammensetzen, die schon bei den vorherigen Musikseminaren dabei waren.

Wir errechneten für „Musik produzieren!" einen Kostenaufwand von ca. DM 18400 (siehe Anhang Kostenaufstellung). Das MJH konnte dies nicht über den Pflegesatz finanzieren. So wurde im April 1989 eine Spendenaktion unter Schirmherrschaft der Arbeiterwohlfahrt Hessen-Nord gestartet.

Insgesamt wurden 23 Firmen, Banken und Ministerien mit einer ausführlichen Projektplanung angeschrieben. Aus der geringen Resonanz auf die Spendenaufrufe war relativ schnell zu erkennen, daß das Projekt in der geplanten Form nicht durchgeführt werden konnte. Daraufhin stellten wir die Produktion der Single in der Planung zurück und beschlossen ersatzweise die Aufnahme von Tonbandkassetten. Gegebenenfalls sollte später die Single folgen.

Unter Mitarbeit des Bildungswerkes des Landkreises Waldeck-Frankenberg konnte ein Seminarhaus an der Weser gebucht werden. Um das Projekt in der eingeschränkten Form durchführen zu können, mußte zunächst die Beschaffung der technischen Ausrüstung (8-Spur-Tonbandmaschine, Mischpult, Mikrofone usw.) organisiert werden. Außerdem wurden die Einzelheiten der zusätzlichen Aktionen (Studiobesuch, Musikgeschäft, Konzertbesuch) besprochen.

Das Team setzte sich aus drei Musikern / Pädagogen, einer Erzieherin aus dem MJH und einem Sozialpädagogen des Bildungswerks zusammen. Die Kollegengruppe erstellte vor Beginn des Seminars gemeinsam einen ungefähren Ablaufplan der einzelner Schritte.

Das musikalische Konzept umfaßte, neben der konkreten Arbeit an den Instrumenten und der Entwicklung von Musikstücken / Liedern, auch eine Einheit von

Rhythmus- und Bewegungsübungen sowie Gehör- und Stimmbildungstraining. Diese Übungen sollten jeden Morgen zum „Aufwärmen“ durchgeführt werden. Die Jugendlichen wurden gezielt aus den Teilnehmern der vergangenen Seminare ausgesucht und angesprochen.

Insgesamt 15 Iraner und Deutsche im Alter von 14 bis 18 Jahren bildeten schließlich die Seminargruppe, darunter vier Mädchen, und teilten sich die zur Verfügung stehenden Instrumente (3 Keyboards, 1 Schlagzeug, 2 E-Gitarren, 1 Baß, Percussionsinstrumente, Gesang-Equipment).

Im Haus standen uns zwei ausreichend große Räume zur Verfügung, die wir in einen Proberaum und einen Aufnahmeraum aufteilten. Die Räume befanden sich in einem separaten Teil des Hauses, so daß andere Gäste nicht gestört wurden.

Nach dem Einrichten der Räume trafen wir uns mit allen Jugendlichen, um Organisation, Inhalt und Ablauf des Seminars zu besprechen. Wir erläuterten unsere Erwartungen und Vorstellungen. Die Jugendlichen zeigten zunächst wenig eigene Ideen. Ihre Erwartungen orientierten sich eher an den vergangenen Seminaren. Jeder Tag begann mit einer etwa einstündigen Aufwärmphase ohne Instrumente. Ziel dieser Übungen war eine Lockerung und Entspannung des Körpers und ein körperliches Erleben von Rhythmus und Musik, ohne durch Instrumente eingeschränkt zu werden.

Die Entwicklung der Lieder war durch unterschiedliche Komponenten bestimmt. Die musikalischen Themen wurden zum Teil von den Teamern und zum Teil von den Jugendlichen erarbeitet, wobei alle Grundentscheidungen (Rhythmus, Melodieführung usw.) Sache der Gesamtgruppe waren.

Der Text für das erste Lied „SOS Welt in Not“ entstand in einer Kleingruppe mit zwei Jugendlichen und einem Teamer, wobei die Grundidee für den Text von den Jugendlichen stammte. Die Entwicklung von Musik und Text verlief unter wechselseitiger Beeinflussung.

Nachdem das Arrangement feststand, begann eine ausgedehnte Übungsphase, in der einzelne Teile in Kleingruppen geübt wurden und immer wieder auf die Erfahrungen aus den Rhythmusübungen zurückgegriffen werden konnte. Bei den anschließenden Aufnahmen zeigten die Jugendlichen erstaunlich viel Engagement und Geduld. Die Aufnahmen wurden im Mehrspurverfahren durchgeführt, das heißt jedes Instrument mußte einzeln eingespielt werden. Dies stellt hohe Anforderungen an die MusikerInnen, da jeder gezwungen ist, seinen Part ohne die Gruppe und ohne die Dynamik beim Zusammenspiel einzuspielen. Besonders schwer war es für jene Jugendlichen, die zuerst aufgenommen wurden, da ihre einzige Orientierungshilfe ein Metronom bildete.

Der Schlagzeuger benötigte für die erste Aufnahme ca. drei Stunden. Die anderen Musiker, die fast alle im Aufnahmeraum dabei waren, zeigten sich äußerst diszipliniert und fieberten mit dem Schlagzeuger dem Ende seiner Aufnahme entgegen. Sie beruhigten ihn, wenn er nervös wurde, sie feierten ihn, als er es endlich geschafft hatte. Ein Verhalten, das sich während der ganzen Zeit der Aufnahmen fortsetzte: Jeder interessierte sich für den anderen, alle zeigten eine hohe Verantwortung für das Gesamtprodukt.

Für Entwicklung und Proben des ersten Liedes brauchten wir zweieinhalb Tage, für die Aufnahmen ebenfalls zweieinhalb Tage. Schon bevor die Aufnahmen für das erste

Stück abgeschlossen waren, hatten zwei Jugendliche einen weiteren Text geschrieben. Einer der beiden, er war der Älteste der Gruppe und hatte die meisten musikalischen Erfahrungen, lieferte zudem bereits recht konkrete Ideen für die passende Musik.

Bei dem Versuch, diese Vorstellungen umzusetzen, kam es zu heftigen Auseinandersetzungen über das musikalische Arrangement, wobei es nicht möglich war, die Vorstellungen des Einzelnen und die der Gruppe zusammenzubringen.

Die Gruppe versuchte schließlich, eine Kompromißlösung soweit wie möglich umzusetzen. Zusätzlich wurden Teile des Textes von iranischen Jugendlichen ins Persische übersetzt und vertont, so daß ein Rocksong mit persischen Zwischenteilen entstand: ein hörbares Zeichen für die Integration der iranischen Jugendlichen.

Die Aufnahmen für das zweite Lied verliefen wesentlich ruhiger und entspannter. In fast professioneller Manier spielten die Jugendlichen ihre Parts ein.

Für Entwicklung und Proben des zweiten Songs brauchten wir zwei Tage und für die Aufnahmen ebenfalls zwei Tage. Am letzten Tag wurden die beiden Lieder von den Teamern abgemischt. Während des gesamten Seminars hielt eine Dokumentationsgruppe mit Videokamera und Fotoapparat alle wichtigen Ereignisse fest.

Rückblicke

Gemeinsames Musizieren in der beschriebenen Form erfordert die Fähigkeit zur Kommunikation. Ausschlaggebend war insbesondere

— eine gemeinsame Sprache finden,
— aufeinander hören und reagieren,
— sich selbst und andere ernst nehmen,
— lernen, miteinander umzugehen.

Während des Projekts hat sich gezeigt, daß die erlernten Umgangsweisen auch während der „musikfreien“ Zeit beibehalten wurden: Die für den Heimalltag typischen Auseinandersetzungen, wie Aggressionen gegen andere oder sich selbst, Ausgrenzung von einzelnen oder Gruppen, blieben weitgehend aus. Das Zusammenleben funktionierte. Die im Heim meist isolierten ausländischen Jugendlichen wurden integriert und es entstand eine deutsch-iranische Co-Produktion.

Mit dem Ergebnis, der Tonbandkassette mit zwei selbstkomponierten Liedern, waren alle Jugendlichen sehr zufrieden. Durch die „Live“-Vorführung im Heim, vor Freunden, Lehrern und Erziehern, haben die Jugendlichen eine große Bestärkung auch von „außerhalb der Gruppe“ erfahren.

Durch das Musikprojekt ist es gelungen, den Jugendlichen eine Vielzahl neuer Erlebnisse und Erfahrungen zu vermitteln:

— Erkennen und Erlernen von Strukturen in der Rock- und Popmusik,
— musikalische Erfahrung durch Musizieren in der Gruppe,
— handlungsorientiertes Erlernen des Umgangs mit technischen Geräten,
— Erlernen von sozialen Umgangsformen,

— Stärkung des Selbstwertgefühls durch Erfolgserlebnisse, individuell und in der Gruppe.

Ein Letztes:

Nach dem Stellenwechsel einer Mitarbeiterin wird die Musikarbeit im „MJH" nunmehr auf „Sparflamme" fortgesetzt. Es konnte ein Musiker aus der näheren Umgebung gewonnen werden, der seither den „begabtesten" Jugendlichen Einzelunterricht erteilt.

Projekt. „Musik produzieren!"
Kostenaufstellung: Produktion einer Single (Auflage 1000)

1.	*Produktionskosten*	
1.1	Plattencover	
1.1.1	Gestaltung	500,—
1.1.2	Layout	500,—
1.1.3	Druckkosten	800,—
1.2	Aufnahmekosten	
1.2.1	Materialkosten	800,—
1.2.2	Studiokosten	900,—
1.2.3	Personalkosten Seminar	6000,—
1.3	Preßkosten	
1.3.1	Überspielung	200,—
1.3.2	Pressung	1 100,—
1.3.3	Gema	600,—
2.	*Vorbereitungskosten*	
2.1	Honorare	5000,—
2.2	Materialien	500,—
3.	*Dokumentationskosten*	
3.1	Foto	500,—
3.2	Video	500,—
3.3	Druckkosten von Broschüre	500,—

Das Marie-Juchacz-Heim (MJH)

Träger der Einrichtung ist der Bezirksverband Nord der Arbeiterwohlfahrt. Im Heim leben knapp 70 Kinder und Jugendliche, 40 davon in vier je 10-köpfigen Heimgruppen und je zwei von ihnen in insgesamt 13 Außenwohngruppen.

Vertreten sind Iraner, Afrikaner, Jugoslawen und Deutsche.

Je Gruppe stehen als Personal vier ErzieherInnen / SozialpädagoInnen, eine „halbe" Hauswirtschaftskraft sowie, für jeweils zwei Gruppen, eine JahrespraktikantInnen-Stelle zur Verfügung. Abgerundet wird das Personal durch einen Hausmeister und eine Verwaltungskraft sowie den Heimleiter.

Wolfgang Jittler

Pädagogische Arbeit in einem Musikstudio. Überlegungen zu einer zeitgemäßen Freizeitpädagogik mit sogenannten „verhaltensauffälligen" Kindern und Jugendlichen

Die moderne Studiotechnik nimmt für die Musikproduktion von Pop- und Rockmusik eine zentrale Bedeutung ein. Zum Teil ersetzen ihre technischen Möglichkeiten bereits den musizierenden Menschen. Dennoch — und dies will der folgende Beitrag zeigen — bieten sich im Rahmen der Jugendhilfe sinnvolle Einsatzbereiche moderner Studiotechnik, hier bezogen auf die Zielgruppe sogenannter „verhaltensauffälliger" Jugendlicher.

Ein wichtiges allgemeines Ergebnis einer wissenschaftlichen Studie (Planungsgruppe PETRA, 1987) besagt, daß Heimpädagogik zu wenig handlungsorientiert ist. Für den Freizeitbereich im Heim fordern die PETRA-Forscher ein weder zu stark noch zu schwach strukturiertes Aktionsfeld (zwischen laisez-faire und Drill), um einerseits der Kreativität von Kindern und Jugendlichen Raum zu geben, aber andererseits deren allgemein beschriebener und beklagter Passivität entgegenzuwirken.

Die Möglichkeit, sich über Musik auszudrücken, sich selbst zu verwirklichen oder Gemeinschaft zu erleben, scheint in der Heimpädagogik weitgehend ausgelassen zu werden. Freizeitprojekte bekannter größerer Einrichtungen finden, wie die Untersuchung ergab, überwiegend in den Bereichen „Sport" und „Reisen" statt. Der Heimpädagogik mangelt es demnach an Kenntnissen und praktikablen Ansätzen, wie sie den ihr anvertrauten Kindern und Jugendlichen in ihrer Welt begegnen kann, um sie in einer positiven Entwicklung ihrer Persönlichkeit zu unterstützen. Und die Frage scheint gerechtfertigt: Wie bereit sind HeimpädagogInnen, sich mit den Strömungen und verändernden Merkmalen von Jugendkultur in einer modernen Kommunikationsgesellschaft auseinanderzusetzen?

Diese Generation von Kindern und Jugendlichen wächst heran mit CD, Walkman und Video. Sie wächst heran mit einer Rock- und Popmusik, die vielfach nur über hochtechnisierte Produktionsmethoden zustande kommt und deren Sound „digitalisiert" und mit akustischen Instrumenten vielfach nicht mehr reproduzierbar ist. Sie wächst heran mit Moden und subkulturellen Stilen, die — eindeutig differenzierten musikalischen Stilen zugeordnet — zu wichtigen Accessoires der jugendlichen Selbstinszenierung geworden sind.

In dieser Lebenswelt bleibt den Kindern und Jugendlichen in der Regel nur die Rolle der passiven Konsumenten, die letztlich unbeteiligt sind an den raschen Entwicklungen und die die größeren Zusammenhänge, beispielsweise die der freizeitindustriellen

Produktion von Musik und Mode, nicht durchschauen können. Gerade Kinder und Jugendliche in der Heimerziehung sind zudem häufig von schlechteren Bildungsvoraussetzungen und einem gestörten Vertrauen in die eigenen Fähigkeiten betroffen. All dies legt es der Heimpädagogik nahe, sich verstärkt mit den Ausdrucksformen von Jugendkulturen auseinanderzusetzen, die in den vergangenen Jahrzehnten für die Orientierung im Jugendalter zunehmend an Bedeutung gewonnen haben. In diesem Zusammenhang spielt gerade die Rock- und Popmusik eine von Pädagogen oft unterschätzte Rolle im Leben von Kindern und Jugendlichen.

Von der passiven zur aktiven Haltung

Das Interesse von Kindern und Jugendlichen an moderner Rockmusik beschränkt sich in der Regel zunächst auf den Konsum. Mangels Anregungen und Gelegenheiten können nur die Wenigsten ihre Musikbegeisterung in Aktivität umsetzen: Nicht selten fehlt es ihnen am nötigen Geld für Instrumente und an Kenntnissen, sie spielen zu lernen. Musizieren-Können wird — auch bei der Rockmusik — mehr und mehr zum schichtenspezifischen Privileg: Mit wachsendem Bildungs- und Einkommensniveau der Eltern steigt offensichtlich auch die Bereitschaft zur Unterstützung der Kinder in ihren eigenen musikalischen Wünschen.

Gerade in der Heimerziehung können Jugendliche von Instrumenten, Rhythmuscomputern, Keyboards und Mehrspurtonbandgeräten nur träumen. Fehlende materielle Möglichkeiten der Jugendlichen werden durch ein pädagogisches Personal ergänzt, das zwar für die alltäglichen Aufgaben der Heimpädagogik qualifiziert ist, selten jedoch für spezialisiertere Freizeitprogramme, wie im Bereich Musik und Studiotechnik. Hier besteht ein Bedarf an qualifizierten Angeboten, die den bildungs- und sozialbenachteiligten Jugendlichen neue Aktivitäten erschließen könnten.

Inzwischen ist zu beobachten, daß „Live-Musik" einen anderen Stellenwert hat, als noch vor etwa 15 Jahren. Während sich Musikgruppen früher zunächst „live" bewähren mußten und erst anschließend ins Studio gingen, verläuft der Weg heute vielfach umgekehrt: Erst eine erfolgreiche Studioproduktion[38] ermöglicht häufig den Zutritt zur Bühne. Angesichts dieser Entwicklung scheint es angemessen, die Studiotechnik unbedingt zum Umfeld von Rockmusik hinzuzurechnen und sich auch mit den Chancen und Möglichkeiten auseinanderzusetzen, die hier für eine Aktivierung von musikinteressierten Jugendlichen bestehen.

Warum gerade ein Musikstudio?

Ein weiterer Aspekt läßt die Studiotechnik für die freizeitpädagogische Arbeit im Heim interessant werden: Mit dem Musikstudio wird ein Raum geöffnet, in dem unter

Anleitung faszinierende Klangproduktionen möglich werden, ohne daß eine oft langwierige Instrumentalausbildung Voraussetzung ist. Kinder- und Jugendliche können z.B. ihren Gesang vor dem Hintergrund einer ansprechenen Klangkulisse auf Band bringen und damit ein vorzeigbares Ergebnis ihrer Arbeit vorlegen.

Ein Musikinstrument erlernen heißt Durchhaltevermögen haben, besonders am Anfang — erst später dann ist es Spaß. Das zum Erlernen eines Instruments erforderliche Maß an Konzentration und Ausdauer kann bei den in der Heimpädagogik betreuten Kindern und Jugendlichen in der Regel aber nicht vorausgesetzt werden. Sicherlich gibt es auch unter ihnen Talente, die während der Studioarbeit als solche erkannt und intensiver gefördert werden können. Für die Mehrzahl der Kinder und Jugendlichen aber dürfte es interessant sein, zusammen mit Technikern und Musikern innerhalb eines überschaubaren Zeitraumes eine Musikcassette aufzunehmen, an deren Gestaltung und musikalischer Ausführung sie maßgeblich beteiligt sind.

Kontakt zur „Außenwelt" und Modellernen

Freizeitpädagogik in Heimen solte auf jeden Fall versuchen, den Kontaktaspekt zur „therapiefreien" Außenwelt im Blick zu halten. Das Musikstudio könnte dementsprechend für MusikerInnen und Bands außerhalb des Heimes geöffnet werden, um ihre „Democassetten" produzieren zu können. Hierbei bietet sich eine Kooperation mit Institutionen der Jugendpflege an, nicht zuletzt auch unter dem Finanzierungsgedanken. Zusätzliche Mittel könnten — neben den erforderlichen Eigenmitteln der Bands — beantragt werden und das Projekt absichern helfen.

Mit der Öffnung für Bands und MusikerInnen „von außen" ergeben sich neue Kontaktmöglichkeiten für die Heimjugendlichen. Über den Zusammenhang Musik lassen sich erfahrungsgemäß Grenzen überschreiten, die im Alltag aufgrund der sozialen Herkunft häufig bestehen. Und es erwächst die Möglichkeit, bei anderen zu sehen, wie man Musik macht, es entstehen Anregungen und Lernmöglichkeiten (sich etwas abzuschauen).

Die materielle und personelle Umsetzung des Konzepts

In unserer heilpädagogischen Kindergruppe „Buche"[39] ist mit einem Kollegen ein „praktizierender" Rockmusiker beschäftigt, dem die Vorstellung gefiel, künftig nicht nur in seiner Freizeit, sondern auch in seiner pädagogischen Arbeit mit den vielfältigen Möglichkeiten zu experimentieren, die die moderne Studiotechnik bietet. Dazu kam die Bereitschaft des gesamten pädagogischen Teams der „Buche", das Projekt mitzutragen und fortzuentwickeln.

Eine andere, nicht zu unterschätzende günstige Voraussetzung für eine Stationierung des Musikstudios der „Buche" war, daß es dort innerhalb der Kindergruppe eine ganze Reihe „musikalischer Talente“ gibt; Probeaufnahmen mit einem dieser Talente im privaten Rahmen waren entsprechend ermutigend und erfolgversprechend.

Ein weiterer und letztlich entscheidender Gesichtspunkt machte dann die Wahl für das Haus der Gruppe „Buche“ unumgänglich: Im Sommer fiel die Entscheidung, daß dieses relativ große Haus nach heilpädagogischen Gesichtspunkten umgebaut werden sollte, wobei ein kompetenter Architekt mit der Planung des Umbaus beauftragt wurde, der die räumliche Gestaltung pädagogischen Anforderungen entsprechend umzusetzen verstand. Wenn also sowieso umgebaut werden würde, warum nicht gleich ein „Musiklaboratorium“ mit einplanen?

Im August begannen dann die konkreten Überlegungen, wieviel an Geräten mit dem bereitgestellten Etat angeschafft werden konnte. Über Jahre gewachsene gute Verbindungen zur Musikszene ermöglichten günstige Angebote und schließlich den Erwerb eines Equipments für 7.000.— DM.

Kernstück des Studios ist ein Vier-Spur-Kassetten-Tonbandgerät mit eingebautem Mischpult, welches die sukzessive Aufnahme von acht bis zehn „Stimmen“ und ihre separate Mischung zu einem Gesamtstück erlaubt. Dazu kamen: ein digitales Multi-Effektgerät der gehobenen Klasse mit der Funktion, die aufgenommenen „trockenen“ Originalsignale zu veredeln; ein anschlagsdynamischer, midi-kompatibler Synthesizer[40] mit vielfältigen Sound-Möglichkeiten; ein programmierbarer Drum-Computer mit dem Vorzug, sehr gut auch von Hand bespielt werden zu können (was die Spielmöglichkeiten für die Kinder erheblich vergrößert); zwei Gesangsmikrophone einschließlich Ständer, die sich vor allem durch ihre Robustheit auszeichnen. Des weiteren konnten wir zwei Kopfhörer kaufen und spendeten aus unseren eigenen Mitteln einen Stereoverstärker mit zwei Lautsprecherboxen. Last but not least blieb genügend Geld übrig, um verschiedene Perkussionsinstrumente zu kaufen, z.B. Rumba-Rasseln, Kuhglocken, Klanghölzer u.ä. Die Geräte wurden zunächst provisorisch in einem wenig benutzten Büro gelagert.

Die erste Aufgabe für das Musikstudio

Anfang September waren alle Vorbereitungen so weit abgeschlossen, daß mit der konkreten Arbeit begonnen werden konnte. Als wir den Buche-Kindern das kleine Studio zeigten, verbreitete sich schnell eine fast weihnachtliche Stimmung: Völlig überrascht saßen sie da, teilweise zu zweit Arm in Arm in den breiten Sesseln des provisorischen Musikstudios und staunten mit glänzenden Augen über die neuen Spielzeuge, mit denen man Musik „wie im Radio“ machen kann.

Ein besonderes, im Oktober bevorstehendes Ereignis lieferte dann den Hintergrund für die Grundsteinlegung der neuen musikalischen Kultur in unserer Buche-Gruppe. Die bei Kindern und Mitarbeitern gleichermaßen beliebt langjährige Leiterin sollte mit einem Fest in den Ruhestand verabschiedet werden. So bot es sich an, mit den Kindern zu ihren Ehren ein Lied zu produzieren.

Es entwickelte sich eine emsige Aktivität: ein paar der älteren Jungens setzten sich zusammen, um Verse zu reimen und Melodien zu erfinden. An einem ersten Übungsnachmittag wurden alle möglichen Ideen zum ersten Mal im Musikstudio ausprobiert. Es stellte sich heraus, daß die Entscheidung, alles mit der Gesamtgruppe zu produzieren, sicherlich der schwierigste von allen möglichen Wegen war: Trotz der nahezu „überschäumenden" Begeisterung der Kinder, die manchmal nur schwer in koordinierte Bahnen zu lenken war, fiel die erste Produktion nach einigen Arbeitseinheiten dann doch zur Zufriedenheit aller aus.

Die Effekte des ersten Versuchs

Ursprünglich sollten lediglich unsere Leiterin — und natürlich auch alle beteiligten Kinder — eine Kopie des Liedes erhalten. Doch als wir das Stück im pädagogischen Gesamtteam vorstellten, waren alle KollegInnen, die bisher nur ‚am Rande' davon gehört hatten, so angetan, daß sie vorschlugen, das Produkt auf dem bevorstehenden Abschiedsfest dem „Publikum" zum Verkauf anzubieten. Mit ungewöhnlichem Engagement wurde alles Erforderliche hierzu innerhalb kürzester Zeit organisiert, z.B. auch die graphische Gestaltung des Kassettencovers.

In den folgenden Tagen war das Abschiedslied für unsere Leiterin unumstrittene Nr. 1 der Buche-Hitparade. Sogar David Hasselhoff war mit seinen Liedern plötzlich fast zur Bedeutungslosigkeit verurteilt. So war es kein Wunder, daß die Nachricht von unserem kleinen Anfangserfolg auch in die oberen Etagen unserer Einrichtung gelangte und wir gefragt wurden, ob nicht vielleicht auch „Live-Aufführung" im offiziellen Teil der Verabschiedung möglich wäre; man versprach sich hiervon eine gewisse Auflockerung der Zeremonie. So hatte die Gruppe am 4. Oktober ihren ersten Auftritt im Kasino der Bergischen Diakonie Aprath. Die Kinder sangen „live" zum Instrumental-Playback der Kassette. Sie ernteten viel Beifall, und es tat ihrem Selbstbewußtsein sichtlich gut. Alle fünfzig Kassettenkopien wurden bis zum folgenden Tag verkauft.

Von diesem Anfangserfolg gleichermaßen überrascht wie bestätigt, verzichteten wir auf eine längere Verschnaufpause und planten das nächste Projekt. Uns war klar geworden, daß die Ankoppelung der ersten Produktionen an bevorstehende besondere Ereignisse oder Feste sehr günstig ist: das Ziel leuchtet allen ein, Thema, Inhalt und Struktur der Lieder leiten sich aus dem Ereignis ab, der Arbeit wird automatisch eine gewisse Zeitstruktur vorgegeben und das relativ neue und unbekannte Medium assoziiert sich mit Tradition und Kultur und bekommt dadurch möglicherweise selbst eine solche. So lag es nahe, die Produktion einer Weihnachtskassette ins Auge zu fassen.

Die Weihnachtskassette

Die Produktion der Weihnachtskassette gestaltete sich im Team zur rettenden Idee — gegenüber der in den vergangenen Jahren aufgetauchten vorweihnachtlichen Bastellethargie — und für den Weihnachtsbazar als zeitgerechte Alternative zum Verkauf eines eigenen Produktes.

Ein einziges Musikstück wäre hierfür allerdings zu wenig, also wurde beschlossen, gleich vier Lieder zu produzieren. In den folgenden Tagen wurde dann allerdings klar, daß dieses Ziel für uns ohne weitere Unterstützung wohl kaum zu verwirklichen wäre. Nach Absprache im Team wurden zwei Musiker angesprochen, die ohne langes Zögern (und ohne die Frage nach dem Honorar) ihre Hilfe zusagten. Ein weiterer musikbegeisterter Kollege konnte gleichfalls gewonnen werden.

Die beiden (pädagogisch erfahrenen) Musiker bereiteten auf zwei Spuren ein Instrumental-Playback vor, zu dem die Kinder mit Gesang und Perkussion die beiden noch verbleibenden Spuren einspielten. Ein anderes Lied entstand unter Anleitung des Kollegen als „Liveaufnahme", da er bereits fertige Arrangements für Chorgesang mitbrachte: Akkordeon und Gesang wurden direkt mit dem Stereomikrophon aufgenommen.

Ein weiteres Stück wollten wir wieder selbst vorbereiten, entschieden uns für ein Selbstgeschriebenes und die Erstellung eines Instrumental-Playbacks mit dann noch zwei freien Spuren für Gesang.

In dieser Vorbereitungszeit kamen uns die ersten kritischen Gedanken, ob wir nicht schon auf dem Wege der Kommerzialisierung seien, ob der Kinder-Anteil nicht etwas zu kurz komme und ob nicht die heilpädagogische Arbeit mit einzelnen Kindern mehr im Vordergrund stehen müsse. Aus diesem Grund planten wir, im kommenden Jahr eine speziell heilpädagogisch orientierte Arbeitsphase zu beginnen.

Für dieses Jahr allerdings drängte die Zeit, zumal auch noch einer der beiden Musiker krank wurde. Wir beschlossen, einen „Studiotag" einzulegen, an dem die Produktionen fertig aufgenommen werden sollten. Gespannt waren wir, wie die Kinder mit dem Lampenfieber, dem durch den Zeitdruck entstehenden Streß und mit den vielen „Fremden" umgehen würden, denn es war auch noch ein Kollege mit Videokamera dazugestoßen, der das Geschehen aufzeichnete.

Alle Sorgen erwiesen sich jedoch als unbegründet. In der Arbeit mit unseren Gästen zeigten sich die Kinder — alle immerhin wegen z.T. gravierender Verhaltensauffälligkeiten in der „Buche" untergebracht — deutlich „normaler" als in der Interaktion mit den vertrauten BetreuerInnen. Der gesamte Produktionstag von 10 Uhr bis 17 Uhr verlief recht harmonisch und, was das Wichtigste war: für alle brachte es viel Spaß und für einige eine deutliche Aufwertung ihrer Person.

Ein Beispiel: Von dem zehnjährigen Peter ist bekannt, daß er sich mit ständigen Selbstzweifeln quält und daß er glaubt, er sei im Vergleich zu anderen nichts wert. Sein entsprechend hohes Bedürfnis nach Bestätigung läßt ihm keine Ruhe, so daß er ständig auf sich aufmerksam zu machen versucht und anderen damit auf die Nerven fällt. Dadurch wird er tatsächlich oft zurechtgewiesen, was seinen Selbstzweifeln wieder neue Nahrung gibt: ein Kreislauf scheinbar ohne Ende. Die Bilder, die Peter malte, waren entsprechend schwarz und düster. In der Woche nach den Weihnachtslieder-Aufnahmen konnten wir erstmalig wieder beobachten, daß seine Bilder farbiger wurden. Auch hatte er bunte Blumen und Vögel gemalt. Was war für ihn passiert?

Peter hat, ganz im Gegensatz zu seiner schmächtigen Konstitution eine sehr tiefe und laute Stimme. Während der Aufnahme hatten wir spontan die Idee, Peter zu fragen, ob er nicht ein Stück des Liedes allein singen wolle. Nein, das sei zu schwer, und außerdem würden die anderen sowieso lachen. Ich bot Peter an, es mit ihm alleine zu versuchen. Hierauf ließ er sich ein. Zunächst war er unglaublich nervös. Nach einer Phase von ca. zwanzig Minuten sehr dichter und konzentrierter Zusammenarbeit zwischen uns beiden gelang die Aufnahme mehr als zufriedenstellend. In dieser Situation bekam ich eine erste Ahnung von den heilpädagogischen Möglichkeiten des Mediums.

Zwei Tage später wurden die fertigen Stücke der gesamten Gruppe vorgespielt. Peter wartete wie gebannt auf seinen Einsatz, der sich als interessanteste Stelle des Stückes erwies. Als er dann spontan den Beifall aller Kinder erntete, die dazu sogar aufstanden, sah man ihm an, daß er es gar nicht fassen konnte. Er brauchte noch mehrere Tage, um es wirklich glauben zu können und an denen er sich von Kindern und Erwachsenen immer wieder bestätigen ließ, daß er etwas Ausgezeichnetes hinbekommen hatte.

Die Produktion unserer Weihnachtskassette hatte aber auch noch andere gruppendynamische und pädagogische Effekte; Die Kinder waren von Beginn an in die gesamte Produktion einbezogen. Auf dem Weihnachtsbazar verkauften sie anschließend das Produkt der ganzen Gruppe, was ihnen einen noch stärkeren Zusammenhalt gab. Beim Weihnachtsfest der Gruppe war dies deutlich spürbar. Es wurde so viel gesungen wie seit Jahren nicht. Alle hatten für zu Hause zudem etwas „Selbstgemachtes“, als Geschenk für Mutter, Vater, Oma und Opa, vorzuweisen.

Aus diesen Erfahrungen steht für die Mitarbeiter der Einrichtung fest, daß die Arbeit — verstärkt auch unter heilpädagogischen Gesichtspunkten — weitergeführt werden wird und daß erhebliche Chancen bestehen, den Kindern der „Buche“ damit neue Erfahrungen zu ermöglichen, die sich langfristig positiv auf ihr Selbstwertgefühl auswirken werden.

Wolfgang Munderloh

„With a little help from my friends" — Rockmusik in der stationären Drogentherapie[41]

„Ich glaube, daß Musik ein hervorragendes Mittel (zumindest für den Musiker) ist, geistige und seelische Ausgeglichenheit zu erreichen, was wiederum auch Schwierigkeiten in der Gesellschaft und privat abbauen und eine positive Lebenseinstellung herbeiführen und fördern kann." (junger Rockmusiker)

„Schafft gute Gründe, keine Drogen zu nehmen" (Heckmann, 1985, 109) ist eine wesentliche Leitlinie der Drogenhilfe. Besorgt wurde 1982 auf einem Kongreß von Drogenfachleuten festgestellt, daß die Drogenarbeiter selbst, das heißt die MitarbeiterInnen von Beratungs- und Therapieeinrichtungen, nur wenig kreativ beim Suchen, Finden und Ausspinnen von Gründen sind, die eine Alternative zum Drogenkonsum darstellen könnten. Eine Möglichkeit bietet die Arbeit mit Rockmusik. „Wenn man um die Zusammenhänge von Rock und Drogen und über den Idolcharakter von Rockmusikern für viele Jugendliche weiß, dann wird auch der starke Stellenwert der Rockmusik bei der Bekämpfung harter Drogen klar." (ebd.)

Der in der Bundesrepublik wohl bekannteste Versuch, Drogenarbeit und Rockmusik zu verbinden, ist das Projekt „Laßt 1000 Steine rollen" in Hamburg. Es geht auf eine Idee aus Schweden zurück und wurde im Rahmen der Suchtprävention 1983 ins Leben gerufen. Es bietet mittlerweile ein differenziertes ambulantes Angebot mit Übungsräumen, Tonstudio, Instrumentalunterricht und einem Live-Musik-Club. Es ist eine Form niedrigschwelliger Suchtarbeit, bei der eng mit anderen Einrichtungen der Drogenhilfe zusammengearbeitet wird (Bathel/Fierlings, 1985, Wahl, 1987).

Daß diese Projekte angenommen werden, kann nicht verwundern. Keine Frage: „Rock ist Kultur(gut)". Rockmusik gehört zu den wesentlichen Bestandteilen der Jugend(kultur). Das Hauptaugenmerk der Öffentlichkeit wird dabei durch Plattenindustrie und Medien auf professionell gefertigte Musik und deren Interpreten gelenkt. In den Hintergrund gerät die große Anzahl von Amateuraktivitäten. „Amateur-Rock-Gruppen sind Initiativgruppen von Jugendlichen, die sich ihr Mitteilungsbedürfnis selbst organisiert haben. Sie machen praktisch reale Kulturarbeit" (Metzger, 1979, 11). Die Zahl der Amateurrockmusiker dürfte die der Professionellen um ein Vielfaches übersteigen. Das heißt, wir haben im Bereich der Rockmusik innerhalb der Jugendkultur eine Vielzahl kreativer Aktivitäten. Diese bedeutende kulturelle Ausdrucksform der Jugendkultur kann sehr gut in die Arbeit der stationären Drogentherapie integriert werden. Sie ist getragen von der Lebenswirklichkeit und dem Erfahrungshintergrund der Jugendlichen.

Die therapeutische Einrichtung „Eppenhain“ hat 1986 begonnen, im Rahmen der stationären Drogentherapie den Freizeitkurs „Rockmusik“ einzurichten. Seitdem gibt es eine Reihe von Bands mit wechselnder Besetzung, die sich auf Konzerte innerhalb und außerhalb der Einrichtung vorbereiten.

Das Klientel

In „Eppenhain“ finden Jugendliche im Alter von 14-18 Jahren (in Ausnahmefällen bis zu 21 Jahren) Aufnahme. Das Durchschnittsalter liegt meist knapp unter 18 Jahren. Die Jugendlichen kommen in aller Regel zur Aufnahme in die stationäre Rehabilitation, wenn neben der problematischen Entwicklung des Drogenkonsums keine tragfähigen sozialen Bezüge mehr vorhanden sind. Bei vielen Jugendlichen, die in „Eppenhain“ Aufnahme finden, ging der Drogenkonsum mit einer erheblichen Verwahrlosung einher. Das Erleben und Verhalten der jungen Abhängigen ist wie bei allen Drogenabhängigen geprägt von den Erfahrungen in der Drogenszene, den daraus resultierenden typischen Verhaltensmustern und von dem Drogenerleben. Charakteristisch ist das enorme Streben nach unmittelbarer Bedürfnisbefriedigung und entsprechend die Unfähigkeit, langfristige Ziele anzunehmen und schrittweise zu verwirklichen. Kennzeichnend sind auch mangelnde Frustrationstoleranz, ein negatives Selbstbild, deutliche Perspektivlosigkeit und erheblicher Zweifel an der Sinnhaftigkeit der eigenen Existenz. In aller Regel sind die jungen Abhängigen in ihrer schulischen und beruflichen Entwicklung gescheitert.

Die Rauschmittelabhängigkeit der Jugendlichen wird häufig durch eine Reihe weiterer Problembelastungen begleitet, die sowohl als „Ursachen“, aber auch als „Begleit- und Folgeerscheinungen“ des süchtigen Verhaltens zu interpretieren sind, wie z.B. Anorexie/Bulemie, Depression, Suizidneigung, drogeninduzierte Psychosen, Persönlichkeitsstörungen (Borderline-Persönlichkeit, Psychosen), Autoaggression, sexuelle Mißbrauchserfahrungen und dissoziales Verhalten.

Die therapeutische Gemeinschaft

Aus dieser komplexen Problemstruktur der jungen Abhängigen ergibt sich die Notwendigkeit einer ganzheitlich verstandenen Rehabilitation, die möglichst alle relevanten Problembereiche erfassen sollte, um eine Stabilisierung der Drogenabstinenz zu fördern. Es geht um den Erwerb von persönlichen Kompetenzen, sozialen Kompetenzen und der Ausbildung von Lebensperspektiven ohne Drogenkonsum.

Stationäre Drogentherapie ist daher weit mehr, als der verkürzende Begriff der Therapie vermuten läßt. Therapie im engen medizinisch-psychotherapeutischen Sinne greift in der Behandlung Drogenabhängiger zu kurz. Der komplexen Dynamik bei der Genese, Aufrechterhaltung und Überwindung süchtigen Verhaltens muß eine differenzierte und integrierte Behandlungsstruktur entsprechen.

Rehabilitation findet insofern in einem komplexen, geplanten sozialen System statt. Kennzeichnend ist der strikte Milieuwechsel, der strukturierte Tagesablauf und das Angebot von verschiedenen Erfahrungsbereichen. Dem ganzheitlichen Rehabilitationskonzept entsprechend, gibt es in „Eppenhain“ ein differenziertes Rehabilitationsprogramm mit Gruppen- und Einzeltherapie, Angehörigenarbeit, Sozialbetreuung, Arbeitstherapie, hausinternem Schulunterricht, kultureller Förderung und Sport- und Freitzeitprogrammen.

Das Konzept der Therapeutischen Gemeinschaft[42], dem die stationäre Drogentherapie in aller Regel verpflichtet ist, bietet die „Behandlungsphilosophie“ für dieses Rehabilitationsprogramm.

Eine Therapeutische Gemeinschaft ist für den einzelnen Klienten mit ihren Räumlichkeiten, der Programmstruktur, den MitarbeiterInnen und der Klientengruppe ein bedeutender sozialisatorischer Faktor, der als geplantes soziales System die Selbstsozialisation des Klientels (vgl. Luhmann 1987) fördert. Sie ist pädagogische Institution, die erzieht und begleitet, die schützt und behütet, die unterstützt, versteht und ermutigt, die anregt und Erlebnisse schafft und Erfahrungen vermittelt, die Bausteine für eine suchtmittelfreie Zukunft sein können. Ferner bietet sie die Möglichkeit von Therapie im engeren Sinne, die der Klientel hilft, sich differenziert und nachhaltig aus der psychischen Problematik zu lösen. Für diese unterschiedlichen Behandlungsprinzipien gibt es kein Primat. Behandlungsform und -intensität können individuell sehr unterschiedlich sein.

Rockbands in „Eppenhain“

Zu dem differenzierten Rehabilitationsprogramm gehört auch das kulturelle und freizeitpädagogische Angebot. Schöpferisches ausdrucksstarkes Gestalten in Tanz, Theater und Musik ist immer auf großes Interesse bei den Jugendlichen gestoßen und hat eine nicht zu unterschätzende Bedeutung für den individuellen Heilungsprozeß. Im Bereich der Musik gab es unter den Jugendlichen seit jeher den Wunsch, ein Instrument zu lernen. Im Rahmen der Freizeitkurse konnten die Jugendlichen Instrumentalunterricht für Gitarre, im letzten Jahr auch für Schlagzeug erhalten.

Mit einem neuen Mitarbeiter, der selbst jahrelang in verschiedenen Amateurrockbands gespielt hatte, wurde 1986 mit einem besonderen Angebot für Musikgruppen begonnen. Seitdem gibt es, in immer wieder neuen Besetzungen eine „Band“ in der Einrichtung. Den Anfang machte eine reine Akustik-Band, da keine Geldmittel für Elektrogitarren und Verstärker zur Verfügung standen. Ein erster Auftritt bei einem Sommerfest in der Einrichtung wurde erfolgreich absolviert.

Durch eine großzügige Spende konnten zwei E-Gitarren, ein E-Baß, die dazugehörigen Verstärker, ein Schlagzeug, eine Gesangsanlage und Mikrophone angeschafft werden. Recht schnell wurde ein erstes Programm erarbeitet und bei einem Elternseminar vorgeführt. Seitdem sind in der Einrichtung immer wieder „Bands" entstanden, die in ihrer Besetzung zwar mehrfach wechselten, aber dennoch zu einem wichtigen Bestandtteil der Freizeitgestaltung wurden. Die Bands begannen, auch außerhalb der Einrichtung aufzutreten, z.B. in anderen Einrichtungen der Drogenhilfe, in Frankfurt auf der Einkaufsmeile „Zeil" oder in Friedberg bei der Eröffnung eines Sommercafés. Grundsätzlich spielt eine Band zweimal jährlich bei den Angehörigenseminaren in der Einrichtung und bei den „Tagen der Offenen Tür". Es gab in den letzten Jahren stets Zeiten, in denen keine vollständige Band zustande kam, jedoch gelang es immer wieder, nach kurzen Pausen neue Formationen zusammenzustellen.

Geprobt wird im Haupthauskeller. Die Gruppe trifft sich mit dem verantwortlichen Mitarbeiter zweimal in der Woche. Der Probenraum steht täglich in der Freizeit zu individuellem oder gemeinschaftlichem Üben zur Verfügung.

Eine kontinuierliche langfristige Arbeit in den „Bands" war aufgrund der Therapiebeendigungen bzw. vorzeitigen Austritten einiger Mitglieder nur eingeschränkt möglich. Der Garant für eine kontinuierliche Arbeit war daher der Mitarbeiter, der in den ersten Jahren die Band als aktives musizierendes Mitglied kontinuierlich begleitete. Die sehr unterschiedlichen musikalischen Vorkenntnisse der Jugendlichen konnten gerade in der Rockband gut kompensiert werden. In aller Regel wurde über einfache Blueskadenzen und Rockriffs das Zusammenspiel geübt. Hier zeigte sich der Vorteil der Rockmusik, die bei relativ geringem Instrumentalkönnen schon sehr schnell Erfolge ermöglicht.

Von einigen ehemaligen Klienten wissen wir, daß sie ihre musikalischen Aktivitäten nach der Therapie weiter fortgesetzt haben. Einige spielen selbst wieder in Rockbands.

Rock und Therapie

Welche besondere Bedeutung kann nun Rockmusik im Rahmen der Rehabilitation haben? Auf der individuellen Ebene lassen sich folgende Aspekte hervorheben: Es kommt den jungen Drogenabhängigen, die tendenziell sehr große Probleme haben, sich auf längerfristige Zielsetzungen einzulassen, entgegen, daß sich bei der Rockmusik vergleichsweise schnell Erfolge erzielen lassen. „Das aktive Erlernen der Rockmusik unter Anleitung engagierter Lehrer, die schnelle Lernerfolge vermitteln und sich dann entbehrlich machen, hebt Unlustgefühle auf, die aus dem individuellen Gefühl entstehen, ein Versager oder Nichtskönner zu sein" (Bathel / Fierings, 1985, 85). Damit liefert die Rockmusik eine Möglichkeit, daß sich sukzessive eine Abkehr vom Lust-Unlust-Prinzip zum Leistungsprinzip, welche für die Rehabilitation bedeutsam ist, entwickelt (vgl. Täschner, 1988).

„Bei aktivem Musizieren ist die emotionelle Beteiligung ... sehr viel größer als beim rezeptiven Musikerleben" (Harrer, 1982, 24). Die Prozesse im Rahmen einer Drogentherapie sind oft schmerzhaft. Gefühle wie Wut, Ärger, Aggression oder Trauer brechen auf, die bis dahin oft mühsam mit den Rauschmitteln unterdrückt oder

Trauer brechen auf, die bis dahin oft mühsam mit den Rauschmitteln unterdrückt oder reguliert wurden. Das aktive Musizieren bietet hier eine besondere Möglichkeit, Spannungen zu entladen und den Stimmungen Ausdruck zu verleihen. Verstärkt wird diese Wirkung durch die üblicherweise große Lautstärke, die unmittelbar auf das Vegetativum wirkt. Durch Lautstärke und Rhythmus entsteht ein „High-Zustand", der als Gegenentwurf zur Praxis des Drogenkonsums zu sehen ist. Hier reguliert der Jugendliche mit seinen eigenen „Kräften" den emotionellen Ausdruck, dieser ist nicht abhängig von einer lebensbedrohlichen Substanz. „Je mehr die Person ihre Gefühle ausleben kann, desto zufriedener wird sie sich fühlen; und je differenzierter die musikalischen Gestalten sind, an die sich ihr Ausdruck bindet, desto differenzierter (feinfühliger) ist das Ausdruckserlebnis" (Klausmeier, 1978, 311).

Die Nähe zu rauschhaftem Erleben hat in der Drogentherapie immer wieder zu Skepsis bezüglich der Arbeit mit Rockmusik geführt, unabhängig von der direkten Assoziation von Rockstars und Drogenkonsum bzw. Drogentod. Es wurde befürchtet, daß, im Sinne einer Reiz-Reaktion-Abfolge, das aktive Musizieren ein nicht zu regulierendes Drogenverlangen auslösen könnte. Im Rahmen des Einsatzes von Rockmusik in der therapeutischen Arbeit konnten wir dafür allerdings keine Belege finden.

Im Instrumentalunterricht und während der „Bandproben" erlernen die Jugendlichen das Spiel auf einem Instrument. Diese Fertigkeit kann das eigene Selbstwertgefühl steigern helfen und eine bessere Vorstellung über das eigene Leistungsvermögen vermitteln. Rauschmittelabhängige scheinen in besonderer Weise Stolz nicht um vergangene Erfolge herum zu strukturieren, sondern um das, was sie tun könnten (vgl. Bateson, 1983). Um so wichtiger ist es, ihnen reale Erfolgserlebnisse zu vermitteln, die sie dann in ihr Selbstkonzept integrieren können. Aus „Wenn ich wollte, dann könnte ich ein großer Rockstar werden" kann „Ich bin ein (guter) Rockgitarrist" werden.

Je länger der Jugendliche aktiv musiziert, je besser seine Fertigkeiten werden, umso eher beginnt er, langfristige Perspektiven zu entwickeln. Bisher nicht vorhandene Zielsetzungen entstehen. Ein Gegengewicht zur Perspektivelosigkeit der Drogenabhängigen entwickelt sich. Beim Instrumentalunterricht, bei den Proben und nicht zuletzt bei den Auftritten tauchen Versagensängste auf. Die von den Abhängigen bisher praktizierte Lösung bestand oft darin, sich solchen Situationen durch Fernbleiben oder „Zumachen" mit der Droge zu entziehen. Begleitet durch die Gruppe, durch Mitbetroffene, hat der Jugendliche hier die Möglichkeit, sich mit seiner Leistung der Belastung zu stellen. Er lernt, daß er in der Lage ist, auch Situationen mit hohem Anforderungscharakter zu bewältigen. Die Belohnung für den Mut ist offenkundig. Ein hohes Ansehen in der Gleichaltrigengruppe, Wertschätzung, der Applaus belohnen diesen Einsatz. Ingesamt fördert das Musizieren das Erleben der eigenen Kreativität und Schaffenskraft und ist somit ein Mittel gegen die Lethargie des Szene-Alltags.

Aber nicht nur auf der individuellen Ebene, sondern auch im Bereich des sozialen Lernens bietet das Spielen in der Rockmusikgruppe ein wichtiges Erfahrungsfeld.

Das Erleben in der Drogenszene ist gekennzeichnet von der Reduktion der Lebensgestaltung auf den Erwerb und den Konsum der Droge. Das Verhalten in elementaren zwischenmenschlichen Beziehungsgefügen ist daran gebunden. Es ist unpersönlich und affektiv-neutral orientiert. „Coolness", „Abziehen" und „Abgezogen werden" sind zentrale Beziehungserfahrungen auf der Drogenszene. Neue und reifere Beziehungen zu Altersgenossen beiderlei Geschlechts aufbauen ist daher ein wichtiges Ziel der Rehabilitation. Vor diesem Hintergrund ist jedes Erfahrungsfeld von Bedeutung, das Kooperation und Vertrauen fördert. Neben anderen Erfahrungsbereichen kann auch in der Rockband die Beziehungsfähigkeit und Beziehungsgestaltung gelernt werden. Sie ist zugleich ein Lernfeld für das Durchstehen und Lösen von Konflikten, denen bisher ausgewichen wurde oder die in unangemessener Weise, z.B. durch Gewalt, gelöst wurden.

Schließlich haben derlei Aktivitäten nicht zuletzt Einfluß auf die Gesamtatmosphäre und das Bild einer Einrichtung. Angebote, die das unmittelbare Interesse der Jugendlichen finden und einen hohen Stellenwert besitzen, sind dazu angetan, die Identifikation mit dem Behandlungsangebot als ganzem zu verstärken. Die Musiker, aber auch die anderen Klienten der Einrichtung, sind stolz auf „ihre“ Rockband, die öffentlich Auftritte und Anerkennung findet. Darüber hinaus kann sie für andere Klienten Modellfunktion haben. Nicht zu unterschätzen ist auch die Wirkung solcher Aktivitäten in der Öffentlichkeit. Bei den Informationsterminen wird Therapieplatzbewerbern von den Klienten gern von der Band erzählt. Sicher können solche Angebote es neuen Klienten leichter machen, den schwierigen Milieuwechsel in eine stationäre Behandlung überhaupt zu wagen.

Letztlich sind solche Aktivitäten dazu angetan, das Bild der „unfähigen, engagementlosen Drogenabhängigen“ zu korrigieren. Die Ressourcen für Schaffenskraft und Kreativität sind bei den jungen Drogenabhängigen allemal vorhanden. Nur: Diese Kräfte zu wecken und zu stabilisieren, ist ein langer und schwieriger Weg.

Walter Fey

„Lasting Values" — Blues in der therapeutischen Nachsorge-Wohngemeinschaft Eschenbachhaus

„Stationäre Nachsorge" ist ein Angebot, das Hilfe nach dem Abschluß einer Drogenlangzeittherapie oder nach einer längeren Cleanphase, z.B. in einer sog. Übergangseinrichtung, bietet. Hier versuchen die Bewohner, erste Schritte der Verselbständigung unter cleanen Bedingungen zu machen. Das in der Therapie Erarbeitete soll in die Praxis umgesetzt werden. Begleitung und Betreuung bieten die pädagogischen Mitarbeiter in Einzel- und Gruppengesprächen an. Ziel ist die Stärkung und Herausbildung eigener Kräfte und Handlungskompetenzen, das Erreichen einer stabilen Suchtmittelabstinenz, der Umgang mit Problemen des „Alltags", der Kontakt mit anderen Menschen, die Entwicklung einer schulischen oder beruflichen Perspektive und nicht zuletzt die Befähigung, die Freizeit sinnvoll und befriedigend zu gestalten.

Das Eschenbachhaus ist eine Gründerzeitvilla im Stadtgebiet Frankfurt/M. mit 18 Plätzen. Die Einrichtung ist in den Therapieverbund des Vereins Jugendberatung und Jugendhilfe e.V eingebettet. In Frankfurt existieren drei Nachsorge-Wohngemeinschaften des Vereins, die in einem Gesamtteam zusammenarbeiten.

Die Finanzierung erfolgt über Tagessätze, die mit den Kostenträgern (überörtliche Träger der Sozialhilfe) abgerechnet werden. Die Bewohner kommen aus dem gesamten Bundesgebiet zu uns und sind zwischen 18 und 35 Jahre alt. Eine Begrenzung auf eine bestimmte Suchtform besteht nicht. Die durchschnittliche Aufenthaltsdauer beträgt 12 Monate. Die Betreuung erfolgt durch 4 Sozialarbeiter/innen und Pädagog/innen (z T. Teilzeit), der Schlüssel Mitarbeiter/Klient ist 1:5,5.

Im Freizeitbereich arbeiten wir anleitend und unterstützend. Neben jährlichen Ferienfreizeiten und gelegentlichen Grill- oder Spielabenden und Cafebesuchen beschränken sich die Mitarbeiter auf Anregungen und auch finanzielle Unterstützung, vor allem, wenn mehrere Bewohner zusammen etwas unternehmen möchten.

Im Frühsommer 1990 äußerten 4-5 Bewohner das Interesse, gemeinsam Musik zu machen. Einige hatten früher in Bands gespielt und besaßen Instrumente. Als größtes Problem stellte sich die Suche nach einem Übungsraum heraus. In Frankfurt ist dieser „Markt" katastrophal, ohne Verbindungen ist kaum etwas zu finden.

Nichtsdestotrotz bemühten sich einige Bewohner, gemeinsam kreativ zu werden und sich selbständig ein Betätigungsfeld zu schaffen. Uns Mitarbeitern schien dies sehr unterstützenswert. Wir stellten deshalb die brachliegende Töpferei im Keller für den Ausbau als Proberaum zur Verfügung. Die Bewohner räumten den Raum aus, renovierten ihn, bemalten die Wände und einige Möbel bunt und gestalteten eine ihnen angenehme Atmosphäre. Zusätzlich wurden die Türen und Fenster provisorisch geräuschgedämmt (hier steht Grundlegendes noch aus).

Nach einer Probierphase verschiedener Bewohner bildete sich recht bald, im Sommer, eine feste Gruppe heraus, die, in der Besetzung Bass / Gesang, Gitarre, Schlagzeug und Keyboard, Blues zu spielen begann. Das Ganze nahm immer verbindlichere Formen an, es wurde regelmäßig geprobt und an einem Programm gearbeitet. Auch der Auszug von zwei Mitgliedern änderte daran nichts, sie machen weiter mit. Die Ausstattung mit „Gerät“ ist nicht sehr gut. Einiges organisierte die Band selbst, finanzielle Unterstützung im Rahmen des Möglichen erhielten sie vom Haus.

Neben zunächst nachgespielten Stücken spielt die Band heute auch Selbstgeschriebenes und das Programm wächst. Seit einem dreiviertel Jahr üben die „Lasting Values“ regelmäßig einmal in der Woche, häufig öfter. Die einzelnen üben für sich, Plakate und Aufkleber werden entworfen, Demobänder eingespielt. Die Band hat für ihre Mitglieder einen hohen Stellenwert und wirkt eindeutig stabilisierend und befriedigend.

Die Rolle der Mitarbeiter ist die von Gesprächspartnern, die auf Sorgen und Nöte eingehen, aber auch bestärken und anregen, etwa, sich in Richtung „Auftritte“ zu orientieren. Im Frühjahr '91 nahm die Band Kontakt zu einer freien Offenbacher Musikinitiative auf und hatte darüber ihren ersten Auftritt. Das Mitarbeiterteam organisierte die Werbung innerhalb des Trägervereins, ein Rundschreiben wurde an alle Einrichtungen des Therapieverbunds mit dem Angebot von Auftritten der Gruppe bei Festen etc. verschickt. Seither werden Auftrittsmöglichkeiten angeboten und wahrgenommen.

Die Musiker zeigen in ihrer Beteiligung an der Band ein Maß an Beständigkeit und Initiative, wie es bei unserer Klientel nicht die Regel ist. Mit unserer Unterstützung arbeiten sie im Prozeß des gemeinsamen Musikmachens auch an „ihren Themen“, wie sie Anfangs skizziert sind.

Klaus Hartgenbusch

Erfahrungen mit Rockmusik in der Drogenarbeit

1. Die Entwicklung des Musikprojektes

Seit sieben Jahren arbeite ich in der Jugend- und Drogenberatungsstelle für den Main-Taunus-Kreis in Hofheim als Streetworker, speziell für die offene Drogenszene. Gleich am Anfang habe ich die Erfahrung gemacht, daß es wenig Sinn hat, mit Leuten, die problematisch Drogen konsumieren oder teilweise auch schon süchtig Drogen konsumieren, dauernde Theoriegespräche über Drogen zu führen. Das gibt keinen Sinn, weil auf der Drogenszene die Droge sowieso den ganzen Tag über alle Themen bestimmt. Und da habe ich mir überlegt, daß es besser wäre, mit den Leuten in eine andere Form von Kommunikation einzutreten, und da bin ich auf die Musik gekommen, weil ich selber Musiker bin und mir das halt am nächsten liegt. Zu der Zeit gab es in Hofheim direkt in der Nähe der Drogenszene ein Straßencafe und dort habe ich einfach angefangen, jeden Tag immer mal so ein bißchen Musik zu machen, teils mit meiner Gitarre, aber dann habe ich auch, als ich gemerkt habe, daß die Leute Interesse daran hatten, irgendwie mitzumachen, aber kein Instrument beherrschen, Eintöner, also kleine Orff-Instrumente und in zunehmendem Maße immer mehr Percussion-Instrumente angeschafft, Timbales, Congas, Schellenkränze und was man alles so zum Rappeln und Klappern gebrauchen kann. Es lief dann eine ganze Weile so, ein, zwei Sommer, daß wir zusammen mehr oder weniger Trommel-Tam-Tam gemacht haben. Das ging sehr gut, auch aus meiner Sicht als Drogenberater, als der ich beschäftigt war, denn man konnte feststellen, daß gemeinsames Musizieren eine ganz gute Möglichkeit ist, Vertrauensbasis zu den Leuten zu schaffen und eine Beziehung aufzubauen, die wichtig ist für den Moment, in dem jemand mal ernsthaft über Veränderungen in seinen Konsumgewohnheiten nachdenkt. Aus den Gruppen hat es immer mehr Leute gegeben, die ein anderes Instrument lernen wollten, meist Gitarre oder Schlagzeug oder irgendwas, was man in der Rockmusik antreffen kann. Instrumentalunterricht habe ich nicht gegeben. Ich habe die Leute beraten, wie sie am besten vorwärtskommen können und letztendlich gab es eine Band, die sogar ziemlich gut geworden ist. Zwei Leute waren mittlerweile sogar in Berkley an der Jazz-Uni und haben eine ganze Menge gelernt. Ich nehme an, daß dies durch die Arbeit ausgelöst wurde.

Für die Leute, die am Anfang, als ich sie kennenlernte, keine andere Möglichkeit hatten, sich eine persönliche Exstase zu verschaffen als durch Drogen, war die Musik ein sehr gutes erlebnispädagogisches Feld. Erlebnispädagogisch insofern, als sie unbedingt Musik machen wollten, die Möglichkeiten dazu da waren, es zunächst aber trotzdem nicht richtig lief. Dann sind sie dahintergekommen, daß es nicht deshalb nicht klappt, weil ihnen irgendjemand irgendwas verweigert, irgendwelche Ämter ihnen irgendwelche Auflagen machen oder irgendwelche Betäubungsmittelgesetze ihnen irgendwelche Verhaltensweisen vorschreiben, sondern sie haben festgestellt, daß sie einfach aufgrund ihres problematischen Konsums daran gehindert werden, irgendetwas zu tun, was auch Spaß macht. Und das war ein ganz guter Einstieg, mit den Leuten in Gespräche zu kommen, wirklich darüber nachzudenken, ihr Suchtproblem oder ihre Drogengefährdung einfach sinnvoll anzupacken. Und da konnte man beobachten, daß Leute, die wirklich von der Musik gepackt waren, plötzlich einen guten Grund hatten, ernsthaft über die Sache nachzudenken. Und so läuft das Projekt bis heute. Es hat eigentlich wenig Struktur, weil es oft nicht viel Sinn hat, mit den Leuten Termine auszumachen, sondern man trifft sich meistens sporadisch, wenn man sich gerade sieht und verabredet sich für den Abend, daß man irgendwo zusammen Musik macht. Hier bei uns in den Räumen der Drogenberatungsstelle ist das zum Glück möglich, aber es gibt auch andere Möglichkeiten, im Haus der Jugend oder privat irgendwo einen Proberaum zu kriegen. Bei den Gruppen selbst, wenn sie sich gefunden haben, mische ich mich kaum ein, sondern versuche, Tips zu geben, wenn Fragen auftauchen. Und so läuft „Musik" in meinem Projekt bis heute.

2. Grundsätzliche Überlegungen zum Thema „Popmusik in der Drogenarbeit"

So ungefähr nach 6 Jahren Drogenarbeit ist mir eigentlich das erste Mal gedämmert, daß wir Drogenberater dauernd nur reagieren, d.h., daß wir immer auf Dinge reagieren, die als problematisch an die gesellschaftliche Oberfläche blubbern. Und da bin zu folgender Fragestellung gekommen: Wie muß der Mensch aussehen oder wie muß der Mensch heranwachsen, der diese Konfrontation mit einer Flut von Konsumgütern im allgemeinen, aber auch einer Flut von Drogen, von Suchtmitteln, legalen und illegalen, wie muß der Mensch aussehen, der diese Konfrontation gesund überstehen soll? Und ich denke, daß derjenige diese Konfrontation am gesundesten überstehen wird, der die Chance hatte, als kleines Kind und als Jugendlicher ganz und vollständig heranzureifen. Gemeint ist damit, daß er nicht nur zum Kopftier entwickelt wird, das irgendwann den Drohungen des numerus clausus trotzen kann, der nicht nur lesen und schreiben und rechnen lernt, weil sich das hinterher volkswirtschaftlich in Geld umsetzen läßt, sondern der auch die Möglichkeit bekommt, seine kreativen Potentiale zu entfalten und sein Gefühlsleben gesund zu entwickeln. Und wenn man da genauer hinschaut, sind die gesellschaftlichen Tendenzen eigentlich das genaue Gegenteil, denn unsere Kinder und Heranwachsenden und wir selber werden zu „Konsumidioten" abgerichtet. In unserer Gesellschaft ist mittlerweile alles instant. Es ist alles fertig. Man muß aus sich selbst nichts mehr selbst hervorbringen. Wenn ich Musik hören will, gibt es einen Schlitz, wenn ich was sehen will, gibt's einen Schlitz, und wenn all diese Schlitze nichts mehr hergeben, dann ist der Mund auch ein Schlitz, wo ich was rein tun kann instantmäßig, wo es mir dann gutgeht mit Drogen und alles plötzlich schön bunt ist. Und das meine ich, ist eine fatale Sache. Weil ich denke, alle Leute sind auf irgendeine Art auf der Suche nach dem Kick. Den einen kickt seine Arbeit, den anderen kickt seine Familie, den anderen kickt's, wenn er am Flipper steht, den kickt's, wenn er sein Auto poliert, einer kickt sich mit Drogen, ein anderer kickt sich mit Horrorvideos usw. Das Problem dabei ist, daß derjenige, der alles fertig vorfindet und nix mehr selber machen muß, diese Fähigkeit, etwas selber herzustellen, sich den Kick selber zu machen auf welche Art auch immer, gar nicht erst erlernt oder verlernt. Und solche Leute sind besonders offen für den Kick der Droge. Und deswegen ist für so jemanden, der vielleicht eine solche Sozialisation durchlaufen hat, der eigentlich gar nichts kann, außer konsumieren, für den ist das wirklich eine Sensation, wenn er plötzlich feststellt, daß er mit einiger Mühe, und da sind die Durststrecken am Anfang ziemlich groß, daß er es dann aber doch hinkriegt, daß er auf einem Instrument selber irgendwas zum Klingen bringen kann, was mit ihm selbst in einer positiven Resonanz ist. Und damit kurbelt er seine eigenen Endophine an, also körpereigene Halluzinogene, d.h., er turnt sich selber an. Und das ist für ihn schon eine sensationelle Erfahrung. Bei vielen ist die Erfahrung so sensationell, daß sie ihre Drogenproblematik u.U. geregelt kriegen. Da ist Musik natürlich nicht das Allheilmittel. Das kann anderes sein. Es geht letztendlich darum, den Leuten zu zeigen, daß unsere Konsumideologie, daß alles schöner wird, wenn ich mir irgendwas instantmäßig reinziehe, daß das ein Lug und Trug ist und daß man das auch durchbrechen kann. Aus diesem Grund finde ich Musikmachen, ohne das gleich groß therapeutisch zu nennen, eine gute und wichtige Sache in der Arbeit mit Suchtmittelgefährdeten und Suchtmittelabhängigen, aber auch und besonders im präventiven Bereich.

Harald Linnemann

„Azubis in Concert" — Die Rockbands des Ausbildungsverbundes Metall Rüsselsheim

Diego am Schlagzeug wirkt angestrengt und leicht irritiert. Sein Rhythmus wird eckiger und hektischer. Gürol trommelt was das Zeug hält auf den Congas und schmettert seine türkische Gesangsimprovisation lautstark ins Mikrophon. Michael, der Keyboarder, schaut etwas ratlos auf seine Finger, die dem Synthesizer Klänge entlocken, die sich irgendwie schräg anhören: eigentlich sollten sie — seine Finger — ganz andere Tasten drücken, so wie im Bild seiner Unterlagen. Aber irgendwie sind Gucken und Fingersetzen noch nicht immer koordinierbar. Pino, der Bassist, spielt unbeirrt solcher „Kleinigkeiten" seine Improvisationsläufe — je freier desto besser —, und laut, aber undeutlich hört man Martin, den Sänger, etwas von „das hab ich mir aber irgendwie anders vorgestellt" ins Mikrophon brummeln. Inzwischen hat Diego den Takt völlig verloren, Pino improvisiert jetzt noch freier, Michael begibt sich auf der Suche nach neuen Sounds auf den langen Marsch durch die 99 Programme des Korgs, Gürol traktiert mit Begeisterung und in Hochform Becken und Bongos (immerhin hat er aufgehört zu singen) und Martin, der musikmäßig „deutscheste" Rocker der Band, wendet sein Haupt mit Grausen vom Mikrophon.

Dazwischen — musikkulturell gesehen — ich, Harald, Werkschullehrer für Mathematik und Physik und im Bereich Kunst und Kultur (Foto, Video, Zeichnen, Theater, Musik). Anleiter für unsere beiden Auszubildendenbands. In beiden spiele ich die Leadgitarre.

„Also laß es uns noch mal probieren, versucht zu erkennen, wann der Martin singen will, wann Platz ist für Improvisation, für Gürols Gesangslinie... eins, zwei, drei, vier...".

„Bei dem chaotischen Getrommel kann doch kein Mensch den Takt halten", schreit entnervt Diego. „Warum denn nicht, kannst du nur nicht, weil du nicht willst", hält Gürol dagegen, dazwischen Martin, „er wolle doch eigentlich so richtige Musik machen" — und 99 Soundprogramme durchgecheckt können nerven...

Zigarettenpause, Geplänkel um Musikkulturen, Diskussionen — nicht ausgefeilt, wortreich und fair geführt — aber ein Anfang.

Musik und berufliche Bildung

Oft werden wir verwundert gefragt, was denn um Himmels willen so etwas wie Kunst und Kultur mit einer Ausbildung zum Betriebsschlosser(in) zu tun hätte. Dem stehen Überlegungen zugrunde, die auf folgenden Punkten basieren:

In der beruflichen Bildung werden neben den herkömmlilichen fachlichen Qualifikationen in immer stärkerem Maße auch Qualifikationen erforderlich, welche es den Auszubildenden und späteren Facharbeiter(innen) ermöglichen sollen, in einem immer komplexer werdenden Sozialgefüge handlungsfähig und flexibel mit Arbeit und sozialem Umfeld umzugehen. Dabei werden sowohl im fachpraktischen als auch im fachtheoretischen Bereich unter Hinzunahme der sogenannten Neuen Technologien die Anforderungen an die Auszubildenden in starkem Maße heraufgesetzt. Haben es Schulabgänger mit einer „geglückten" Schulsozialisation — sprich Schulerfolgen — schon relativ schwer, stellt sich die Lage für unsere Zielgruppe, sogenannte benachteiligte Jugendliche, erst recht als ziemlich düster dar. Wenn sie dennoch eine Ausbildungsstelle, wie zum Beispiel bei uns, dem Ausbildungsverbund Metall, finden und mit Lernanforderungen konfrontiert werden, verfallen sie oft in bereits seit längerem gewohnte Verhaltensmuster wie Undiszipliniertheit, Vereinzelung, Chauvinismus oder geringe Lernmotivation.

Da kann und soll die gemischt nationale Zusammensetzung unserer Auszubildendenband schon mal zum Kristallisationspunkt für die Konflikte des Miteinanders der verschiedenen Kulturgruppen werden.

Der „AVM" wurde gegründet, um benachteiligten Jugendlichen eine außerbetriebliche Ausbildung zu ermöglichen. Im Ausbildungsverbund gibt es zur Zeit zwei Ausbildungsbands. Die eine davon besteht gemischtnational nur aus Männern, die zweite ist eine (fast) reine Frauenband. Die Instrumente sind nach Neigung frei gewählt, alle MitgliederInnnen sind reine AnfängerInnen. Im einzelnen bestehen die Bands aus folgenden Mitgliedern:

Pino, Italiener. an der Baßgitarre;
Diego, Spanier, am Schlagzeug;
Martin, Deutscher, am Gesangsmikrophon;
Gürol, Türke, Percussion und Synthesizer;
Michael, Deutscher, Gitarre und Synthesizer.

Die zweite Band (Frauenband) besteht im einzelnen aus:

Petra, Deutsche, Gesang;
Christiane, Deutsche, Synthesizer;
Silvia, Deutsche, Drums;
Silvia, Deutsche, Gitarre;
Pino, Italiener, Bassist.

In beiden Bands spiele ich notgedrungen die Leadgitarre und leite zum Teil im Einzelunterricht die Auszubildenden an den Instrumenten an. Beide Musikgruppen proben während der Arbeitszeit, meiner Meinung nach unverzichtbarer Anspruch an die wirkliche Gleichstellung von Rockmusik mit etablierteren Kunstformen in der Ausbildung, wie Video, Fotografie, Theater usw.

Die Musik, die wir machen, ist eine merkwürdige Mischung aus zum Teil traditionellen Elementen von Gitarrenrock und percussiven Ausflügen in türkische, spanische und italienische Musikmuster. Ich will nicht behaupten, daß dieses nun eine besonders gut gelungene Melange der unterschiedlichen Kultursozialisation der BandmitgliederInnen ist, sorgt es doch immer wieder für Frustrationen und Unmutsäußerungen einzelner, wenn plötzlich der Drummer ob der türkischen Art der Synkopierung aber auch keine zwei Takte mehr gegen die Percussion anspielen kann. So ist es für popmusikgewohnte Ohren recht seltsam anzuhören, wenn Heavy-Metal-Rock mit türkischen improvisierten Gesängen kombiniert wird.

Musik als Medium

Natürlich streiten wir untereinander darüber — aber wann streiten unsere Jugendlichen über ihnen fremde Kulturen sonst, gewöhnlich werden sie einfach als Anatolgejaule usw. abgelehnt — eine Auseinandersetzung findet normalerweise nicht statt. Hier sehe ich einen guten Ansatz, über das Medium Musik, welches für die Auszubildenden sehr wichtig und trotzdem lustbetont ist, in einen Austausch unterschiedlicher Empfindungen und Hörgewohnheiten einzutreten: Ein Weg, die „Anatols“ und „Marokks“ mit ihren fremden Musikklängen und darüber bestimmter Ausgrenzung und Stigmatisierung über die musikalische Akzeptanz besser zu verstehen, und zwar über das folkloristische Maß hinaus.

Natürlich (?!) tendieren wir in der Männerband eher zu traditioneller Rockmusik, wenn es an die Erarbeitung „richtiger“ Stücke geht. Unsere Männerband will vorzeigbar sein (z.B. in Jugendhäusern spielen), und da kann man nach ihrer Vorstellung mit fremden Klängen nicht landen. Ein wichtiger und berechtigter Aspekt, wenn man bedenkt, daß unsere Bands, wenn überhaupt, als Zuhörer-Zielgruppe Leute ihres Alters, vornehmlich Jugendhausbesucher, im Auge haben, und da ist experimenteller Kram wenig oder besser gar nicht angesagt.

Ein Zwiespalt also für mich als Anleiter, einerseits im Auge zu behalten, was der Band wichtig ist, andererseits aber auch die Auseinandersetzung mit Ungewohntem einzufordern. Aber diese Gratwanderung, zwischen dem Einfordern der Auseinandersetzung mit Neuem und dem Eingehen auf gewohnte Lernformen der Auszubildenden, gehe ich in meinem anderen Unterricht auch.

Seit dem letzten Rockwochenende des Ausbildungsverbundes Metall im Rahmen seiner Freizeitarbeit in einer hessischen Jugendbildungsstätte, mit 13 interessierten Auszubildenen aus dem ersten und zweiten Ausbildungsjahr, gibt es neuerdings eine (fast) reine Frauenband. In Ermangelung einer weiblichen Bassinstrumentalistin sprang der Bassist der Männerband — Pino — ein. In dieser Band sind, wohl aufgrund der fast durchgängig deutschen Nationalität, Konflikte um fremde Klangmuster weniger oder gar nicht angesagt.

Hier ist es viel leichter, einmal etwas Neues einzubringen, nationale Konkurrenzen sind deutlich weniger bzw. fast gar nicht vorhanden. Da erweckt ein Stück mit türkischem oder spanischem Einschlag eher den neugierigen Wunsch nach Kennenlernenwollen, und da muß auch schon mal ein Rap-Rhythmus herhalten zu ersten, zaghaften Versuchen, mit der Stimme etwas anderes zu machen als gewohnt.

Erstaunlich auch, wie gespannt — und zufrieden — wir sind, wenn wir unseren Rap ganz ohne technische Tricks und eigentlich eher dilettantisch durchgespielt haben und zwischendrin mal die eine oder andere — oder auch ich — nicht so recht wußten wo es nun lang ging. In dieser Band messen wir uns viel weniger an den tagtäglich vorgeführten Plattengrößen. Wir wissen, daß wir nur eine Amateurband sind, daß unser Sound in keinster Weise mit dem gewohnten Discplayersound vergleichbar (anstrebbar) ist.

Unsere Frauenband kann sich freuen, wenn es eine gute Probe war, natürlich haben sie in ihrer Freizeit viel dafür getan... Drums in der WG-Küche mit improvisiertem Möbelschlagzeug, Keyboard auf dem kleinen Mini-Casio daheim... Ich will nicht behaupten, daß nun in dieser Band alles bestens ist; aber nur über die rein deutsche Nationalität und damit wegfallenden Konflikten gegenüber der Crack-Band ist der Unterschied sicherlich nicht erklärbar.

Meine Anforderungen an die Übungszeiten und die Spieltechnik sind eigentlich in beiden Bands gleich hoch.

In beiden Bands forciere ich die Auseinandersetzung mit fremden, ungewohnten Musikkulturen. Werden die Frauen mit zunehmender technischer Fertigkeit am Instrument ihre Erwartungen an die musikalische Perfektion ebenfalls höher schrauben? Werden sie sich dann immer noch als Frauengruppe in einer von Männern dominierten Berufswelt verstehen? Oder haben sie, die Frauen, es in diesem einen Punkt der Ausbildung leichter, weil meine Anforderungen an diese Band von ganz anderer Art sind als ich sie von den Mitgliedern der Männerband einfordere?

Fragen, die zu beantworten ich erst in absehbarer Zeit in der Lage sein werde. Zu neu ist die Gründung einer Frauenband im Ausbildungsgeschehen, im Ausbildungsverbund Metall. Zu gering auch meine Erfahrung mit der Anleitung einer Frauenband. Eines jedoch ist beiden Bands unabhängig von ihrer Zusammensetzung gemeinsam, nämlich daß es ungeheueren Spaß bereitet, zusammen Musik zu machen, nach dem Motto: We know it's only Rock ‚n' Roll, but we like it.[43]

Winfried Nacke

Kebabträume im Elektrodschungel. Erzählungen aus dem multikulturellen Leben

1. Bunte Republik Deutschland

Wiesbaden, Mittwoch, 17.01.1990. Kurz nach 21.00 Uhr mitteleuropäischer Zeit. In der ausverkauften Rhein-Main-Halle stimmt das Panik Orchester die „neue deutsche Hymne“ an. Egal ob fescher Deutscher, schöner Türke, Chinese oder Irokese oder oder..., uns Udo besingt sie, die Bunte Republik. Hinter der Bühne, zum Teil mit bodenlosen Lodenhosen, in welchen die Hoden vor lauter Aufregung zittern, einige Türken, Marokkaner, Deutsche, Ungarn, Polen; Musiker und Musikerinnen, Jongleure, Feuerspeier, Zauberer und Tänzerinnen: Die Band ELEKTRO-DSCHUNGEL. Sie folgte der Einladung des örtlichen Managements. Die Botschaft des Paniksongs soll im Mittelteil des BRD-Stückes mit ihnen Gestalt annehmen. Natürlich ohne Gage; dafür ein paar Freikarten für die eigenen Fans, und was tut man nicht alles für die eigene Promotion, das Erlebnis, mal vor ein paar tausend Leuten gespielt zu haben und für die Vision des Stars des Abends, die ja auch Teil der eigenen Visionen ist. In jedem Fall: richtig schwer was los.

Die Muskelpakete, die ansonsten die Türme der Lautsprecher in die rechte Position rücken, drücken und schieben die Akteure des Spektakels auf die vorgeschriebenen Plätze. *Zack-Zack,* es muß schnell gehen. Das eine Kabel raus, das andere rein. Drei Stücke, jeweils geraffte Versionen, will die multinationale Band „ELEKTRO-DSCHUNGEL“ zum Besten geben. Ein deutsches, ein marokkanisches und ein türkisches, mit dem üblichen Bühnenzauber drumherum, auf daß es richtig bunt werde. So war es in jedem Fall mit irgendeinem Chargen von „Lippmann & Rau“ besprochen, der mit dem üblichen „alles easy, geht schon klar“ den Eindruck eines reibungslosen Ablaufs bei der Truppe hinterließ. Pustekuchen. Mitten im marokkanischen Set betritt die personifizierte Panik die Arena, der Mann am Mischpult schaltet den Computer und Sequenzer ein und jagt mittels Regler phonstarke Schlagwerkattacken in den Saal. Die Muskelpakete treten wieder auf den Plan und schieben die Bandmitglieder von „Elektro-Dschungel“ ebenso bestimmt raus, wie sie sie vor ein paar Minuten hineingeschoben haben.

Die türkische Fraktion komplett und ein paar andere erboste Mitglieder der Truppe räumen, sich an die Stirn klopfend, das Feld. Die Bauchtänzerin von „Elektro-Dschungel“ gibt nicht auf, und wird den Ablauf des Orchesters stören. Ihr gehen die Muskelpakete nicht ans Fleisch und so gelangt sie ungehindert auf die Bühne, versucht den Star nochmal umzustimmen. Sie schafft‘s zwar nicht, die Gruppe wieder auf die Bretter zu holen, dafür Herrn Lindenberg hinter die Schießbude zu bringen; die beiden kreieren ein Schlagzeug-Tanz-Duett.

Aber die Schlacht war noch nicht geschlagen, die aufgebrachten Dschungler harren bis zum Ende aus und warten ab, bis sich Udo nach dem Auftritt aus der schwer bewachten Künstlergarderobe schält. Man erbost sich, es gab weder was zu trinken, noch was zu essen. Ob das im Sinne der „Bunten-Konzeption" sei? Nönö, das täte ihm echt leid. Man erfährt, daß in der Hierarchie des Show-Business die Informationen nicht so geflossen waren, wie sie wohl sollten. Die Vision des Stars war einigen Ausführenden wohl eher ein unliebsamer Klotz am Bein; und dann zählt der Trupp 15 Leute, da soll noch einer durchblicken. Und man erfuhr, daß die abrupte Unterbrechung dadurch zustande kam, weil die langjährige Konzerterfahrung den Meister sensibel gemacht hat. Sensibel dafür, was für eine unaussprechliche Stimmung sich gerade im Saale ausbreitet. Nach vielem Hin und Her muß der verschwitzte Bodyguard einen der lose in der Tasche zusammengeknüllten Tausendmarkscheine an der Kasse wechseln gehen. Die Jungs und Mädels sollen wenigstens noch was zu essen und zu trinken kriegen. Und vier Wochen später, beim Abschlußkonzert der BRD-Tour, wollen sich Udo Lindenberg und die Tourneeleitung revanchieren. „Elektro-Dschungel" soll nochmal dabei sein. Da läuft zwar einiges besser abgesprochen ab, aber nur einiges. Nur sieht man das Ganze jetzt schon viel nüchterner. In der großen Welt der „Multi-Kulti-Show", spiegelt sich die Welt des kleinen „Multi-Kulti" wider. Wie gesagt, wie in New York City: war richtig, wahrlich richtig schwer was los.

2. Die Wahrheit und nichts weiter als die Wahrheit über Tausend und Einen Traum

Zeit: 1984 n. Chr. Ort: Wiesbaden, exakter: WJW (Wiesbadener Jugendwerkstatt) GmbH; Ausbildungseinrichtung der Stadt.[44] Drinnen in den kahlen Büros bekommen die sozialpädagogischen Mitarbeiter den Arbeitsauftrag, neben dem Berufspädagogischen ein Freizeitangebot als ergänzende Maßnahme zur Berufsausbildung zu „konzipieren". Neben Sport und Kochen soll musiziert werden. Das entspricht den Neigungen eines Kollegen und überhaupt hat auch schon Carl Orff mit seiner Musik „ganzheitlich" auf Menschen eingewirkt. Die „therapeutische" Wirkung von Musik wird betont, Aggressionsabbau, Identitätsfindung und Einübung sozialen Verhaltens.

Derweil draußen: Mittagspause, die gerade erst 18jährigen sitzen in ihren Karosserien, Fensterscheibe runtergekurbelt, die HiFi-Anlage knistert und rappelt von den Schwermetallriffs der Gruppen Scorpions und Metallica. Schräg gegenüber wippen die Füße unaufhaltsam zum Hip-Hop-Beat eines Grandmaster Flashs und L.L. Cool J. Zwei Autos weiter türkischer „Arabesque" alla Nese Karaböcek und Ibrahim Tatlises. Ein Marokkaner hört über Walkman die neusten Songs von Lem Chaheb oder Cheb Mami. Zwei Mädels sitzen im Hof und tuscheln und gickeln.

Drei Tage später. Feierabend. Zwei Auszubildende der Schneiderinnnenfraktion erscheinen pünktlich mit Wanderklampfen zum Musikkurs. Sie wollen ein paar Griffe lernen, um „Sag mir wo die Blumen sind“ und „Morning has broken“ spielen zu können. Ein paar türkische Jungens kriegen das mit und tauchen ’ne Woche später ebenfalls pünktlich auf; die bisher unerreichbaren, aber heiß begehrten Damenschneiderinnen scheinen in greifbare Nähe zu rücken. Allerdings bringen sie keine Gitarren mit. Es wird rumgeschubst und gelacht, gekitzelt und „lass das“ gerufen und C-Dur und A-Moll vorerst zur Nebensache erklärt.

Nach ein paar Wochen ist das anfängliche Gebalze einer etwas nervtötenden Langeweile gewichen. Man besinnt sich, daß man sich ja doch zum Musikmachen getroffen habe. Nur was für eine ist nicht ganz klar. Die Idylle der Lagerfeuersongs macht die beiden Türken nicht so recht an. Mangels Instrumente werden Abfalleimer, Schultische und -stühle benutzt, auf denen zum Gesange türkischer Volksweisen vertrackte Rhythmen geklopft werden. Die Mädels sind schlicht und einfach hingerissen.

Der Sozialpädagoge ist von den Melodien begeistert und bringt beim nächsten Mal Querflöte und Saxophon mit. Die Türken schleppen einen Kollegen ’ran, der Saz spielt. Das Instrument kann er sich ab und an vom Nachbarn leihen. Zwei deutsche Jungs kriegen Wind von der Geschichte und zeigen Lust mitzumachen. Der eine beherrscht ein paar Akkorde auf seiner Elektrogitarre und ist Fan von Hendrix und Clapton. Der andere ist scharf auf eine der beiden Frauen, auf welche, ist noch unklar; jedenfalls will er Gitarre lernen, aber sowas wie Tutti Frutti von Elvis Presley. Ein Marokkaner aus der Berufsvorbereitung hat abends Langeweile und will ebenfalls mitmachen. Er hat schon mal ein paar Gedichte geschrieben und singt sie, derweil er sich, auf einer Saite der Gitarre spielend, begleitet. Irgendwann ist man das Rumgeklopfe auf den Stühlen leid; man will richtige Instrumente, aber das nötige Kleingeld fehlt. Zum Glück hat die Geschäftsführung Interesse an derartigen Aktivitäten und es kommt zum Pakt; der Betrieb stellt Geld zur Verfügung. 3000,— DM, um einen Grundstock an Instrumentarium anschaffen zu können, dafür soll die Truppe bei offiziellen Anlässen ein Stelldichein geben. Bei den Elektrikern wird noch ein Eriträer aufgegabelt. Der ist Schwarzer und in einer modernen Band gibt‘s immer Schwarze, die für den richtigen Rhythmus sorgen und Conga spielen, denn Schwarze haben den Rhythmus im Blut, also muß der Mann in die Band rein, ist doch logisch, oder? Der weiß zwar noch nicht, wie er mit dem Trommelpaar umgehen soll, aber das will er lernen, denn er will mal in einer Reggae-Band spielen.

Im Haus der Jugend wird ein 12 qm großer Raum zum Proben zur Verfügung gestellt. Da tummeln sich bald 12 Leute neben angeschafften und zusammengebettelten Instrumenten und zwei Verstärkern. Da sind 2 Gitarren, 2 Mikros, der Bass, das Saz und ein Keyboard angestöpselt. Letzteres hatten sich zwar alle gewünscht, aber keiner will die Bedienung übernehmen. Das müßte nämlich von Klein auf gelernt werden. Auch der Baß und die Kleininstrumente, wie Rasseln und Tambourin, finden keine richtigen Anhänger. Instrumente zweiter Klasse, die nicht im Vordergrund stehen; sie werden widerwillig, dafür aber schnell von einem zum anderen geschoben. Keiner weiß so richtig, wie das Saz gestimmt wird. Eine Sazschule könnte hilfreich sein, ist aber im gesamten Rhein-Main-Gebiet nicht aufzutreiben. Stundenlange Diskussionen, welchen Tönen vom Keyboard die Saiten des Saz angepaßt werden sollen, folgen. Da haben’s die Trommler einfacher, sie kommen und können ohne großen Aufwand Schlagzeug, Dabourka, Bongos und Congas deftig bearbeiten. „Ruhe“ wird in den nächsten Wochen zum meistbenutzten Wort der Saiteninstrumentalisten, das sich immer wieder in die Streitgespräche um die Stimmung des Saz einschleicht. Mal ist es zu hoch, mal zu tief. Letztlich stellt man dann immer wieder fest, daß mit diesem Instrument keine Rockmusik zu spielen ist, aber auch zum Marokkanischen paßt es ja nicht, da bräuchte der Mann, Ali heißt er, schon ein Oud. Ali scheint das nicht ungelegen, was soll er sich mit Rock'nRoll und nordafrikanischer Melodik abmühen, wo er doch anfangs Mühe und Not hat, die türkischen Volksweisen schwungvoll zu spielen. Daran ändert sich auch nichts, als endlich die langersehnte Sazschule von jemandem aus Istanbul mitgebracht wird. Immerhin verringert das die Diskussionen um die Anzahl der Schwingungen der Saite, hier steht's schwarz auf weiß, welche Saiten wie zu klingen haben. Und die Gitarren, die passen trotz einwandfreier Stimmung nicht zum Saz, werden ja auch kaum in der türkischen Musik gespielt.

Die Mädchen haben inzwischen den Wunsch, Gitarre zu lernen, an den Nagel gehängt, zugunsten der Entscheidung, Chorgesang und Go-Go zu praktizieren, was von den Jungs mit Beifall quittiert wird. Ein paar Monate später fordert der Betrieb seinen Tribut. Ein kleines Fest soll zu Gunsten der Neuanfänger veranstaltet werden, sie sollen sich direkt heimisch fühlen. Die Truppe hat weder ein festes Stück, noch einen Namen. Man beschließt, das letztere der Probleme zuerst zu lösen; noch 5 Wochen bis zur Uraufführung. Die einen wollen „1001 Nacht" heißen, das klingt den anderen zu süßlich, „Megapower" ist ihr Favorit. Ein anderer Vorschlag ist „Makaber".

Die Türken weigern sich, da es im Türkischen „verrückt" bedeuten würde, und als Verrückte wollen sie sich nicht verstanden wissen. Der bandeigene Mixer, der allerdings noch nicht über sein Instrumentarium verfügt, schlägt vor, den Verein doch „International Electrique" zu nennen, schließlich, so argumentiert er, würden ja von verschiedenen Nationen elektrische Instrumente benutzt. Das Internationale ist zu abstrakt, aber an Elektro ist was dran, wie im Leben, ständig unter Strom, und das Leben ist wie in einem undurchdringbaren Wald. Wald klingt so harmlos, also wählt man Busch. Nach drei Wochen steht der Name fest: „Elektro-Busch". Nun aber ran an die Stücke, die werden notdürftig zusammengeschustert, die Türken spielen ihr Türkisch, die Deutschen Rock'n' Roll, der Marokkaner und der Eriträer passen sich mal hier, mal da an. Im Freundeskreis und in der Werkstatt wird Reklame gemacht, die Leute sollen kommen und hören und staunen. Die Mundpropaganda bleibt nicht ohne Folgen. Noch ehe der erste Auftritt absolviert ist, ist schon ein zweiter klargemacht, in einer örtlichen Schule mit hohem Ausländeranteil.

Auftritt der Erste: WJW, die Mädchen ziehen es vor, den Jungens das Feld zu überlassen, sie fühlen sich noch nicht so sicher und überhaupt könnten sie ja gar nicht singen. Da hilft auch das gute Zureden der Jungs nichts. Die rackern sich ab. Die kritischen Stimmen der WJW-Jugendlichen befinden, „Rock'n Roll: nicht schlecht, Kümmelpop: naja". Denen will man's zeigen, ab sofort sei nur noch Hillbilly angesagt, was aber angesichts der Tatsache, daß 14 Tage später der zweite Auftritt folgen soll, unmöglich zu realisieren ist.

Auftritt der Zweite: Aula einer Schule, hoher Ausländeranteil, Rock'n' Roll naja, zu den türkischen und marokkanischen Melodien wird getanzt, welch ein Erlebnis; klar, es bedarf keiner Diskussionen mehr, der Anerkennung des Publikums soll Rechnung getragen werden. Rock'n' Roll ade, Türkenpop vorwärts.

Örtliche Institutionen beobachten das Treiben auf der Bühne wohlwollend, wie friedlich und einträchtig doch die verschiedenen Nationen miteinander umgehen können, weitere Auftrittsangebote kommen; neben den kleinen Honoraren gibts auch einen Zuschuß vom Land, zwecks Bau einer Gesangsanlage, die in den hauseigenen Werkstätten konstruiert wird und den Mixer endlich zum gleichberechtigten Mitglied bei der Probe werden läßt. Dafür ist nun der Proberaum zu klein. Glücklicherweise muß die WJW umziehen; im neuen Gebäude kann sich die Truppe ein 25 qm großes Territorium im Keller sichern, Auflage: Isolierung und Ausgestaltung des Raumes in Eigeninitiative.

Anstelle des Musizierens folgen 3 Monate Holz- und Maurerarbeiten, die weniger enthusiastisch angegangen werden. Die Türken meinen, die Araber machen zu wenig, die Deutschen meinen, die Hawaks hätten keine Ahnung, wie was angebracht werden müsse, die Marokkaner meinen, daß die Türken bei schweren Teilen nie anfassen würden, und die Mädels sind der Ansicht, das Umbauen sei Jungenssache. Der Sozialpädagoge rauft sich des öfteren die Haare.

Zudem entdeckt jemand, daß es in Wiesbaden ein Elektrofachgeschäft namens Busch gibt, für die wolle er keine Werbung machen, sonst tritt er aus der Gruppe aus. Dieses Problem wird recht schnell aus der Welt geschafft, aus Busch kreiert man „Dschungel". Der neue Bandname: „Elektro-Dschungel". Als der Proberaum endlich fertig ist, beginnt eine neue Ära. Die Leute wollen die Stücke aufnehmen, um sie ihren Freunden zu Hause vorspielen zu können. Der Traum, in die Boxen der Verstärkeranlagen zu gelangen, erwacht.

3. Kebab — und andere Träume

Neue Ideen: Neue Konflikte! Der Hendrix-Fan hat inzwischen seine Koffer gepackt und die Werkstatt auf Anraten der Meister wegen notorischen Zuspätkommens verlassen müssen. Der Nachwuchsgitarrist fühlt sich der Aufgabe nicht gewachsen und will lieber als Toningenieur bei den Studioarbeiten hinter'm Mischpult sitzen. Mohamed will sich nur auf den Gesang konzentrieren und wünscht sich einen Bassisten, der den Baß so richtig knallen lassen kann. Eines der Mädels zieht es vor Mutter zu werden, will zwar bei den Aufnahmen, aber nicht bei den Proben dabei sein. Befreundete Amateurmusiker kommen herbeigeeilt, um das Schiff vor dem Versinken zu retten, ein Bassist, ein Keyboarder und ein Gitarrist mit einschlägigen Erfahrungen im Jazz-Rock-Genre. Das Angebot, mal bei Plattenaufnahmen dabeizusein, ist verlockend, und die Musik der Türken und Marokkaner kann nicht „sooh" schwer sein. Man verabredet ein gemeinsames Probewochenende.

Im neuen Ausbildungsjahrgang sichten die Jungs eine neue Frau für den Chorgesang, mit blonder wallender Mähne. Kurz entschlossen wird sie eingeladen und Wetten werden abgeschlossen, wer es schafft, sich mit der Dame zu arrangieren. Die erscheint und bringt sogar eine Kollegin mit. Die alteingesessenen Damen wittern Verrat und es kommen Gerüchte in Umlauf, wer wen aus- und einspannen will. Zu später

Nachtstunde stehen sich die Herren der Schöpfung aus aller Herren Länder mit Küchenmessern bewaffnet im Hof gegenüber. Man beschimpft sich und droht, und unter dem Gekreische der Damen werden die Bizeps gekreist und die verschiedenen Herkunftsländer für die Pein und Schmach verantwortlich gemacht.

Von gemeinsamer Musik an diesem Wochenende keine Spur. Der Sozialpädagoge versucht krampfhaft, Ruhe ausstrahlend das „Show-Down" zu verhindern und erinnert mit beschwichtigenden Armbewegungen an die verbindende Idee der gemeinsamen Musikproduktion. Das fruchtet nur insofern, als daß sich jeder für sich zähneknirschend zurückzieht. Es fließt zwar kein Blut, aber das Vorhaben wird vorerst mal ad acta gelegt. Es dauert gut 14 Tage, bis sich die Gemüter beruhigt haben. Dann ist die Einheit wiederhergestellt, und es sieht so aus, als hätte nie ein Streitpunkt existiert.

Das Vorhaben „Plattenaufnahme" hat sich rasch in der ganzen Werkstatt herumgesprochen. Die Vorstellung, sich in den schwarzen Rillen oder zumindest auf dem Cover zu verewigen, bringt andere dazu, der Gruppe die Tür zum Proberaum einzurennen. Musiker gibt es aber zur Genüge. Eine Band mit 6 Gitarristen und 4 Schlagzeugern erscheint niemandem attraktiv. Die Ausbildungsleitung der WJW entgegnet dem wegen des Zuwachses nach Hilfe suchenden Mitarbeiter: „Na, dann lassen Sie sich mal was einfallen!"

Also wird aus der Not eine Tugend gemacht. Wie bei einer richtigen Plattenfirma werden Abteilungen gegründet und bald gibt es den hauseigenen Fotografen, die Werbeabteilung, die für Plakate und Presseinfos zuständig ist. Da das Produkt mittels Promotionfete der Öffentlichkeit vorgestellt werden soll, sind Eintrittskarten zu entwerfen. Es melden sich Maler an, die ein Bild für's Cover kreieren wollen, in der Schneiderei werden Stoffreste für die Kostüme gesammelt, in Metall-, Holz- und Elektrowerkstätten Bühnenbild und Dekorationen erarbeitet.

Es soll ein Rahmenprogramm mit orientalischem Flair her. Einige besuchen deshalb noch einen Jonglierkurs, ein paar Frauen studieren Figuren aus dem Bauchtanzrepertoire ein. Abdel, der Zauberer aus der Wüste, entwirft eine Kiste, in welche er vor den erstaunten Zuschauern Leute verschwinden oder andere auftauchen lassen kann. Iraner, Polen, Marokkaner und Deutsche werden für außergewöhnliche Leckereien sorgen, Kokosbällchen, Auberginen mit Mandeln, Couscous, Salate, mmmhhh!!! Künstler, Grafiker und Fotografen aus Wiesbaden klinken sich in die Arbeiten ein und unterstützen die unerfahrenen Talente bei der Realisierung ihrer Träume. Andere Exoten aus der Ausbildungseinrichtung werden aufgetan und in das Spektakel eingebaut, ein Feuerspeier und ein Vogelimitator. Die Gärtnerei, Abteilung Zierpflanzen, stellt nicht nur Grünes zur Verfügung, sondern übt zur Toncassette ein paar Rock'n' Roll-Nummern ein. Die Texte sollen auf einem Beiblatt in den Sprachen Türkisch, Marokkanisch und Deutsch erscheinen. Also wird ein „Übersetzerbüro" eingerichtet. Die Sprachkünstler wälzen Duden und Lexika, im Türkischen gibt's weder 'ne „Mauerstadt" und was hat „Neu Izmir" in der DDR zu suchen? Wortspiele und Assoziationen in türkischen, marokkanischen und deutschen Texten setzen lebhafte Diskussionen in Gang.

Dann die bange Frage, hat sich der Aufwand gelohnt? Welche Setzerei in Deutschland verfügt über die Möglichkeit, in arabischen und lateinischen Lettern zu setzen?

Endlos erscheinendes Rumtelefonieren in der ganzen Republik. Feilschen um Preise und Gelder; man verfügt nur über ein begrenztes Budget. Zwei Stücke werden gecovert, dazu müssen die Verwertungsrechte eingeholt werden. Für den Titel „Kebabträume" wird im gewohnt bürokratischen Verfahren die Erlaubnis vom Verleger schriftlich mit der Auflage erteilt, daß Autor, Komponist und Verlag auf dem Etikett angegeben werden müssen.

Der Titel „Liebe Gabi" des Sazvirtuosen Ali Derdiyok wird von Türküola vertrieben. Die verweisen uns unbürokratischer an den Komponisten. Um komplizierte Rechtswege zu vermeiden, bittet man ihn, zur Einspielung ins Wiesbadener Studio zu kommen und bei seinem Stück mitzuspielen. Ali Derdiyok ist für türkische Jugendliche ein Jimi Hendrix auf der Saz und seine Texte schwanken zwischen Grönemeyer und Westernhagen. Er willigt ein und bei seinem Besuch ist das Studio von türkischen Jugendlichen belagert. Den türkischen Dschunglern gibt es Auftrieb. Ihr Sazspieler erlebt einen Motivationsschub, er beginnt, konsequenter auf seinem Instrument zu üben.

Die Stücke aufzunehmen ist die eine Seite der Medaille, sie abzumischen die andere, dazwischen Proben für den geplanten Liveakt. Im Studio wachsen die Ansprüche, mal gefällt was den Akteuren nicht, dann dem Aufnahmeleiter. „Meine Stimme ist zu grell; du bist nicht im Takt oder zu weit vom Mikro weg". Das Studio ist zu klein, um die ganze Meute unterzubringen, in einem nahegelegenem Gemeindezentrum wird ein Raum vereinnahmt. Ständiges Hin- und Herrennen zwischen Aufnahme und Aufenthaltsraum ist die Konsequenz. Der Mixer schreit, er könne nicht in Ruhe arbeiten, der Studioinhaber läßt über den Sozialpädagogen der Gruppe ausrichten, so nicht; andernfalls sähe er sich gezwungen, die Türen abzuschließen.

Niemand hat Studioerfahrungen, das Band dokumentiert erbarmungslos, was man im Proberaum gerne überging: die eigenen Mängel. Man ist pingelig, genervt, gereizt, übermüdet, aber gleichzeitig besessen von der Idee.

Die Rolle des dirigierenden Produzenten wurde abwechselnd und sehr gerne übernommen. Über Mikro konnte denen im Aufnahmeraum so richtig eingeheizt werden, „nur nicht schlapp machen, Junge, auf! Zeit ist Geld; has'te deine Texte nicht gelernt, was?; du sollst nicht einschlafen, sondern einen abzocken; Finger ölen nicht vergessen!" Die Ladies des Backgroundchors brachten Aufnahmeteam und Gruppe fast um den Verstand. Anstelle zu singen, lachten und gickelten sie in einem fort.

Die größten Machos bekamen ihre Fehlbarkeiten deutlich vor Augen geführt, egal, aus welchem Lande sie kamen. Mohamed, dem sonst immer alles auf Anhieb gelingt, mußte seinen Song 10, 20 oder was weiß ich wievielmal singen. Er hörte es selbst: da war noch was undeutlich, hier der Rhythmus nicht exakt. Er brachte einen befreundeten Algerier mit, der seinen Gesang auf Verständlichkeit überprüfen sollte, da die Deutschen das nicht könnten, sagte er in leicht bissigem Tonfall. Um 17.00 Uhr begann er mit seinen Aufnahmen. Um 18.00 Uhr, meinte er, sei alles erledigt. Um 24.00 Uhr schrie er seinen algerischen Kumpel an, wie oft er denn noch singen solle, hierzulande verstehe ja doch niemand sein Arabisch.

Neben den Verhandlungen mit Firmen und Kostenträgern die nervigen Proben mit der Gruppe. 17.00 Uhr, nach Feierabend, laufen die Akteure ein, die Deutschen rocken und zocken erst mal richtig los, danach machen sie eine Zigarettenpause. Zeit für die Türken, mit ihren heimatlichen Gesängen aufzuwarten. Nach der Aufwärmphase, die jedesmal 1-2 Stunden dauert, geht's an's Programm. Im Studio war man vereinzelt oder in Kleingruppen zu Gange, jetzt müssen sich 15 Leute nicht nur musikalisch auf 25 qm arrangieren. Mohamed singt eines seiner Stücke immer so, daß die Percussiontruppe ständig aus dem Takt gerät. Da stimmt was nicht, munkeln die Deutschen. Man versucht, ihn zu überlisten und nimmt seinen Gesang auf. Die darauffolgende Woche noch einmal.

Die Demonstration, dem Sänger zu beweisen, daß er jede Woche anders singe, bewies das Gegenteil. Die Klage muß zurückgenommen werden. Die Deutschen müssen sich bequemen umzudenken und einen ungeraden Takt einbauen. Himmel, Arsch und Zwirn, das erfordert Konzentration. Die Mitspieler aus dem Osten lernen das lästige Vorzählen. Ein solches Verfahren, sagen sie, sei für sie völlig neu. Die ewige Diskussion, ob etwas zu östlich oder zu westlich klingt, ist zu einem Dauerbrenner geworden. Auf der Platte konnte man das Problem geschickt lösen, anstelle einer A- und B-Seite gibt's eine Ost- und Westseite. Ali soll mit seinem Saz richtig fetzen, der Flötist die Melodien ausgereifter verzieren.

Der Bauchtanzlehrerin ist ein Bläserriff zu lateinamerikanisch, die Jongleure bevorzugen ansonsten den Swing aus den 40er Jahren. Der Vogelimitator will beim Auftritt lieber hinter dem Vorhang zwitschern, er ist publikumsscheu; der Feuerspeier meint, er denke nicht im Traum daran, sich zu kostümieren. Die Musiker finden, die ganze Bühnengestaltung sei zu aufwendig, sie lenke von der Musik ab. Die Bühnengestalter fragen sich, ob sie bei solchen Attitüden überhaupt noch Hand anlegen sollen. Der Trick mit der Zauberkiste erscheint zwar allen recht simpel, wird aber nie so richtig verstanden. Bei den noch folgenden Auftritten dauert es fast immer bis zu 2 Stunden, bis dieses geheimnisvolle Monstrum in die richtige Position gerückt ist.

Mit den ganzen Aktionen drumherum sind inzwischen an die 50 Leute beteiligt. Bauchtanz, Jonglage, die Bühnengestaltung, keiner weiß, wie das alles zusammenkommen wird. Man denkt sich: „Bunt, bunt und nochmals bunt".

Abgemischt wird nachts, in Kleingruppen, 3-5 Leute. Die Jury, bestehend aus einem Marokkaner, einem Deutschen und einem Türken, schwadroniert ähnlich wie bei den Proben, spricht sich Kehlen wund: „Nein, mehr Hall, das mögen die Türken; oh nein, nicht soviel Baß, das kann ja kein Marokkaner vertragen: die Bläser mehr in den Vordergrund, die Deutschen stehen da drauf". Das Saz braucht mehr Chorus, meint dessen Spieler-dann hätte man ja gleich alles per Synthie einspielen können, mokiert der Techniker.

Es wird abgemischt, auf großen und kleinen Anlagen getestet und dem Härtetest von Zuhörern in der WJW unterworfen. Hier wird gefeilt, da mehr Höhen, dort mehr Tiefen zugegeben. Am Schluß weiß keiner mehr so richtig, was da überhaupt zusammengebraut wurde und eigentlich, bemerkt ein Türke, hört es sich weder türkisch, noch marokkanisch, noch deutsch an, was wollen wir eigentlich machen? Darauf hat keiner eine Antwort.

Die Plattenpressung ist trotz des starken Weihnachtsgeschäftes zwei Tage vor der Premiere beendet. Im Trubel der Vorbereitungen für das Fest geht die Ankunft des Vynil in Wiesbaden völlig unter. Seit den Aufnahmen sind gut drei Monate vergangen. Der Vorverkauf für das Spektakel lief bestens, schon 150 Karten sind unter den Massen, aber keiner glaubt so recht, daß das Ereignis ein Erfolg werden könnte. Manch einer überlegt, ob er überhaupt erscheinen soll. Yusuf, der Schlagzeuger, kommt einen Tag vor besagter Premiere freudestrahlend in den Proberaum und schwingt seinen in Gips verpackten Arm durch die Lüfte. Statt in tiefen Depressionen zu versinken, wird Andy bemüht, der bei den Plattenaufnahmen ebenfalls bei einigen Stücken am Drumset mitgewirkt hatte. In Nachtschicht eignet er sich die unbekannten Rhythmen an.

Samstag, 19. Dezember 1987: es ist soweit! Im großen Stil werden die Pforten für den Veranstaltungsraum im Haus der Jugend erst um 2000 Uhr geöffnet. Der Saal mit einem Fassungsvermögen von 200 Personen ist bald überfüllt!

Mit soviel Publikum hatte niemand gerechnet, außer ein paar Optimisten, die reiben sich freudestrahlend die Hände, um ihr Herzklopfen zu verbergen. Jetzt heißt's die Ehre zu retten. Es darf alles werden, nur kein Reinfall. Zuguterletzt kommt's an, das Publikum ist begeistert, klaro, alles Freunde und Bekannte, wittern die Skeptiker, aber trotzdem. 157 LP's werden an diesem Abend verkauft. Und die Lokalpresse ist voll des Lobes: („Arabisches Volkslied in rockigen Rhythmen, der ‚Elektro-Dschungel' in voller Fahrt und das Publikum in bester Stimmung; so präsentierten sich am Wochenende die in- und ausländisch beeinflußten ‚Kebabträume' im Haus der Jugend..., auf recht engem Bühnenraum reichlich Platz für orientalisch popigen Drive in engagierter und lustbetonter Machart ..., sehenswert war auch das Rahmenprogramm mit hüftbewegter Bauchtanzperformance, Feuerzauber, Tombola und wirbelnder Jonglage").

Das sollte Folgen haben!

4. Kümmelrock Benachteiligter contra Worldmusic

Mit der Plattenproduktion hatte sich der „Elektro-Dschungel" sowas wie ein kleines Denkmal gesetzt. Die vorweihnachtliche Promotionfete hatte man zu aller Zufriedenheit über die Bühne gekriegt; daß Veranstaltung und Musik so gut angekommen waren, mochte keiner so recht glauben. Deshalb wurde die Beantwortung der Frage, ob weitergemacht werden soll oder nicht, erstmal vertagt; außerdem hatte man sich nach den anstrengenden Monaten eine Pause verdient.

Dann waren noch eine Menge Fragen offen; will ich überhaupt Musik machen, fragten sich die einen. Anderen saß der Prüfungsstress für den bevorstehenden Berufsabschluß im Nacken; ein türkischer Vater hielt seinen Sohn nun für völlig übergeschnappt, die marokkanischen Brüder wollten auf gar keinen Fall, daß ihr Vater davon erfuhr. Der sei strenggläubiger Moslem und würde ihnen was pfeifen. Irgendjemand hatte erfahren, daß Michael Jackson über eine Million mit seinen Scheiben verdiene. Das Gerücht ging um, daß sich die WJW klammheimlich tod-und-duselig an der Tausender-Auflage der LP verdiene. Wir machen nur noch weiter, wenn wir beteiligt werden, verkündeten die Vertreter dieser Theorie. Zweien war klar, daß sie aussteigen würden, sie hatten sich im „Elektro-Dschungel" gesucht und gefunden, traten vor den Traualtar und wünschten sich nichts sehnlicher als einen geruhsamen Feierabend.

Mehr Aufregung verursachte das Telefonat eines Mannes, der im Namen des ZDF anrief. Er hatten aufmerksam den Lokalteil des „Wiesbadener Kurier“ studiert und war auf besagten Artikel über die Promotionfete gestolpert. Er wolle einen Bericht über die Truppe und das Projekt für die Sendung „Nachbarn in Europa“ machen. Zwar nur fünf Minuten, aber mein Gott, wer da nicht zupackt. Keine Diskussion, ins Fernsehen will jeder mal, nur: der Redakteur hätte gern einen Livemitschnitt. Auch das noch, den ganzen Stress mit Konzertorganisation will sich keiner antun.

Ein Jugendpfleger im 20 Kilometer entfernten Taunusstein will die Band für Fastnacht engagieren, das kommt dem ZDFler gelegen und auch der Taunussteiner ist froh, daß das ZDF da ist, weil er dann besser die Gelder für die Kosten locker machen kann. „Elektro-Dschungel“ ist nicht eben billig, 1.600,-DM decken gerade die anfallenden Kosten. Wo's TV ist, sind auch mehr Besucher. Und den Akteuren ist's auch recht, haben sie doch keine Last mit Kasse, Veranstaltungsräume säubern usw. Der ZDFler will zudem einiges über die Entstehung der Gruppe und über die Werkstatt berichten.

Als dann am 28.Februar1988 die Sendung über die Mattscheibe flimmert, verfolgt die Band, den Atem anhaltend, die Reportage. Fazit: Der Bericht ist ganz gut, nur eine Bemerkung hätte der Sprecher nicht fallen lassen dürfen — „Sie haben sich in der WJW, einer Werkstatt für sogenannte ‚Benachteiligte Jugendliche‘ zusammengefunden“. So der offizielle Jargon der WJW, wenn die Institution sich öffentlich darstellt.

Die „Benachteiligung“ bezieht sich auf Merkmale, die die jungen Leute haben, und welche Arbeitgeber davon abhalten, sie in eine Ausbildung aufzunehmen. Das können schlechte Noten, Knast oder Ausländer sein. Irgendwann hat sich in den Köpfen der Musiker festgesetzt, daß Benachteiligung „Geistig umnachtet“ bedeuten kann, oder noch schlimmer: „Leute, die sonst nichts auf die Beine kriegen“. Dieses Image hängt ihnen zum Halse raus.

Im Laufe des Jahres folgen weitere Kritiken, Radiostationen laden ein und machen Sendungen, ja selbst vom WDR kommt jemand für ein Interview nach Wiesbaden. Und der Saarländische Rundfunk verpflichtet gleich für einen 20 minütigen Auftritt für die Fernsehtalkshow „Reden ist Gold“...

5. Dschungelkrieger unterwegs

Der für die Betriebsband verantwortliche Mitarbeiter schwitzt. Er weiß nicht genau, ob er sich freuen soll. Pausenlos klingelt das Telefon in seinem Büro, Anfragen von Jugendämtern, Veranstaltern, Freunden, Radiostationen, eine Einladung zum Jazzfestival nach Warschau, die Bitte, einen Werbesong für Condome zu erstellen, — man kann ja gleich in drei, vier, fünf Sprachen singen. Wären da nicht die Abschlußprüfungen und und und...; aber auch Bedenken von seiten der Ausbildungsleitung: „Die Leute sind hier, um Ausbildung und nicht um Musik zu machen“.

Eine Versammlung wird einberufen. 26 Leute erklären sich bereit, den Dschungelkrieg in diesem Jahr fortzusetzen, allerdings sollen die Veranstaltungen soweit wie möglich zeitlich eingegrenzt werden.

Die Idee, ein Musikvideo zu erstellen, wird umfunktioniert, man entscheidet sich für eine Dokumentation der Tour. Im Juni führt man eine „Probetour" in Miniformat durch, Saarbrücken, Stuttgart und Wiesbaden in einer Woche. Im Herbst geht's dann weiter. Wiesbaden, Mainz, Alzey und St. Augustin werden noch als Probe für den großen Act im Oktober angesehen: 10 Tage on the road, die Stationen Neu-Anspach, Kassel, zwei Auftritte in Berlin, Hamburg, Bielefeld und dann wieder zurück.

Anlaufstelle Nr.1 bei allen Fragen ist der WJW-Sozialpädagoge. Wenn er dann mal entscheidet, sind seine Entscheidungen den einen nicht recht, den anderen aber auch nicht billig. Es kommt unausweichlich zu Gruppenbildungen, Querelen und lautstarken Wortgefechten. Die Nationen beschuldigen sich gegenseitig, kreuz und quer: „Die Deutschen sind stur", sagt der Pole, „die Marokkaner haben Starallüren", behaupten die Türken, „und ihr seid nicht richtig bei der Sache", erwidern die Deutschen, zack — zack werden wortgewandte Schläge unter die Gürtellinie ausgeteilt. „Ethno-Beat als völkerverbindende sozialpädagogische Maßnahme" — hatte er selbst mal in einem Antrag geschrieben — was für ein Quatsch, brabbelt der Sozialpädagoge in seinen Bart und entzieht sich den Völkerdramen, indem er sich ausschließlich seinem Instrumentarium widmet und von den ganzen Angelegenheiten erstmal zehn Minuten nichts wissen will. Vielleicht löst sich die ganze Angelegenheit wie schon öfters von selbst, so scheint er zu hoffen.

Bei den Tournee-Busfahrten hocken sie schließlich schön getrennt, nach Gruppen geordnet, die aus der WJW und die von außerhalb, die Beleuchter, die Türken, die deutschen Jazzrockfreaks. Manche schielen zu dem Marokkaner, der es immer wieder schafft, von zwei oder drei Damen umhegt zu werden. Der Busfahrer schiebt gutgelaunt alle fünf Minuten eine neue Cassette in den Recorder. Erstmal Türkenpop. „Buuuuuh" — ein Raunen geht durch den Bus, muß das Gejaule auch noch während der Busfahrt sein? Es folgt James Brown. An dessen Show solle man sich mal ein Beispiel nehmen, will einer die Meute ermuntern und tanzt im Gang. Gequälte Gesichter. „Könnt ihr nicht mal was leiser machen! Wir wollen einen neuen Part für unseren Chor einüben", zetern die Damen vom Background...

Die Zeit strich über's Elektroland, man probte, traf sich ab und an mal, um in Erinnerungen zu schwelgen, kleinere Formationen taten sich mal hier mal da zusammen, um Veranstaltern eine Freude zu machen. Ansonsten war nicht viel los, berufliche und schulische Verpflichtungen nahmen überhand. Zudem mußte man sich erholen, kam überein, den Dschungel nicht mehr nur so dahinplätschern zu lassen, sondern ihn vorerst einmal zu schließen. Also Tote Hose, man würde ja ganz gerne nochmal, aber...aber...aber, bis Herr Lindenberg im Frühjahr 1990 an die Pforten des „Elektro-Dschungels" klopfte.

Nachspiel

Einige Dschungelkrieger haben sich in einer Rockband zusammengefunden und spielen die Hits aus den 60ern nach, ein paar andere versuchen, in Kleinformat, als „Eskimos auf Urlaub", das Konzept der vernetzten Musik und Show weiterzuspinnen. Die meisten Mitglieder, die innerhalb der Institution WJW auf den Dschungel stießen, sind mit ihrem Ausbildungsabschluß in den beruflichen Alltag eingetreten. Einige vermissen neben dem Job am Fließband, bei Opel oder anderswo, die aufregenden Zeiten und träumen sie sich manchmal zurück.

In der WJW selbst ist es um die Musik stiller geworden. Freizeitangebote sind nicht mehr so sehr gefragt. Dafür hat sich 'ne Heavy Metal Gruppe auch ohne besondere Animation zusammengefunden. Die nehmen den musikliebhabenden Sozialpädagogen in Anspruch, um sich manchmal ein paar Griffe auf der Gitarre zeigen zu lassen, mit Platte und Tour haben sie weniger am Hut. Aber daran denkt jener Mitarbeiter auch nicht, entweder es kommt oder auch nicht.

In pädagogischen Fachzeitschriften, die über den sich auswuchernden Dschungel berichteten, hatte er nachlesen können, daß es Aufgabe der Sozialpädagogen sei, „das spannungsgeladene Aufeinandertreffen" kultureller Stile zu moderieren. Dann fragte er sich immer, wie das eigentlich bei den großen Bands ablief? Wer moderierte z.B. Ravi Shankar und Yehudi Menuhin? Er selbst hatte nichts anderes als Spaß an den ständig neuen Überraschungen, die sich im vielfältigen Leben des Dschungels täglich neu auftaten. Das verursachte bei ihm so eine Art Kitzel im Nacken und ließ ihn manchen Ärger stoisch runterschlucken.

Unter dem Gesichtspunkt der Völkerverständigung hatte sich allerdings auch einiges getan. Drei Ehen und eine sogenannte feste Beziehung gingen Amazonen und Troubadoure aus den Reihen der Dschungelbande ein. Der daraus entstandene Nachwuchs bereicherte das „MultiKultiLeben" um weitere Mischlinge.

Ich fand's schlicht und einfach „schön", an diesen ganzen Prozessen beteiligt und in ihnen verwickelt gewesen zu sein. Ich wurde mal gefragt, ob ich durch die Arbeit im „Elektro-Dschungel" nun besser die Widersprüchlichkeiten im Zusammenleben mit Ausländern einordnen könne. Das kann ich eigentlich nicht behaupten, eher das Gegenteil; mir fällt's höchstens leichter, diese Widersprüche hinzunehmen. Du ok, ich ok; OK?

Wiesbadener Jugendwerkstatt GmbH (WJW)

Berufsvorbereitung — Ausbildung — Beschäftigung

Die Wiesbadener Jugendwerkstatt GmbH ist ein Betrieb der Landeshauptstadt Wiesbaden zur beruflichen Erstausbildung von Jugendlichen und jungen Erwachsenen. Zur Aufgabe der WJW GmbH zählt auch die Integration oder Reintegration von arbeitslosen Jugendlichen und Erwachsenen in den Arbeitsmarkt durch berufsvorbereitende Maßnahmen, Umschulung und Beschäftigung.

Die WJW beschäftigt knapp 600 Personen. Davon befinden sich (Stand: 1991) etwa 300 in einem Ausbildungsverhältnis, rund 35 in einer Berufsvorbereitungsmaßnahme, ca. 40 Personen werden über Arbeitsbeschaffungsmaßnahmen, etwa 22 über Lohnkostenzuschußmaßnahmen des Arbeitsamtes und ca. 90 im Rahmen des Programms „Arbeit statt Sozialhilfe" beschäftigt. Hinzu kommt noch das Stammpersonal in Höhe von z.Zt. 79 Mitarbeiterinnen und Mitarbeitern.

Da viele Bewerberinnen und Bewerber noch nicht die erforderlichen Voraussetzungen für eine Ausbildung erfüllen, haben sie im Rahmen der berufsvorbereitenden Maßnahmen der WJW die Möglichkeit, sich für den Beginn einer Berufsausbildung zu qualifizieren. Gleichzeitig werden in den berufsvorbereitenden Maßnahmen Qualifikationen gefördert, die den direkten Einstieg oder Wiedereinstieg in das Berufsleben ermöglichen. Unterschiedliche Ausbildungsabschlüsse können in den Bereichen Holz, Metall, Elektroinstallation, Textil, Hauswirtschaft, Verwaltung, Gartenbau, Pferdewirtschaft, Metzger und Elektronik erreicht werden.

Die Finanzierung der Ausbildungen und der Berufsvorbereitungsmaßnahmen erfolgt auf Grundlage des Kinder- und Jugendhilfegesetzes bzw. des Bundessozialhilfegesetzes sowie im Rahmen des Arbeitsförderungsgesetzes.

Rainer Claas / Gert Rieger

Rock mit Aus- und Übersiedlern: Das Rockmusik-Projekt des Jugendgemeinschaftswerkes in Krefeld

Die Beratungsstelle für jugendliche Aussiedler des Internationalen Bundes für Sozialarbeit (IB) in Krefeld betreut Jugendliche, die mit ihren Familien aus Polen, der Sowjetunion und aus Rumänien in die BRD übergesiedelt sind. Diese Jugendlichen haben häufig große Sprachprobleme und Schwierigkeiten, sich in ihrer neuen Heimat zurechtzufinden.

Die Beratungsstelle bietet daher verschiedene Angebote, die den Integrationsprozeß unterstützen sollen: Sprach- und Einführungskurse, Seminarreihen, Veranstaltungen zum Thema „Übergang Schule-Beruf", Sport, Clubabende und kulturelle Angebote. Finanziert wird die Arbeit aus Mitteln des Bundesjugendplans.

Seit 1986 besteht ein Angebot, das den Jugendlichen ermöglicht, Erfahrungen im Bereich Rockmusik zu sammeln. Zu diesem Zweck wurde über den Räumen der Beratungsstelle ein Proberaum eingerichtet und von den Jugendlichen und Mitarbeitern schallisoliert. Nach der Beschaffung eines kompletten Bandequipments konnte die Arbeit losgehen.

Ausgehend von der Bedeutung der Rockmusik für Jugendliche entstand die Idee, dieses Projekt als eine Maßnahme zur Eingliederungshilfe von Aussiedlerjugendlichen zu entwickeln: Die Musik soll den Jugendlichen die Möglichkeit bieten, ein neues Selbstbewußtsein aufzubauen und Zugang zur hiesiegen Musiker- bzw. Jugendszene zu bekommen.

Zur Zeit nutzen drei Bands, davon eine Mädchengruppe, das Angebot. Sie werden von einem hauptamtlichen rockmusikerfahrenen Sozialpädagogen und drei Honorarkräften pädagogisch und musikalisch angeleitet bzw. unterstützt.

Die Arbeit des Rockmusikprojektes beinhaltet neben der wöchentlichen Betreuung der Bands weitere Aspekte, wie z.B. Intrumentalworkshops, Einzelunterricht, Besuch von Konzerten, Organisation von Konzerten in Zusammenarbeit mit anderen Jugendgemeinschaftswerken, Öffentlichkeitsarbeit u.a.

Weiterhin ist demnächst der Einsatz eines Musikmobils geplant, das die Arbeit mit Rockmusik auf andere Jugendgemeinschaftswerke in NRW ausdehnen soll. In regelmäßigen Abständen soll dieses Fahrzeug mit einem eigenen Bandequipment andere Einrichtungen musikpädagogisch betreuen, ohne daß für diese zusätzliche Kosten entstehen.

Musikpädagogische bzw. -therapeutische Gedanken zum Rockmusik-Projekt in Krefeld.

Mit Beginn der Proben erlebt der Mitarbeiter seine Belastungsprobe. Die Arbeit beginnt mit dem Einstellen der Geräte, dem Stimmen der Instrumente. Jeder Jugendliche möchte gleich loslegen, den Verstärker aufdrehen und läßt ein paar Töne von sich hören. Einige bringen Bierflaschen mit, kommen mit brennender Zigarette oder erscheinen unpünktlich. Manchmal sind Gäste dabei: Auf das kleine Brüderchen muß aufgepaßt werden, weil die alleinstehende Mutter arbeitet. Einige wollen während der Probe nicht auf ihr Haustier verzichten. So krabbelt eine Ratte auf der Schulter von Tanja, der Hund von Gregor verkriecht sich unter einem Stuhl. Gleich zu Beginn stellt sich eine Atmosphäre ein, die für den Ablauf der Probe von Bedeutung ist, z.B. Nähewünsche, Provokation, Müdigkeit usw.

Der Mitarbeiter hilft beim Stimmen der Instrumente, stellt den Sound ein, regelt die Lautstärke. Er achtet auf die musikalische Entwicklung, auf Störungen und auf Veränderungen im Gruppenprozeß. Es gibt Spielregeln: Kein Alkohol während der Proben, kein Rauchen im Übungsraum, kein Spielen während der Gesprächsphasen, Wartung und Pflege der Instrumente, Aufräumen des Gruppenraumes, Gäste nur mit Voranmeldung. Die Einhaltung dieser Regeln führt oft zu Konflikten und Auseinandersetzungen.

Dann beginnt die Arbeit an Themen und Liedern. Meist spielen die Jugendlichen Stücke von Bands nach, deren musikalische Schwierigkeiten für sie gerade noch zu meistern sind. Die Mitarbeiter versuchen, die Arrangements zu vereinfachen und, je nach Entwicklungsstand der Jugendlichen, den musikalischen Ausdruck zu verfeinern sowie Schwierigkeiten einzubauen: Rhythmik, Dynamik, differenzierte Soli, Einsatz neuer Sounds und Instrumente, mehr Freiheit für Bewegung und Show.

Bevor die Probe beendet ist, bleibt genügend Zeit für eine Gesprächsphase. Alle Mitglieder der Gruppe sind gefordert, „ihre“ Probe zu reflektieren. Dabei geht es nicht nur um das musikalische, sondern auch um das persönliche Erleben. Die Wahrnehmungen und Beobachtungen, störende Verhaltensweisen und musikalisches Geschehen, werden als Ausdruck der jeweiligen Biographie und der Beziehungsdynamik zwischen Teilnehmer und Gruppenleiter begriffen. Der Mitarbeiter wird darauf achten, daß jeder die Möglichkeit erhält, sich den anderen zu vermitteln. Es soll in der Gruppe eine Atmosphäre des Vertrauens entstehen, die eine offene Reflexion zuläßt.

Die Rockmusik ist ein Teil der Welt der Jugendlichen. In der BRD hören sie die gleiche Musik wie etwa in Polen, möglichst Heavy Metal. „Denn Heavy Metal ist eine Lebenseinstellung. Eine Protestbewegung von Menschen, die Dreck fressen und trotzdem mehr wollen als Fußball, Fernsehen und Frühaufstehen“ (Stern 7/88). Feste, harte Rhythmen geben Sicherheit und Halt, sie vermitteln wie der gleichbleibende Pulsschlag Orientierung in Krisenzeiten. Dagegen scheinen Show, Gewaltszenen und Lautstärke, das Aufbäumen und die Ablehnung der Eintönigkeit und Hoffnungslosigkeit zu sein, mit der sie ihr Leben z.B. früher in Polen und nun hier ertragen müssen. Zwischen den Welten: In Polen galten sie bisher als die „Deutschen“, als Randgruppe, und auch hier sind sie die Außenseiter, die „Pollaken“, fühlen sich unverstanden und abgelehnt. Für viele Jugendliche bietet die Musik dann Trost: „Das pure Leben kommt nur noch aus den Lautsprechern seiner (des Jugendlichen) Anlage... Zwischen Rausch und Rebellion, hart und ungenießbar für den Geschmack von Millionen...“ (Stern 7/88).

Wir gehen auf die musikalischen Wünsche der Jugendlichen ein. Sie sind Erinnerungsspuren an eine weniger belastete Vergangenheit, verbunden mit Fantasien, Geschichten und Szenen aus ihrer Heimat[45]. Die Jugendlichen tauchen in ihre Heavy-Metal-Welt ein, die ihrer Gefühlswelt am ehesten entspricht. Sie beginnen, sich stolz als „Musiker“ zu bezeichnen und werden in anderen Maßnahmen der Beratungsstelle hervorgehoben und bewundert. Diese narzißtischen Aufwertungen motivieren häufig zu neuem intensiven Arbeiten. Wir unterstützen die Lust und Neugier, mit musikalischen Mitteln Erfahrungen zu machen.

Es besteht die Gefahr, in dieser Welt zu versinken und darin gefangen zu bleiben. Dann muß es uns gelingen, dem Jugendlichen im geeigneten Moment Angebote zur Reflexion zu machen und ihm bei der Klärung seiner Geschichte zu helfen. Über diesen Weg ist dann ein differenzierterer Ausdruck auch im musikalischen Bereich möglich. Das Verständnis der Musik, der dahinterliegenden libidonösen und aggressiven Wünsche, kann beim Jugendlichen zu einer Reifung und Stärkung seines Ich führen. Damit hat der Erfahrungsraum Rockmusik-Projekt eine besondere Qualität: Er ist Spielraum, wo der Jugendliche wieder wie ein Kind spielen lernen kann und symbolisch seine Konflikte verarbeitet.

Das Projekt hat eine weitere Bedeutung im Sinne eines Zwischenraumes. Die Erfahrungen z.B. der polnischen Sozialisation, Tradition und Familie auf der einen Seite und BRD-Realität, Beruf, Schul- und Alltagsanforderungen andererseits, werden miteinander verbunden: Das Projekt stellt eine Brücke dar. Hier können die verborgenen Ängste, Gefühle, Hoffnungen und Träume erklingen, die sonst nicht zur Sprache kämen. Der Mitarbeiter hilft beim Transfer, bei der Übersetzung dieser Gefühlswelt in die Sprache und unterstützt das intellektuelle Verstehen.

Schließlich ist das Rockmusik-Projekt ein Erfahrungsraum für Jugendliche, den sie für ihre Selbstdarstellung und den Ausdruck ihrer inneren Welt nutzen können. Dieser Erfahrungsraum ist gekennzeichnet durch ein Beziehungsangebot vom Mitarbeiter zum Jugendlichen. Der Mitarbeiter bietet sich als Partner für Auseinandersetzungen an; mit ihm können Konflikte durchkämpft werden, er bietet sich als Identifikationsobjekt an. Konflikte wird er immer wieder auf dem Hintergrund der Biographie der Jugendlichen und der Beziehungsentwicklung zu verstehen suchen und eventuell interpretieren. Der Mitarbeiter übernimmt für die Jugendlichen verschiedene Rollen; er ist Mutter, Bruder, manchmal der Vater. Ist der Mitarbeiter offen für diese Übertragungen und reagiert angemessen, so kann der Jugendliche positive Erfahrungen mit neuen Objekten sammeln.

Die jugendlichen Aussiedler sind häufig als „Mitgenommene“ in die BRD gekommen, ohne von ihrer Heimat Abschied genommen zu haben. Sie werden in ein fremdes Land, eine neue Umgebung, eine neue Kultur hineingestellt, und viele wollen ihre Vergangenheit verdrängen. Das geschieht meist mit hohen Kosten: Rückzug, Isolation, Alkoholismus, psychosomatische Leiden, neurotische Fehlentwicklungen[46]. Hilfen zur Orientierung in der neuen Umgebung sind daher dringend nötig. Es ist wichtig für sie, Trauerarbeit zu leisten, ein bewußtes Abschiednehmen vom Einst und ein bewußtes „Ja“ zu ihrem Hiersein in der BRD. Dabei gilt es für die Pädagogen, nicht sogenannte Defizite zu bearbeiten, sondern gezielt mitgebrachte Sprach- und Kulturbestände und kreative Ressourcen zu fördern. „Konkret handelt es sich um die Feststellung vorhandener Kompetenzen bei jungen Aussiedlern im Sinne dessen, was sie an mentalitätsmäßigen Besonderheiten, vor allem im affektiven und sozialen, aber auch im biographisch-historischen und ästhetischen Bereich mitbringen“ (Kossopalow, 1986, 29f.).

Wir versuchen, auf dem Hintergrund der institutionellen Bedingungen einen Erfahrungsraum zu gestalten, der alternative Erfahrungen ermöglichen soll und den Beziehungsspielraum für Aussiedler erweitern hilft. Es geht um beides: Die Erfahrung mit dem Mitarbeiter, der sich als Objekt für Übertragungsprozesse anbietet, und um Austauschprozesse mit der einheimischen Bevölkerung, Erfahrungen bei Konzerten, Radiointerviews, Fernsehproduktionen, Wochenendseminaren usw.

Für die Reflexion der institutionellen Bedingungen des Rockmusik-Projekts haben wir 14-tägig einen Supervisionstermin eingerichtet. Dabei werden die Entwicklungen der Jugendlichen diskutiert, „Fallbeispiele“ dargestellt und anhand des Eigenerlebens die Konflikte der Jugendlichen und mögliche Interventionen diskutiert.

Der Musiktherapeut hat die Aufgabe, den jeweiligen Rahmen für eine optimale Entwicklung des Jugendlichen zu überprüfen und ihn seinen Entwicklungsmöglichkeiten anzupassen. Die Mitarbeiter lernen in der Supervision abzuschätzen, wieviel sie an Struktur und Sicherheit für ihre Arbeit brauchen und den Jugendlichen anbieten müssen und wieviel sie an Freiheit für kreative Prozesse und neue Erfahrungen zulassen zu können. Starre Regeln und Grenzen können zwar den Aussiedlern wichtigen Schutz und Orientierung bieten, aber auch Reifungsprozesse verhindern. Zuviel an Freiheit kann zu Chaos und Ausflippen führen. So wird in der Supervision versucht, anhand der Erfahrungen und Gefühle der Mitarbeiter den Problemen und Konflikten des Jugendlichen nachzuspüren.

Der Musiktherapeut hat den Rahmen des Projektes im Auge. Er begleitet die Jugendlichen in ihrer individuellen Entwicklung, und er muß den äußeren Rahmen immer wieder reflektieren und eventuell verändern. Aktionen „nach außen“ werden zum Lernfeld: Radiotermine, Wochenendseminarplanung, Verträge mit den Jugendlichen über eine Raumnutzungsgebühr, Auftritte in anderen Jugendeinrichtungen der Stadt oder Aussiedlertreffpunkten usw. Die Jugendlichen lernen, ihre Grenzen auszuprobieren und aus der Sicherheit des bisherigen eigenen Erfahrungsraumes herauszutreten. Da das Heraustreten in einen unbekannten Raum Angst machen kann, ist die Begleitung durch Mitarbeiter nötig, die sich nicht nur als Musiker verstehen, sondern als Beziehungsarbeiter, die die Persönlichkeit der einzelnen Menschen in den Mittelpunkt stellen.

Zukunftsmusik

Derzeit (Dez. 1991) werden durch das Musikprojekt in Krefeld sechs Bands mit jugendlichen Aussiedlern betreut. Ein „ROCKMOBIL" ermöglicht darüber hinaus in NRW die mobile Betreuung für derzeit vier weitere Bands.

Für die Zukunft sind weiterhin geplant:

- regelmäßige Betreuung und Anleitung von musikinteressierten Jugendlichen mit einem Rockmobil auch in anderen Jugendgemeinschaftswerken in NRW
- Instrumentalworkshops
- Gruppen- und Einzelunterricht
- Trommelworkshops
- Konzert-Besuche mit Jugendlichen
- Musikerbörsen im Haus der Jugend
- Auftritte und Aktionen bei öffentlichen Veranstaltungen (Straßen-, Stadtfeste, Weihnachtsmarkt usw.)
- Organisation von Konzerten mit „hauseigenen" Bands und überregionale Musikveranstaltungen in Zusammenarbeit mit anderen JGW's
- Zusammenarbeit / Austausch mit anderen Rockinitiativen und Trägern-Intensivierung der bereits bestehenden Kontakte
- Mitarbeiterschulung im Januar 1992 in der Akademie Remscheid

Anmerkungen

1 Bezug: Rockbüro Süd, Hansastr.39, 8000 München 70

2 Feierwerk eV. ist eine seit acht Jahre bestehende Musikerinitiative in München, die Interessen der Rockmusikszene vertritt. In ihrer Selbstdarstellung schreibt sie: „Feierwerk arbeitet für und mit junger Kultur; für und mit Jugendlichen und jungen Erwachsenen; vorwiegend Münchner, aber auch bayrische Szene. Feierwerk unterstützt kulturelle Aktivitäten und Interessen — insbesondere Musik — bei Produktion, Präsentation, Rezeption und Qualifikation" Rockbuch Süd S. 368).

3 Häufig registrieren männliche Mitarbeiter in Jugendzentren diese Struktur gar nicht und reagieren auf spezifische Mädchenangebote noch immer mit Ablehnung, finden sie überflüssig, bzw. fühlen sich provoziert..

4 Edwards behauptet, daß „...Zeichnenlernen Kreativität steigert..." (1987, 24)

5 Vgl. dazu:: Mädchenarbeit der Jugendpflege und des Jugendbildungswerkes der Stadt Rüsselsheim, 1991, 2.1.

6 Die Forderung nach einer feministischen Ästhetik und Politik gegenüber einer männlich geprägten Gesellschaft, die über 4000 Jahre weibliches Selbstwertgefühl, Wissen und Ausdrucksmöglichkeiten zerstört und einer männlichen Sichtweise untergeordnet hat, ist schon alleine durch die Darstellung der Ziele und der Aufgaben von Kultur(Musik)- Arbeit an Mädchen nachvollziehbar. (G. Martens, 1989, 17)

7 Ich verzichte im folgenden auf nähere musikbezogene Details.

8 Während eines Band-Workshops, den ich anläßlich eines Tags der offenen Tür für Mädchen in einem anderen Hamburger HdJ leitete, ging ich in ähnlicher Reihenfolge vor und hatte nach zwei Stunden 16 Mädchen zum Mitspielen motiviert. Acht von ihnen spielten abschlie-

ßend mit drei Sängerinnen in einigen Improvisationen über die Tonarten „E-moll“ und „A-dur“ zusammen.

9 Vgl. den Aufsatz von Hill / Pleiner in diesem Buch: „Rockmobil — die Rollende Musikschule im Jugendhilfebereich“.

10 Der Autor initiierte das Musikprojekt 1987 und setzte es im Jugendhausverein institutionell durch. Vgl. auch: Ulrich Glöckler: Die Arbeit der Musikwerkstatt Botnang, hg.v. Stuttgarter Jugendhausverein, Paulinenstr. 47, 7000 Stuttgart 10, 1991

11 Wertvolle Anregungen hinsichtlich der musikpädagogischen Praxis in diesem Bereich gab Frau Prof. Brämer (Musikhochschule Stuttgart) im Rahmen ihrer Supervisionsarbeit bei dem Projekt „Musikwerkstatt Botnang“.

12 Vgl. Deutscher Städtetag (1979)

13 Zur Bedeutung der Musik im Jugendalter vgl. z.B. auch: Kleinen, Günter: Musikpäd. Forschung, Band 6 Außerschulische Musikerziehung, hg. v. Arbeitskreis musikpädagogische Forschung e.V., Laaber-Verlag 1987 und ders.: über die Durchdringung des Alltäglichen mit Musik, in: Musikpäd. Forschung Bd.8, hg. v. Arbeitskreis musikpäd. Forschung e.V., Laaber-Verlag, 1985.

14 vgl. dazu Bauer, Rudolf: Obdachlos in Marioth, Weinheim 1980

15 Koch, Michael (Hg.): Jugendarbeit im Sozialen Brennpunkt. Info-Reader anläßlich des 8. Deutschen Jugendhilfetags 1988 in Saarbrücken, Offenbach (Eigenvertrieb) 1988

16 Vgl. dazu den Rockmobil-Beitrag im vorliegenden Band.

17 Vgl. Koch, Michael: Listen to the music — Bericht über die Rockmobil-Band „Akkordarbeiter“ in Offenbach-Lohwald. In: Hessische Jugend, H.2 / 1988,S.13-14

18 Zur Bedeutung des außerschulischen Lernens vgl. etwa: Giesecke, Hermann: Das Ende der Erziehung, Stuttgart 1985

19 Jugendgemeinschaften sind bei der Kreisjugendpflege eingeschriebene Jugendgruppen, die keinem größeren Verband angehören und daher vom Kreis mit kleineren Geldbeträgen gefördert werden.

20 Vgl. auch den Beitrag von M. Widmer / LAG ROCK IN e.V. Hessen zur Fortbildungsarbeit des Arbeitskreises. Ein ähnlicher Zusammenschluß existiert z.B. auch in Niedersachsen (Hannover).

21 Vgl. Hessische Landesregierung (Hrsg.): Hessiche Jazzakademie eingerichtet, in: Hessen-Report Nr. 12 / 1990, S. 16

22 ebd.

23 Zur Projektfinanzierung vgl. den Beitrag von G. Pleiner im Kapitel III: „Ideen brauchen Geld“

24 Akademie Remscheid, Küppelstein 34, 5630 Remscheid

25 Der Autor leitete die dargestellten Fortbildungen

26 Auf Basis der 5-tägigen Dauer konnte die Fortbildung gleichzeitig als Bildungsurlaub (Hessen) ausgeschrieben werden.

27 Vgl. zu den Fortbildungsinhalten auch den Beitrag von M. Widmer, „Spielesammlung zum kreativen Umgang mit Popmusik in der Jugendarbeit“ im vorliegenden Arbeitsbuch.

28 Die Bildungsurlaube wurden in Teamarbeit von Musikern und Pädagogen, z.T. mit anderen Kooperationspartnern organisiert: Friedrich Ebert Stiftung Berlin, Institut für Bildung und Kultur Remscheid, Jugendbildungswerk Rüsselheim, Jugendpflege Riedstadt.

29 Bildungsurlaubsgesetze gibt es z.Z in Hessen, Hamburg, Bremen, Berlin, Niedersachsen und Nordrhein-Westfalen

30 Wenn im folgenden von „Musikern“ gesprochen wird, sind damit, sofern nicht anders hingewiesen, männliche und weibliche MusikerInnen gemeint.

31 Riedstadt liegt im südlichen Rhein-Main-Gebiet.

32 Der Film „Treffpunkt Moppelfest“ kann bei der Landesbildstelle Hessen ausgeliehen werden.

33 Auszüge aus dieser Seminarbroschüre sind im III. Kapitel dokumentiert.

34 In Hephata wohnen, arbeiten und lernen Menschen mit Behinderung, u.a. auch mit geistiger Behinderung.

35 Das Orff'sche Instrumentarium besteht aus einfachen Instrumenten, wie Glockenspielen, Tambourin, Trommeln oder Klangstäben, mit denen ein Ensemblespiel auch ohne große Virtuosität möglich ist. Man findet es daher häufig in der musikalischen Früherziehung bzw. im Musikunterricht der Grundschulen.

36 Wer die Band engagieren möchte, hier die Adresse:
Katrin & die Quietschboys
c/o. Hermann Schuchard Schule (Hephata)
3578 Schwalmstadt Treysa
Tel.: 06691-18136

37 Zum Marie-Juchacz-Heim vgl. Abschnitte am Ende dieses Beitrags.

38 Auftritte bekommt eine Band heute in der Regel nur dann, wenn sie potentiellen Veranstaltern umfangreiches Werbematerial vorlegen kann. Dazu gehört obligatorisch die „Democassette“, die fremden Hörern einen möglichst guten musikalischen Eindruck vom Repertoire vermitteln soll. Vielfach werden zu diesem Zweck inzwischen auch CD's und Platten produziert. Je attraktiver der Auftrittsort, desto höher sind auch die Anforderungen der Veranstalter an das Demomaterial der Bands.

39 In der Gruppe leben zehn Jungens im Alter von 7-12 Jahren.

40 Midi-Funktionen erlauben bei digitalen Klangquellen eine nahezu unbegrenzte Kopplung von Geräten und eine Gesamtsteuerung via Computer.

41 Quellennachweis: der Anfangstext ist einer unveröffentlichten Untersuchung zum Thema „Amateur-Rockmusik-Gruppen. Erkundungsstudie zur Pädagogik und Psychologie eines Freizeitphänomens“, Munderloh (1980) entnommen.

42 Zur Geschichte der Therapeutischen Gemeinschaft siehe Rotthaus (1990) und Lohmer (1988). Rotthaus beleuchtet aus der Sicht der Kinder- und Jugendpsychiatrie die Bedeutung des Konzepts der therapeutischen Gemeinschaft für die Arbeit mit Kindern und Jugendlichen.

43 Bei dem Bericht handelt es sich um eine geringfügig überarbeitete Fassung des Beitrags von H. Linnemann, Die Rockgruppen des Ausbildungsverbundes Metall in Rüsselsheim, in: Hessische Jugend, Heft 2, Juni 1988.

44 Zur Wiesbadener Jugendwerkstatt vgl. den Abschnitt am Ende dieses Beitrags.

45 Vgl. Lorenzer, Alfred: Sprache, Lebenspraxis und szenisches Verstehen in der psychoanalytischen Therapie, in: Psych.2, 1983)

46 Vgl. Branik, Emil: Psychische Störungen und soziale Probleme von Kindern und Jugendlichen aus Spätaussiedlerfamilien, Weinheim und Basel 1982

III. Materialien, Tips und Wissenswertes

Im dritten Teil unseres Arbeitsbuches möchten wir in einer Reihe von Beiträgen Materialien, Tips und Wissenswertes zum Praxisfeld Rockmusik all denen „gebündelt“ zur Verfügung stellen, die, aus welchen Gründen auch immer, entsprechende Informationen suchen. Dieser Teil versteht sich insofern als eine Art „Serviceangebot“, z.T. zur unmittelbaren Anwendung des Dargestellten im Rahmen eigener Praxis geeignet, z.T. als weiterführender Informationsblock zusammengestellt.

Den „Roten Faden“ der Beiträge bildet das von uns verfolgte Thema, die Jugendarbeit als Praxisfeld für rockmusikalische Initiativen. Wir waren bemüht, die einzelnen Kapitel eng auf diesen Zusammenhang auszurichten und hoffen auf ihre praktische und weiterführende Verwertbarkeit!

Burkhard Hill

Equipment — Instrumente — Verstärker. Ein Wegweiser durch die Technik einer Bandausstattung

Ohne elektronische Verstärkung läuft in der Rockmusik nichts. Um einen Übungsraum auszustatten oder ein jugendzentrumseigenes Bandequipment zu beschaffen, müssen PädagogInnen Käufe in einem Bereich tätigen, in dem sie sich in der Regel nicht auskennen. Sie sehen sich einer Vielzahl von Geräten und Instrumenten gegenüber, deren Eigenschaften und Anwendungszwecke nicht so ohne weiteres zu durchschauen sind.

Da ist guter Rat teuer! Jeder gibt allerdings eine andere Auskunft, denn: Jugendliche „fahren" auf Instrumente und Verstärker ab, die sie sich selbst nicht leisten können, von denen sie aber schon lange träumen; der Musikalienhändler hat vielleicht im Lager noch ein Boxenpaar stehen, das er nun endlich verkaufen möchte; oder die Meinungen der befragten Fachleute gehen weit auseinander, welches die besten und geeignetsten Instrumente seien. — Dennoch: wir wollen hier den Versuch wagen, einige Erfahrungen, Kriterien und Grundkenntnisse zu vermitteln, die Mann / Frau bei der Auseinandersetzung mit dem „Bandequipment" eine erste Orientierung vermitteln können.

Von Anfang an ist bei Kaufentscheidungen zu beachten, was das regionale Händler- und Servicenetz zu bieten hat. Die Erfahrung hat gezeigt, daß der Versandhandel Geräte zwar oft günstiger anbietet, jedoch anschließend, beim Service, kann es teuer werden: Geräte müssen verpackt und verschickt werden, es entstehen Wartezeiten, für die Ersatzgeräte gemietet werden müssen, Telefonkosten für lange Ferngespräche usw. Da kann es von Vorteil sein, wenn der örtliche Händler das Gerät in Reparatur nimmt und ein Vergleichbares leihweise und kostenlos zur Verfügung stellt. Solche Details sollten vor dem Kauf berücksichtigt werden. *Servicegarantien der Händler „vor Ort" rechtfertigen in der Regel schon einmal Preisdifferenzen, die sich im Rahmen halten.*

Beachtet werden sollte grundsätzlich, daß die Geräte und Instrumente, die in der Jugendarbeit benutzt werden, einer sehr hohen Belastung ausgesetzt sind. In der Regel müssen sie ohne die Pflege und Sachkenntnis auskommen, die bei privaten Eigentümern nach gründlichem Studium der Gebrauchsanleitung vorausgesetzt werden kann. Auch haben wir es in den pädagogischen Arbeitsfeldern meistens mit musikalischen Anfängern zu tun, die mit komplizierten technischen Finessen überfordert sein dürften. *Daher sollte bei Anschaffungen als grundsätzliche Regel gelten, daß die Geräte sehr robust und einfach zu bedienen sein sollen.*

Früher oder später wird sich jeder Musikbegeisterte sicherlich „sein" Instrument nach individuellen Bedürfnissen anschaffen wollen. Für private Zwecke gelten andere Kriterien, als für Instrumente, Verstärker und Anlagen, die durch viele gemeinschaftlich genutzt werden müssen. Es wird insofern nicht immer einfach sein, Jugendliche davon zu überzeugen, daß ihr „Traumverstärker" nicht unbedingt zu den Anforderungen an Geräte im Praxisfeld Jugendarbeit paßt.

Nachfolgend beschreiben wir die Zusammenstellung eines einfachen Bandequipments nach dem heutigen technischen Stand, wie es sich zum Beispiel im täglichen Einsatz der Rollenden Musikschule „Rockmobil" bewährt hat und das klangliche und spieltechnische Mindestanforderungen erfüllt.

1. Gesangsanlage oder P.A.?

Die Gesangsanlage dient in der Rockmusik der Verstärkung von Gesang und häufig auch von Keyboards, da diese in der Regel nicht über eigene Verstärker verfügen. In größeren Dimensionen erhält eine solche Anlage die Bezeichnung „P.A."[1].

Die gesamte Anlage besteht aus mehreren Komponenten, in der Regel aus Mischpult, Verstärker, Lautsprecherboxen, Mikrofonen, Stativen und Verbindungskabeln. Mehrere *Eingangskanäle* bei der Gesangsanlage (oder P.A.) machen die gleichzeitige Verstärkung mehrerer Klangquellen, z.B. Keyboards und mehrstimmiger Gesang, möglich, wobei Klang und Lautstärke der einzelnen Stimmen und Instrumente voneinander unabhängig geregelt werden können.

Als kleine Gesangsanlage sind sog. *Kompaktgeräte* zu empfehlen, die mehrere Funktionen in einem Gehäuse vereinen: das Mischpult mit Klangregelung, den Verstärker (Mono oder Stereo) und ein Effektgerät (Hall). Das erspart die Verkabelung mehrerer Einzelkomponenten und mindert die Fehlerquellen (Verbindungskabel!). Solche Geräte sind vergleichsweise leicht und gut transportabel. Für die Ausstattung eines Proberaumes kann schon ein 4-Kanal-Mono-Kompaktverstärker mit ca. 100 Watt Leistung ausreichen, der (noch mit Federhall) für etwa 1000.— DM (gebraucht billiger) zu haben ist. Die 100 Watt erscheinen vielleicht als knapp bemessen. Unter normalen akustischen Bedingungen sind damit jedoch eher die Rückkopplungsgrenzen in einem Proberaum erreicht, als daß die Leistungsreserven des Verstärkers voll ausgeschöpft werden können.

Eher als die „Wattzahlen" aus dem Prospekt sollte daher der Klang eines Verstärkers beim Kauf eine Rolle spielen: Bei ungefähr gleichen Leistungsangaben der Hersteller kann das eine Produkt saft- und kraftlos klingen, während ein anderes ein volles Klangbild vom Baß bis in den Höhenbereich produziert. Um Klangvergleiche zwischen verschiedenen Geräten überhaupt zu ermöglichen, sollten beim Hörtest unbedingt die gleichen Lautsprecher und Mikrofone verwandt werden. Auch die Klangregelung sollte zunächst neutral eingestellt sein. (erst in späteren Durchgängen sollte deren Wirkung ausprobiert werden.) Dieses Vorgehen sichert in der Regel einen vergleichbaren Höreindruck für verschiedene Geräte.

Als leistungsstärkere Alternative bietet sich die Anschaffung eines *Powermixers* an. Wieder sind alle Geräte in einem Gehäuse vereint, jedoch ist die Ausstattung in jeder Beziehung „üppiger“ — der Preis entsprechend auch. 8 — 16 Eingangskanäle ermöglichen die Verstärkung einer größeren Anzahl Instrumente bis hin zur gesamten Band. Der Verstärker sollte Stereo mindestens 2 x 200 Watt (an 8 Ohm als gängige Lautsprecheranpassung) leisten. Hier gehört seit einigen Jahren ein eingebautes Digitalhallgerät zum Standard, welches — bei einfacher Bedienung — nahezu rauschfrei und in Studioqualität einen künstlichen Raumhall erzeugt. Weiterhin ermöglicht eine differenzierte „3-Band-Klangregelung“ die getrennte Einstellung von Höhen, Mitten und Bässen.

Solche Geräte sind in Pultform aufgebaut und recht übersichtlich gegliedert. Ihre Bedienung erfordert jedoch schon einiges an technischem Sachverstand, um die gebotenen Möglichkeiten wirklich ausschöpfen zu können. Gute Händler leisten hier mit Beratung eine wichtige Hilfe.

Für die Anschaffung sind etwa 2.500.— DM bis 3.500.— DM zu kalkulieren. Ein solcher Powermischer erlaubt es in der Regel, kleinere Säle zu beschallen, ist also für Jugendzentren und andere Einrichtungen interessant, die selbst regelmäßig Veranstaltungen durchführen wollen.

Die Anschaffung größerer Anlagen ist preislich weitgehend unerschwinglich, von den erforderlichen Bedienungskenntnissen ganz zu schweigen. Für Großveranstaltungen empfiehlt sich daher, eine P.A. komplett inklusive geschultem Personal zu mieten. Alleine das Know-How, das man bei professionellen Verleihern voraussetzen darf, trägt viel zum Gelingen einer Veranstaltung bei und entlastet die Organisatoren vom Streß beim Umgang mit ungewohnten Beschallungs-Größenordnungen.

Nun zu den *Lautsprecherboxen:* Viele Anfänger ruinieren sich, in Unkenntnis der technischen Details, erst einmal ihre HiFi-Boxen, bevor sie sich damit auseinandersetzen, warum Musiker andere Lautsprecher benötigen. Bei Live-Musik können nämlich um ein Vielfaches stärkere elektrische Impulse auftreten als bei der Musikkonserve: Keyboardbässe, Rückkopplungen und Popplaute vom Mikrofon z.B. zerstören manchen HiFi-Lautsprecher. Für den Live-Musik-Betrieb müssen Lautsprecher so ausgelegt sein, daß sie derartige Impulse ohne weiteres verkraften können.

Beim für Anfänger preislich interessanten Selbstbau sollte auf Bauanleitungen zurückgegriffen werden, die nach Berechnungen angefertigt wurden, die den Eigenschaften der verwandten Systeme entsprechen. Wer beim Eigenbau ohne System irgendwelche Lautsprecher in irgendwelche „Holzkisten“ einbaut, wird vom Ergebnis meist enttäuscht sein, denn gerade hier kommt es besonders auf die Abstimmung der unterschiedlichen Komponenten an. Dabei sind auch die speziellen Klangeigenschaften der Lautsprecher zu beachten: Ein 12“ Gitarrenlautsprecherchassis taugt z.B. nicht für die Wiedergabe von Gesang usw. Mit dem Preis steigt in der Regel die Qualität und Durchsichtigkeit der Lautsprecher bei der Klangübertragung sowie die Robustheit bei der Verareitung von Impulsen.

Als reine Gesangsboxen eignen sich schon sogenannte 2-Wege-Systeme mit Baßlautsprecher und Mittelhochtöner, z.B. als „12/2“ Kombination (12 Zoll Baß mit Hochtöner, 150 W bis 200 Watt belastbar): Die Anschaffungskosten liegen etwa zwischen 800,— und 2.500,— DM pro Paar. Zu empfehlen sind z.B. auch sogenannte

Bühnenmonitore im Schräggehäuse wegen ihrer Vielseitigkeit: Im Übungsraum sind sie als Gesangsbox geeignet, bei größeren Gigs können sie in Kombination mit einer P.A. als Bühnenmonitore verwandt werden. In jedem Fall von Vorteil ist ein spezieller „Tweeterschutz", der die anfälligen Hochtöner vor Überlastung schützt (ggf. unbedingt nachrüsten!) Diese Sicherung erspart den Einbau neuer Lautsprecher nach einer Überlastung und spart damit viel Geld.

Eine größere Alternative hierzu stellen die sogenannten 15/3 Boxen dar: 3-Wege-Systeme nach Art der Hi-Fi-Boxen für den Musikerbetrieb, ca. 200 W bis 400 W belastbar und damit schon nahezu P.A.-tauglich. Der größere Baßlautsprecher liefert ein „nach unten" abgerundetes Klangbild, getrennte Höhen- und Mittenwiedergabe sorgen für eine gute Sprachverständlichkeit. Solche Boxen kosten im Paar ca. 3.000,— bis 5.000,— DM. Hier gibt es in den Musikerzeitschriften seit Jahren umfangreiche Testberichte, die zu Rate gezogen werden können. Zusammen mit einem Powermischer von 2 x 200 Watt ergeben diese Lautsprecher eine kleine P.A., mit der eine ganze Band in kleineren Sälen verstärkt werden kann.

Mikrofone: Für jeden Anwendungsbereich hält der Markt ein Spezialmikrofon bereit. Ein Jugendzentrum z.B. wird sich aber keinen Mikrofonsatz leisten können, der für jede Anforderung das speziell geeignete Mikro bereithält. In der Regel also dürften „Allround-Mikrofone" gefragt sein, die vielseitig verwendbar sind.

Z.B. das „Shure SM 58" ist ein robustes und hochwertiges Gesangsmikrofon, das sich seit Jahren im Live-Einsatz bewährt hat. Es verkraftet einiges an Stößen und Schlägen, macht kaum „Handgeräusche", wenn es aus dem Ständer genommen wird und überträgt die Stimme angenehm und durchsetzungsfähig. Das Shure kann auch zur Abnahme von Bläsern, von Percussionsinstrumenten und von Gitarrenverstärkern verwandt werden. Für ca. 250,— DM (die Preise sind vom Dollarkurs abhängig, entwickelten sich in der Vergangenheit in der Tendenz nach unten) erhält man ein wirklich gutes Mikrofon für viele Einsatzzwecke. Zwar gibt es einige billigere Nachbauten, die jedoch bei weitem nicht so gut klingen und viel schneller Rückkopplungen produzieren.

Von batteriebetriebenen Mikrofonen ist in der Regel abzuraten. Dafür gibt es einmal Umweltschutz-Gründe, zum anderen sind die passenden Batterien in der Regel sehr teuer. Oft genug wird nach Gebrauch vergessen, die Stromversorgung zu unterbrechen, so daß sie sich entladen. Das sorgt nicht zuletzt auf der Bühne, beim Life-Gig, für zusätzlichen Streß, wenn nirgendwo mehr Batterien aufzutreiben sind! Mit einer *„Phantomspeisung"*, die aus dem Mischpult die erforderliche Stromversorgung liefert, läßt sich das Problem zwar beheben. Jedoch sind die Wenigsten damit bereits ausgerüstet.

Ein weiteres bewährtes Allroundmikrofon in einer höheren Preisklasse ist das „Sennheiser MD 521". Für knapp 500,— DM bietet es die hervorragende Verstärkung akustischer Instrumente, aber auch von Schlagzeug und Chorgesang. Als Reportermikrofon hat es sich ebenfalls bewährt. Tonbandaufnahmen in sehr guter Qualität sind möglich. Das Sennheiser taugt besonders auch dort, wo große Lautstärken entstehen.

Ausschließlich für Tonaufnahmen (und nur hierfür!) mit dem Hi-Fi-Recorder sind auch preisgünstigere Kondensatormikrofone geeignet, wie sie im Elektronikhandel für etwa 50,— bis 80,— DM pro Stück erhältlich sind. Sie funktionieren mit handelsüblichen 1,5 V Batterien (besser: Akkus!) und sind auf die Anforderungen von Stereo-Hi-Fi-Aufnahmen abgestimmt. Daher eignen sie sich besser zur Verwendung bei Tonaufnahmen, als z.B. die normalen Gesangsmikrofone.

Verbindungskabel: Oft wird die Bedeutung der Kabel in Zusammenhang mit Verstärkeranlagen unterschätzt. Sie sind die Hauptfehlerquellen: Auf ihnen wird herumgelaufen, sie werden auf- und abgewickelt, gedehnt und verdreht. Nur gutes Material übersteht diese Belastungen (Stecker sind besonders wichtig!). Wer in eine Verstärkeranlage investiert, sollte also gleich an die Kosten für gute Kabel denken!

Übersehen wird dabei häufig, daß es Unterschiede zwischen verschiedenen Kabelarten gibt: Lautsprecherkabel sollen z.B. dicker als Instrumentenkabel sein. Zwar funktionieren Gitarrenkabel (bei Klinkenbuchsen) auch als Lautsprecherkabel, sie „schlucken“ dann jedoch einiges an Verstärkerleistung (z.B. bei ca. 10m Zuleitung pro Lautsprecher bis zu 20 %). Zum Teil (z.B. bei XLR-Verbindungen) gibt es daher trotz eines gleichen Äußeren eine unterschiedliche Polung, weshalb ein Mikrofonkabel dann nicht als Boxenkabel zu verwenden ist. Hier besteht, neben der Beratung durch einen Techniker, auch die Möglichkeit, sich über Fachliteratur kundig zu machen[2].

Mikrofonstative werden mechanisch stark beansprucht. Sie werden beständig in Höhe und Neigung verstellt, zusammengeklappt usw. Auch hier gilt: Lieber gleich das robustere Teil kaufen, als hinterher funktionsuntüchtige „Torsos“ mit teuren Ersatzteilen reparieren zu müssen.

2. Instrumentenverstärker für Gitarre, Baß und Keyboard

Ein **Keyboard** wird in der Regel über die Gesangsanlage verstärkt. Sie bietet als Allroundverstärker den ausgeglicheneren Klang als beispielsweise ein Gitarrenverstärker, der in Lautsprecherbestückung und Elektronik eben sehr speziell für seine Aufgabe ausgelegt ist. Da in der Regel eine Gesangsanlage vorhanden ist und im anderen Fall durchaus auch einmal ein Gitarrenverstärker benutzt werden kann, soll uns dies hier genügen.

Eine **Baßanlage** hat die schwierige Aufgabe, die tiefen Töne des E-Basses „rüberzubringen“. Grundsätzlich ist zu beachten, daß ein Baß zur Verstärkung wesentlich mehr Leistung benötigt, als beispielsweise eine Gitarre bei vergleichbarer Lautstärke.

Für eine Grundausstattung an Bandequipment reicht eine „Baßcombo“ mit ca. 60 Watt Leistung und einem 15 Zoll Lautsprecher — alles zusammen in einem Gehäuse untergebracht — aus. Ein solches Gerät kostet zwischen 800,— DM und 1000,— DM und ermöglicht bei normalen Lautstärken im Übungsraum bzw. auf kleinen Bühnen ein solides Baßfundament. Eine größere Baßanlage liefert in der Regel ein Mehr an Klangfülle und Soundvariationen. Dafür muß aber auch tiefer in die Tasche gegriffen werden.

Bei **Gitarrenverstärkern** kann man bereits mit kleinen 30-Watt-Combos einen guten und durchsetzungsfähigen Sound erzielen. Die Preise liegen hier von 500,— DM an aufwärts. Diese kleinen Verstärker leisten oft mehr, als es ihr Äußeres vermuten läßt, da sich Gitarrenfrequenzen auch mit relativ wenig Verstärkerleistung gut hörbar durchsetzen können. Ab etwa 800,— DM sind bereits vollwertig ausgestattete Gitarrenverstärker erhältlich, die die gängigen Soundvariationen in guter Klangqualität erzeugen und mit etwa 60 Watt reichlich Leistungsreserven bieten. Mit zusätzlichen Effektgeräten, die zwischen Gitarre und Verstärker geschaltet werden, lassen sich — finanziell erschwinglich — weitere Soundvariationen erzielen. Ein Vorteil der größeren Verstärker besteht in der besseren Klangausbeute und den erweiterten Regelmöglichkeiten. In der Regel bedeutet mehr Leistung auch hier mehr „Wärme" im Klang.

Beim Kauf sollte vor allem auch ein Blick auf die Verarbeitung der Geräte geworfen werden: Sind die Bedienungsknöpfe am Verstärker versenkt angebracht, so daß sie beim Transport gegen Abbrechen geschützt sind? Sind Tragegriffe, Kunststoffecken, Gehäuseoberfläche und Lautsprecherschutz stabil ausgeführt?

3. Gitarren und Bässe

Für die Klangerzeugung mit Gitarre und Baß ist in erster Linie entscheidend, in welcher Weise die Saiten mit den Fingern zum Schwingen gebracht werden. Spieltechnisches Können ist also unerläßlich und kann weder durch teure Instrumente, noch durch aufwendige Verstärker erkauft werden. Das Lernen erleichtern jedoch Instrumente, die eine gute Bespielbarkeit garantieren, indem sie in Saitenlage und Halsform entsprechend ausgelegt sind. Um dies beurteilen zu können, braucht es Erfahrung. Daher sollte auch hier der Rat von Fachleuten eingeholt werden. Als grobe Orientierung sei erwähnt, daß gute Gitarren und Bässe ab etwa 600,— DM zu haben sind.

Inzwischen haben auch die renommierten Firmen den „Einsteigermarkt" entdeckt und bieten preisgünstige Kopien ihrer eigenen berühmten Originale an, die diesen in Form und Bespielbarkeit sehr nahe kommen. Ein Unterschied besteht dann häufig z.B. im verwendeten Holz, in der Lackierung, in der Elektronik und im Herstellerland: Die Produktion von Nachbauten im fernen Osten ermöglicht wesentliche Preisunterschiede. Unter solchen Kopien sind durchaus preisgünstige und gute Instrumente zu finden.

Probleme bereiten bei billigen Gitarren und Bässen häufig die Tonabnehmer, die aus den Saitenschwingungen elektrische Signale machen. Ihre Verarbeitung entscheidet über den Klang einer Gitarre, über lästige Rückkopplungen und störendes Brummen. Probleme können auch durch verzogene Hälse entstehen, wenn schlecht gelagertes Holz nachträglich „arbeitet" und der Hals nicht nachzustellen ist.

Ein weiteres Gitarren-Problem besteht in den Stimmmechaniken und in den „Tremolosystemen"[3]. Ein exaktes Stimmen der Instrumente wird nahezu unmöglich gemacht, wenn sich Stimmwirbel selbsttätig verstellen, oder wenn Tremolosysteme nicht wieder exakt in die Ausgangsposition zurückgehen. Dann ist fortwährendes Nachstimmen erforderlich, was eine Menge Zeit und Nerven kostet. Die Anschaffung eines Stimmgerätes für ca. 100,— DM lohnt sich auf jeden Fall. Es wird per Kabel mit der Gitarre verbunden und mißt exakt die Saitenschwingungen. Ein weiteres nützliches Zubehör für wenige Mark stellen Saitenkurbeln dar, die das schnelle Drehen der Stimmechaniken beim Aufziehen neuer Saiten erleichtern und damit Zeit sparen.

4. Keyboards

Zwar ist Rockmusik in erster Linie noch immer Gitarrenmusik. Mehr und mehr jedoch haben Synthesizer, Keyboards und Sampler an Bedeutung für die Klangerzeugung gewonnen. Die Entwicklungen verliefen hier in den vergangenen Jahren in einem fast atemberaubenden Tempo. Der Markt wurde von immer neuen Gerätetypen überschwemmt, so daß nur noch Spezialisten einen Überblick behalten können.

Für die hier beschriebenen Zwecke der Musikarbeit mit Jugendlichen dürften in der Regel Keyboards in Frage kommen, die bei leichter Bedienung eine gewisse Soundvielfalt bieten: Orgelsound, Bläsersatz, Strings (Streicher), Piano. Wichtig ist, daß die vorhandenen „Sounds“ übersichtlich angeordnet und ablesbar und vor unbeabsichtigtem Löschen gesichert sind. Zum Umschalten der Klänge sollten keine umfangreichen Programmierkenntnisse nötig sein, was bei neueren Geräten auch nicht mehr nötig ist. Auf zusätzliche Funktionen (z.B. Begleitautomatik) sollte man eher verzichten, da sie nur als kurzfristige Effekte wirken, für ein Zusammenspiel in der Band aber in der Regel nicht viel hergeben. Auf eingebaute Verstärker und Lautsprecher kann ebenso verzichtet werden, da sie für Rockmusik meist nicht genügend Leistung bringen.

Für 1500,— DM bis 2000,— DM gibt es entsprechende Neugeräte (Abstriche sind in der Regel bei den Klaviersounds zu machen, da sie elektronisch nur schwer zu erzeugen sind). Da gerade bei Keyboards ständig neue Geräte auf den Markt kommen, lohnt es sich, bei den Händlern nach überprüften Gebrauchtgeräten zu fragen, die sie in Zahlung genommen haben.

Zusatzkosten für ein Keyboard entstehen durch einen stabilen Ständer (zur Not auch schon mal übergangsweise durch ein Bügelbrett) und einen stabilen Transportkoffer, der, wie bei den Gitarren, zur Anschaffung unbedingt dazugehört.

5. Schlagzeug und Percussion

Beim Schlagzeug kommt es in erster Linie auf die Verarbeitung des Ständermaterials an, das einer großen Beanspruchung ausgesetzt ist. Beim Auf- und Abbau muß viel zusammengesetzt und -geschraubt werden. Das setzt Sachverstand voraus, der bei Jugendlichen und Anfängern nicht unbedingt gegeben ist. Daher müssen Ständer und Gewinde stabil genug sein, um übermäßigen Kraftaufwand und unsachgemäße Handhabung überstehen zu können. Bei den Trommeln herrscht heute ein insgesamt hoher

Verarbeitungsstandard mit guten Klangergebnissen vor, sofern die Produkte namhafter Hersteller benutzt werden.

Für den Klang des Schlagzeugs ist u.a. die Auswahl (und der Zustand) der Felle wichtig. Viele Hersteller rüsten ihre Trommeln mit doppelschichtigen „Pin-Stripes" als Schlagfellen aus, die robust, haltbar und von sich aus etwas gedämpft sind. Sie sollten bei starker Beanspruchung dennoch regelmäßig erneuert werden, keine Dellen haben und nicht mit großen Mengen Klebeband zu sehr gedämpft werden, da sie dann neben dem Stockaufschlag keinen Ton mehr erzeugen können.

Eine Schlagzeug-Grundausstattung besteht aus „Snaretrommel", „Baßtrommel", zwei „Hängetoms", einem „Standtom", und dem Ständermaterial („Hi-Hat-Maschine", „Fußpedal", „Beckenständern", „Schlagzeugsitz"). Hinzu kommen die Schlagzeugbecken, in der Grundausstattung als Satz mit „14-Zoll-Hi-Hat", „20-Zoll-Ride", ein oder zwei „Crashes" in Größen von 16 Zoll und 18 Zoll. Die Anschaffung empfiehlt sich im ganzen Satz aus einer Serie, da die Becken dann klanglich aufeinander abgestimmt sind. Für Trommeln und Ständer müssen ca. 1500,— DM gerechnet werden, für die Becken noch einmal ca. 700,— DM.

Nicht vergessen werden sollte übrigens ein höhenverstellbarer Schlagzeughocker, der in der Regel nicht im Rahmen der Grundgarnitur angeboten wird. Bei den Percussionsinstrumenten sind z.B. Schellenkranz, Rumbarasseln, Kuhglocke, Claves, Bongos, Cabasa, Guiro (Fisch), Tambourin, Triangel sehr verbreitet und können durch Timbales und Congas, jeweils als Trommelpaar, ergänzt werden. Die Percussionsinstrumente werden seltener in der Rockband direkt als bei vorbereitenden rhythmischen Übungen in der Gruppe eingesetzt. Congas können sich ohne Verstärkung per Mikrofon gegenüber den anderen Instrumenten nicht durchsetzen, Timbales sind allerdings laut genug. Percussion benötigt eine besondere Sorgfalt im Arrangement, was häufig nicht beachtet wird.

Congas sind im Paar ab ca. 700,— DM erhältlich, benötigen dann aber in der Regel später einmal bessere Felle für ca. 200,—. Timbales sind ab 500,— DM im Paar erhältlich, Bongos kosten ca. 150,— DM.

6. Anschaffungskosten eines Bandequipments

Nun haben wir ein komplettes Equipment zusammen und kommen dabei z.B. auf folgende Rechnung (Neupreise in ca.-Angaben):

Gesangsanlage Verstärker	1 100,— DM
Boxenpaar 12 / 2	2 000,— DM
3 Mikros	750,— DM
3 Stative	250,— DM
Kabel	200,— DM
	4 300,— DM

	oder alternativ dazu:
Klein-P.A.	
8 Kan. Powermischer	*2 500,— DM*
Boxenpaar 15 / 3	*3 000,— DM*
3 Mikros SM 58	*750,— DM*
2 Mikros 521	*1 000,— DM*
5 Stative	*400,— DM*
Kabel	*250,— DM*
	7 900,— DM
Gitarren	
2 Gitarrenverstärker	1 400,— DM
2 Gitarren Stratocaster Nachbau	1 400,— DM
2 Gitarrenkoffer	400,— DM
Gitarrenkabel plus Reservekabel	150,— DM
Stimmgerät	100,— DM
	3 450,— DM
Baß	
Baßcombo 100 W	1 000,— DM
Baßgitarre	700,— DM
Kabel + Ersatz	50,— DM
	1 750,— DM
Keyboard	
Keyboard + Koffer	2 000,— DM
Schlagzeug Grundgarnitur	1 600,— DM
Beckensatz	800,— DM
	2 400,— DM
Percussion	1 000,— DM

7. Sonstige Kosten

Transportkoffer für Schlagzeug, Keyboard, Gitarren und Verstärker sind wichtiges Zubehör beim mobilen Einsatz; Koffersatz für Schlagzeug ca. 600,— DM, Ständerkiste ca. 180,— DM, Beckentasche ca. 100,— DM; Keyboard-Koffer, leichte Ausführung 250,— DM, „roadtaugliche" Ausführung ca. 350,— DM usw.

Eine *Instrumentenversicherung* schlägt mit jährlich 1,5 % bis 2 % des Anschaffungspreises zu Buche und schützt unter gewissen Sicherheitsbedingungen vor Diebstahl, Transportschäden, Feuer usw.;

Die *Wartungskosten* und *Reparaturen,* Gitarrensaiten, Schlagzeugfelle usw. belaufen sich jährlich auf etwa 5 % bis 10 % der Anschaffungskosten und sollten unbedingt von Anfang an mitkalkuliert werden;

Ein *Servicekoffer* mit notwendigen Dingen, wie etwa Gitarrensaiten, Adaptern für verschiedene Kabelanschlüsse, Sicherungen für die Geräte, Kopfhörern (für leise Einzelproben), Drumsticks usw., gehört zu jeder mobilen Ausstattung bzw. in jeden Übungsraum.

Für schnelle, *unkomplizierte Kontrollaufnahmen* eignen sich tragbare Stereo-Radiorecorder mit eingebauten Mikrofonen und Aufnahmeautomatik. Sie ermöglichen die Kontrolle der Probenarbeit und die „Sicherung“ von bereits erarbeiteten Arrangements ohne viel Aufwand.

Alternativen zu dieser Aufstellung sind natürlich in jeder einzelnen Position denkbar. Günstige gebrauchte Instrumente gibt es z.B. genug. Teilweise jedoch schränken fehlende Garantieansprüche, Servicevorteile usw. den hier erreichten Preisvorteil wieder ein. Im Rahmen einer „Investiv-Förderung“ aus Mitteln der öffentlichen Hand müssen Musikgeräte und Instrumente allerdings in der Regel ausschließlich als Neugeräte erworben werden.

Zur weiteren Preis-Orientierung lohnt sich beispielsweise auch die Anschaffung des „Handbuchs für Musiker beim Musik-Produktiv-Versandhandel in Ibbenbüren“. Es bietet eine grobe Marktübersicht, technische Tips, verständliche Gerätebeschreibungen und eine umfangreiche Preisliste, allerdings nur für die Geräte, die im Lieferumfang der Firma sind. Eine weitere Orientierung können auch die vielen Testberichte in verschiedenen Musikzeitschriften geben.

Michel Widmer

Spielesammlung zum kreativen Umgang mit Pop- / Rockmusik in der Jugendarbeit

Einführung

Diese Spielesammlung ist mit Blick auf die musikalische Arbeit mit Jugendlichen entstanden. Ich habe viele Spielanregungen aus der musikpädagogischen Fachliteratur und bei Fortbildungen erhalten. Bei der Entwicklung der Spiele half mir nicht zuletzt der aufmerksame Besuch von Rock- und anderen Konzerten, meine eigene Musizierpraxis und das Hören von Musik verschiedenster Genres.

Die Spielesammlung soll ein Arbeitsmittel für alle musikalisch interessierten PädagogInnen sein, veränder- und weiterentwickelbar je nach Bedürfnis und Erfordernis der Gruppe oder der pädagogischen Situation. Alle Spiele haben einen kreativen und Eigenverantwortlichkeit herausfordernden Charakter. Einige der Spiele brauchen eine gewisse Übung anhand des vorgegebenen musikalischen Materials, bevor sie ihren kreativen Charakter entfalten können. Die Spiele können den Jugendlichen im Erleben ihrer eigenen schöpferischen Fähigkeiten Freude geben und sie zum intensiven Umgang mit Klängen, Rhythmen und Melodien animieren. Das Kennenlernen eines breiten Spektrums musikalischer Ideen führt so zu einer Erweiterung des musikalischen Horizontes, entwickelt das Interesse an der Musik und den persönlichen Geschmack.

Ein Großteil der Spiele ermöglichen einen ersten Einstieg in die musikalische Arbeit mit Jugendlichen, können aber auch für Gruppen mit Musizierpraxis ein Feld neuer Ideen und Erfahrungen sein. Viele Spiele können ohne Instrumente gespielt, aber auch mit Percussions- und Rockinstrumentarium ergänzt werden. Sie sind nach Schwerpunkten geordnet.

Unter dem Stichwort „Variationen“ finden sich ergänzende und weiterführende Ideen unter Hinzunahme von Instrumenten. Soweit es mir möglich ist, nenne ich bei den meisten Spielen Quellen und Tonbeispiele.

Überblick

Spieleverzeichnis:

K Spiele mit Körperklängen
K 1 „Body-Drum-Set“ — Spiel mit Bodypercussion

K 2 „Body-Music" — Spiel mit Bodypercussion
K 3 „Body-Music" — verschiedene Materialien

P Spiele mit dem Percussionsinstrumentarium
P 1 „Wilde Trommeln"
P 2 Ostinato-Schichtung
P 3 „Drums & Vocals" — ein Spiel mit Trommeln, Stimme, Raumklängen und Percussion
P 4 Bauen und Spielen eines „Schrott-Drum-Set" und anderer „Schrottpercussion"

S Spiele mit der Stimme
S 1 Echogesang zur Bodypercussion
S 2 Chor-Baukasten-Spiel
S 3 „Rap Out" — ein Stimmimprovisationsspiel
S 4 „Duf Du Basch" — rhythmische Silben und „Rap‘ -Gesang
S 5 „Dab DaDab Dam" — stimmliche Improvisation
S 6 „Scatin" The Blues — stimmliche Improvisation

I Spiele mit Rockinstrumentarium
I 1 „D J — Live-Spiel"
I 2 Improvisation zu Dias
I 3 Improvisation zu verschiedenen harmonischen Themen

MB Spiele mit Musik und Bewegung
MB 1 „Conga-Tanz"
MB 2 „Funky-Body-Beat-Kanon" — bewegter Body-Music-Kanon
MB 3 „Rhythm And Syncopation" — bewegter Body-Music-Kanon
MB 4 „Jump In" — ein Spiel zur Tanzentwicklung
MB 5 „Bewegtes Licht" — musikalisches Spiel mit Lichteffekten
MB 6 „Tanzende Schatten" — musikalisches Tanzspiel
mit Licht und Schatten

K Spiele mit Körperklängen

K 1 „Body-Drum-Set" — Spiel mit Bodypercussion

Bodypercussion ist ein amerikanischer Begriff, der das Spiel mit Klanggesten (Stampfen, Patschen, Klatschen und Schnalzen) um andere Körperklänge erweitert.
Zu Beginn steht das Erlernen folgenden Musters A:

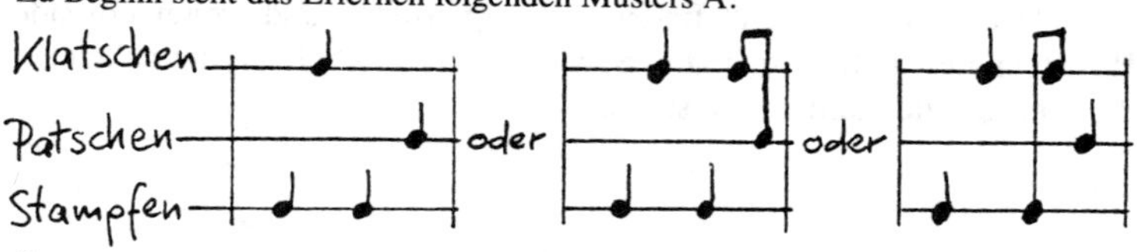

Hinweise zur Ausführung:
Klatschen: eine Hand führt die Klatschbewegung in die andere, bereitgehaltene Hand aus
Patschen: beide Hände fallen gleichzeitig auf die Vorderseite der Oberschenkel.
Stampfen: mit einem Fuß aufstampfen.

Nach mehrmaligem Üben wird nun Muster B erlernt:

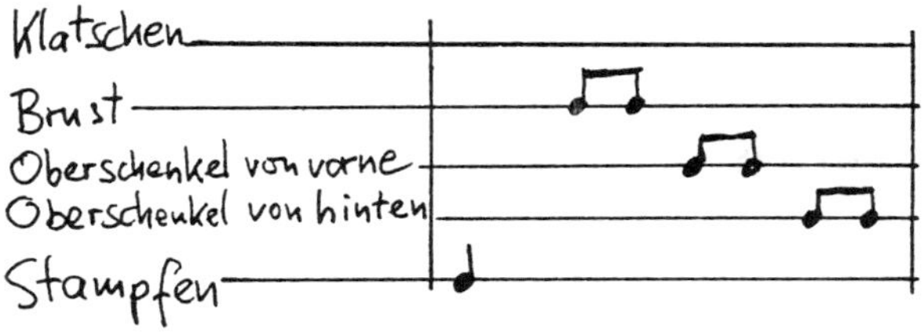

Hinweise zur Ausführung:

Patschen: die drei verschiedenen Patschbewegungen sollen in einer lockeren Abwärtsbewegung der Hände, abwechselnd rechts und links, ausgeführt werden.

1. Mit flachen Händen nacheinander auf den oberen Brustkorb patschen.
2. Die Arme nacheinander seitlich an den Oberschenkeln patschend vorbeistreifen.
3. Im Rückschwingen nach vorne patschen die Hände nacheinander die Oberschenkelrückseite.

Muster A und B werden nun zu folgender Reihe zusammengefügt:

A A A B

Diese viertaktige rhythmische Phrase, die sich in Klang und Länge am Einsatz des Drum-Sets in der Rock- und Popmusik orientiert, kann nun in ständiger Wiederholung zum Singen vieler bekannter Lieder begleitend gespielt werden.

Geeignete Lieder:

„Sailin'" von Garin Sutherland, bekannt geworden durch Rod Stewart, in: Liederkorb, Lied Nr. 89. Bund Verlag, Köln a.a.O.

„Let it be" von den Beatles, in: Liederbaum Lied Nr. 24, a.a.O.

„Lady in black" von Uriah Heep, a.a.0., Lied Nr. 25, a.a.O.

„As tears go by" von den Rolling Stones, a.a.O., Lied Nr. 21, a.a.O.

„We don't need no education" von Pink Floyd, in: Liedersonne, Nr. 78, a.a.O.

„Riders on the storm" von den Doors, in: a.a.0., Lied Nr. 19, a.a.O.

Variationen:

a) Die Reihe A A A B kann auf verschiedene Weise im Kanon gespielt werden:
Gruppe 1: A A A B A A A B...
Gruppe 2: A A A B A A A B...

oder:

Gruppe 1: A A A B A A A B...........B B B B
Gruppe 2: A A A B A A A B.........A B B B
Gruppe 3: A A A B A A A B........A A B B
Gruppe 4: A A A B A A A B......A A A B

Das Ende ist nur ein Vorschlag, neue Lösungen sind möglich.

b) In Kleingruppen sollen neue Muster B durch Veränderung der Reihenfolge, durch Auslassung oder durch Hinzunahme neuer Klänge erfunden werden. Diese neuen Muster werden mit C, D, E... benannt und zu Zwischenteilen im folgenden Spiel:

Alle: A A A, Gruppe 1: B, Alle: A A A, Gruppe 2: C usw.

c) Muster B soll vokal ausgeführt werden: Die dabei benutzten Silben und Wörter stellen lautmalend Percussions- und Drum-Set-Klänge dar, z.B.:

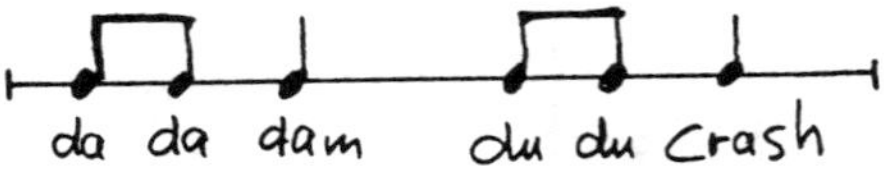

oder

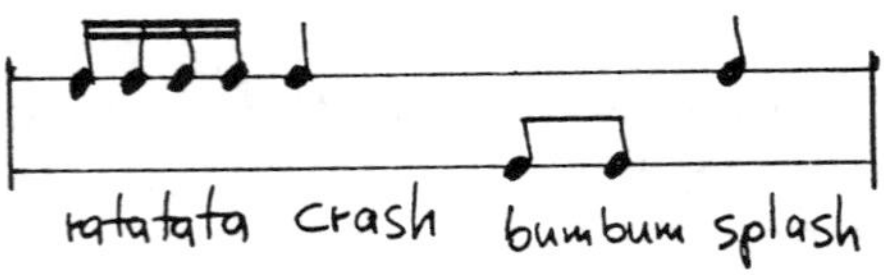

Einige Spieler können eine lautmalende Solostimme erfinden und zur Bodypercussion nacheinander oder einer den anderen imitierend singen.

Literaturhinweis:

— vgl. Orff, Carl / Keetman, Gunild: Orff-Schulwerk Bd. I, London, Mainz 1950, S. 74-96.

Tonträger:

— Kranz, George: DIN DAA DAA auf POA LC 6339, 1983.
— McFerrin, Bobby: SPONTANEOUS INVENTIONS auf EMI 24-0582-1
— Burris, J.C.: BODY SLAPS auf der LP: ON THE ROAD, Folkways Records FA 2369
— Ghanesische Frauen: ADAAWEE auf Folkways Rec. FWR 8859
— Einstürzende Neubauten: Ein Stuhl in der Hölle" auf LP „Haus der Lüge", Rough Trade Records 1989
— Queen: „We will rock you" und andere.

K 2 „Body-Music" — Spiel mit Bodypercussion

Pattern ist die englische Übersetzung des Begriffes Ostinato, d.h. ein klar erkennbares, ständig wiederholtes rhythmisches, melodisches oder harmonisches Motiv.
Vier verschiedene Pattern bilden die Grundlage der Spielmöglichkeiten:

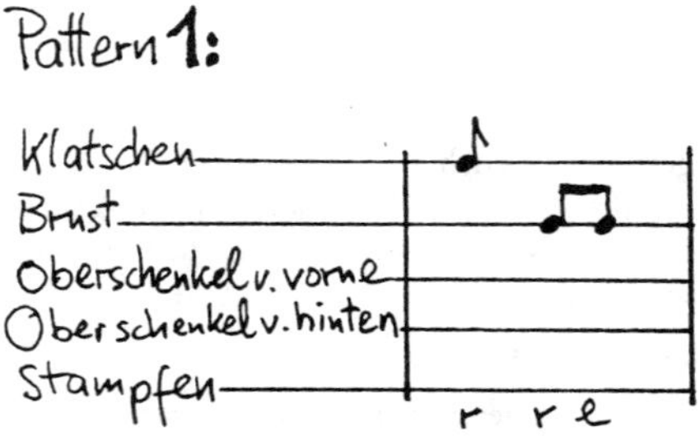

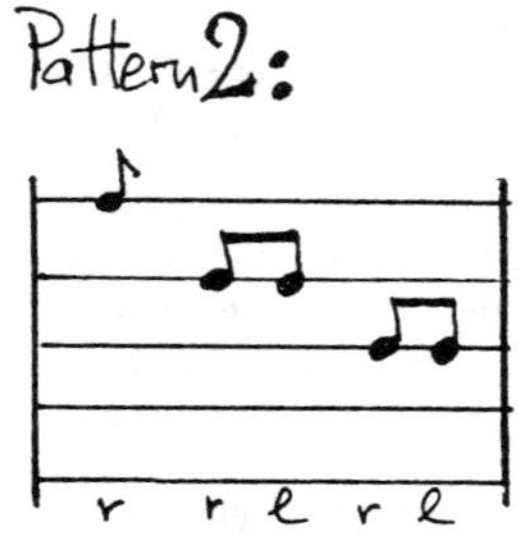

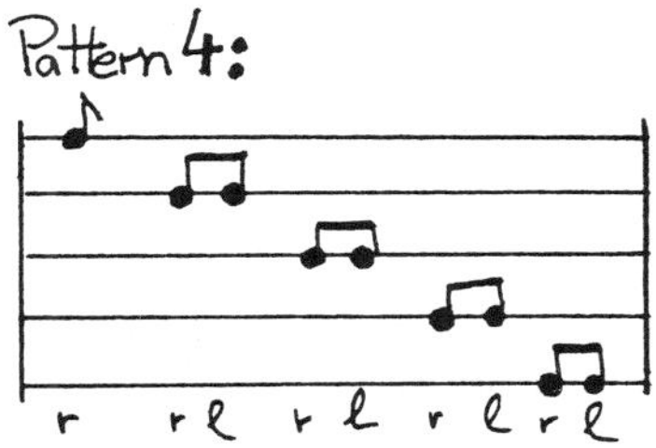

Hinweise zur Ausführung der Bodypercussion siehe K 1.
Nun werden die Pattern 1 und 3 kombiniert:

Ebenso sind die Pattern 2 und 4 kombinierbar:

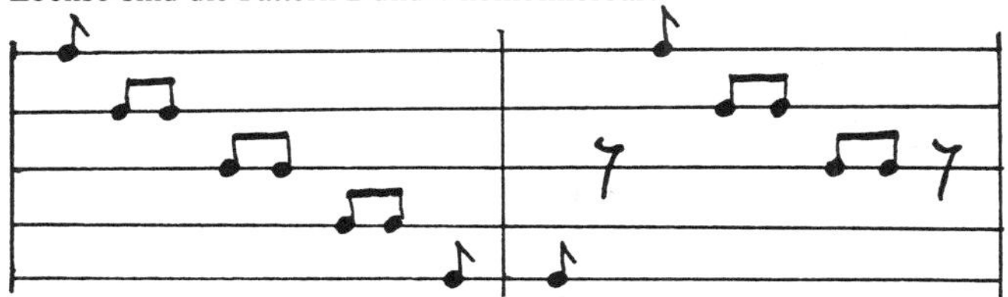

Diese Phrasen sollen zwei Gruppen gleichzeitig spielen.

Variationen:

a) Verschiedene Spielweisen im Kanon sind möglich. Andere Patternkombinationen ausprobieren. Was passiert, wenn man dabei die Pausen wegläßt?
b) Spielen der Pattern im Swingrhythmus: =

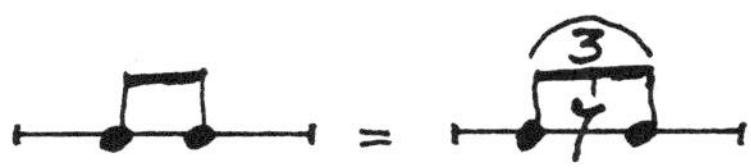

c) In Kleingruppen können viertaktig Klatschlinien erfunden und zum Patternspiel der anderen Gruppe gespielt werden:Gruppe

A: 2 x Patternkomb. 1 u. 3 / Klatschlinie (4 Takte)Gruppe
B: Klatschlinie (4 Takte) / 2 x Patternkomb. 1 und 3

d) Mit Bongos, Congas usw. können ein Solo, Imitations- oder Rede- und Antwortspiele zur Body-Music gespielt werden.
e) In Kleingruppen werden Texte verfaßt, die zum Spiel der jeweils anderen Gruppe rhythmisch gesprochen werden, z.B.

— dance and shuffle and jump for joy
— that's a solid jive, with a wonderful drive

— let's have a beat, a drive, a beat, a drive,   abe-adri-abe-adri, abebebebedrive
— der Puls ist Feuer, der Puls ist Glut
    der Puls in der Musik, bringt Fieber in's Blut

Literaturhinweis

— Terry, Keith: in PERCUCSSIV NOTES, Volume 23, No. 1, 1.10.84, Presseorgan der U.S.Percussive Arts Society

Tonträger

— Taj Mahal: **A little soulful tune** auf der LP **„De old folks at home“**, Edsel Records DED 264, 1969 / 1982

K 3 „Body Music“ — verschiedene Materialien

Der ghanische Rhythmus „DJIGBO“ wird mit Body Music gespielt:

Variationen

a) Solostimmen für Klatschen, Body-Music oder Trommel werden erfunden und gemeinsam zu einem Stück arrangiert.
b) Der Rhythmus kann auf Trommeln unterschiedlicher Tonhöhe übertragen werden. Dabei sollen alle Achtelschläge mit von Hand zu Hand wechselndem Anschlag ausgeführt werden. Klatschen und Brust-Patschen werden dabei zu einer Bongo-Stimme zusammengefaßt (hier: hohe Bongo rechts).

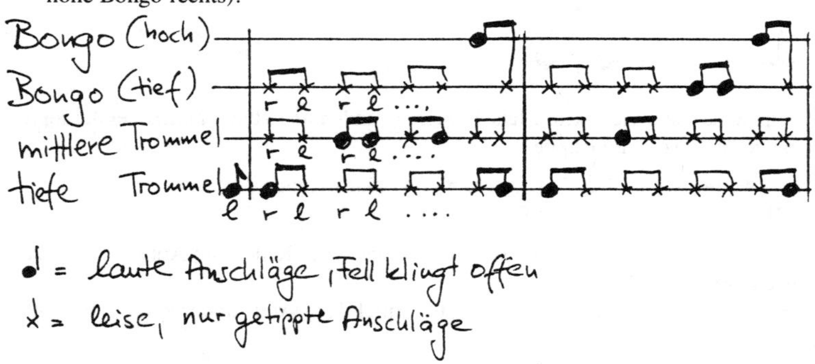

Im folgenden verschiedene Body-Music-Patterns als Anregung und Material zur Erweiterung der vorgestellten Spiele und zur Entwicklung eigener Spielideen mit Bewegung:

a)

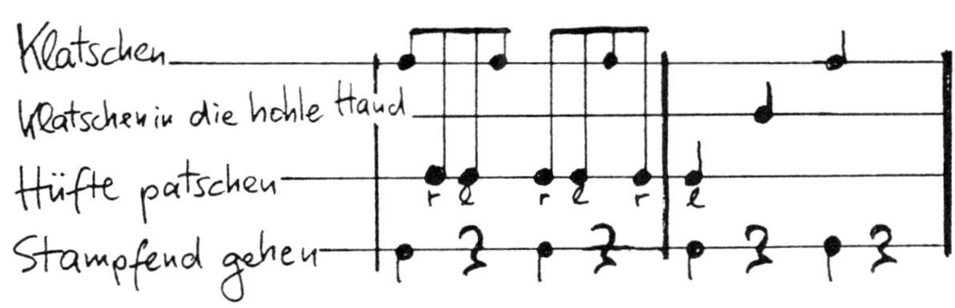

b)

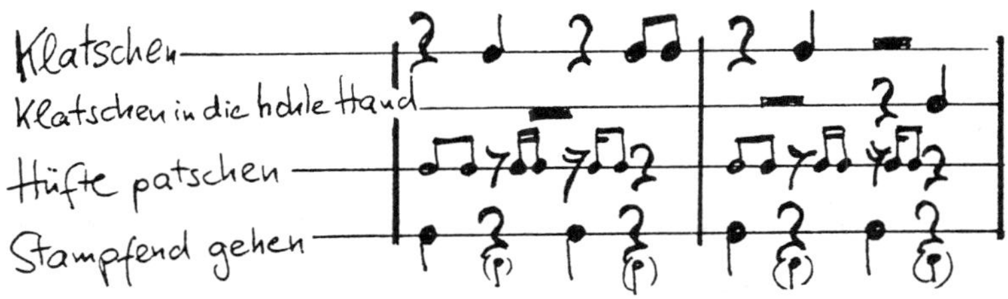

c)

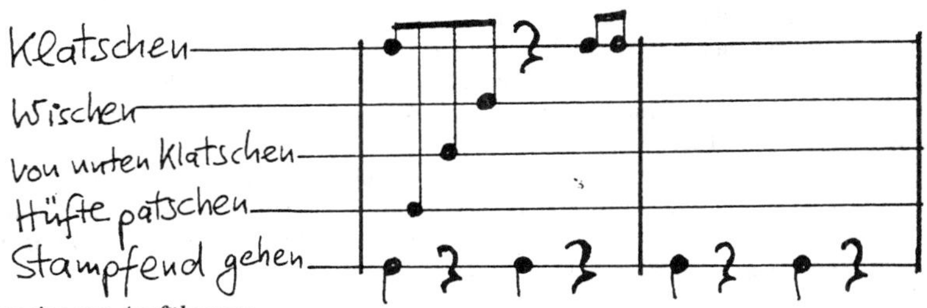

Hinweise zur Ausführung:

von unten klatschen: die vom Oberschenkel kommende Hand klatscht, von unten kommend, mit dem Handrücken in die obere bereitgehaltene Hand;
wischen: nach dem oben beschriebenen Klatschen wird die untere Hand von der oberen Hand weggezogen, wobei ein wischendes Geräusch entsteht.

P 1 „Wilde Trommeln“

Alle Spieler haben eine Trommel, die sie mit den Händen anschlagen. Ohne Beachtung eines gemeinsamen metrischen Spiels probieren alle die verschiedensten Klänge und Anschlagsarten aus.

Verschiedene Spielmöglichkeiten:

— Die beiden letzten Spieler, die noch trommeln, improvisieren gemeinsam. Sie können abwechselnd oder gleichzeitig spielen, einander bekämpfen oder auf den anderen eingehen usw. Sie beenden ihr solistisches Spiel, indem beide ein gleichbleibendes rhythmisches Motiv spielen. Dies ist für die Gruppe das Zeichen, wieder mitzuspielen. Dabei beziehen sich alle zuerst auf das letzte im Duo gespielte Metrum. Daraus entwickelt sich dann wieder die metrisch freie Improvisation. Wenn alle einmal Duopartner waren, ist das Spiel zu Ende.

— Alle Spieler beginnen ohne gemeinsames Metrum zu trommeln. Durch Annäherung an das Metrum eines einzelnen nähern sich alle allmählich einem gemeinsamen Puls. Nach einer frei zu bestimmenden Zeit des rhythmischen Spiels beginnt wieder der Prozeß der Entfernung vom Puls. Das Spiel endet nach mehrmaligem Hin-und-Her durch gemeinsames Leiserwerden (Fade Out).
— Erfinden neuer Spielabläufe.

Literaturhinweis:

— Vgl. Friedemann, Lilli: Trommeln, Tanzen, Tönen. Wien 1983, S. 10 / 11.

P 2 Ostinato-Schichtung

Ein Ostinato ist ein sich ständig wiederholendes rhythmisches, melodisches oder harmonisches Motiv.

Zu Beginn gehen alle Spieler im Kreis und nehmen ein gemeinsames Schrittempo auf. In innerer Vorstellung entwickeln sie ein rhythmisches Ostinato zum gemeinsamen Schritt-Puls. Nach einiger Zeit des inneren Wiederholens werden die Ostinati mit Silben gesprochen. Ohne das Gehen im Puls und das rhythmische Sprechen zu unterbrechen, wählen die Teilnehmer nacheinander aus den in der Mitte bereitliegenden Percussionsinstrumenten, um darauf ihre Ostinati weiterzuspielen. Das Spiel endet mit einem Fade Out.

Dann setzen sich alle Spieler mit ihren Instrumenten zum Kreis zusammen. Ein Spieler beginnt mit einem neuen einfachen Ostinato. Die übrigen Spieler fügen nacheinander ihre Ostinati hinzu, bis alle gemeinsam spielen. Dann beginnt wieder der Abbau der Schichtung. Zu Beginn sollte das Zu- und Aussteigen reihum im Kreis stattfinden.

Variationen:

a) Durch Hinzunahme von Stabspielen (z.B. Xylophon) und Rockinstrumentarium können auch melodische Ostinati im folgenden Tonraum gespielt werden:

Hinweis: Bei den Stabspielen werden die Stäbe c und f entfernt, so liegt also nur noch die obige pentatonische Tonleiter auf. Auf der Gitarre und dem Keyboard sollen Einzeltöne gespielt werden.

b) Graphische Notationen oder Verabredungen für den Ablauf können zum differenzierten dynamischen Spiel führen.

c) — rhythmisches Spiel und Störung; siehe P 4, Spielidee b)

d) — das Spiel kann durch Soli erweitert werden. Dazu wird die oben angeführte Tonleiter um nur einen Ton zur E-moll-Bluesskala erweitert:

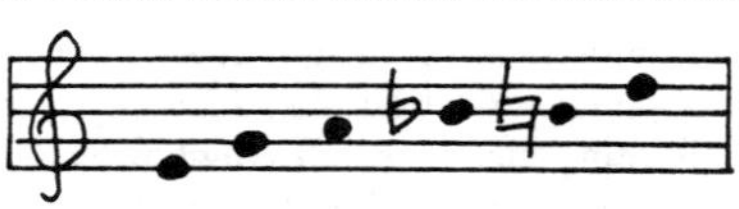

P 3 „Drums & Vocals" — Ein Spiel mit Trommeln, Stimme, Raumklängen und Percussion.

Dieses Spiel führt zum sicheren Umgang mit Viertaktphrasen. Eine gute Vorübung könnte das Spiel mit viertaktigen Bodypercussionphrasen sein (siehe K 1).

Alle Mitspieler benötigen eine Trommel und, wenn möglich, für einen Spieler ein Drum-Set. Gemeinsam wird eine Viertaktphrase gestaltet. Zur Übung wird die Phrase je zweimal im Wechsel mit acht Takten Pause gespielt:

Trommelphrase / Trommelphrase / 4 Takte Pause / 4 Takte Pause

Hier ein Beispiel für die Trommelphrase:

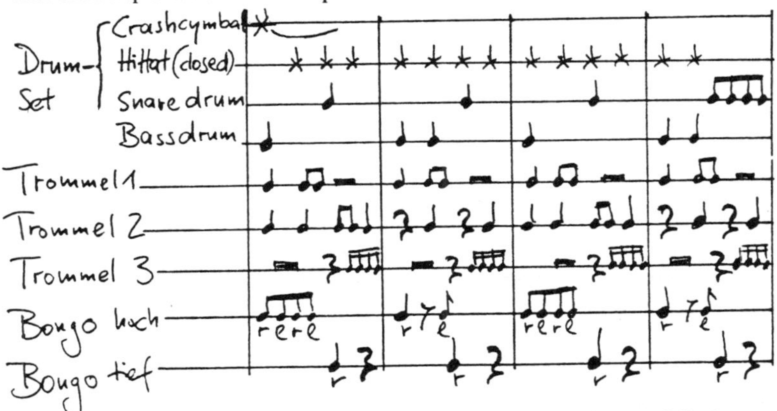

Nun werden die zweimal vier Takte Pause mit einer Sprachgestaltung gefüllt. Dazu werden die Spieler zu einem Brainstorming zum Thema **Trommeln** aufgefordert. Alle genannten Begriffe, ob Fachausdrücke oder lautmalende Worte, werden auf einer Wandzeitung gesammelt. Daraus soll jeder Spieler mit ein oder zwei Wörtern im gemeinsamen Ausprobieren ein eigenes Pattern für die Viertaktphrase entwickeln. Das Ergebnis könnte so klingen:

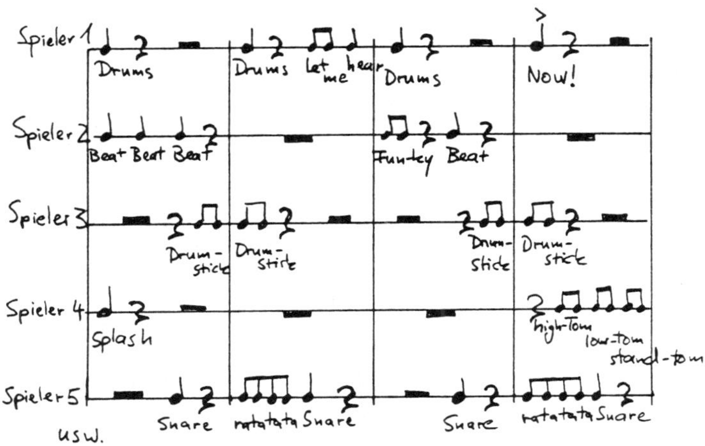

Nun kann das Spiel mit anderen Instrumenten und Klängen nach demselben Prinzip erweitert werden,z.B.:

- mit Raumklängen: jeder spielt mit Händen, Füßen oder mit Trommelstöcken einen Raumklang (Fußboden, Wand, Stuhl, Tisch, Heizkörper...);
- mit Shakers: jeder spielt eine Rassel, Cabassa, Caxixi;
- mit Metall: jeder spielt eine Cowbell, Agogo, Trommelspannring und was man noch aus Metall finden kann;
- mit Holz: jeder spielt eine Holzblocktrommel, Claves, Holzschlitztrommel, Wooden, Agogo und andere Holzklinger;
- die Phrasenlängen für die einzelnen Teile können halbiert oder verdoppelt werden.

Das Spielen eines eigenen Arrangements beendet das Spiel.

P 4 Bauen und Spielen eines „Schrott-Drumset" und anderer „Schrottpercussion"

Zum Bau von Schrottpercussion braucht man vielerlei Unrat, z.B. Ölfässer, Eisenrohre, Metallfedern und -spiralen, Radkappen, Plastikkanister und -eimer, Holzlatten und -reste, Automotorhaube, Kuchenblech und was sonst noch gut klingt ...

Zum Bauen und Verbinden wird Werkzeug und Befestigungsmaterial benötigt: Bohrmaschine, Hammer, Draht, Klebeband, Schrauben und ähnliches ...

Einige beispielhafte Bauanregungen:

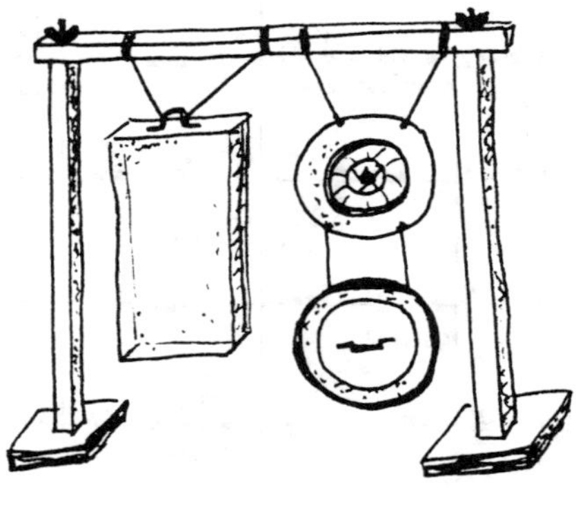

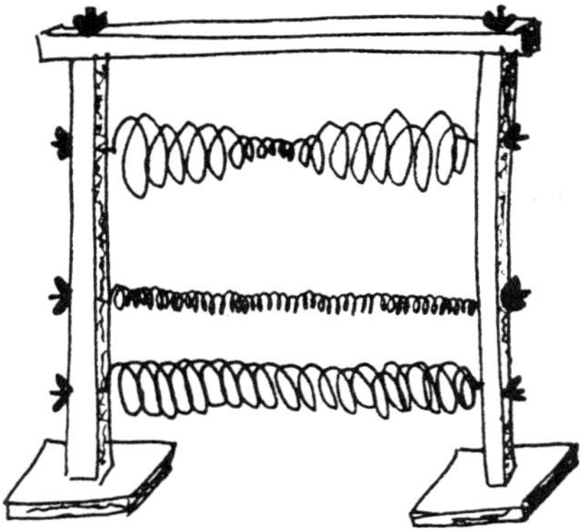

— Ein Ölfaß ergibt eine klangvolle Bass-Drum, und dem Klang nach geordnete Plastikkanister sind eine Reihe Tom Toms.
— Als Becken werden auf Holzstäbe befestigte Radkappen benutzt.
— Aufgehängte Kuchenbleche, Blechreste und Radkappen bilden ein Gongspiel.
— Aufgehängte Metallfedern und -spiralen erzielen aufregende Klangeffekte.

Zum Anschlagen eignen sich verschieden dicke, an den Enden rundgefeilte Holzstäbe, auf die auch Holz- oder Gummikugeln leimbar sind, sowie Stahlstäbe (z.B. Fahrradspeichen).

Spielideen:

a) Aufbau einer Ostinatopyramide (siehe P 2)
b) rhythmisches Spiel und Störung: eine Gruppe improvisiert auf der Grundlage eines gemeinsamen Pulses. Der Rest versucht, das gemeinsame Spiel zu stören. Kann die erste Gruppe standhalten, soll die zweite Gruppe in eine gemeinsame Improvisation mit der ersten Gruppe einschwenken. War die zweite Gruppe erfolgreich und der ursprüngliche Puls ist zerfallen, wechseln die Aufgaben.
c) Verbindung mit Rockinstrumentarium ausprobieren.
d) Einen Text dazu erfinden und rhythmisch sprechen („rappen"), oder folgenden Text verwenden:

Die Trommeln verführen Dich
Die Trommeln umwerben Dich
Die Trommeln kriegen Dich
Die Trommeln spielen Dich
Die Trommeln klingen durch Dich
Die Trommeln lieben Dich

Literaturhinweis:

— Martini, Ulrich: Musikinstrumente — erfinden, bauen, spielen. Stuttgart 1980.

Tonträger

— „Einstürzende Neubauten": **„Kollaps"**, 1981 auf ZickZack; **„Zeichnungen des Patienten O.T."**, 1983 auf Rough Trade; **„Fünf auf der nach oben offenen Richterskala"**, 1987 auf EfA.

S 1 Echogesang zu Bodypercussion

Alle Spieler stehen im Kreis und spielen folgenden Bodypercussionrhythmus:

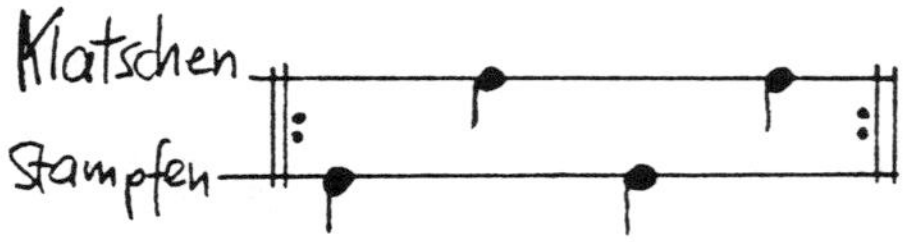

Es empfiehlt sich, nur bei mit Klanggesten sehr erfahrenen Gruppen einen schwierigeren Rhythmus zu wählen.

Ein Spieler wird Vorsänger und singt eine eintaktige oder zweitaktige Phrase vor, z.B.:

Alle singen nach, ohne das Bodypercussionspiel zu unterbrechen. Die Rolle des Vorsängers sollte im Kreis wandern.

Rockstars machen oftmals dieses Spiel mit ihrem Publikum bei Rockkonzerten. Dies könnte als Anregungsmaterial für die Spieler dienen.

S 2 Chor-Baukasten-Spiel

Alle Spieler stehen im Kreis. Auf ein bestimmtes Zeichen verlassen alle den Kreis, gehen im Raum umher und singen einen Ton oder ein kurzes melodisches Motiv. Der Ton oder das Motiv sollen auf einer Atemlänge singbar sein. Alle singen ihren Ton oder ihr Motiv dreimal hintereinander auf drei Atemlängen. Dann kehren sie an ihren Platz im Kreis zurück. Da alle Spieler variierende Atemlängen haben, kommen sie nicht wieder gleichzeitig in den Kreis zurück. Das Spiel wird wiederholt und jeder Spieler kann seinen Ton oder sein Motiv wiederholen oder verändern.

Nun wird die Gruppe aufgefordert, aus den gehörten Tönen und Motiven eine Wahl zu treffen und sie als Gruppenstimmen für die folgende Chor-Baukasten-Spielrunde festzulegen. So hat jede der mindestens vier zu bildenden Kleingruppen eine feste Chorstimme. Es wird ein Dirigent bestimmt, der durch Zeichen aus den Tönen und Motiven der einzelnen Chorgruppen ein Stück Chormusik gestaltet. Er soll seine Einfälle und Vorstellungen durch eine Umsetzung in Dirigierbewegungen und nicht durch Sprache an die Chor-Kleingruppen vermitteln. Wichtige Zeichen für Einsatz, Ende und Lautstärke sollen klar ausgeführt werden. Die Rolle des Dirigenten wird immer wieder gewechselt. Das Tonmaterial kann durch ein Zurückgehen in die vorausgegangene Probierphase verändert werden.

Variationen:

a) als Ausgangspunkt für die Auswahl des Tonmaterials kann auch ein Thema vorgegeben oder mit der Gruppe entwickelt werden, z.B.:

— Baustelle
— Straßenverkehr
— Supermarkt

— Disco
— Waldspaziergang
— Spazierflug im All
— 2000 Meter tief im Ozean

Hierbei können die Spieler Klangmischungen aus Tönen und Geräuschen mit der Sprech-, Sing- und Flüsterstimme erfinden.

b) Eine oder zwei Gruppen des Chores spielen Bodypercussion oder Percussionsinstrumente, bzw. Rockinstrumentarium.
c) Ein oder zwei Spieler werden Solosänger, die festgelegte oder improvisierte Abläufe singen sollen.

S 3 „RAP OUT“ — Ein rhythmisches Stimm-Improvisationsspiel

Das amerikanische Slangwort „rap“ bedeutet „vollquatschen“ und „rap out“ bedeutet „herauspoltern“ und „klopfend wiederholen“. Dies ist gleichzeitig eine Beschreibung des Sprechgesangstils, den schwarze Jugendliche aus den Ghettos kreiert haben.

Die Gruppe steht im Kreis. Alle führen ein leichtes Stampfen im gemeinsamen Puls aus. Ein Wort oder Satz wird vorgestellt z.B.:

— come on, come on, let's dance in the street
— Jive and Stroll, rock my soul
— That's Bebop Hip Hop Pop
— all kinds of beat for all kinds of feet
— Bum Ladda Bum
— Neonlicht, Nachtgesicht

Alle Spieler improvisieren gleichzeitig im Rapstil mit dem Wort/Satz, d.h. sie gestalten z.B. durch Zerstückeln, Stottern, Wiederholen, Dehnen, verschiedene Tonhöhen, Rhythmisieren usw.

Wenn die erste Hemmschwelle überschritten ist und ein Lachen die Atmosphäre gelockert hat, schicken wir ein Wort/einen Satz im Kreis herum. Dabei kann die Gruppe den jeweiligen „Rapper“ durch Body-Music unterstützen. Das Wort/der Satz wird von „Rappers“ zu „Rapper“ weitergegeben. Dabei soll die Variation des vorherigen „Rappers“ ein wenig abgeändert werden.

Variationen:

a) das Wort/den Satz in bestimmter Qualität „rappen“, z.B. aggressiv, wütend, fröhlich. entspannt, usw.
b) Die Ausdrucksqualität ändert sich beim Weitergeben ständig zwischen einem Gegensatz, z.B. aggressiv — entspannt, melodisch beschwingt — monoton, hoch — tief, laut — leise, usw.

„We can rap we can rhyme, do our thing in four four time“
„Hip Hop Energie lädt meine Batterie“
„Los komm hoch, heb ab und dreh auf,
„Tanz wie du willst, na los spring (dr)auf“
„Grab your walkman and put it hold
Move your body and relax your soul

Come on over and swing and sing with me
Let's be our own walkman, try it with me"

Einzelne „Rapper" improvisieren nacheinander darüber. Oder die Gruppe wiederholt diese Zweitakt-Phrase dreimal. Bei der vierten Zweitakt-Phrase ist die Gruppe still und ein einzelner „Rapper" hat ein Solo. Dann auch im Verhältnis von zwei zu zwei Phrasen ausprobieren.

c) In Anlehnung an das Rivalisieren von Jugendgangs stehen sich zwei Gruppen gegenüber. Jede Gruppe hat einen Solosänger (leader of the gang), den sie mit Zurufen und Body-Music anfeuert. Die zwei „Leader" und ihre „Gangs" liefern sich ein Rapduell im Dialog.

Tonträger:

— Platten von: Curtis Blow, Grandmaster Flash, Run-DMC, usw.

S 4 „Duff du basch" — Rhythmische Silben als Grundlage für ein Rap-Spiel

Die folgenden Stimmen können zusammen erklingen. Man kann aber auch nur zwei oder drei gleichzeitig anstimmen und natürlich neue Stimmen entwickeln.

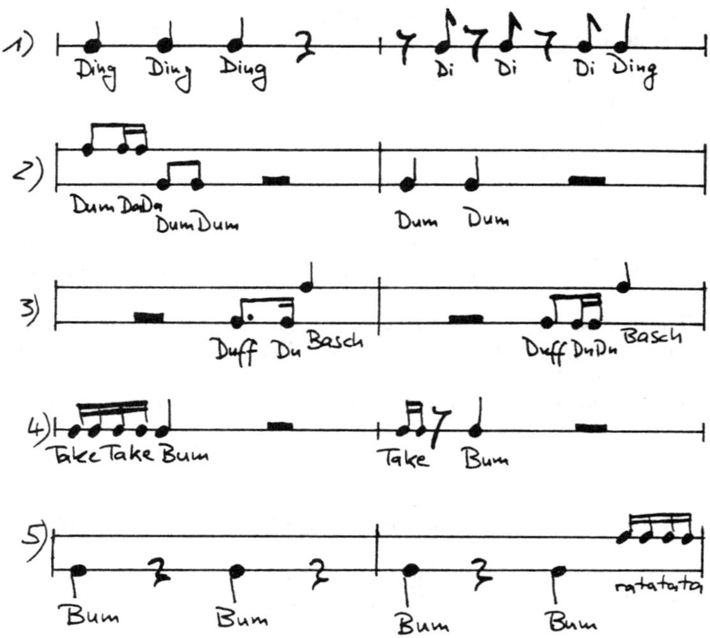

— ein Pausieren oder ein abwechselndes Sprechen einzelner Stimmen kann interessante Höreignisse hervorbringen.
— ein Text, der aus Überschriften einer Tages-, Musik- oder Jugendzeitung collagiert wurde, wird dazu im Rapstil vorgetragen:
— Die Silbenrhythmen werden auf Raumklänge (Fußboden, Stuhl, Tisch usw.) oder auf Instrumente übertragen.

S 5 „Dab DaDab Dam" — Stimmliche Improvisation

Alle Spieler stehen im Kreis und führen leichte Stampfschritte im gemeinsamen Puls aus. Folgendes Ostinato wird zuerst einstimmig gesungen:

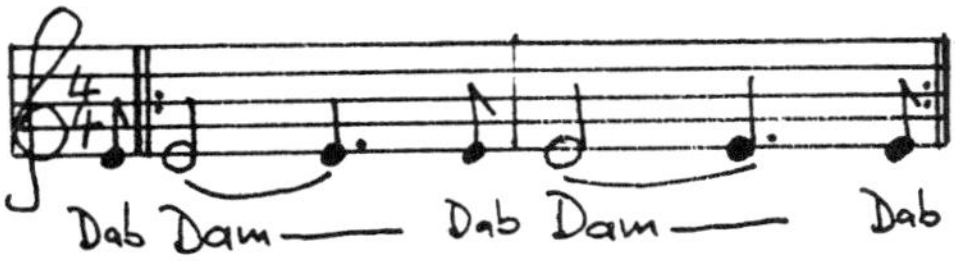

Dann werden nacheinander, je nach beabsichtigtem Schwierigkeitsgrad und der besonderen Gruppe, bis zu drei weitere Stimmen hinzugefügt und eine rhythmische Variation vorgeschlagen:

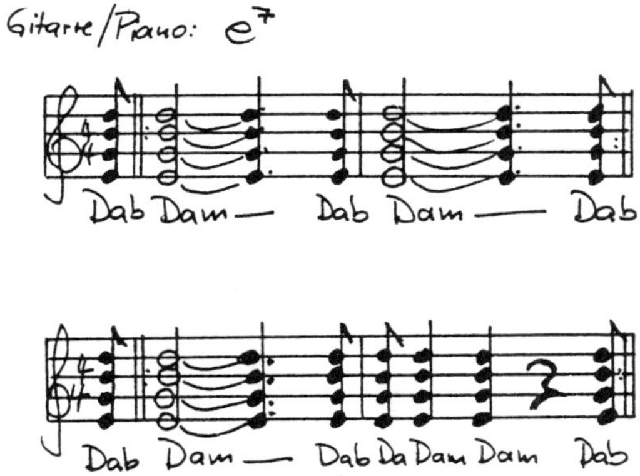

Zu einem Chor-Ostinato können der Reihe nach alle, die wollen, ein kleines Solo gestalten. Zu Beginn können dies erste Solo-Runden mit Body-Music, Rufen, Geräuschen oder „Rappen" sein. Danach kann im folgenden pentatonischen Tonraum improvisiert werden. Der Solist kann im „Scat-Stil" singen, d.h. in einem wortlosen Gesang, bei dem durch die Aneinanderreihung von Nonsens-Silben improvisiert wird.

Nun kann ein zweiter Akkord eingeführt werden.
Daraus könnte dann folgende 4-Takt-Phrase entwickelt werden, zu der dann, wie oben schon angeführt, auch improvisiert werden kann.

Variationen:

a) Unterstüzung und Erweiterung des Chor-Ostinato durch Body-Music, Percussion, Rockinstrumentarium.

b) zwei Spieler improvisieren miteinander im Rede und Antwort-Schema, oder völlig freie Improvisation von einem bis zu mehreren Mitspielern. Dabei ist es sinnvoll, daß die jeweiligen Solisten sich klar zu erkennen geben, z.B. indem sie in die Kreismitte treten..

S 6 „Scatin' The Blues"– Stimmliche Improvisation

In diesem Spiel bildet ein zwölftaktiges Bluesschema, das für vier Gesangsstimmen arrangiert ist, die Grundlage zur stimmlichen Improvisation im Scat-Gesangsstil. Zuerst sollte die Baßstimme erlernt werden (sie kann auch eine Oktave höher gesungen werden), dann die sich ergänzenden Akkordstimmen.

— Ergänzung mit Bodypercussion (stampfen, schnipsen, klatschen, usw.)

— Erste Improvisationsversuche mit der A-moll-Bluesskala sollten im vierten, achten und zwölften Takt versucht werden, dann über vier Takte am Stück und erst zuletzt über das gesamte Schema.

I 1 „D J — Live-Spiel“

Vorbild für dieses „D J — Live-Spiel“ ist der Discjockey (D J), der nicht nur Platten auflegt, sondern deren Klang durch das Mischen mit anderen Platten, Sounds und Geräuschen (Sratching, Sampling, elektronische Effekte usw.) neu gestaltet.

In unserem Spiel entscheidet der „D J“, welche Musik „live“ gespielt und gemixt wird.

Grundlage des Spieles kann eine kleine rhythmische, melodische oder harmonische Idee sein.

Die Spieler entwickeln dazu ihren musikalischen Beitrag (z.B. Rhythmuspattern für Conga, Bongos und Rhythmusgitarre, Ostinato für Baßgitarre und Keyboard usw.).

Einzelne Spieler haben Extrastimmen, z.B. einen störenden Rhythmus, ein Solo, eine sphärische Klangwolke, Industrielärm, eine Improvisation im Zwölftonraum oder einen Gesang im „RapStil“.

Der „D J“ gestaltet nun die Musik der Gruppe durch gestische und mimische Anweisungen für Einsatz, Ende, Reihenfolge und Dynamik für einzelne Spieler, Spielergruppen oder für die gesamte Gruppe.

Variationen:

a) alle Spieler haben eine das musikalische Thema unterstützende und eine das Thema störende — oder eine freie musikalische Stimme. Der „D J“ zeigt jedem Spieler bei seinem Einsatz an, ob nun der erste oder der zweite musikalische Beitrag erwünscht ist.
b) eine der beiden Stimmen pro Spieler soll vokal, die andere instrumental ausgeführt sein (vgl. zur Anregung S 2).
c) zwei verschiedene musikalische Themen werden von jeweils der halben Gruppe gespielt. Der „D J“ kann mit Mischungen, Gegenüberstellungen, Konfrontationen usw. spielen.

I 2 *Improvisation zu Dias*

Mit einem Diaprojektor werden einzelne Dias oder Diafolgen projiziert. Alle Spieler sind im Halbkreis mit ihren Instrumenten der Projektionsfläche zugewandt. Vor ihnen stehen und liegen am Boden noch weitere Instrumente (z.B. Metallophone, Xylophone, Percussioninstrumente) und Effektinstrumente (z.B. Vibra-Slap, Ratsche, Bin Sasara, Glöckchen, Donnerblech, Flexaton, Lotosflöte, usw.).

Zuerst sieht sich die Gruppe das zu interpretierende Dia oder die Diafolge an. Jeder Spieler überlegt, mit welchen Instrumenten er spielen will und holt sich die entsprechenden Instrumente in Reichweite.

Am besten wird vor den ersten Spielen ein musikalisches Zeichen für das Ende vereinbart (z.B. Gong- oder Beckenschlag). Mit sehr viel Zeit und ohne festgelegte Reihenfolge steigen die Spieler in die Improvisation ein. Es ist wichtig, darauf hinzuweisen, daß nicht von Beginn an mit einem gemeinsamen Metrum gespielt werden soll. Vielmehr kann sich im Laufe einer Improvisation ein gemeinsames rhythmisches Spiel entwickeln und auch wieder verlieren. Zu einem Dia oder einer Diafolge sollte mehrfach ausprobiert, das Geschehene besprochen und dann auch grob geplant werden.
Themen für die Dias:

- Tropfen, Bach, Fluß, Wasserfall, Meer, Wellen
- Fliegen, Wolken
- Verkehr, Eisenbahn, Tunnel, usw.
- Fließband, Industrie
- Landschaft, Gebirge, Nordpol, usw.
- fröhliche oder trauernde Menschen
- Feuerwerk, Sternenhimmel, All
- die Gruppe findet eigene Bilder

In Erinnerung an die Lightshows bei psychodelischen Konzerten können mehrere Bilder überblendet werden oder sich unter Hitzeeinwirkung verändernde Dias (unter Verwendung von Öl, Zucker, Salz, Glasfarben, Klebstoff usw.) selbst hergestellt werden.

I 3 *Improvisation zu verschiedenen harmonischen Themen*

In der Folge werden verschiedene Harmonieschemata mit dazu passenden Improvisationsskalen vorgestellt. Sie reichen von „recht einfach" bis zu „schon etwas anspruchsvoller".

a) Dur / Moll-Wechsel

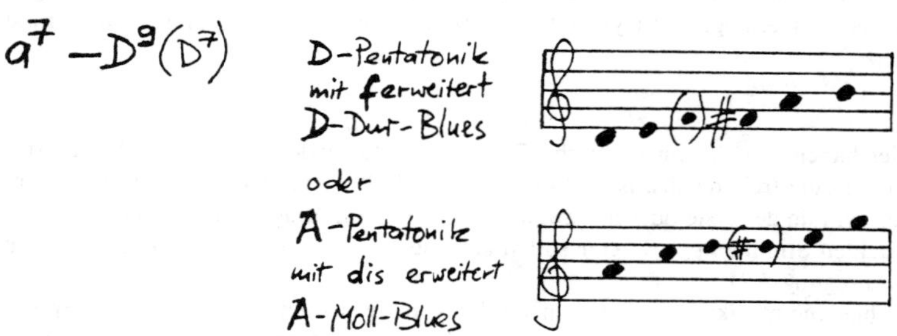

b) italienische Modulation

C – a – d – G^7

C-Dur

oder

C-Dur-Blues

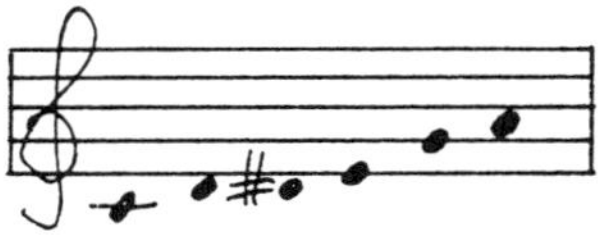

c) 12-taktiges Bluesschema

C – F^7 – C – C
F^7 – F^7 – C – C
G^7 – F^7 – C – C oder G^7

oder

C – F^7 – C – C^7
F^7 – F^7 – C – A^7
d – G^7 – C/a – d/G^7

C-Dur Blues (siehe b)
oder
C-Moll-Blues:

d) Jazz-Modulation

d – G^7 – C – A^7

C-Dur
oder
C-Dur-Blues (siehe b)

e) Moll-Blues

a^7 – e^7 – a^7 – a^7
e^7 – e^7 – a^7 – a^7
h^7 – a^7 – a^7 – H^{9+}

A-Pentatonik
oder
A-Moll-Blues (siehe a)

f) Pop-Thema

a – G – F – G

A – Pentatonik (siehe a)
oder
A-Moll:

g) Spanische Kadenz

a – G – F – E

A- Pentatonik
oder
A- Moll (siehe a und f)

h) Jazz-Kadenz

C – C° – d – G^7

C – C° – d – G^7

C – C^7 – F – f

C – G^7 – C/a – d/G^7

C-Dur
oder
C-Dur-Blues
(siehe b)

i) Play-Along D-Dorisch

d – G – C_{mj}^7 – F_{mj}^7
B_{mj}^7 – E^7 – a – E

D-Dorisch:

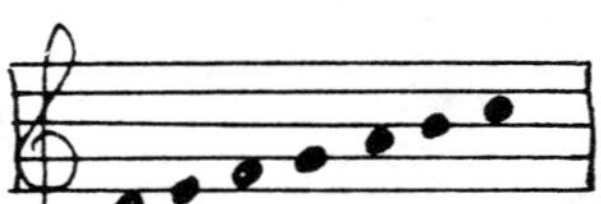

MB Spiele mit Musik und Bewegung

MB 1 Conga-Tanz

In der Mitte des Raumes steht ein Paar Congas (evtl. auch Bongos). Alle Spieler gehen im Raum umher und finden einen gemeinsamen Puls. Dann trommelt ein Spieler auf den Congas den Puls mit. Daraus entwickelt er langsam ein eigenes Pattern. Durch dynamische Veränderungen und Verzierungen versucht er, die Gruppe zum ausgelassenen Tanzen zu bringen. Ebenso ist eine Beeinflussung des Spielers durch den Tanz der Gruppe möglich.

Der Spieler zeigt durch Zurückkehren zum einfachen Pulsspielen an, daß er von einem Tänzer abgelöst werden möchte. Stellt sich einer der Tänzer hinter dem Trommler auf, führt dies auch zum Wechsel an den Congas, wobei die Spieler darauf achten, daß keine Pause im Trommelspiel hörbar wird. Alle Tänzer können Trommler werden.

Variationen:

a) Der Wechsel an den Congas findet immer nach vier Takten statt. So soll jeder Spieler eine viertaktige Phrase mit einem klaren Ende (zwecks der besseren Übergabe) spielen. Die Phrase kann auch acht Takte lang sein oder beliebig lange. Dann kann der Spieler die Übergabe z.B. durch einen Beckenschlag ankündigen.
b) Jeder, der schon einmal Trommler war, kann wieder Tänzer werden oder unterstützender Mitspieler auf einem anderen Percussions- oder Rockinstrument. Lautet die Regel, daß ein Trommler nicht erneut Tänzer werden darf, endet das Spiel, wenn niemand mehr tanzt.

Literaturhinweis:

Vgl. Friedemann, Lilli: Trommeln, Tanzen, Tönen. Wien, 1983, S. 16 / 17

MB 2 „Funky-Body-Beat-Kanon“

Der „Funky-Body-Beat-Kanon“ hat vier verschiedene viertaktige Zeilen, die aus Kombinationen von Singen, Bodypercussion und Tanzen bestehen.

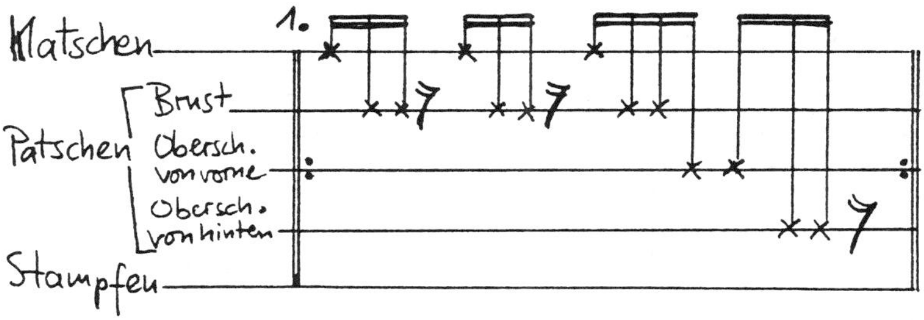

© Michael Widmer

Alle Spieler erlernen eine Zeile nach der anderen. Zur Ausführung der Bodypercussion vergleiche K 1. Wenn alle den Kanon sicher beherrschen, wird er zuerst in zwei, in drei und dann in vier Gruppen gesungen. Dabei stehen alle Spieler in einem Kreis, der in vier gleichgroße Segmente eingeteilt wird.

Variation:

— Wenn in der zweiten Zeile eine Vorwärtsbewegung mit abwechselndem Stampfen (rechts / links) und in der dritten Zeile eine Rückwärtsbewegung ausgeführt wird, entsteht als Ergebnis ein Kanon, der in jeder Zeile eine andere Bewegung im Raum hervorbringt: Man kann den Kanon also nicht nur hören, sondern auch sehen.
— Das stampfende Gehen in der zweiten und dritten Zeile ist durch weitere Körperklänge ergänzbar.
— Die Bewegungsimprovisationen in der vierten Zeile lassen sich durch einen in der Gruppe entwickelten Tanz gestalten. Die Tänzer können sich dabei selbst durch vokale Ausrufe begleiten oder es können auf Ständer montierte Percussionsinstrumente umtanzt und umspielt werden.

MB 3 „Rhythm an' Syncopation" — Bewegter Body-Music-Kanon

Text u. Musik mündlich überliefert

Textvariationen für die letzten zwei Takte:

. . . of the Boogie and the Woogie and the Rock'n Roll;
. . . of the HipHop and the Rap and the Funky Beat.

Alle Spieler stehen im Kreis und lernen zunächst die Melodie und den Text zu singen. Nun üben alle für jede zweitaktige Zeile ein anderes Bewegungsmuster ein.

— zu Zeile 1 gehen alle vier Schritte nach vorne und schnipsen mit den Fingern im Off-Beat:

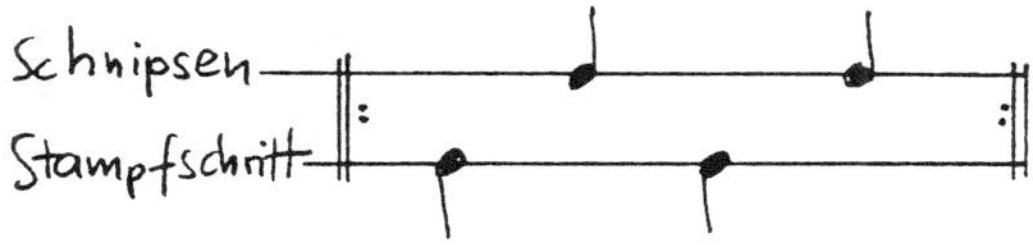

— zu Zeile 2 gehen alle vier Schritte rückwärts und klatschen bei jedem Schritt in die Hände:

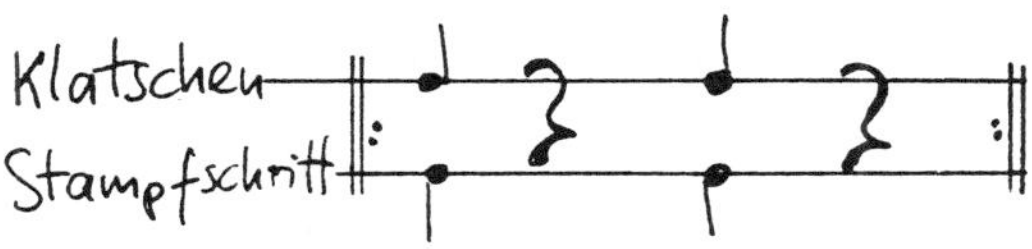

— in der dritten Zeile bleiben alle stehen und schnipsen zuerst mit einer Oberkörperdrehung nach rechts auf dem ersten Schlag im Takt mit den Fingern, dann auf dem dritten Schlag mit einer Drehung nach links. Die ersten drei Achtel des zweiten Taktes werden mit dreimaligem Händeklatschen gespielt:

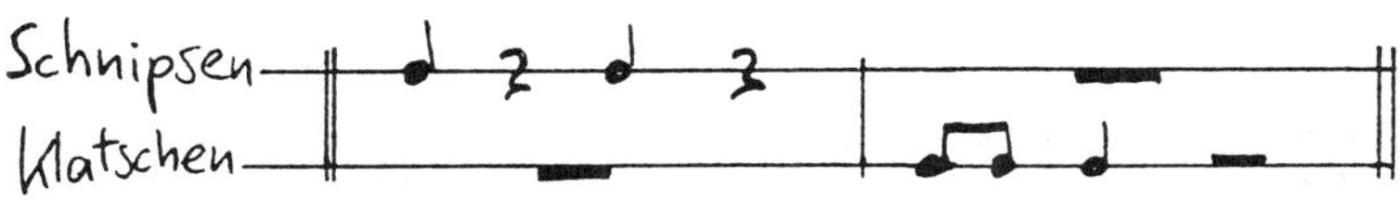

Zu diesem Kanon können auch andere Bewegungsformen und Bodyrhythmen erfunden werden.

MB 4 „Jump-In" — Ein Spiel zur Tanzentwicklung

Alle stehen im Kreis. Zwei oder drei Spieler improvisieren mit Congas, Bongos oder anderen Trommeln eine treibende Tanzmusik (zur Not auch von Kassette). Alle wippen leicht im Puls der Musik mit. Spieler A nimmt durch einen Sprung („Jump In") eine neue Körperhaltung ein, in der er, leicht wippend, verbleibt. In einem vereinbarten Abstand, z.B. jeden zweiten Pulsschlag, springt der Spieler B in die Körperposition, die Spieler A vorgegeben hat. Dann springt Spieler C, dann Spieler D usw. bis der ganze Kreis, mit Ausnahme der Musiker, in der gleichen Körperhaltung „groovt".

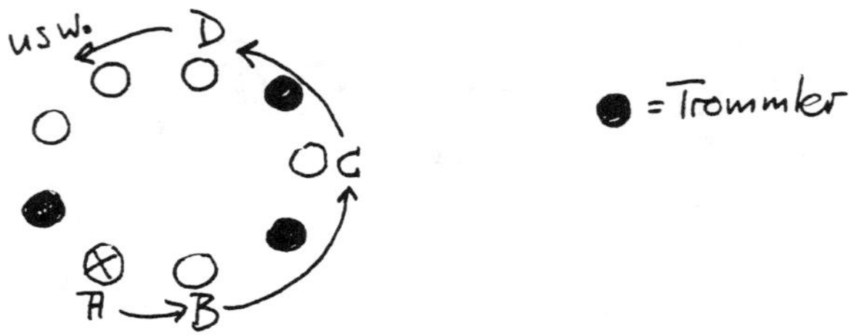

Nun springt Spieler B in eine neue Körperhaltung. Diese Position wird, wie zuvor beschrieben, im Kreis weitergegeben, so daß sich gleichzeitig zwei Positionen im Kreis befinden, deren Verhältnis zueinander sich ständig ändert. Es sollen alle Spieler einmal eine Position vorgeben. Spätestens jetzt sollten auch die Musiker wechseln. Die Gruppe kann sich für die Positionen ein Thema geben, z.B. „Fotomodell", „Rockstar", „Alltag" usw.. Mit etwas Spielerfahrung können kurze Bewegungsmuster, die zwei oder vier Pulsschläge dauern, erfunden und im Kreis „herumgeschickt" werden. Auf diese Weise lassen sich eigene Tanzideen, für den Spaß nach Feierabend wie auch zur Entwicklung einer Choreographie, spielerisch entwickeln.
P.S. Das Spiel ist anstrengend.

MB 5 „Bewegtes Licht" — Musikalisches Spiel mit Lichteffekten

Eine Hälfte der Gruppe rüstet sich mit Taschenlampen aus, an deren Glas durchsichtige farbige Folie (am besten Theaterlichtfolien) befestigt wurde. Die andere Hälfte der Gruppe musiziert. Der Raum ist abgedunkelt. Die „Lichtspieler" strahlen mit ihren Lampen eine helle Fläche im Raum (z.B. Wand, im Raum aufgehängte Tücher oder Papierbahnen) an. Sie können durch An- und Ausschalten auf Puls und Rhythmen der Musik eingehen, ihr Licht auf- und abbewegen oder in geschwungenen Linien fließen lassen. Wie von selbst kann sich ein Tanzen aus dem Licht ergeben.

Variation:

Die „Lichtspieler" beginnen und die Musiker gehen musikalisch darauf ein. Dies kann sich zu einem freien Wechselspiel entwickeln.

MB 6 „Tanzende Schatten" — Musikalisches Tanzspiel mit Licht und Schatten

Ein großes weißes Tuch (z.B. aneinandergenähte Bettücher) oder Papierbahnen werden im Raum aufgehängt. Auf jeder Seite der weißen Schattenwand sitzen die Musiker, in der anderen Raumhälfte befinden sich in den Raumecken je ein Overhead- oder ein Diaprojektor sowie die „Lichtspieler" und Tänzer, deren Schatten von den Projektoren auf die Schattenwand geworfen werden. Für Lichteffekte mit den Projektoren werden große, farbige und zugleich durchsichtige Folien und Dias benötigt. Mit den Folien lassen sich im Lichtstrahl des Diaprojektors Farbmanipulationen vornehmen.

Tänzer, Musiker und „Lichtspieler“ können, sich gegenseitig anregend, mit und füreinander spielen. Die „Lichtspieler“ können wie in MB 5 durch Taschenlampenträger unterstützt werden. Zur weiteren Inszenierung des Spieles lassen sich verschiedenste Themen finden und von der Gruppe selbst entwickeln: z.B. „Roboter und Maschinen“, „Leben auf einem anderen Erdteil oder Planeten“, „Vogueing“, „Begegnungen...“.

Wolfgang Hering

„Step by step“ — Ein Rhythmus-Workshop für EinsteigerInnen

Wer in einer Musikgruppe spielt, weiß, daß dem Rhythmus eine besondere Bedeutung zukommt und nichts schlimmer ist, als aus dem Takt zu kommen oder das Timing (d.h. das exakte Einhalten des Tempos eines Musikstückes) nicht zu halten.

Wenn Jugendliche anfangen, mit Rockmusik loszulegen, hapert es oft am genauen rhythmischen Zusammenspiel. Die beste Harmonik und Melodieführung oder der raffinierteste Sound können Rhythmusprobleme nicht wettmachen. Auch im Zeitalter der Drumcomputer und Rhythmusmaschinen müssen grundlegende musikalische Strukturen klar sein: Die Verantwortung in diesem musikalischen Bereich kann nicht nur beim Schlagzeuger liegen; die ganze Gruppe muß rhythmisch sicher sein.

Deshalb ist es oft erst einmal sinnvoll, sich genauer mit dem Rhythmus zu beschäftigen — am besten ohne elektrische Verstärkung mit Händen und Füßen und dann mit einfachen Percussionsinstrumenten. Die Stimme kann später noch hinzukommen.

Es soll dabei nicht in erster Linie um das Erlernen einer bestimmten Spieltechnik auf einem speziellen Rhythmusinstrument gehen (z.B. Congas, Trommeln, Rasseln etc.), sondern um das Begreifen einfacher musikalischer Grundregeln und Improvisationstechniken. Es kann in diesem Rhythmus-Workshop auch nicht um das systematische Darstellen der Rhythmuslehre gehen (dazu gibt es ausführliche Literatur; z.B.: Eddy Marron: Die Rhythmus-Lehre, Ama-Verlag 1990).

Jeder Mensch hat, ausgehend vom Herzschlag und vergleichbar mit dem Ticken einer Uhr, ein bestimmtes Rhythmusgefühl. Der Grundschlag, auf den sich ein Rhythmus bezieht, kann durch das Tippen eines Fußes, den „Klick“ eines Metronoms oder eine Rhythmusmaschine dargestellt werden. Die „Maßeinheit“ für die zeitliche Einteilung der Grundschläge ist der Takt. Wir gehen zunächst von dem verbreitesten „geraden Rhythmus“ aus, der sich oft auf vier Taktschläge bezieht. Zur Übung beginnen wir mit einigen Klatschübungen.

1. Gerade Grundrhythmen

Alle setzen sich im Kreis, so daß sich alle sehen können. Ein nicht zu schneller Grundschlag wird vorgegeben (Fuß tippt, Metronom oder Rhythmusmaschine läuft). Alle fangen an, mit dem Fuß diesen Taktschlag mitzumachen (das entspricht jeweils einer Viertelnote). Es wird nun eine feste Einheit von — sagen wir acht Taktschlägen — festgelegt (das sind zwei 4/4 Takte).

Parallel dazu wird ein bestimmte rhythmische Struktur mit Klatschen gespielt, z.B.:

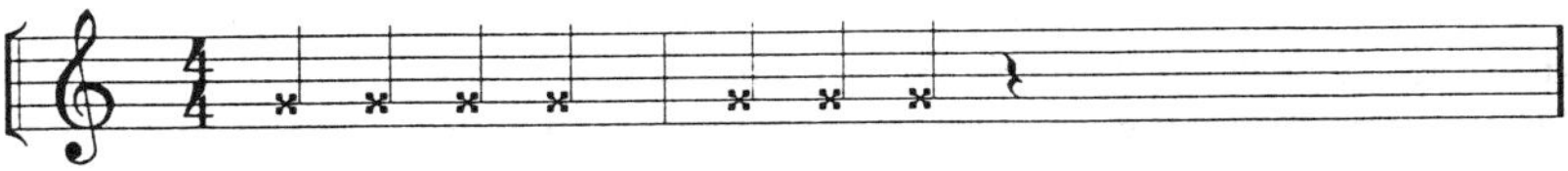

Alle klatschen den Rhythmus dreimal nach.

Jetzt wird dazu gezählt. 1,2,3,4; 1,2,3. (4); d.h. der vierte — in Klammer stehende — Schlag wird im zweiten Takt beim Klatschen ausgelassen, aber mitgezählt. Hier entsteht eine Pause, genauer eine Pause, die eine Viertelnoten andauert = Viertelpause. Das Zeichen hierfür ist:

Das Zählen hilft, rhythmische Strukturen zu erfassen. Auf die vier Taktschläge wird gezählt.

Beim folgenden Durchgang wird jeweils der erste Schlag und etwas weniger der dritte Schlag in jedem Takt betont. Durch diese Dynamik wird die rhythmische Struktur, die den 4/4-Takt bestimmt, verdeutlicht:

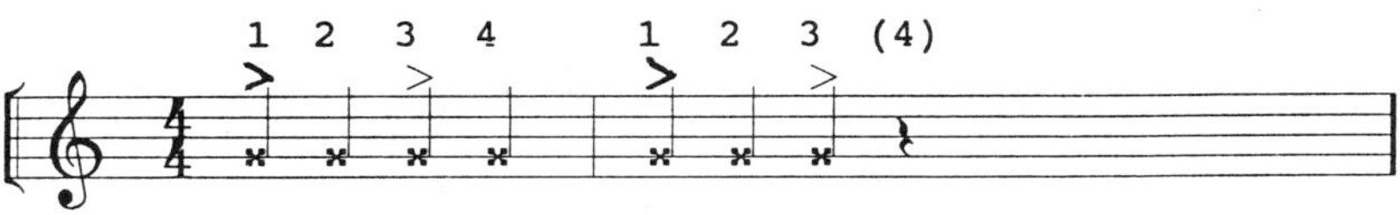

Dann wird eine neue rhythmische Figur vorgeklatscht und die Gruppe wiederholt das Ganze wieder dreimal. Für die Schläge, die zwischen die bereits bekannten Taktschläge neu eingefügt werden, wird ein „und" dazugezählt. Diese „Achtelnoten" füllen den Raum zwischen zwei „Vierteln“, dauern entsprechend auch nur halb so lange.

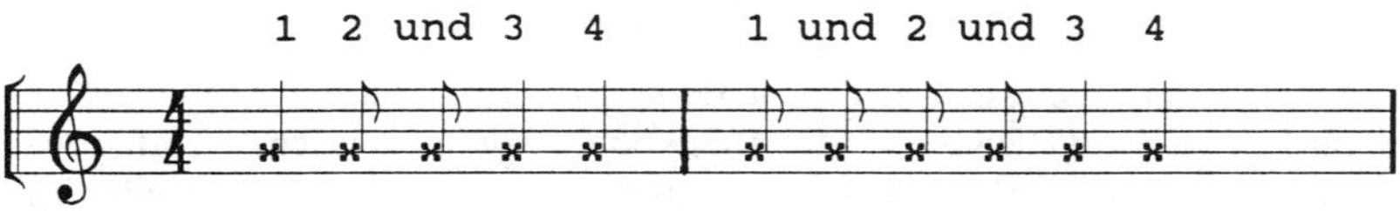

Auch hier müssen die Betonungen beachtet werden:

Nach einigen Durchgängen geht es reihum und jeder denkt sich jetzt selbst eine neue rhythmische Struktur aus. Dabei wird immer die verabredete Form (zwei Takte & dreimalige Wiederholung) beibehalten.

Bei weiteren Durchgängen kann das Klatschen durch andere „Körperinstrumente“ ersetzt werden (Patschen, Stampfen, Schnipsen, etc.).

Achtung: Es muß immer wieder darauf geachtet werden, nicht schneller zu werden, d.h. das „Timing“ zu halten.

2. Dreier-Grundrhythmus

Die Taktart wird nun geändert und ein Dreier-Grundrhythmus vorgegeben. Die Festlegung bezieht sich nun auf zwei 3/4-Takte:

Wie beim 4/4-Takt werden die Betonungen durch kräftigeres Klatschen hervorgehoben:

Auch in dieser Taktart kann jeder sich einen eigenen Rhythmus ausdenken und die anderen wiederholen das Vorgeklatschte.

3. Rhythmische Gruppenübungen

a) Der Kreis wird in zwei Gruppen aufgeteilt. Das gemeinsame Taktmetrum (4/4-Takt) wird festgelegt.
Eine Gruppe übernimmt das Klatschen aller Taktschläge:

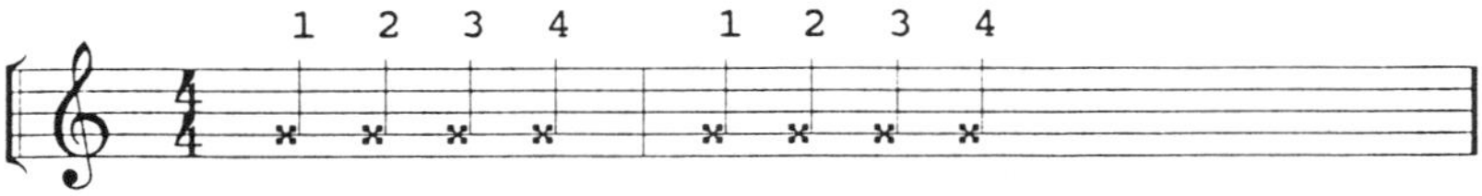

Die zweite Gruppe klatscht nur jeden zweiten Taktschlag (das entspricht einer halben Note):

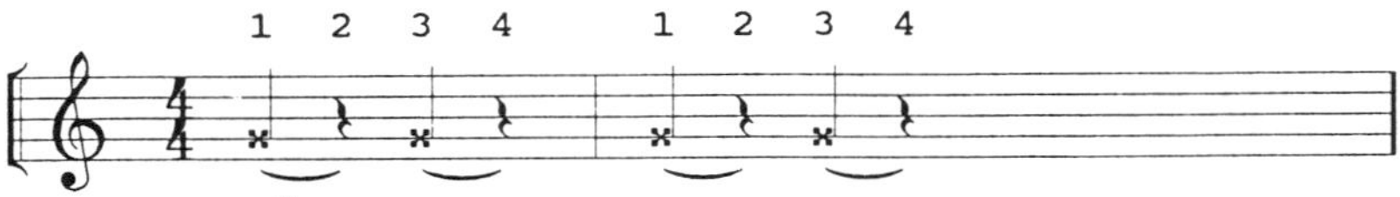

b) Eine ähnliche Übung wird mit dem Dreiertakt ausgeführt; die zweite Gruppe klatscht auf 1 und im zweiten Takt auf 1 und 3:

Gruppe 1:

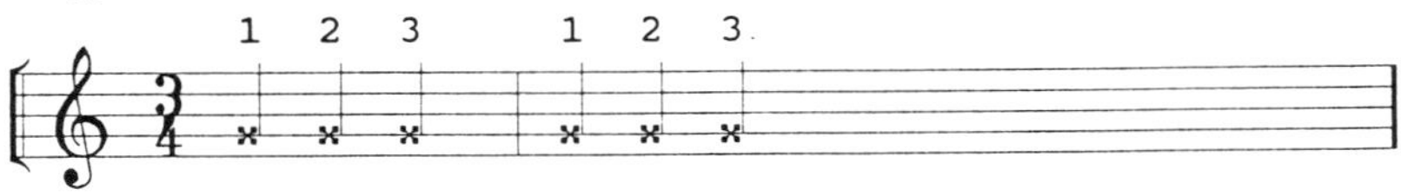

Gruppe 2:

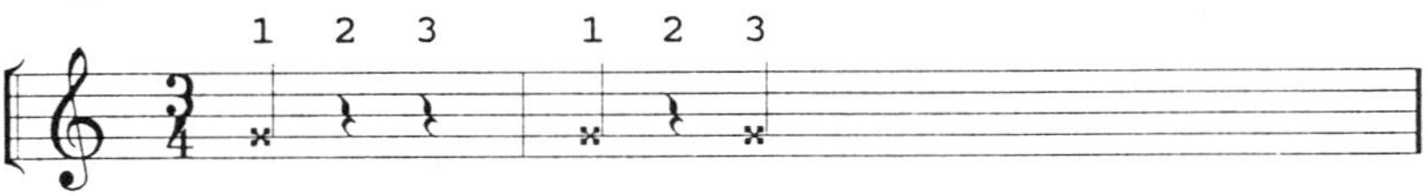

c) Eine Gruppe klatscht einen 3/4Takt mit starker Betonung auf der „eins". Die zweite Gruppe klatscht einen 2/4Takt.

Gruppe 1:

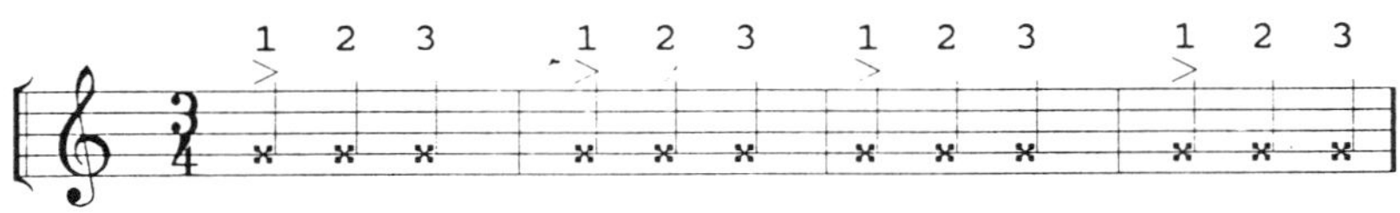

Gruppe 2:

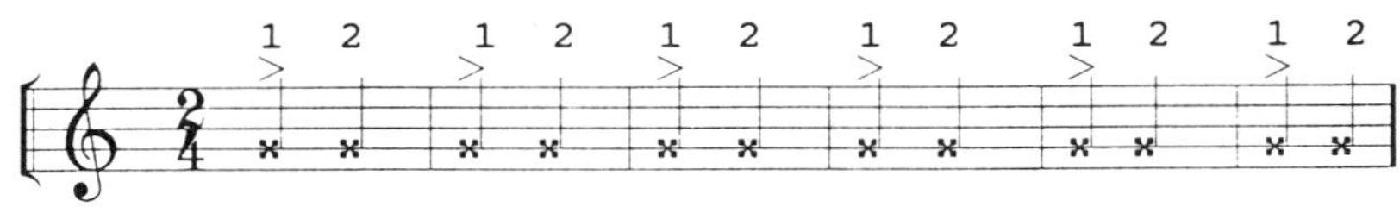

d) 2er und 3er-Takt werden zusammengesetzt und abwechselnd hintereinander geklatscht: Gruppe 1 fängt mit dem 2er, Gruppe 2 mit dem 3er Takt an.

Gruppe 1:

Gruppe 2:

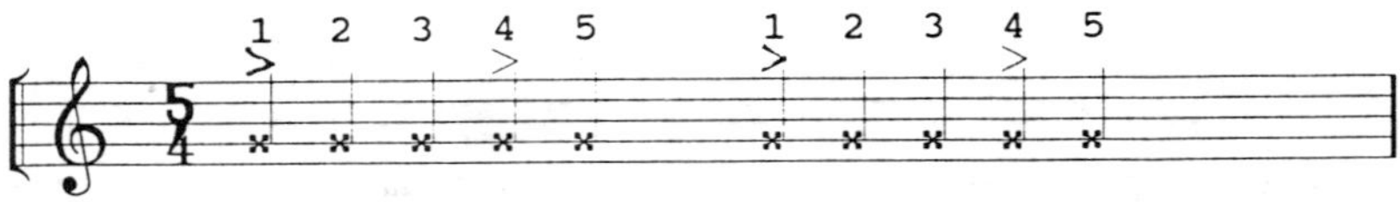

e) Es folgt nun eine schwierigere 5er-Takt-Übung, indem die erste Gruppe einen zusammengesetzten Fünfertakt klatscht, bei dem die „Eins" und die „Drei" betont wird; die zweite Gruppe klatscht nur die fünf Taktschläge:

Gruppe 1:

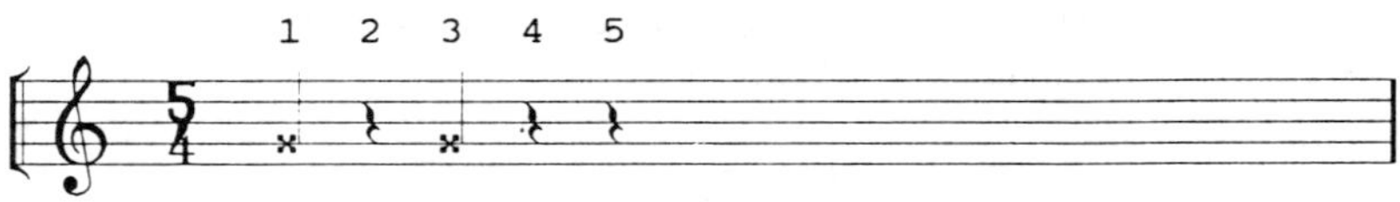

Gruppe 2:

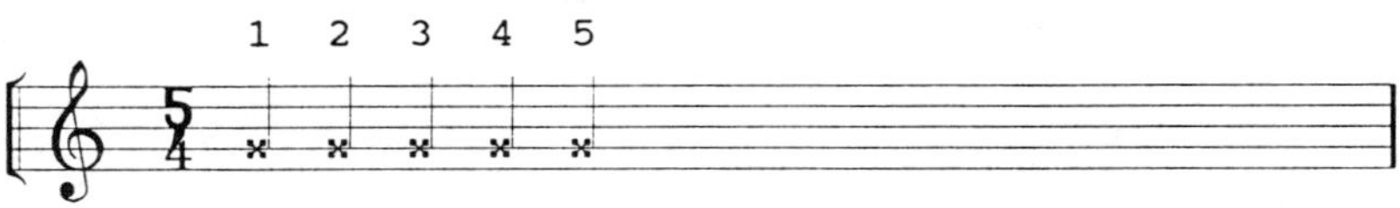

f) Ein Grundrhythmus wird vorgeklatscht und alle wiederholen in halbierter Geschwindigkeit (Half-Time-Feeling). Am besten mit ganz einfachen Rhythmen probieren!

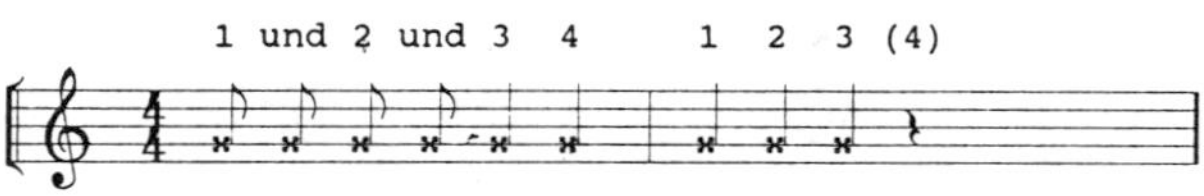

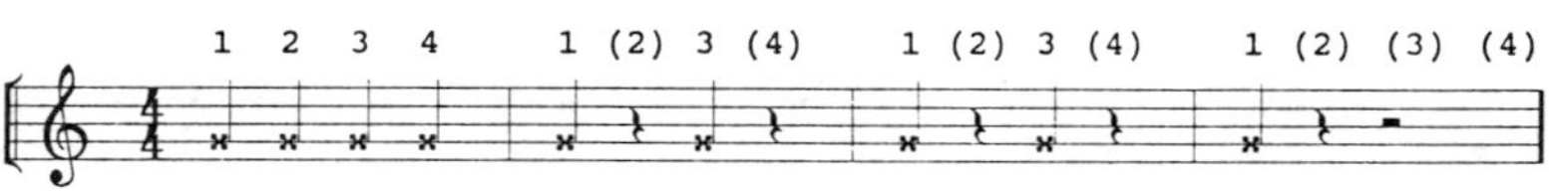

Auf spezielle rhythmische Strukturen, für die jedoch musikalische Vorkenntnisse notwendig sind, kann eingegangen werden, z.B. Triolen-Schläge: Auf jeden Taktschlag wird dreimal geklatscht:

Oder Punktierungen werden erklärt (der jeweilige Notenwert verlängert sich um die Hälfte):

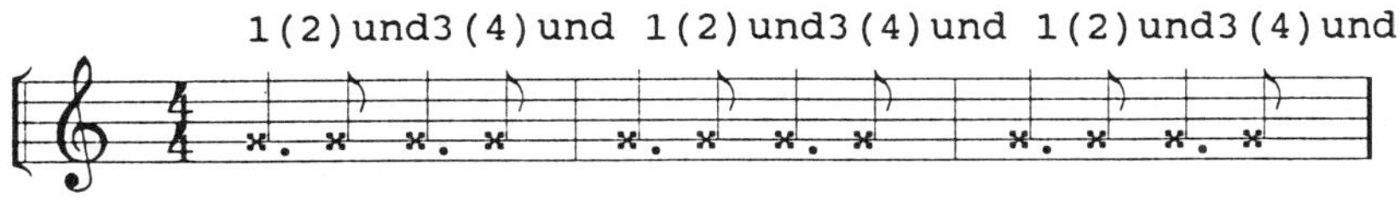

4. Rhythmik durch Betonungen

Ein Grundrhythmus — wieder für zwei Takte — wird festgelegt und nun durch Betonungen einzelner Schläge hervorgehoben. Z.B. wird der erste und vierte Schlag betont:

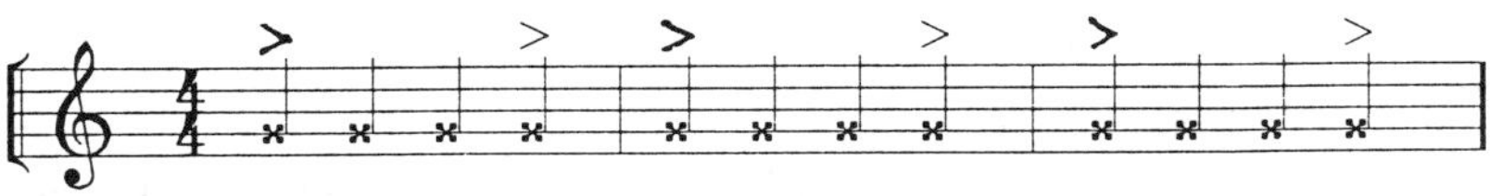

Oder es wird jeweils zwischen den Taktschlägen geklatscht (Off-Beat), d.h. gegen die Betonung des Taktes. Zur Hilfestellung kann mitgezählt werden und jeweils bei „und“ geklatscht werden:

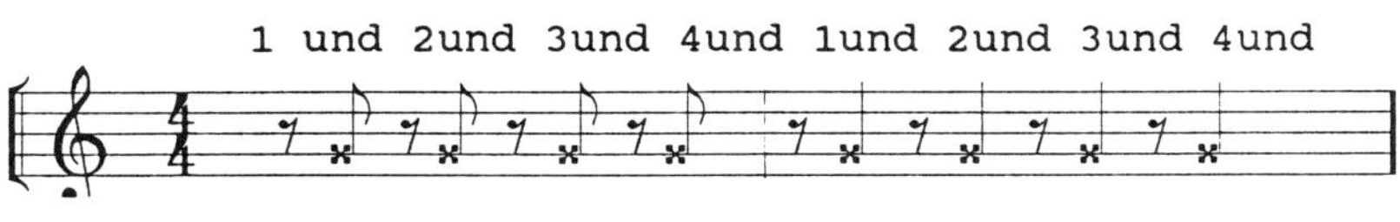

5. Einfache Rhythmus-Kanons

Nun kommt die Stimme hinzu. Auch die Sprache hat einen Rhythmus.
Vorgestellt werden soll hier zunächst ein vierstimmiger Sprach-Kanon, d.h. jeweils ein gesprochener Durchgang des Textes entspricht einer Stimme.
(Eine Vorübung könnte sein, alle Namen in der Gruppe rhythmisch zu klatschen, jeweils zu einem vorgegebenen Taktschlag und in einer wiederkehrenden Form, z.B. 2 Takte).

Folgende vier Sätze werden erst einzeln und dann nacheinander in dem vorgegebenen Rhythmus gesprochen:

Rhythmus ist da

1.

2.

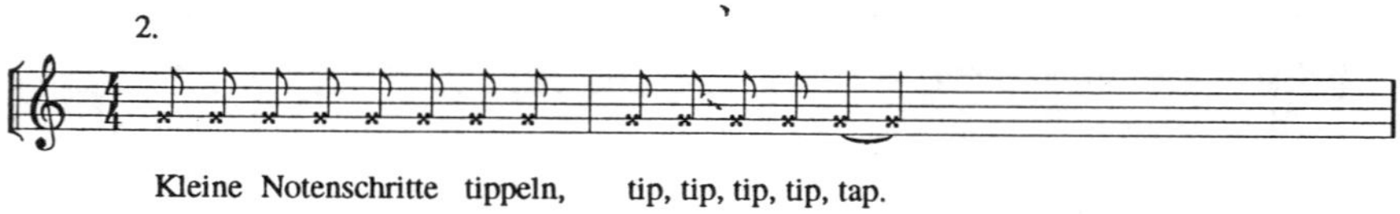

3.

4.

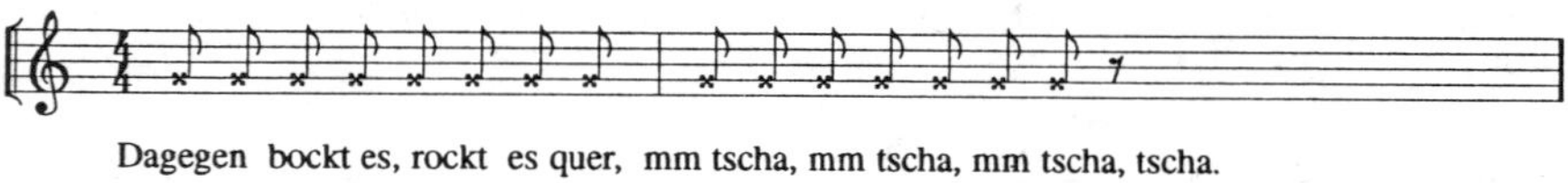

Text: Wolfgang Hering

Es werden vier Gruppen gebildet, die jeweils einen Satz übernehmen. Nacheinander steigen die „Stimmen" ein und werden ein paar Durchgänge lang gleichzeitig gesprochen. Auf Kommando werden sie Schritt für Schritt wieder beendet. In gleicher Art und Weise können auch alle vier Sätze hintereinander von jeder Stimme gesprochen werden und zu einem „Sprechkanon" gestaltet werden. Der folgende Kanon wird gesungen, indem der Rhythmus der Sprache mitgeklatscht wird.

Rhythmus ist leicht

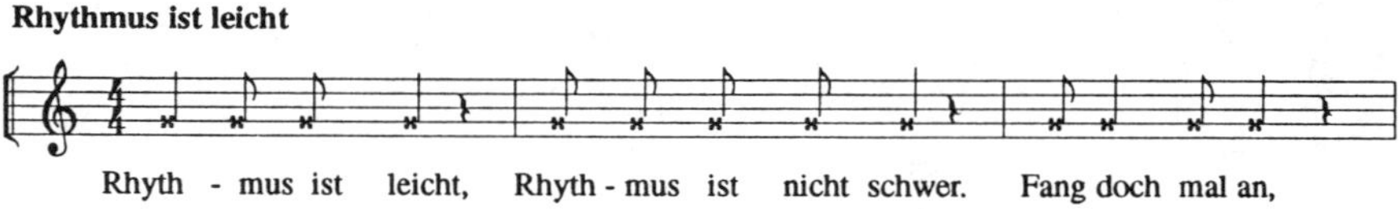

Text/Musik: mündlich überliefert

Zunächst wird jede Silbe mitgeklatscht. wer Lust hat, kann auch im Rhythmus dazu stampfen und dann durch den Raum gehen.

Beim dritten Kanon wird nur der Taktschlag mit den Fingern mitgeschnippst.

Sprechen mehr als hundertzehn

Text / Musik: mündlich überliefert
Der Einsatz der Stimmen kan auf jeden Taktschlag erfolgen (auf jeden Schnipser).

6. Gruppenimprovisationsspiele mit Percussioninstrumenten

In jedem Jugendhaus oder für jede Jugendgruppe sollte es einen Musikkoffer geben, in dem einfache Rhythmusinstrumente enthalten sind (z.B. Trommeln, Schellenkranz, Rasseln, Kazoos / Tröten, Hölzer, Schüttelrohr, Agogo-Bells / Kuhglocken, Vibra-Slap etc.). Wer den Rhythmus-Workshop mit Percussion-Instrumenten fortsetzt, sollte darauf achten, daß die Gruppe nicht zu klein ist (8-10 Personen wären eine gute Größe), damit mehr Variationsmöglichkeiten bestehen.

Ohne genauer auf den Bereich „Gruppenimprovisationen" einzugehen, sind im folgenden einige grundlegende Improvisationsregeln zusammengestellt:

Prinzip Dynamik
Alle fangen ganz leise an und werden immer lauter, bis es nicht mehr lauter geht. Nach dem Höhepunkt werden alle wieder leise, bis es ganz still ist.

Dialog zwischen wechselnden Solisten
Ein Gruppenmitglied fängt an. Dann kommt jemand hinzu und beide spielen eine Weile zusammen. Wenn das erste Gruppenmitglied aufhört, kommt ein drittes Instrument hinzu. Es machen also immer zwei gleichzeitig Musik (es kann auch verabredet werden, drei oder mehr spielen zu lassen).

Ende finden ohne Worte
Alle fangen gemeinsam an. Ein gemeinsamer Schluß muß (ohne daß gesprochen wird) gefunden werden.

Solo & Nachspiel
Ein Gruppenmitglied macht etwas vor (Solo) und alle versuchen nach der Reihe, das Gleiche nachzuspielen (z.B. rechter Nachbar fängt an; es geht einmal die Runde).

Solo & Tutti
Ein Gruppenmitglied macht etwas vor (Solo) und die gesamte Gruppe „antwortet".

Dirigent & Orchester
Ein Dirigent wird bestimmt, der auf verschiedene Gruppenteile oder auf einen Instrumentalisten deutet und die Gruppe zu einer „Komposition“ anleitet. Der ganze Ablauf kann vorher besprochen werden.

Zwei Dirigenten
Zwei Gruppen mit jeweils einem Dirigenten werden bestimmt und die Gruppen kommunizieren unter Anleitung miteinander.

Nach der Partitur
Ein Ablauf wird auf einer Wandzeitung oder Tafel grob festgelegt (z.B. schnell, langsam, schnell, langsam; Wechsel Dreier- und Vierertakt) und alle versuchen, sich ohne weitere Absprachen danach zu richten.

Darstellende Musik
Ein Thema wird vorgegeben (z.B. Gewitter, Fabrik, Großstadt) und die Gruppe versucht, diese Vorgabe musikalisch umzusetzen. Es können auch Orginalgeräusche verwendet werden (z.B. Schreibmaschine für ein „Büro“ -Thema).

Harmonische Absprache
Es werden Festlegungen (z.B. Blues-Schema, gängige Harmoniewechsel) abgesprochen, die sich auf musikalische Strukturen beziehen: z.B. Akkorde, Breaks, Wiederholungen).

Zettelmusik
Jeder zieht einen Zettel mit Improvisationsregeln und muß sich nach einem Ablauf-Schema der „Kompositon“ halten.

Tonfolge und Freispiel
Eine musikalisches Tonfolge (beispielsweise ein Baßlauf) wird von einem Teil der Gruppe durchgehalten. Die anderen improvisieren dazu .

Tutti und Pause
Ein rhythmisches Motiv wird von allen gespielt. Dann kommt eine längere Pause. Einer nach dem anderen füllt die Leerstelle mit einem eigenen Solo aus. Dazu kann auch die Stimme verwendet werden.

Wettstreit der Rhythmen
Zwei oder mehr Gruppenmitglieder fangen mit einem rhythmischen Motiv an. Die anderen versuchen diese Gruppe aus dem Rhythmus zu bringen.

Rhythmische Übungen lassen sich sehr gut zum Auftakt oder in einer Zwischenphase einer Probeeinheit einbauen. Auch wenn es am Anfang einige Probleme beim Mitmachen gibt. Wer verstanden hat, warum rhythmische Übungen und Gruppenimprovisationen zum musikalischen Verständnis gut sind, wird sich auch auf solche „trockenen“ Anregungen einlassen. Viel Spaß beim Ausprobieren!

Wolfgang Hering / Burkhard Hill / Günter Pleiner

Textbeispiele & Projektergebnisse — eine Auswahl

Ist das musikalische Handwerk erst einmal mehr oder weniger „unter Kontrolle“, versuchen sich die beteiligten MusikerInnen z.T. sehr rasch an eigenen Song-Texten, in denen sie ihre spezifischen Erfahrungen „auf den Punkt“ bringen. In vielen Fällen war die aus Anlaß der Band-Arbeit präsentierte Textidee bereits lange vorher in den Köpfen der jeweiligen SchöpferInnen, häufig wird einfach nur ein passender witziger oder auch inhaltsschwerer Text für die Vocalparts produziert: Die Motivation zur textbezogenen Kreativität ist durchaus unterschiedlich.

Einige — ebenfalls unterschiedliche — Textbeispiele wollen wir im folgenden vorstellen. Sie wurden uns von unseren Mitautoren als Begleitmaterial überlassen, wofür wir an dieser Stelle danken möchten!

In einem ersten Schritt stellen wir ein Rock-Hörspiel vor, danach folgen Songtexte verschiedener Bands aus den bei uns beschriebenen Musikprojekten. Den Abschluß bilden einige Seminarergebnisse zur Heavy-Metal-Szene[4].

1. Rock-Hörspiel „Aufgetaut“

Ein gute Möglichkeit, thematische Fragestellungen und Rockmusik miteinander zu verbinden, ist das Hörspiel.

Das nachstehende Beispiel wurde während des Jugendbildungsurlaubs „Technikentwicklung und Rationalisierung am Beispiel der Musikszene“[5] von den Teilnehmern erarbeitet.[6] Im zweiten Teil des fünftägigen Seminars sollten die bis dahin erarbeiteten thematischen Aspekte im Rahmen einer Hörspiel-Produktion dargestellt werden.

Im ersten Teil des Bildungsurlaubes wurden in einer „Schreibphase“ Ideen gesammelt, ein Exposé angefertigt und der dramaturgische Ablauf mit den jeweiligen Sprecherrollen festgelegt.

Mit Drumcomputer und Keyboard konnte daraufhin die Hintergrundmusik für einzelne Szenen komponiert werden.

Die Aufnahme des Hörspiels erfolgte in zwei nebeneinanderliegenden Räumen (Regie und Tonaufnahme getrennt).

Sprecher:
Wir schreiben das Jahr 3011 nach der reformierten Ganzheitszeitrechnung. Im intergalaktischen Medienzentrum neigt sich eine anstrengende Zweistundenbeschäftigungsperiode dem Ende zu. Ein Tag wie jeder andere. Bis auf einen kleinen Unterschied. Seit 532 Jahren der erste gravierende Produktionsausfall. Das gesamte Netz ist ohne Strom. Tausende und abertausende Tiefkühltruhen tauen auf. Im Institut für audiovisuelle Ganzheitserfahrung hat man noch nichts bemerkt. Noch nicht.

(Klingel läutet)

Aus dem Lautsprecher:
Institut für audiovisuelle Ganzheitserfahrung. Bitte eintreten!

Musiker:
Guten Tag. Können Sie mir vielleicht weiterhelfen? Ich will meine Stromrechnung bezahlen.

Wissenschaftlicher Assistent:
Da sind Sie hier falsch.

Musiker:
Nein, ich glaube, wir haben uns mißverstanden. Es geht darum, daß ich Musiker bin. Mein Song soll endlich produziert werden. Schauen Sie, ich habe hier einen Vertrag.

Wissenschaftlicher Assistent:
Was hat das denn mit der Stromrechnung zu tun.

Musiker:
Wissen Sie, ich war in den letzten Jahren eingefroren und auf die Dauer entstehen enorme Kosten. Deshalb möchte ich mich mit ihrem Produzenten unterhalten. Wegen meinem Song. Schauen Sie, mein Vertrag.

Wissenschaftlicher Assistent:
Bitte, nehmen Sie erstmal Platz. Moment, einen kleinen Moment. Dr. Klick, da möchte jemand mit ihrem Sohn sprechen. Wahrscheinlich eine biogenetische Erbschaftsangelegenheit.

Musiker:
Nein, nein, nicht Sohn, mein S o n g, es geht um meinen Song.

Wissenschaftlicher Assistent:
Entschuldigung, Entschuldigung. Ich verstehe nicht ganz, was Sie meinen. Dr. Klick, können Sie das erklären.

Dr. Klick:
Offen gestanden, ich stehe vor einem wissenschaftlichen Rätsel.

Musiker:
Wissen Sie denn nicht, ich war 1995 bei Ihnen. Hier mein Vetrag.
Leider wurde beschlossen, die Produktion einige Jahre auf Eis zu legen — der Markt war total überfüllt. Wenn ich jetzt vielleicht meinen Vertrag einlösen könnte...? Sie wissen, wegen der Stromrechnung. Mein Song ist wirklich gut.

Dr. Klick:
Ah, jetzt dämmert mir, was Sie wohl mit Song meinen. Eins-Null-Sieben, gehen Sie doch mal ins Archiv-Terminal. Codewort: prähistorische Kulturgeschichte.

Wissenschaftlicher Assistent:
Sofort, sofort, Dr. Klick.
(Nach einiger Zeit).

Wissenschaftlicher Assistent:
Was haben wir denn da.
Grabstein, Ganztagsjob, Grönemeier, Gong, ah Song — was steht denn da: frühgeschichtliche Ausdrucksform von audiovisuellen Elementen, auch „Vibrations“ genannt. Primitive Bewußtseinsaufnahme von Schwingungen und Bilderfolgen. Zur damaligen Zeit auch Videoclip genannt.

Dr. Klick:
Jetzt wird mir einiges klar.

Musiker:
Sie wollten meinen Song als Videoclip produzieren.

Dr. Klick:
Ja, sicher, sicher, es ist nur so, während äh, ihrer Abwesenheit hat sich auf dem Unterhaltungssektor einiges getan. Ihr Videoclip, wie sie zu sagen pflegen, ist — gelinde gesagt — ausgestorben, wie seinerzeit das Automobil durch den Beam-Transformator.

Musiker:
Moment mal, was wollen Sie damit sagen. Gibt es denn keine Autos mehr?

Dr. Klick:
Nein.

Musiker:
Und Fernseher?

Dr. Klick:
Nein.

Musiker:
Aber Bier, das gibt‘s doch sicher noch?

Dr. Klick:
Nein, Alkohol ist eine primitive Schädigung der Gehirnzellen, ist durch den verpflanzbaren Gefühlspickel ersetzt worden.

Musiker:
Was ist denn das? Gefühlspickel?

Dr. Klick:
Eine gentechnisch manipulierte Drüse. Durch den Gefühlspickel sind wir in der Lage, jede Stimmung von außen ohne langwierige Umwege über Gehöröffnungen und Sehschlitze wahrzunehmen.

Wissenschaftlicher Assistent:
Ganzheitlich wahrzunehmen.

Musiker:
Ja, aber es gibt doch noch Musik?

Dr. Klick:
Musik, selbstverständlich, oder können Sie sich eine Welt ohne Musik vorstellen? Völlig absurd.

Wissenschaftlicher Assistent:
Eine Welt ohne Musik — undenkbar.

Musiker:
Aber prima, dann können Sie ja auch jetzt meinen Song produzieren. Hören Sie, der geht nämlich so (mit Fingerschnipsen):

> Ich und Sabine in der Zeitmaschine...
> Wow, oh yeah ...

Wissenschaftlicher Assistent:
Aufhören, aufhören, grauenhaft! Das ist doch keine Musik! Diese Art akustischer Ausdrucksform verwenden wir bei unsrer Überpsychotherapie als Heilmethode für aussichtslose Fälle.

Dr. Klick:
Sehen Sie, die Musik der heutigen Zeit wird per Zufallsgenerator auf ergonomische Gehirnchips transferiert. Diese Gigachips steckt man in den dazugehörigen Omniplayer, etwa vergleichbar mit Ihren damaligen primitiven Laser-Picture-Disks.
Wir können Ihnen ja mal eine derartige Produktion vorstellen. Kleinen Moment.
(Eine Rhythmusmaschine ist zu hören.)

Wissenschaftlicher Assistent:
Oh, diese exzellente Landschaftssimulation! Wahnsinn, diese sphärische Musik! Oh! Ah! Oh . . .!

Musiker:
Entschuldigung, ich will mich nicht einmischen. Aber wo ist die Musik! Ich höre keine Musik! Das ist nur ein Klick!

Wissenschaftlicher Assistent:
Oh, ist das ganzheitlich.

Musiker:
Was meinen Sie mit ganzheitlich? Ja, jetzt, wo Sie es sagen, ich höre es auch. Das ist doch mein Song. Das ist ja prima.

Dr. Klick:
Kommen Sie, machen Sie mit.
Oh, Sabine, in the timemachine.
(Der Rhythmus wird immer schneller). Oh, Sabine in the timemachine ....

Musiker:
Hilfe, was machen Sie mit mir? Lassen Sie mich los. Hilfe.
(Er wird wegggetragen.)

Dr. Klick:
Der kann nicht mal einen Omniplayer bedienen.

Wissenschaftlicher Assistent:
Das ist ja auch ganz klar. Ohne Gefühlspickel.

(Klingel läutet)

Aus dem Lautsprecher:
Institut für audiovisuelle Ganzheitserfahrung. Bitte Eintreten.

Neuer Musiker:
Hallo, ich bin gerade aufgetaut und jetzt möchte ich Ihnen mal ein Stück auf meinem Baß vorspielen.

2. Musik-Texte verschiedener Musikprojekte

Traumwelt

Wie jeden Morgen dröhnt mein Kopf
Hammerschlag für Hammerschlag.
Die Schule kannst du eh vergessen,
dasselbe Spiel wie jeden Tag.
Du kämpfst dich durch dutzende Alkflaschen,
Problemlöser der letzten Nacht.
Keine Kohle in den Taschen,
ein neuer Rausch ist angesagt.

Refrain:
Traumwelt, nimm mich auf,
Traumwelt, heb mich rauf.
Welt meiner Träume, laß mich glücklich sein,
hier drückt mich keiner zu Boden,
hackt mich keiner klein.

Die spießige Moralgesellschaft
hat dich abgetrennt von ihrer Welt.
Ein Dealer, der Herr deiner Träume,
ist der letzte, der noch zu dir hält.
Er gibt die Illusionen gegen Geld.

(Persische Einlage, Textinhalt wie Refrain)

Refrain:
Traumwelt ...

Den Tag deiner Hinrichtung wirst du nicht mehr miterleben,
wenn der reichste Snob, der kleinste Junky
gemeinsam vor die Hunde gehen.
Du wirst die Menschheit nicht mehr seh'n
am endgültigen Schluß,
außer er kommt vor dem goldenen Schuß.

(Persische Einlage, Textinhalt wie Refrain)

Refrain:
Traumwelt ...

(Persische Einlage)

Text: Die Band des Marie-Juchacz-Heim (Vöhl). Vgl. dazu den Beitrag von Nora Altenheim / Roland Bauer / Stefan Ölke im vorliegenden Band.

Supermarkt

Morgens um Viertel vor acht, steh' ich vor der Werkstattür
Hab' keinen Bock, was kann der Meister dafür.

Supermarkt, zwei Liter Wein, du kriegst jeden Kummer klein
Wein und Bier am frühen Morgen, das gönn ich mir — keine Sorgen.

Wieder mal 'ne harte Nacht, mit den Kumpels durchgemacht
noch so 'ne Nacht, der Rausschmiss ist angesagt.

Supermarkt, ...

Rotwein, billig in der Flasche, in dir sieht man Glut und Asche
und die ganze Welt auf einmal und sich selber dazu zweimal.

Supermarkt, ...

Bring die Flasche, Karl du Sau, Mensch, du bist ja schon wieder blau
Trink soviel du kannst, glaubst wohl, du hast noch 'ne Chance.

Supermarkt, ...

Text: Schnoogehooge. Ausbildungsverbund Metall (AVM) Rüsselsheim

Feucht

Mein Bauch ist warm, der Whiskey wärmt ihn
Ich hab's probiert, es ging nicht ohne ihn
Du bist traurig, deine Augen sind feucht
Verdammt, ich bin nur dem Alkohol treu
Verdammt, ich bin nur dem Alkohol treu.

Es drückt in mir, es kommt nicht raus
Ohne Whiskey, ich halt's nicht mehr aus
Ich weiß, du wirst jetzt geh'n
Verdammt, ich bin nur dem Alkohol treu
Verdammt, ich bin nur dem Alkohol treu.

Text: Schnoogehooge. Ausbildungsverbund Metall (AVM) Rüsselsheim

Rüsselsheim — Ohne Gefühl

Ohne Gefühl, Ohne Gefühl, Rüsselsheim
Ohne Gefühl, Ohne Gefühl, Rüsselsheim
Ist Ohne Gefühl.

Rüsselsheim, freundliche Stadt am Main
Rüsselsheim, Betonstadt am Main
Rüsselsheim, hier will ich nicht länger sein
Rüsselsheim, viele Leute, trotzdem allein.

Ohne Gefühl, ...

Rüsselsheim, nix los in der Stadt
Vier Discos, kennst du schon, hast du satt
Jugendhäuser, wenn du sie brauchst
Abends um Zehn und samstags mußt du raus.

Ohne Gefühl, ...

Text: Schnoogehooge. Ausbildungsverbung Metall (AVM) Rüsselsheim

Marokko Blues

1.
Die Marokko sind acht Häuser / ganz am Rand von uns'rer Stadt,
die Marokko sind acht Häuser / ganz am Rand von uns'rer Stadt.
Ja ihr wißt schon, was ich meine und ihr wißt schon, wo's die hat,
ja ihr wißt schon, was ich meine und ihr wißt schon, wo's die hat,
denn wir singen den Marokko, singen den Marokko-Blues.

2.
Schon seit Jahren reden wir / mit den hohen Herren hier,
schon seit Jahren reden wir / mit den hohen Herren hier
und sie haben viel versprochen und danach sich schnell verkrochen,
und es ist noch nichts geschehn, dann müssen wir hier stehn
und wir singen den Marokko, singen den Marokko-Blues.

3.
Und wir kennen eine Wohnung / ja die Wohnung die steht leer,
und wir kennen eine Wohnung / ja die Wohnung die steht leer,
doch an uns're Marokkaner gibt die Wohnbau sie nicht her,
doch an uns're Marokkaner gibt die Wohnbau sie nicht her,
ja wir singen unsern Wohnbau, singen unsern Wohnbau-Blues.

4.
Ohne Arbeit, ohne Kohle / sehn die Jungen schon alt aus,
ohne Arbeit, ohne Kohle / sehn die Jungen schon alt aus
Zukunft kannste glatt vergesse, Zukunft hältste hier nicht aus,
Zukunft kannste glatt vergesse, Zukunft hältste hier nicht aus
Ja wir singen jetzt den Stempel, singen jetzt den Stempel-Blues.

5.
Klein-Marokko, Klein-Marokko rufen uns die Leute zu,
Klein-Marokko, Klein-Marokko rufen uns die Leute zu,
und das ist ein Scheiß-Gefühl, auffalln mitten im Gewühl
und das ist ein Scheiß-Gefühl, auffalln mitten im Gewühl
ja wir singen den Marokko, singen den Marokko-Blues.

6.*
Ach mein gardsch, de aale dinlo, nascht ins bani, koijert sich,
Ach mein gardsch, de aale dinlo, nascht ins bani, koijert sich,
und er tschingert wie en baschno, er ist mato und beschwächt,
und er tschingert wie en baschno, er ist mato und beschwächt,
je mer schallern jetz de dinlo, schallern jetz de dinlo-Blues

7.*
Un de tschuklo nascht de puri wie en nablo hinnerher,
Un de tschuklo nascht de puri wie en nablo hinnerher
Manisch pucke kann net jeder, manisch pucke is e Kunst,
Manisch pucke kann net jeder, manisch pucke is e Kunst
Ja mer singe jetz de tschuklo, singe jetz de tschuklo-Blues.
Ja mer singe jetz de tschuklo, singe jetz de tschuklo-Blues.

Text: Tune Up Band, Margaretenhütte Gießen (1983 / 85)

* In Strophe 6.) und 7.) sind Worte des „Manischen" enthalten. Vgl. dazu Hans-Günter Lerch: Das Manische in Gießen. Die Geheimsprache einer gesellschaftlichen Randgruppe, ihre Geschichte und ihre soziologischen Hintergründe. Gießen 1976 und den Beitrag von Burkhard Hill / Günter Pleiner im vorliegenden Band.

Wie Bobby McGee

1)
In 'nem toten Winkel von der Stadt, wo kein Mensch sonst leben möcht',
in dieser Falle sind wir abgelegt,
und wer hier wohnt, das sieht man gleich, der hat kein Glück gehabt,
ja wer hier lebt, ist fertig mit der Welt.
Doch wir woll'n uns nicht verkriechen, und wir woll'n dazugehör'n
und stehen hier und singen unser Lied.

Refrain:
Fühl dich wie ein Vogel frei, erhalt dir deine Wut,
laß nicht nach und hör nicht auf zu schrei'n,
gib nicht auf und bleibe dran,
sonst machen sie dich ein,
dann bist du genau, genau wie sie,
dann bist du genau wie Bobby McGee!

2)
Und versuch' mal zu erklären, was unsre Zukunft ist,
oh verdammt, das ist nicht leicht, das glaube mir,
keine Arbeit, keine Knete, keine Besserung in Sicht,
das schafft dich runter, ja das sag' ich dir,
Ohne Chance gehst du baden, ohne Chance bist du nichts,
denn jeder braucht ein Ziel, auf das er geht!

Refrain:

3)
Unser Lied ist für die Leute, die ohne Lobby sind,
die sich kaum traun zu sagen, wie es steht,
die gar so gern vergessen sind in dieser Porsche-Welt,
in der nichts zählt als fauler Glanz und Geld.
Ja wir singen für die unten, weil wir selbst da unten sind,
weil wir wollen, daß das endlich anders wird.

Refrain:

Text: Tune Up Band, Gießen-Margaretenhütte 1986 Vgl. dazu den Beitrag von Burkhard Hill / Günter Pleiner im vorliegenden Band.

Arbeitslosen-Reggae

Kein Geld auf der Bank
und keine Mark mehr in der Tasche,
kein Bierchen mehr im Schrank
und auch kein Schnaps in der Flasche, oh no.

Refr.
Hey Rastaman — Arbeitslosen-Reggae,
ohne Zaster, Mann — bleibst Du auf der Strecke.

Häng den ganzen Tag zuhaus,
da wirst'e ja noch dumm — oh yeah.
Dennoch bleibt die Glotze aus
und mein Video auch stumm.

Refr.

Hab' keine Chance auf 'nen Job,
und weil ich spür, daß nichts mehr geht,
schon früh morgens Schoppen in den Kopp',
doch wenn ich das nicht stopp, ist's für mich zu spät.

Refr.

Meinen Job hat nun ein Computer,
und das ist halt ein Genie,
was man ihm sagt, das tut er,
und Streik oder Krankheit gibt's nie.

Refr.

Hey Mann, es gibt doch genug an Arbeit,
auch ohne Rüstung und AKW,
bei vollem Lohnausgleich und mehr Freizeit,
Maschinensteuer, wem tut die wohl weh?

Refr.

Text: Akkordarbeiter (Offenbach-Lohwald) 1987/88. Vgl. dazu den Beitrag von Michael Koch im vorliegenden Band.

Hallo Olli

Hallo Olli — Hallo Olli
welche Musik findste toll?
Hallo Olli — hallo Olli
welche Musik findste toll?
Das ist kein Bach und auch kein Mozart!
Das ist der Rock 'n'Roll!

Ja, Du rockst am frühen Morgen und Du rockst bis in die Nacht.
Du könntest gar nicht anders, hast Du zu uns gesagt.
Hallo Olli — hallo Olli
welche Musik findste toll?
Das ist kein Bach und auch kein Mozart!
Das ist der Rock 'n'Roll!

Du gönnst Dir keine Pause, ja da bist Du ganz stur,
am liebsten machste Musik und zwar rund um die Uhr.

Hallo Olli — hallo Olli
welche Musik findste toll?
Das ist kein Bach und auch kein Mozart!
Das ist der Rock 'n' Roll!

Musik: Little Richard („Good Golly Miss Molly")
Text: Katrin & die Quietschboys (Hephata / Treysa). Vgl. dazu den Beitrag von Hans-Konrad Lorch im vorliegenden Band.

Außer Rand und Band

Es ist in Stadt und Land bekannt:
wir sind außer Rand und Band.
Mit Langeweile hats ein Ende,
wo wir sind, da stürzen Wände.
Treten wir auf Bühnenbretter
gibts ein Riesendonnerwetter.
Da geht alles kreuz und quer
und es gibt kein Halten mehr.
In dieser Sache sind wir stur
und setzen auf Randale pur.

Denn wir sind dafür bekannt:
Wir sind außer Rand und Band.

Der Herr Brinkmann wollt uns heilen
und erhoffte sich Schlagzeilen.
Und es tönt der Herr Professor:
„Rock-Musik ist schlecht für das Ohr.
Ach das ist ein schwerer Fall", hört man es im Glottertal.
Herr Doktor, was sind das für Sitten,
jetzt ham' Sie sich selbst geschnitten.

Denn wir sind dafür bekannt:
wir sind außer Rand und Band.

Er wollt uns bloß die Show vermiesen,
jetzt muß er seine Klinik schließen,
denn selbst die Schwester Emma Schmidt
mischt jetzt im Quietschboys-Fan Club mit.
Und lange klingts im Schwarzwald noch:
„Die Boys und Katrin leben hoch."
So kam es anders für den Doktor.
Er ging in Rente und da hockt er.

Denn wir sind dafür bekannt:
wir sind außer Rand und Band.

Text: Katrin & die Quietschboys (Hephata / Treysa). Vgl. dazu den Beitrag von Hans-Konrad Lorch im vorliegenden Band.

3. „Born to be wild" — ein paar Takte zur Heavy-Metal-Szene. Arbeitsergebnisse der TeilnehmerInnen eines Bildungsurlaubes

Wolfgang Hering & TeilnehmerInnen

Einige Ergebnisse und Eindrücke des Bildungsurlaubes „Heavy-Metal und Punk als Ausdruck von Lebensgefühlen" (vgl. den Beitrag zum Bildungsurlaub im II. Teil) werden im Folgenden dargestellt. Von dem Bildungsurlaub existiert eine Seminarzeitung, die von den teilnehmenden Jugendlichen formuliert und gestaltet wurde. Von einzelnen Arbeitsphasen existieren protokollarische Aufzeichnungen. Da das Material sehr umfangreich ist, sind wichtige Punkte zur Heavy-Metal-Szene nur auszugsweise wiedergegeben bzw. zusammengefaßt. Ausführlicher werden einige Songtexte im Heavy-Metal (HM) untersucht.

Zur Heavy-Metal-Szene

Die Heavy-Metal-Szene ist trotz spezieller Konzerte und Zeitungen nicht einheitlich. Die Grenzen zu anderen Stilrichtungen sind fließend. Neben dem typischen Heavy-Metal-Sound mit verzerrten E-Gitarren und dem schnellen Rhythmus (bis zu „Speed'- und „Trash-Metal") existieren auch gefühlvolle Balladen. Die Heavy-Metal-Produktionen sind oftmals nicht so aufwendig (und teuer) wie der verbreitete „mainstream"-Live-Rock. Es finden viele — gerade auch kleinere — Life-Konzerte statt, die meistens gut besucht sind. Die Szene ist medial sehr miteinander verwoben: In den Zeitschriften werden Konzerte angekündigt, bei denen dann T-Shirts, Platten und Stickers erstanden werden können. Einige Musikclubs haben sich auf diese Musikrichtung spezialisiert.

In Rundfunk und Fernsehen ist Heavy-Metal nur eine Randerscheinung. Das breite Publikum und der Konkurrenzdruck nivellieren das Programmangebot. Für die Jugendlichen ist diese Tatsache eine Möglichkeit, die Musik als Abgrenzungsmedium zu verstehen: Welche Jugendarbeiter, Lehrer und Eltern interessieren sich schon für diesen „Krach". So bleibt die Szene weitgehend pfiffigen Geschäftemachern überlassen.

Als wir beim Konzertveranstalter eines Heavy-Metal-Konzertes nachfragten, ob wir Fans und Musiker interviewen könnten und um Rabatt beim Einlaß baten, hat der Chef der Agentur erst mal heftig gelacht und konnte nicht verstehen, daß so etwas zusammenzubringen ist: Bildung und Hardrock. Als er seinen ersten „Schock" überwunden hatte, entschuldigte er sich dreimal für das, was „seine" Musiker machen würden. Er endete mit der Aussage, daß es den Musikern verboten ist, etwas zwischen den Stücken zu sagen, weil dann nur „Schwachsinn" herauskommen würde.

Männerbilder im Heavy-Metal

Im Heavy-Metal wird ein ganz bestimmter Typ von Mann verkörpert, der sicher schon vorher in der Szene präsent war, nur nicht in dieser Dominanz. Frauen tauchen sehr selten auf und dann meist als Sängerinnen.

Die Männer tragen — ganz im Gegensatz zum Alltagstrend — die Haare überlang, nicht wenige mit Dauerwellen. Leder ist angesagt. Schwarze Kleiderfarbe überwiegt. Oberarme meist frei — oft mit Tätowierungen. Halsketten, viele Kreuze und Armreifen. Das Hauptinstrument ist die (gezackte) Rockgitarre — Keyboards sind fast völlig verpönt.

Die Fans entsprechen weniger diesem Star-Bild. Jeanswesten, schwarze T-Shirts mit Aufnähern der favorisierten Band, Stiefel und Turnschuhe halten sich die Waage. Klamotten, die auch wieder abgelegt werden können. Bei dem von uns besuchten Heavy-Metal-Konzert waren ca. 90 % des Publikums in dieser Weise angezogen; ca. 70 % waren Jungs, die Mädchen kamen in der Regel zusammen mit ihrem Freund.

Die Rockmusiker singen oft mit sehr hohen Stimmen und gehen auf der Bühne „aus sich raus“, ganz im Gegensatz zum coolen Männerverhalten im Alltag. Diese Widersprüchlichkeit drückt sich auch musikalisch aus: harter Rhythmus (im Trash-Metal fast atemlos) und melodische Leadgitarre.

Der Heavy-Metal-Mann hat eine Form gefunden, seine Gefühle auszudrücken. Er darf seine Wut herausschreien. Die langen Haare symbolisieren eine Weichheit, die viele der Fans in ihrem Alltag nicht realisieren können. Den Jungs ist es — aufgrund des Gruppendrucks — oftmals nicht möglich, ihre Emotionen auszuleben. Mit seinem exzentrischen Outfit kann der Heavy-Metal-Mann sich abgrenzen. Fein angezogen sind dagegen die „Schlager- und Disko-Fuzzis“. Der Heavy-Metal-Mann ist etwas ganz besonderes, kann er doch die Musik so laut hören, daß alle Angepaßten in die Flucht geschlagen werden.

Songtexte im Heavy Metal

Wir schauten uns im Rahmen des Bildungsurlaubes einige Texte von bekannten Heavy-Metal-Gruppen näher an. Die beteiligten Jugendlichen waren sehr interessiert, die Songs ihrer Idole genauer kennenzulernen.

Zunächst fällt auf, daß nur in Englisch gesungen wird — ansonsten werden die Gruppen eher anderen Stilrichtungen zugeordnet. Auch die deutschen HM-Vertreter texten englisch — oft in einfach gehaltener Lyrik.

Wir erwarteten blutrünstige, diabolische, gewalttätige Themen.

Beim genaueren Betrachten sieht das Bild jedoch viel differenzierter aus. Im folgenden eine Zusammenstellung einiger typischer Textauszüge.

Vielfach wird unser Vorurteil bestätigt: Kampf und harter Rhythmus ist angesagt.

1.
„Fight hard, live fast, play loud, step
out of the crowd.
Iron, rulin, steel bent, forever the
faith will live in
our heart .... Heavy-Metal is the
Law, that keeps
us all united free“ (*HELLOWEEN:* „Heavy
Metal“).

„Kämpfe hart, lebe schnell, spiele
laut, gehe aus der Masse
raus. Eisen, leitend, gebogener Stahl,
der Glaube wird für
immer in unseren Herzen
leben.....
Heavy Metal ist das Gesetz,
das uns alle vereint und frei
bleiben läßt“.

Heavy Metal ist teilweise die sprachliche und musikalische Version der Horrorvideos.

2.
„Closed my eyes, walking as danger
paved the way.
The devil and the darkness let her
evil wander free
and, here on devils'island, the final
stop for me.
chorus: Devils island, devils island“.
(*MEGADEATH:* Devils' Island)

„Ich schließe meine Augen, Gefahr
begleitet meinen Weg,
der Teufel, die Dunkelheit lassen das
Böse frei
und, hier auf der Insel des Teufels
ist mein Ende....).“

Ausgehend von Alltagserfahrungen werden mystische Inhalte verarbeitet. Flucht und Todessehnsucht scheinen die einzige Ausweichmöglichkeit vor den Problemen zu sein.

3.
„...Out for my own, out to be free
one with my mind, they just can't see,
no need to hear things that say say,
life is for my own to live my own
way.“ *(METALLICA:* Escape).

„Ich bin auf mich selbst bezogen,
darauf aus, frei zu sein,

eins mit meinen Gedanken, die sie
nicht sehen können.
Ich brauche nicht die Dinge zu hören,
die sie sagen.
Das Leben gehört mir selbst, meinen
eignen Weg zu gehen."

4.
„Life it seems will fade away, drifting
further every day
getting lost within myself, nothing
matters no one else...
yesterday seems as though it never
existed
death greets me warm now I will just
say goodbye". (*METALLICA:* Fade to Black).

„Es sieht so aus, als wolle mein Leben
zu Ende gehen,
so geht es jeden Tag weiter abwärts.
Gestern sah es aus, als hätte es nie
existiert.
Der Tod empfängt mich warm, jetzt will
ich nur
auf Wiedersehen sagen."

Es gibt offen rechtsradikale Texte.

5.
„You always make us wait, you're the
one we hate.
You can't communicate — speak English
or Die." (*STORMTROOPERS OF DEATH:* Speak English or Die).

„Ihr laßt uns immer warten, ihr seid
diejenigen, die wir
hassen. Ihr könnt Euch nicht
verständigen.
Sprecht Englisch oder sterbt".

6.
„Fuck the middle east. There's too many
problems.
They just get in the way.
We sure could live without them." (*STORMTROOPERS OF DEATH:* Fuck the Middle East).

„Scheiß Naher Osten. Dort sind zu viele
Probleme.
Die sind nur im Weg.
Wir sind sicher, daß wir ohne diese
leben können."

Zu finden sind jedoch auch Ausnahmen von den typischen Heavy-Metal-Themen. Originell wird das Lebensgefühl der Jugendlichen und HM-Zuhörer aufgegriffen oder Sozialkritik ausgegesprochen. Die Textautoren beziehen Position zu verschiedenen Themen — wie in der sonstigen Rockmusik auch. Es fällt auf, daß insgesamt eine düstere Stimmung überwiegt und das Thema Liebe nur selten vorkommt.

7.
„Love the land and fellow man Peace is
what we strive to have.
On reservations — a hopeless
situation.
Cry for the Indians, die for the
indians.
Cry for the Indians. Cry, cry, cry for
the Indians".
(*ANTHRAX:* Indians).

„Liebe das Land und die Mitmenschen.
Frieden ist etwas, um
das wir kämpfen müssen. In den
Reservaten — eine hoffnungslose
Situation.
Weine für die Indianer, stirb für die
Indianer,
weine für die Indianer weine, weine,
weine für die Indianer."

8.
„Money is all you desire. The rich get
rich, the poor get poor.
You're anti- you're antisocial" (*ANTHRAX:* Antisocial).

„Geld ist alles, was du begehrst. Die
Reichen werden reicher,
die Armen werden ärmer.....
Du bist asozial.

Selten tauchen lustig und ironische Texte auf.

9.
„...One night he cloned himself put his
brother on a shelf.
But when he fell asleep that night, it
crept up from
behind
and thought „well never mind",
took a spinge and blew out his life". (*HELLOWEEN:* Dr.Stein)

„Eines Nachts schuf er sich nochmal
selbst, setzte seinen
Bruder auf ein Regal, aber als er
diese Nacht einschlief,
schlich sich dieser von hinten heran
und dachte „Gut, es
juckt mich nicht", nahm eine Spritze
und blies sein Leben aus."

Thomas Müller

„Musikschulen" — Lehrmaterialien (nicht nur) für die Jugendarbeit: Gitarre, Baß, Tasteninstrumente, Schlagzeug / Percussion, Songbücher / Arrangement

Ein Musikinstrument lernen, Schlagzeug, Baß, Gitarre oder „Synthi" spielen und das Ganze in einer „Band" — viele Wege führen in diese Richtung. Da gibt es die „Naturtalente", die's einfach „drauf" haben (meist sind sie aber eher rar gesät...!), da bieten sich die traditionellen Musikschulen mit ihrer soliden Ausbildung — inzwischen häufig auch im Pop- / Rockbereich — an, hier und dort bringen „gute Freunde" Geduld und Zeit für die ersten musikalischen Hilfen auf, und manch eine / r greift zuerst einmal zum „Lehrbuch", wenn er / sie die erste „E-Gitarre" unter dem Arm nach Hause getragen hat.

Um letzteres geht es: Um „Musikschulen" für den Rock-Sektor, die für EinsteigerInnen und Fortgeschrittene Tips und Techniken anbieten und „daheim, im dann nicht mehr so stillen Kämmerlein" erste geordnete Berührungspunkte mit dem gewählten Instrumentarium versprechen.

Die Menge an Lehrmaterialien ist riesig und verwirrend, Auswahl ist angesagt. Aus der Praxis in der musikalischen Jugendarbeit[7] betrachtet sollen daher — und in Kenntnis zahlreicher anderer Fachliteratur — in diesem Beitrag eine Reihe bewährter Lehrbücher vorgestellt werden, die einen vorschnellen Frust mit der „Überei" möglichst erst gar nicht aufkommen lassen. Die Verlagsangaben sind am Ende des Beitrags zusammengestellt.

Gitarre

Ein breites Angebot an Lehrmaterial für Gitarre (und Baß) gibt der Verlag Schattschneider heraus:

Fast alle Lehrbücher sind in deutscher Sprache verfaßt und enthalten Tabulatur[8] und Noten. Zu jedem Buch gehört eine Cassette mit dem jeweiligen Tonmaterial. Das Angebot des Verlags ist zu umfassend, um alle Lehrbücher vorzustellen, jedoch sind zwei Hefte sowohl für Fortgeschrittene wie für Anfänger interessant:

— „Rock-Gitarre Eins“ von Franjo Obradovic
  Das Heft enthält sieben Stücke verschiedener Rock-Stilrichtungen. Auch hier gibt es zum Mitspielen eine Cassette. Auf dieser werden alle Teile der Stücke zuerst verlangsamt und dann im Liedtempo vorgespielt. Die Rhythmus- und Sologitarre ist nach Kanälen getrennt aufgenommen, d.h. jeweils eine Gitarre kann ausgeblendet werden, um diese dann selbst zur Cassette dazuzuspielen.
— „Rock-Gitarre Zwei: Cool-Rock“
  Heft und Cassette sind genauso aufgebaut wie „Rock-Gitarre Eins“, konzentrieren sich aber auf den Gitarrenstil in der Art von J.J. Cale und Mark Knopfler.

Interessantes Lehrmaterial für Gitarre wird auch im KDM Verlag verlegt.

Besonders gut sind die beiden Bände mit dem Namen „Hard Rock — Heavy Metal — Speed Metal“ von H.W. Fortmann.
Diese zwei Schulen gehören zusammen und bauen aufeinander auf. Band I behandelt Rhythmus- und Sologitarre, Band II beschäftigt sich nur mit Rhythmusgitarre. Einen dritten Band für Sologitarre will der Verlag demnächst herausgeben. Zu diesen beiden Schulen gehört jeweils eine Cassette; beide Bücher sind in deutscher Sprache verfaßt.

Hervorzuheben ist, daß die Bücher einen gut verständlichen Einblick in die Skalentheorie und Harmonielehre vermitteln. Die Rockriffs und Rhythmen sind vielseitig gestaltet. Die Bücher sind für Anfänger wie für Fortgeschrittene zu empfehlen.

Im Verlag Heres erscheint die zweibändige „Schule der Rockgitarre“ von Andreas Scheinhütte, ebenfalls mit Cassetten ausgestattet. Außergewöhnlich an beiden Schulen ist — im Gegensatz zu anderen Lehrbüchern — die Darstellung des Lehrmaterials anhand bekannter Rocksongs. Ein weiterer Unterschied: Gitarrespielen wird nach Noten und nicht nur nach Tabulatur gelehrt. Während es von Band I (Anfänger) nur eine Notenfassung gibt, liegen für den 2. Band (Fortgeschrittene) alle Stücke in Tabulatur vor. Beide Bände befassen sich mit Harmonielehre und Skalentheorie. Zu erwähnen ist, daß die Arbeit mit diesen Schulen ein eher längerfristig angelegtes Lernen voraussetzt, das Geduld erfordert, aber auch fundiertes Wissen und Können vermittelt.

Bei Hal Leonard Publishing gibt es von Trog Stetina vier Bände zur Heavy-Metal-Gitarre (in englischer Sprache), jeweils mit einer Cassette versehen. Alle Riffs sind in Tabulatur aufgeschrieben. Die Bände bauen aufeinander auf, je zwei Bände sind zum Thema „Rhythmus“ bzw. zur „Sologitarre“ zusammengestellt. Der Gesamtkurs vermittelt zugleich einen Einblick in die Harmonielehre. Das Lehrmaterial ist eher „Fortgeschrittenen“ zu empfehlen, da einige technische Fähigkeiten an der Gitarre vorausgesetzt werden.

Speziell für Gitarren-EinsteigerInnen erscheinen im Voggenreiter Verlag mehrere Lehrbücher in deutscher Sprache und mit Tonmaterial, so

— „Die E-Gitarre“ von Volkmar Kramarz
— „Heavy-Metal-Gitarre 1 und 2“ von Peter Bursch
— „Das Gitarrenbuch 1 und 2“ von Peter Bursch
  (das sich intensiv mit Zupftechniken beschäftigt und wohl eher für die akustische Gitarre gedacht ist).

Eine Hilfestellung für Anfänger stellen darüber hinaus die beiden kleinen Nachschlagewerke des Voggenreiter Verlags dar:

— „1000 Tips für die Gitarre" (Euler-Dreksler) und
— „Gitarren-Hammer — Tricks + Tips" (Euler-Dreksler)

Baß

Für alle Baß-EinsteigerInnen erscheint im Voggenreiter Verlag O. Petereits „Easy Rock Baß Schule" inklusive Schallplatte. Das Buch ist in erster Linie dazu geeignet, sehr einfache Baß-Riffs unterschiedlicher Stilrichtungen ohne wesentliche Vorkenntnisse zu erlernen. Mit seiner Hilfe läßt sich somit u.a. auch herausfinden, ob eine Neigung zur Baß-Praxis besteht, die „tieferes Einsteigen" lohnt. Die Riffs sind in Tabulaturschrift aufgezeichnet (für Lernwillige oder mit der Materie Vertraute ist zugleich die Notenschrift enthalten).

Gleichfalls für den Einstieg geeignet ist das Baß-Buch „Hard Rock — Heavy Metal — Speed Metal" aus dem KDM-Verlag. Neben interessanten, in Tabulatur und Notenschrift aufgezeichneten Baß-Figuren umfaßt diese Schule einen recht gut verständlichen Einblick in die Harmonielehre. Wer dieses Buch vollständig durcharbeitet, wird am Ende einen über das Anfängerstadium hinausgehenden Standard erreicht haben. Die dazugehörige Übungscassette enthält, neben den aufgezeichneten Einzelriffs, zusätzlich weitere Übungssongs, die, je nach Schwierigkeit des gewählten Lernprogramms, mitgespielt werden können. Wer sich als Baß-Neuling ein relativ umfassendes Wissen und Können aneignen will, dem sei dieser Band empfohlen!

Eine Sammlung mitreißender Baß-Figuren bekannter Songs — von Tina Turner bis Stevie Wonder — liegt mit dem Heft „Golden Grooves" von Robert Lindmaier (G & F Music) vor. Es enthält Tabulatur und Notenschreibweise und setzt spieltechnische Fertigkeiten und musikalische Kenntnisse voraus. Die Stücke sind mit Drum und Keyboard aufgezeichnet und können über die mitgelieferte Cassette abgehört werden.

Ein umfassendes Baß-Lehrbuch ist der „Bassic Workshop" von W. Schmailzel (Voggenreiter Verlag). Den Schwerpunkt bildet hier die Harmonielehre, deren wichtigste Grundlagen anhand praktischer Beispiele erklärt werden. Zugleich erhält man einen Einblick in so unterschiedliche Stilrichtungen wie „Swing" oder „Reggae". Der Band ist in zwei Teile gegliedert: Im ersten werden verschiedene Übungen erklärt, im zweiten Abschnitt stellt der Autor eine Reihe selbstkomponierter Songs zum Übungsnachspiel vor. Zu dem Lehrbuch gehören zwei Cassetten, bei denen während des Nachspielens die Baßspur ausblendbar ist. Vorteilhaft erscheint hier insbesondere, daß viele der Übungen im verlangsamten (Übungs-) und im Originaltempo aufgenommen wurden.

Tasteninstrumente

Für einen ersten Einblick in die Spielweisen von Tasteninstrumenten sind die „1000 Tips und Tricks für's Keyboard" von J. Drekster und D. Hävle (Voggenreiter Verlag) zu empfehlen. Ausgesprochen gut strukturiert und anhand verständlicher Erklärungen führt dieses Buch an das grundlegende Wissen heran, das für das Spielen von Tasteninstrumenten Voraussetzung ist und vermittelt zugleich ein elementares Verständnis von Harmonielehre (diese ist am Beispiel der Tasteninstrumente wohl am besten erklärbar — somit sollten auch „harmoniehungrige" Gitarristen oder Bassisten durchaus einen Blick in dieses Werk werfen).

Für Fortgeschrittene dürfte vor allem die im Anhang der „1000 Tips..." enthaltene „Magische Keyboardtafel" von Interesse sein, in der in allen Tonarten die Akkorde, Akkordstufen und Akkordverwandschaften sowie die dazugehörigen Tonleitern und Improvisationsskalen dargestellt sind.

Das „Unglaubliche Piano-Buch ohne Noten" (Voggenreiter) stellt eine Einführung für all jene dar, die einen Einstieg in das Blues- und Boogie-Piano suchen, ohne sich die für die ersten Schritte eher abschreckende Notenschrift aneignen zu müssen. Die grundlegenden Spieltechniken von Blues und Boogie werden hier vermittelt. Wer auf diese Weise Spaß am Tastenspiel findet, wird sich danach u.U. eine Keyboard- oder Klavierschule vornehmen, die Notenkenntnisse voraussetzt. Zum notenlosen Piano-Buch gehört eine Schallfolie (für den Plattenspieler) mit allen dargestellten Übungsstücken.

Ebenfalls für AnfängerInnen geeignet ist das „Neue Keyboard Buch Bd. 1" aus dem KDM Verlag, das die wichtigsten Stile der Pop- und Rockmusik anhand bekannter Songs vorstellt. Teil 1 des Bandes beschäftigt sich mit der Spielweise selbst, Teil 2 hat sieben Rock- und Popsongs zum Inhalt, die auf der Grundlage der vorangegangenen Spielübungen nachgespielt werden können. Mitgeliefert wird eine Cassette mit allen Übungsstücken. Diese Musikschule ist systematisch und übersichtlich gegliedert.

Für all jene, die sich weitergehend in das Keyboardspiel hineinarbeiten wollen, erscheint im Schott Verlag die vierbändige Serie „Rock-Pop Keyboard" mit dazugehöriger Musikcassette. Die Bände bauen aufeinander auf und führen vom Anfängerstadium bis zum professionellen Standard. Neben unterschiedlichen Stilen der Rock- und Popmusik und deren Anwendung vermitteln diese Lehrmaterialien Wissen über Harmonielehre, Grundlagen von Keyboard- und Drumcomputer-Techniken sowie über Homerecording.

Im Schott Verlag werden auch die beiden von J. Moser-Hagel zusammengestellten Bände (mit Cassette) „Rock Piano" herausgegeben, die sich mit den Themen „Rhythmus" (Bd. 1) bzw. „Solo" (Bd. 2) befassen und zusammengehören. Der Autor betont, daß zum Gebrauch seiner Musikschule Kenntnisse der Musiklehre und flüssiges Notenlesen erforderlich sind, so daß nur musikalisch Vorgebildete mit diesem Material umgehen können.

Von dem Kopenhagener Verlag Rhythmiske Aftenskoles liegen je zwei Bände zum „Blues- und Rock-Zusammenspiel" vor, in denen bekannte Stücke aus Blues und Rock aufgearbeitet werden. Das Notenmaterial ist, getrennt nach Gitarre, Keyboard,

Baß, Schlagzeug und Bläsersätzen, sehr übersichtlich zusammengestellt. Zu jedem Buch gehört eine Musikcassette. Die Hefte sind allerdings in dänischer Sprache verfaßt. Kenntnisse des Notenlesens sind erforderlich. Die Benutzer sollten insgesamt über das „Anfängerstadium“ hinaus sein.

Im Bund Verlag erschienen von Andreas Lonardoni zwei „Play-Along-Serien“. Zu jeder Serie gehört für jedes Instrument ein Lehrbuch mit Toncassette. Jedes Lehrbuch behandelt, dem jeweiligen Instrument zugeordnet, mehrere Songs, die auf der dazugehörigen Cassette gleichfalls im Vordergrund stehen. Dies hat allerdings zur Folge, daß man sich, um für ein bestimmtes Stück die gesamte Bandnotation zu erhalten, mehrere Hefte besorgen muß. Die Stücke sind von Andreas Lonardoni selbst geschrieben. Bei den Keyboard- und Drumheften sind Notenkenntnisse erforderlich. Obwohl zum Einzelstudium gedacht, eignet sich das eine oder andere Stück auch als Vorlage für die Bandarbeit mit Jugendlichen.

Für die insbesondere am technischen Bereich eines Keyboards Interessierten ist der Band „Synthi-Midi-Sampling“ von Rollin Thaler (Voggenreiter) ein Tip. Unter dem Motto „Zugang zur Synthi-Welt“ werden hier die für Laien oft unverständlichen Fachbegriffe erläutert. Wer wissen möchte, wie ein Keyboard funktioniert, wer Sounds selbst verändern will oder sich mit „Midi“ und „Sampling“ zu beschäftigen gedenkt, sollte dieses Nachschlagewerk berücksichtigen.

Einer der größten Vertriebe von Notenmaterial, Songbüchern und von Lehrbüchern unterschiedlicher Verlage aus Deutschland, England und Amerika ist Kurt Maas (München). Der etwa 120 Seiten starke Katalog kann kostenlos unter der Telefonnummer 089-7852800 bestellt werden und wird jedes Jahr überarbeitet, um alle Neuerscheinungen zu erfassen. Speziell wenn Lehrmaterial gesucht wird, empfiehlt es sich, dort mal 'reinzuschauen!

Für alle, die nicht allzuviel Geld für Lehrmaterial ausgeben wollen, schließlich noch der Tip, die jeweiligen Stadtbüchereien vor Ort zu sichten, die, je nach Stadt und Stadtteil, oft recht brauchbare Sammlungen von Lehr- und Songbüchern im Bestand führen.

Schlagzeug

Als eines der Standardwerke für Schlagzeuger gilt das Buch „Realistic Rock“ von Carmin Appice (Beverly Hill Enterprises Verlag). Es vermittelt Grundlagenwissen und beschäftigt sich hauptsächlich mit Rockrhythmen, weniger mit Fills (Übergänge, Pausen etc.) oder Schlagzeugarbeiten an den verschiedenen Trommeln (Toms). Die in diesem Buch vermittelten Rhythmen sollte jeder Schlagzeuger einer Rockband spielen können. Es verwundert daher nicht, daß sehr oft auch „Profis“ die hier angeführten Übungen immer wieder und in allen Geschwindigkeiten durchspielen.

Hat man die einzelnen Abschnitte der Schule bearbeitet, werden diese zu Blöcken zusammengefaßt, deren Ziel es ist, mehrere unterschiedliche Rhythmen ohne Pausen hintereinander durchzuspielen — was ein schon sehr gutes Können und viel, viel

Übung voraussetzt. Einzelrhythmen und Zusammenfassungen sind auf einer beiliegenden Schallfolie wiedergegeben und können beim Lernen mitgehört werden. Diese Schlagzeugschule ist als Arbeitsgrundlage äußerst empfehlenswert.

Ähnlich aufgebaut — was das Erlernen von Einzelrhythmen angeht — wie das Lehrbuch von Appice ist „Das große Buch für Schlagzeug und Percussion" von Siegfried Hoffmann, erschienen im Voggenreiter Verlag. Der Unterschied ist ein eher quantitativer, da hier die eigentlichen Schlagzeugrhythmen nur eines von insgesamt 28 Lernkapiteln ausmachen. Die anderen 27 Abschnitte beschäftigen sich u.a. mit Noten (ganzen, halben, viertel) und Pausen, verschiedenen Wirbeln, Triolen, den Toms, den Becken und Rudiments. Dieses Buch hat es sich zur Aufgabe gemacht, alle Teile des Schlagzeugs (Becken und Trommeln) umfassend in einem Lehrprogramm zu integrieren: Wer alle in diesem Buch aufgeführten Übungen beherrscht, darf sich durchaus als „Profi" bezeichnen.

Der Aufbau des Bandes ermöglicht es auch, sich einzelne Teile, die gezielt geübt werden sollen, getrennt anzueignen; es muß also nicht immer das ganze Buch von vorne bis hinten kontinuierlich durchgearbeitet werden.

Auch diesem Heft liegt eine Schallfolie bei, auf der allerdings nur der Abschnitt „Rock Rhythmen" aufgezeichnet ist. Hierin steckt auch das einzige, jedoch nicht unwichtige Manko des Buches, das ansonsten als Arbeitshilfe sehr gut geeignet ist: Anfängern wäre sehr damit geholfen, alle vorangegangenen Übungen vor oder beim Nachspielen anhören zu können.

Songbücher

In den meisten Musikläden ist Notenmaterial erhältlich bzw. zu bestellen. Ein anderer Weg, an solches Material zu kommen, besteht darin, die Verlage direkt anzuschreiben.

Viele Musikgeschäfte haben Werbekataloge von Musikverlagen zur Mitnahme ausliegen. In diesem Zusammenhang ist allerdings darauf hinzuweisen, daß von den „Tausenden" von Songbüchern nur ein Teil zu gebrauchen ist: So kommt es oft vor, daß die Stücke nicht in der Originaltonart notiert sind oder die Akkorde und Riffs so vereinfacht wiedergegeben werden, daß das nachgespielte Lied mit dem Originalsong nichts mehr zu tun hat.

Positiv davon unterscheiden sich die mittlerweile recht umfangreiche Serie „Rock Score" sowie Songbücher mit der Bezeichnung „Off the Record". Zufriedenstellend ausgearbeitet sind auch Songbücher vom Hal Leonard Institut. Während beim Hal Leonard Institut oft nur Noten und Akkorde abgedruckt sind, liegt bei den Serien „Off the Record" zumindest die originalgetreue Gitarrentabulatur eines bestimmten Stücks übereinstimmend mit der Plattenaufnahme vor (einschließlich Soli).

Die „Rock-Score-Serie" ist wohl die umfangreichste und die am detailliertesten ausgearbeitete: Hier sind sowohl Gitarre und Baß in Tabulaturen als auch Drums, Keyboard und Gesang des Originals in Noten wiedergegeben.

Arbeitsmaterial für Bands

Sehr gutes Notenmaterial liefert das Institut für Didaktik und populäre Musik. Dieses Institut bringt mehrmals jährlich eine Broschüre mit dem Titel „Die Grünen Hefte" heraus. Die hierin aufgearbeiteten Rock- und Popsongs sind jedoch nur ein Teil des Inhaltes. Den Herausgebern geht es vielmehr darum, musikpädagogisches Arbeitsmaterial grundsätzlich darzulegen; die Grünen Hefte umfassen daher auch Themen wie „Musikarbeit mit Kindern", „Chorarbeit", „Workshops", „Tanz- und Poptanz-Vorschläge", außerdem theoretische Artikel und Weiterbildungstermine. Das Institut hat, neben den Grünen Heften, weitere Broschüren mit Lehrmaterial und Cassetten herausgegeben, die für die Bandarbeit mit Jugendlichen sehr nützlich sind.

Bezugsquellen[9]

Die im vorstehenden Text genannten Lehrmaterialien sind i.d.R. problemlos im Musik-Fachhandel unter dem jeweiligen Titel erhältlich:

Carmin Appice — Rock Drumming, Beverly Hill Enterprises, Almo Publ.: 1971
G & F Music GmbH, 6000 Frankfurt / M., Rückertstr. 39 Tel.: 069 / 441024-441095 — (Lindmeier) Golden Groves / Basslehrbuch -
Hal Leonard, 7777 West Bluemond Road, P.O.Box 13819, Milwaukee, Wisconsin 53213
Heros Verlag, 6000 Frankfurt / M., Oederweg 26, Tel.: 069 / 590319
Institut für Didaktik und populäre Musik, 2095 Oldershausen, Hauptstr. 34, Tel.: 04133 / 6611
KDM Verlag, 1000 Berlin 30, Schwerinstr. 100, Tel.: 030 / 2163497
Kurt Maas, 8000 München 71, Rohrauerstr. 50, Tel.: 089 / 7852800
KunterBund Edition im Bund Verlag, Postfach 900840, 5000 Köln 90
Rhythmiske u. Aftenskoles Forlag Edition Wilhelm Hansen, Copenhagen
Rock Score Music Scale Limited, 8 / 9 Frith Street, London
Schattschneider Verlag, 5040 Brühl, Postfach 1743
Schott Verlag, 6500 Mainz, Postfach 3640
Voggenreiter Verlag, 5300 Bonn 2, Viktoriastr. 25

Günter Pleiner

Rockmusik & Sozialpädagogik — eine Literaturumschau für die Jugendarbeit

Zu Beginn der 80er Jahre nimmt sich die sozialpädagogische Fachliteratur verstärkt — wenngleich nur auf einzelne umfangreichere Publikationen beschränkt — des Themas „Rockmusik“ an. Betrachtet wird insbesondere die Einsatzmöglichkeit populärer Musik unter sozialpädagogischen Zielsetzungen.

Die jeweiligen Autoren können sich in diesem Zusammenhang auf eine Fülle vorangegangener Rockmusik-Literatur stützen, die dieses Genre im Prozeß seiner Entstehung und Entfaltung begleitet. Die dazu vorgelegten Studien und Betrachtungen sind gekennzeichnet vom Zusammenspiel seriöser wissenschaftlicher Untersuchungen — z.B. zur Rezeptionsforschung —, populärwissenschaftlicher Abhandlungen und verschiedenartigster „Fan-Literatur“: Die Beiträge Tibor Kneifs[10] stehen neben den seit 1977 erscheinenden „Magazinen zur populären Musik“, „Rock-Lexika“ charakterisieren die internationale MusikerInnen-Szene biographisch und musikalisch. Ausgaben zur Rockmusikgeschichte, ihren Stilrichtungen und zu einzelnen VertreternInnen runden die einschlägige Bibliographie ab.

Auf die hier nur grob skizzierte und vielzählig bereits vor 1980 erschienene „allgemeine“ Rock-Literatur soll im folgenden nicht näher eingegangen werden[11]. In den Vordergrund gerückt werden vielmehr jene Veröffentlichungen, die sich auf den Zusammenhang von Rockmusik(-pädagogik) und Sozialpädagogik beziehen bzw. aus unserer Sicht für diesen Bereich bedeutsam sind. Unser Blick ist dabei insbesondere auf umfassendere Publikationen der letzten zehn Jahre gerichtet. Die entsprechenden Quellenangaben finden sich am Ende des Beitrages.

„Die Verbindung von ‚Musik‘ und ‚Sozialpädagogik‘ existiert ... noch nicht lange“, heißt es in allgemeiner Form im Vorwort des 1979 erschienenen „Handbuch Musik und Sozialpädagogik“ (Finkel, 1979, 1). Die Diskussion über inhaltlich-methodische Problemstellungen wurde zunächst überregional, vor allem von der „Bundesarbeitsgemeinschaft Musik in der Sozialpädagogik“, geführt, die 1975 in der „Gesellschaft für Musikpädagogik“ institutionalisiert wird. Das Wesen einer Musik in der Sozialpädagogik, so eine damit befaßte Arbeitsgruppe der „Gesellschaft“, müsse „in einem dialektischen Prozeß zwischen Musikpädagogik und Musiktherapie zu finden sein ..., d.h. in einer ganz spezifischen Verbindung von musikpädagogischen mit musiktherapeutischen Elementen“ (Finkel, 1979, 17). In dem auf dieser Grundlage zusammengestellten „Handbuch Musik und Sozialpädagogik" verfolgen die insgesamt 39 AutorInnen zwei Zielsetzungen:

— zum einen die Information der Leser über die bestehenden Möglichkeiten einer Arbeit mit Musik in den einzelnen sozialpädagogischen Praxisfeldern,
— zum anderen die Weitergabe von Anregungen zur Erschließung neuer Praxisfelder.

Der von Lore Auerbach verfaßte einführende Beitrag „Musik als Medium im Rahmen sozialpädagogischer Zielsetzungen" (Auerbach, 1979) bietet der zehn Jahre später von Treptow dargestellten „Dilettantismuskritik" reiche Nahrung: Wichtig, so Auerbach, ist beim Einsatz pädagogischer Medien das pädagogische Ziel, also der Lernprozeß, der auf dem Arbeitsweg absolviert wird. Weniger wichtig ist dabei das Endprodukt in Form einer vorzeigbaren Leistung. Für die Musik als pädagoisches Medium bedeutet dies, daß Erfahrungen, die im Verlauf der Arbeit an einer Aufgabenstellung gemacht werden und Erlebnisse und Erkenntnisse der Teilnehmer wichtiger sind, als ein erarbeitetes Musikstück, das vor einer Zuhörerschaft vorgeführt werden kann (Auerbach, 1979, 57). Insgesamt 11 Beiträge des Handbuchs befassen sich direkt bzw. unter anderem mit Jugendlichen als Adressaten musikpädagogischer Konzepte, in fünf von ihnen steht diese Zielgruppe im Vordergrund der Betrachtungen.

Das Thema „Popularmusik" wird dabei lediglich von H.-W. Schnieders in seinem Aufsatz zur „Musik in der offenen Jugendarbeit" (Schnieders, 1979) angeschnitten. Die bei den Jugendlichen festgestellte „hohe Präferenz der Popmusik" läßt ihn schlußfolgern, diese Musikrichtung stärker als bisher in die Programmpalette von Jugendhäusern einzubeziehen, was die räumliche Ausstattung, aber auch das zur Verfügung stehende Angebot an Musikinstrumenten, wie Gitarre und Rhythmusmaterial, anbelangt. („Bewährt hat sich auch eine kleine elektronische Orgel mit Begleitautomatik, denn sie verschafft Erfolgserlebnisse ..." Schnieders, 1979, 117). Die daraus abgeleiteten Vorschläge für eine Musikarbeit auf verschiedenen Ebenen — Disco, Konzert, Bandbetreuung usw. — bieten eine Reihe nach wie vor durchaus aktueller Impulse für die musikpädagogische Praxis im Jugendhaus.

Nicht geteilt werden kann indessen die folgende Einschätzung des Autors: „Für die pädagogischen Mitarbeiter ist musikalische Vorbildung hier nicht Voraussetzung. Wer mit wachen Augen und mit offenen Ohren die musikalische Welt der Jugendlichen wahrnimmt, wer kritische Distanz mit Solidarität zu verbinden vermag, sollte zu Erfolgen kommen, die zwar nicht die (musikalische) Welt verändern, aber in einer Strategie politischen und sozialen Lernens neue Handlungsperspektiven eröffnen und den Raum von einer besseren und gerechteren Welt erhalten. Die Gefahr von musikalischem Dilettantismus wird dabei gern in Kauf genommen" (Schnieders, 1979, 117).

Angesichts des von Schnieders selbst skizzierten differenzierten musikpädagogischen Lernzielkataloges scheinen diese Aussagen ein Widerspruch in sich. Für eine sozialpädagogische Praxis, die die Interessen der Jugendlichen — auch nach „ernsthafter" und qualifizierter Auseinandersetzung z.B. mit dem Phänomen „Rockmusik" — ernst nimmt, werden solche Überlegungen unannehmbar und kontraproduktiv.

1981 erscheint, verfaßt von W. Berghaus, H. Kleem und H.- W. Schnieders, ein Praxisbeitrag zur „Musik in der offenen Jugendarbeit", der den zuvor beschriebenen

Aufsatz erweitert, in seinen praktischen Konsequenzen präzisiert und die Verbindungslinien zwischen Pädagogik, Kulturarbeit und (Pop-)Musik sozialpädagogisch „auf den Punkt“ bringt. Die Autoren verdeutlichen, so der Herausgeber Klaus Finkel, „daß Arbeit mit Musik in der Offenen Jugendarbeit Veränderungen der Lebensbedingungen Jugendlicher beinhaltet ..., daß mit dem Vorenthalten von bestimmter Musik und dem Hinweis auf ihre schlechte Qualität oder Manipulationswirkung oder mit der Bereitstellung musikalischer Alternativen keine Erfolge zu erzielen sind ... (und) ... daß Musikarbeit nicht isoliert betrieben werden kann, sondern sich als Teil eines Konzepts von (regionaler — d.Verf. —) Kulturarbeit verstehen muß“ (Berghaus u.a., 1981, 9).

Auf diese Weise könne Musik, so einer der Ausgangspunkte der Praktiker-Autoren, als wichtiger Mosaikstein im Entwicklungsprozeß zur Emanzipation Jugendlicher beitragen, was u.a. bedeute, daß diese „die Kontrolle über ihre ästhetischen und kulturellen Äußerungsformen zurückgewinnen (können)“ (Berghaus u.a., 1981, 11). Letzteres auch mit Hilfe der Jugendarbeit.

Anknüpfend an die vielerorts eingeforderten pädagogischen Prämissen des „Ernstnehmens“ der Jugendlichen und des „Durchschauens“ der eigenen Lebenszusammenhänge, untersuchen die Autoren die Frage, „was Musik für die Arbeit mit Jugendlichen im Freizeitbereich bedeutet“ (Berghaus u.a. 1981, 26). Sie verwahren sich in diesem Zusammenhang gegen solche Zielsetzungen einer Musikpädagogik im Sozialwesen, die als Erste-Hilfe-Leistung für soziale und biographische Schäden gefaßt sind: „Erst wenn der Gegenstand Musik ernstgenommen wird, kann der Mensch ernstgenommen werden, dem die Arbeit mit dieser Musik gilt“ (Berghaus u.a., 1981, 22).

Weitere Publikationen zum Thema folgen in den Jahren bis 1989. Die „Regionalzusammenschlüsse der selbstverwalteten Jugendzentren und Initiativen“ zeichnen 1980/81 als Herausgeber des Paperbacks „Zwischen Disco und Disdur / Musik im Jugendzentrum“ verantwortlich, in dem insbesondere mit Praxisideen auf die soziale, kulturelle und politische Bedeutung musikalischer Aktivitäten hingewiesen wird.

Das 1982 von Volker Schütz verfaßte Buch „Rockmusik — eine Herausforderung für Schüler und Lehrer“ zielt in die gleiche Richtung und fordert einen an den Interessen der Schüler orientierten Musikunterricht. Der Inhalt umfaßt nach wie vor interessante Kapitel zur musikbezogenen Jugendkultur und zur inhaltlich-formalen Dimension der Rockmusik, ebenso wie musikdidaktische Überlegungen zur Rockmusikpraxis in der Schule und in ähnlich gelagerten Handlungsfeldern.

Peter Spengler legt 1985 die z.T. als „Standardwerk“ beurteilte Studie „Rockmusik und Jugend — Bedeutung und Funktion einer Musikkultur für die Identitätssuche im Jugendalter“ vor. Spengler versucht darin eine umfassende Darstellung dessen, warum Jugendliche eben diese Musik seit nunmehr 30 Jahren bevorzugen, welche Bedeutung sie ihr beimessen und welche Funktionen sie für ihren Hörerkreis erfüllt. Das Augenmerk ist insbesondere darauf gerichtet, Rockmusik als psychologisches, soziologisches und pädagogisches Phänomen des Jugendalters ernstzunehmen und die entsprechende Dynamik anhand der über 30jährigen Rockgeschichte und ihrer Verknüpfung mit jugendlichen Ausdrucksformen aufzuzeigen (Spengler, 1987).

Der Deutsche Volkshochschulverband stellt im gleichen Jahr durch Johannes Kandel „Überlegungen zur Behandlung von Rockmusik in der Erwachsenenbildung“ in

Form eines broschürten Arbeitspapiers vor. Unter der Leitfrage „Was leisten Rockseminare in der politischen Bildung?“ werden musiksoziologische und pädagogisch-didaktische Überlegungen zusammengefaßt und als Grundlagenmaterial für ein gleichfalls beschriebenes Seminarkonzept vorgestellt, das Anregungen für einen Konzept-Transfer in die VHS-Praxis liefern soll (Kandel, 1985).

„Die Faszination der Rockmusik — Überlegungen aus bildungstheoretischer Perspektive“ lautet der Titel einer Untersuchung von Helmut Vouillème zum Bildungsgehalt von Rockmusik. Die einzelnen Kapitel sind den Themen „Rezeptionsforschung“, „lebensweltliche Bedeutung der Rockmusik“, „Erfahrungs und Ausdrucksmedium Rock“ sowie „Rockmusik unter dem Anspruch erkenntniskritischer Bildung“ gewidmet. Hinsichtlich seiner Ausgangsfrage verbleibt Vouillème eher pessimistisch: „Unter bildungstheoretischen Gesichtspunkten bleibt Rockmusik also weitgehend folgenlos, denn das in ihrem Wirkungskontext entstehende Wissen ist beschränkt und zudem kaum derart transferierbar, daß es auf Anhieb einen anderen Erfahrungsbereich erhellen könnte. Wer also ausschließlich Rockmusik rezipiert, der kann in diesem Bereich durchaus Befriedigung finden und Kennerschaft erlangen, die objektive Welt in ihrer Vielfältigkeit und Widersprüchlichkeit bleibt ihm jedoch verschlossen“ (Vouillème, 1987).

In dem 1988 erschienen Sammelband „Kulturpädagogik und Kulturarbeit“ befaßt sich Wolfgang Martin Stroh mit dem Sektor „Außerschulische Musikerziehung“, geht in diesem Beitrag auch auf einige Ansätze zur Bedeutung der kommunalen Rockszene ein und weist auf die bestehende Skepsis gegenüber einer sich — bewußt oder unausgesprochen praktizierten — „musikalischen Sozialarbeit“ im Hinblick auf die von ihm thematisierte „Musikerziehung“ hin: Es werde, so Stroh, mit Musik im Rahmen eines Programms gearbeitet, das mit Musikerziehung im engeren Sinne wenig zu tun habe (Stroh, 1988, 144f.). Musikalische Sozialarbeit, etwa mit „Verhaltensauffälligen oder Schwererziehbaren“, begreife Musik im wesentlichen als „Mittel, das aus gewissen pragmatischen Gründen besonders geeignet erscheine, musikunspezifische Ziele zu erreichen. Daß dabei die Betroffenen durchaus auch musikalisch motiviert sein können, sei ein begünstigender Umstand“. Musikerziehung hingegen gehe davon aus, daß die Lernenden hochgradig motiviert sind und ihre Motivation „musikalisch“, d.h. bezogen auf musikalische Tätigkeiten ist (Stroh, 1988, 148).

Die von Dietmar Porcher und Peter Ortmann zusammengestellte Dokumentation „Musikwerkstätten-Zukunft der Szene?!“ aus dem Jahre 1989 markiert einen vorläufigen Abschluß umfassenderer Publikationen zur Rockmusikpraxis im Jugendhilfebereich. Der Bericht aus Anlaß einer gleichnamigen Tagung in der Akademie Remscheid stellt unter dem Begriff „Musikwerkstätten“ ein Spektrum solcher Musikinitiativen vor, die, als Werkstätten bzw als Jazz-, Rock- oder Popschulen in freier Trägerschaft, jugendliche Musikvorstellungen aufgreifen und sie durch verschiedenartige Ansätze, und gerichtet auf unterschiedliche Zielgruppen, fördern.

Als „Musikwerkstätten“ werden solche Initiativen verstanden, in denen „auf unterschiedlichem Niveau die Aneignung eines stilistisch eingegrenzten und bestimmten musikalischen Handwerks — mehr in der Praxis als in der Theorie — passiert und dies schrittweise, ggf. sogar nur einmalig, als zeitlich befristete Veranstaltung an einem Wochenende oder in den Schul- / Semesterferien. Musikwerkstatt im Bereich von Jugendarbeit heißt konkret Aneignung von Spielweisen der Rockmusik unter Anleitung oder Betreuung von erwachsenen RockmusikerInnen aus dem Amateur- und/oder Profibereich“ (Porcher/Ortmann, 1989, 7).

Abschließend soll auf einige weitere Texte hingewiesen werden, die bundesweit von Bedeutung für die Rockmusikpraxis auch im Jugendhilfebereich sind.

Zunächst seien hier die Empfehlungen des Deutschen Kulturrates zur „Konzeption Kulturelle Bildung“ aus dem Jahre 1988 genannt, deren 6. Abschnitt der „Musikalischen Bildung im Bereich der Popularmusik“ gewidmet ist. Popularmusikförderung, so der Kulturrat, bedeute Auseinandersetzung mit Gegenwartskultur, mit Musik, die zum täglichen Umgang der Menschen gehört. Sie sei zugleich „soziokulturell-pädagogische Arbeit“, da populäre Musik wie kaum eine andere Sparte das Freizeitverhalten vieler, vornehmlich junger Menschen wesentlich beeinflusse: „Sie vermag abzulenken von der Wirklichkeit oder gerade diese deutlich zu machen und hat somit immer auch einen gesellschaftspolitischen Aspekt“ (Deutscher Kulturrat, 1988, 70f.) Neben anderen Erfordernissen wird aus solchen und ähnlichen Überlegungen eine verstärkt notwendige Förderung der Popularmusik auf unterschiedlichsten Ebenen gefolgert, u.a. auch

— „die Förderung von Projekten im Bereich der mittelbaren Arbeit mit Popularmusik (z.B. Arbeitslosenprojekte, Arbeit mit Zielgruppen im Rahmen von Ausländer- und Jugendarbeit)“ sowie die
— „Einrichtung von kommunalen Koordinationsstellen/Rockbüros (mögliche Träger: Musikschulen, soziokulturelle Zentren, Kultur- und Jugendämter, Musikinitiativen) und analoger Einrichtungen auf Landesebene ..., um eine Vernetzung des, sowohl was die Zielgruppen als auch die verschiedenen Institutionen betrifft, äußerst vielfältigen und zudem dezentral organisierten Popularmusik-Bereichs zu ermöglichen“ (Deutscher Kulturrat, 1988, 72).

Rockmusikpraxis wird damit als Aufgabenbereich und Thema auch der Jugendarbeit gesehen und eingefordert.

Dies gilt, in weniger deutlicher Form, auch für den Deutschen Musikrat, der in seiner 1989 erschienenen Materialsammlung „Zur Förderung im Popularmusikbereich“ auf kultur- und bildungspolitische Aspekte hinweist und die Forderungen der „Fachkommission Popularmusik des Deutschen Musikrats“ darstellt[12]. Anders als beim Deutschen Kulturrat ist allerdings der außerschulische jugendpädagogische Bereich bei der Aufstellung von Förderschwerpunkten nicht enthalten, mithin all jene Bereiche „mittelbarer Rockmusikförderung“, die der Amateur- und semiprofessionellen Szene vielfach erst „Bühne, Publikum und Knete“ bieten und selbst, wie in der vorliegenden Publikation exemplarisch dargelegt, eine Vielzahl zielgruppenbezogener Fördermodelle entwickeln konnten.

Beklagt wird einmal mehr das Fehlen einer ernstgemeinten Rock-Förderung: „Zwar gilt es heute meist als „schick“, ja „progressiv“, Bekenntnisse zur Notwendigkeit einer angemessenen oder adäquaten Berücksichtigung oder gar Förderung dieses Musikbereichs abzugeben, die tatsächliche — reale — Berücksichtigung in öffentlichen Etats, in Lehrplänen für allgemeinbildende Schulen oder in Studiengängen an Ausbildungsstätten für Musikberufe steht jedoch meist in krassem Gegensatz zu solchen Bekenntnissen“ (Deutscher Musikrat, 1989, 7).

Eine weitere „Empfehlungslinie" zur Popularmusikförderung wird durch den Deutschen Städtetag und den Deutschen Landkreistag mit Blick auf die Musikschul-Szene abgegeben. Der Jugendhilfebereich ist insofern nicht unmittelbares Thema der Empfehlungen, jedoch scheinen die von den kommunalen und Landkreis-Spitzenverbänden gezogenen Schlüsse auch für diesen Bereich interessant.

Angesichts der „Millionen von Musikbegeisterten" — "fast 17 Mio. Kinder, Jugendliche und Erwachsene spielen ein Instrument, 2 Mio. sind Mitglied in Chor und Gesangvereinen", nicht zu vergessen die ... (wer wagt eine Zahl) ... zahlreichen freien Popularmusiker in ihren schillernden Zusammenschlüssen" — fordern die Spitzenverbände „neue Akzente" in den traditionellen Musikschulen. Erforderlich seien innovative Aktivitäten, um vor dem Hintergrund neuer Medien, eines neuen Musikverständnisses und eines neuen Umgangs mit Musik, „das bewußte Hören von Musik zu pflegen und die stilistische Vielfalt in der Musik zu fördern" (Deutscher Städtetag / Landkreistag, 1986, 22).

Die Sicherung und Weiterentwicklung der Musikschulen solle sich zu diesem Zwecke u.a. an den „von vielen Jugendlichen besonders geschätzten Formen der Popularmusik" orientieren, entsprechende Unterrichtsangebote bereitstellen und bei der Übungsraumsuche und Instrumentenbeschaffung behilflich sein. Die Einrichtung eines Fachbereichs „Popularmusik", mit einem fachlich qualifizierten Leiter, könne darüber hinaus „wesentliche Impulse für die Rock-, Pop- und Jazz-Szene einer Kommune bewirken"(Dt. Städtetag / Landkreistag, 22).

Die bis zu dieser Stelle genannten und von verschiedener Seite erhobenen Forderungen nach einer stärkeren Berücksichtigung der Popularmusik haben inzwischen in einige wenige bundesweite öffentliche Förderprogramme[13] Einzug gehalten. Am wohl bekanntesten dürfte in diesem Zusammenhang das seit 1985 durch das Remscheider Institut für Bildung und Kultur e.V. ausgeschriebene „Förderprogramm Bildung und Kultur" sein, das aus Mitteln des Bundeministeriums für Bildung und Wissenschaft finanziert wird und eine zeitlich limitierte Förderung kultureller Modellinitiativen vorsieht. In der darauf bezogenen „Projektzeitung Nr. 2 / 1987" etwa werden unter der Rubrik „Musik" auch ein Bochumer Rock-Musikschulprojekt sowie ein Musical vorgestellt, die der von uns betrachteten Thematik nahekommen. Ähnlich gilt dies für einzelne in den Folgejahren geförderte Projekte zur Rockmusikpraxis mit Jugendlichen[14].

Eine vierte und an dieser Stelle abschließend erwähnte Betrachtung des Themas „Rockmusik und Kulturarbeit" erfolgt 1988 im Rahmen einer Fachtagung der Bundesarbeitsgemeinschaft der Landesjugendämter und überörtlichen Erziehungsbehörden zur „Zukunft der offenen Jugendarbeit". Unter Leitung Rainer Treptows befaßt sich eine Arbeitsgruppe mit der Thematik „Jugendarbeit und Kulturarbeit". Das einführende Referat Treptows begründet dabei die notwendige „Verbindung zwischen den Ausdrucksbedürfnissen und Geschmacksvorlieben ihrer Zielgruppen" für eine Kulturarbeit, die sich ihrer sozialen Verpflichtung nicht verschließt und sich nicht zuletzt auf „untere Schichten" der Bevölkerung bezieht. Treptow greift an dieser Stelle explizit auf Beispiele der rockmusikalischen Praxis zurück, wenn er die „inhaltliche Füllung der Kulturarbeit" anspricht und darunter einen „Sammelbegriff für die Bereitstellung von Anregungs- und Gestaltungsmöglichkeiten in öffentlichen Räumen" faßt (Treptow, 1989, 36f.).

Jürgen Moser-Hagel

Musik und Computer — ein Einstieg in die Anwendung von Sequenz-Programmen auf dem Atari ST

Musik und Computer

Zu diesem Thema läßt sich vieles anmerken, von totaler Ablehnung bzw. kritischen Stimmen bezüglich der Verwendbarkeit im pädagogischen Bereich bis hin zur Begeisterung über die neuen, kreativen Möglichkeiten. Hier möchte ich allerdings nur auf den Umgang mit Computern beim Musikmachen eingehen, wie er sich aus meinen Überlegungen und Erfahrungen mit MIDI-Workshops und Sequencer-Kursen, wie ich sie an mehreren Stellen durchgeführt habe, als sinnvoll darstellt. Denn: Veröffentlichung allgemeiner Art gibt es meiner Meinung nach genügend.[15]

Zur Sprache kommen sollen folgende Bereiche: Sequencer, Arrangier-Programme, Algorithm-Composer und Gehörbildungs- Software. Der Musik-Computer heißt in Deutschland Atari (1040 etc.), weil er bereits eine eingebaute MIDI-Schnittstelle hat und für ihn die meisten Programme existieren. Es zeichnet sich ein Wechsel zum teureren Macintosh ab, aber darüber können noch Jahre vergehen. Außerdem ist es eine Kostenfrage.

Also: Ein Keyboard mit MIDI, ein Computer und die entsprechene Sequencer-Software (Steinberg „Cubase" — "Twenty Four" ist out — oder C-LAB „Creator" oder „Notator") und schon kann es losgehen. Zu den Rahmenbedingungen gehört für mich, daß höchstens zwei Leute sich einen Computer-Arbeitsplatz teilen. Wo nicht genügend Geräte zur Verfügung stehen, sehe ich keine Möglichkeit, sinnvoll zu arbeiten. Insofern ergeben sich schon gewisse Einschränkungen, zumal die Programme nicht auf mehreren Anlagen gleichzeitig betrieben werden können, sondern so oft gekauft werden müssen, wie Computer vorhanden sind. Von Raubkopien rate ich ab (leider keine Computer-Subkultur); die genannten Programme lassen sich übrigens nicht kopieren.

MIDI — ein Zauberwort

MIDI (Musical Instrument Digital Interface) ist ein Standard, auf den sich die Hersteller verschiedener Synthesizer geeinigt haben. Mittlerweile ist dieser Bereich so angewachsen, daß es MIDI-Konverter für Gitarristen, Bläser usw. gibt. In jedem Tonstudio steht ein Computer, ganze Produktionen werden nur mit MIDI-Equipment gefahren. Der Grund: Mit der herkömmlichen Technik (Bandmaschine) lassen sich Verbesserungen am Eingespielten nicht so komfortabel durchführen wie am Computer. Der Nachteil: Das Musikmachen verlagert sich vom Live-Musizieren und Kommunizieren zum Home-Recording-Freak, die Musik klingt zusehends steriler, die Aufgaben von Komponieren, Arrangieren und Produzieren wachsen dem Einzelnen über den Kopf. Andererseits bietet ein Computer gerade im pädagogischen Feld eine Fülle von Möglichkeiten, die noch gar nicht genügend beachtet worden sind, wie ich im folgenden zeigen werde.

Arbeiten mit einem Sequencer

Ein Sequencer ist ein Gerät, das Klangdaten aufnimmt und diese wiedergibt[16]. Die ersten Sequencer waren in der Lage, acht Töne aufzuzeichnen und diese ununterbrochen abzuspielen, wie ein Arpeggio. Mitunter konnte die Tonhöhe der Sequenz transponiert werden. Heutige Sequencer / Computer haben eine große Speicherkapazität (50000 Noten und mehr), ganze „Spuren“ und Musikstücke lassen sich aufnehmen. Der Bildschirm (Monitor) eines Computers bietet ein übersichtlicheres Bild als die Anzeige (das Display) der früheren Hardware-Sequencer. Dank der Digitaltechnik können die Musikstücke mit dem Sequenzer nahezu unbegrenzt verändert, bearbeitet und neu gestaltet werden.

Dafür braucht man bei einem Computer ein Programm, ohne dieses läuft nichts. Bevor man mit dem Sequencer-Programm arbeiten kann, sollte man sich die grundlegenden Dinge im Umgang mit einem Computer bereits angeeignet haben. Hierzu zähle ich das Laden und Speichern von Programmen und Dateien (Files). Die Bedienung der „Atari-Maus“ mit linker und rechter Maustaste, das Beherrschen des „Doppelklicks“ (= zweimal schnell hintereinander auf die linke Maustaste), das Wissen um Laufwerksbezeichnungen und Ordner, wie es in der Bedienungsanleitung zum Computer beschrieben ist, setze ich voraus. Hier sind die ersten Hemmschwellen zu überwinden. Entweder man lernt sorgfältig anhand eines Handbuches die grundlegenden Schritte (wer liest schon gerne Handbücher?) oder „man klickt einfach in der Gegend herum“, dies ist die Umgangsweise, die Jugendliche bevorzugen. Dieses „learning by doing“ ist durchaus nicht das Schlechteste, ab einem gewissen Stadium bringt die Lektüre weiterführender Literatur jedoch eine ganze Menge.

Die ersten Aufnahmen:

Ganz gleich, mit welchem System man arbeitet, als erstes wird man sich mit den Aufnahmefunktionen des Programms befassen. Wie erzeuge ich eine neue Spur? Wo liegt Aufnahme, Wiedergabe, Stop etc. Diese Tonbandfunktionen liegen leider bei jedem

Programm woanders. Creator/Notator hat einen Teil der Zehnertastatur belegt: 0 = Start, * = Record (Aufnahme), Enter = Stop, 2 mal Enter = zurück auf Takt „1", Punkt.) = Continue, Fortsetzung an der Stop-Position.

Alle anderen Funktionen wie Dub, Cycle, Punch kann man zunächst vernachlässigen. Jetzt beginnt der Vorzähler den Takt vorzuklicken und man kann auf seinem Keyboard eine Spur einspielen. Nun beginnen erste Probleme: Wichtig ist, daß das System korrekt verkabelt ist (MIDI-Out des Keyboards an MIDI-In des Computers und umgekehrt). Ob etwas im Computer ankommt, läßt sich leicht an der Anzeige des freien Speicherplatzes links oben auf der Hauptseite überprüfen.

Trotzdem kann es sein, daß z.B. ein nicht gewünschter Sound abgespielt wird oder auch gar nichts erklingt. Hierzu muß man sich vergewissern, daß a) das Keyboard auf „Local Off" gestellt ist (siehe Bedienungsanleitung des Synthesizers/Keyboards). Damit ist die Verbindung zwischen Tastatur und Klangerzeugung des Instrumentes abgeschaltet. Diesen Weg soll der Klang ja jetzt über den Computer nehmen. Je nachdem, auf welchem Kanal das Keyboard sendet (MIDI sieht 16 verschiedene Kanäle vor), muß ggf. unter dem Menupunkt „MIDI" die Funktion MIDI Thru aufgerufen werden und Auto Off Channel auf „–" gestellt werden (rechte Maustaste). Eventuell muß MIDI Thru abgeschaltet werden. Bei einem Portable Keyboard, also mit Begleitautomatik, muß des weiteren der Clock Out abgeschaltet werden, sonst beginnt bei jedem Start des Computers das Keyboard in seinem eigenen Rhythmus loszulaufen.

Durch diese Schwierigkeiten muß man hindurch, durch Ausprobieren und Aufschreiben. Bei jedem Programmstart ergeben sich nämlich wieder dieselben Handgriffe. Hat man einmal die richtigen Einstellungen gefunden, so lassen sie sich als „AUTOLOAD.SON" abspeichern und stehen als Voreinstellung zur Verfügung. Angenommen, alles hat geklappt, so erscheint jetzt auf der eingespielten Spur der Name „OK". Diese Spur läßt sich durch Doppelklick umbenennen. Es öffnet sich ein Fenster, in das man den Spurnamen, z.B. Piano oder Melodie, eingeben kann.

Der richtige Sound

Um mit dem richtigen, gewünschten Klang zu spielen, braucht der Computer folgende Eingaben: Auf der Hauptseite muß der gewünschte MIDI-Kanal eingestellt sein, nach Möglichkeit auch einer, auf dem der angewählte Synthesizer auch empfangen kann. Sodann muß auf der Edit-Page (Taste „e") zu Beginn einer Spur ein Programm-Befehl (Program Change) gesetzt werden. Dies geschieht, indem man links das Wort „Program" anwählt, Taste gedrückt hält und rüberzieht an den Anfang der Zahlenreihe. Nun steht hier eine Zeile, die einen Programmbefehl sendet. Die Nummer des Programms wird rechts eingestellt (die letzte Zahl). Um zu gewährleisten, daß auch bei laufendem Betrieb, Wechsel von Patterns und so weiter stets der richtige Sound gefunden und gesendet wird, sollte man unter MIDI die Funktionen „True Program" und „True Volume" aktivieren, d.h. mit einem Häkchen versehen. Jetzt sucht der Computer bei jedem Start an jeder beliebigen Stelle eines Songs den nächsten zurückliegenden Programm-Befehl einer Spur und kann damit den entsprechenden Sound abspielen.

Computer erziehen zur Ordnung. Wer sich angewöhnen kann, bei jeder neuen Spur gleich einen neuen MIDI-Kanal einzustellen, jeder eingespielten Spur einen „Program Change" voranzustellen, der ist vor unliebsamen und zeitaufwendigen Suchereien gefeit. Man sollte es sich zur Maxime machen, in allen Patterns (Erklärung weiter hinten) die Spurbelegung gleich zu halten, also z.B. Drums immer auf Track 10. Dadurch erreicht man folgendes: außer dem Überblick lassen sich auch problemlos alle Patterns zu einem zusammenfassen (Arrange-To-Pattern), wenn man den ganzen Song ausdrucken möchte.

Eingeben mit der Maus

Sollte man nicht Keyboard spielen können, so lassen sich die Töne auch mit der Maus eingeben, ein vergleichsweise aufwendiges Verfahren, das aber nach einiger Übung auch recht flott vonstatten geht. Hierzu klickt man das Feld „Edit" an, in der Mitte der Hauptseite, um eine neue Spur zu erzeugen (leider alles in Englisch: „Do You Want To Create A New Track?", mit „Yes" beantworten). Hiermit gelangt man auf die Edit-Page oder Bearbeitungs-Seite, das Gleiche erreicht man mit der Taste „e". Am linken Rand finden sich die Notenwerte, von Ganze Note bis 32-tel-Note, und nun setzt man mit der rechten Maustaste die Noten an der gewünschten Stelle ins Notenbild.

Achtung: Der Newcomer reagiert zu hektisch. Man kann, bevor man eine Note mit der rechten Maustaste „verliert", also setzt, diese Taste gedrückt halten und zunächst in einer erscheinenden Kontrollzeile die genaue Tonhöhe und Taktposition ablesen, wo die Note hin soll. Durch vertikales und horizontales Verschieben mit der Maus läßt sich die Note an die gewünschte Stelle bringen und erst jetzt läßt man die Taste los. Im anderen Fall hat man schnell eine Menge unbeabsichtigter Noten gesetzt und verliert den Überblick, welche Töne wieder entfernt werden sollten. Das Löschen einer ungewollten Note geschieht mit „Delete". Nach mehreren Löschvorgängen empfiehlt sich ein zwischenzeitliches Zurückkehren zur Hauptseite (Return und erneutes „e"), um die Anzeige der gelöschten Noten zu beseitigen.

Spätestens jetzt muß man sich mit dem Programm näher befassen bzw. mit der musikalischen Theorie, die dem Aufbau des Programms zugrundeliegt. Eine Note hat 3 Darstellungsformen: das Notenbild (Note Display), die Balkengraphik (Grid Edit) und die Zahlenreihen mit Angabe von Taktposition, MIDI-Kanal, Lautstärke und Länge.

Die Balkengraphik ist je nach vorgewählter Taktart und Quantisierung in mehrere Abschnitte unterteilt: senkrechte Striche kennzeichnen die Viertel eines Taktes, gestrichelte Linien die Sechzehntel. 4 Viertelnoten wären nach ihrer Taktposition auf folgenden Zahlen zu finden: 1 1 1 1, 1 2 1 1, 1 3 1 1, 1 4 1 1.

Dies mag alles theoretisch klingen, wenn man jedoch vor dem Bildschirm sitzt und Noten positionieren will, zeigt sich bald, ob man weiß, wo die Noten hingehören.

Man darf nicht vergessen, daß der Computer zwar ein leistungsfähiges Hilfsmittel ist, um seine musikalischen Ideen in Klang umzusetzen, wenn man aber keine Ideen hat bzw. keinen Plan, wie diese Vorstellungen in eine Spur umzusetzen sind, nützt der beste Computer nichts.

Auf den folgenden Seiten bringe ich einige Notenbeispiele, die sich gut zum Erlernen eines Sequencer-Programms eignen. Wer die Geduld aufbringt, die Notenbeispiele entweder mit der Maus oder durch Einspielen aufzunehmen und zu editieren, dürfte für viele Anwendungsmöglichkeiten bei seinen eigenen Aufnahmen gerüstet sein.

Für Achtelnoten gilt: die Taktpositionen dürfen in der dritten Spalte nur 1 oder 3 beinhalten: 1 1 1 1, 1 1 3 1, 1 2 1 1 ,1 2 3 1, 1 3 1 1, 1 3 3 1, ... Jede „2" oder „4" bedeutet hier, daß eine Sechzehntelnote gespielt wird.

Wirf einen Blick aufs Notenbild: Auch wenn du keine Noten lesen kannst, erkennst du auf einen Blick die zu löschenden Noten, entweder als Doppelnoten oder an ungewohnten Vorzeichen. Gehe in die Zahlenreihe und lösche die Note, deren Balken extrem kurz ist oder deren Lautstärke(Velocity)-Wert sehr klein ist. Es gibt auch eine Funktion „Delete Short Notes", aber manchmal möchte man Vorschlagsnoten und Verzierungen nicht auf einen Schlag alle wegwerfen. Damit diese auch nach der gnadenlosen Quantisierung auf 16-tel noch natürlich klingen, kann man sie von Hand einige Ticks nach vorne ziehen (letzte Spalte). Für das Notenbild lassen sich Verzierungen gesondert darstellen: durch Doppelklick öffnet sich eine Box, wo man den Vorschlagston als Independent Note definieren kann. Als Länge empfiehlt sich 1 / 8, des weiteren Show Slash, und Minimal Size. Sollten sich Vorschlag und Hauptnote überlappen, läßt sich unter Drücken der Alternate-Taste die Hauptnote nach rechts verschieben.

Quantisierung

Jeder Musiker spielt mehr oder weniger genau im Takt. Mit Hilfe des Computers kann man nun seine Einspielungen taktmäßig verbessern. Es bedarf hierzu einiger Voraussetzungen, die man akzeptieren muß, wenn das Verfahren Erfolg haben soll.

1. Man muß sich an vorgegebenen „Klick" des Computers halten (Volume am Bildschirm aufdrehen). Wer glaubt, ohne dieses Raster auskommen zu können und seine Spuren nach der ersten Einspielung gehörsmäßig synchron zu bekommen, wird bald merken, daß seine Pilotspur doch nicht so „tight" ist, wie sie sich zunächst angehört hat. Jetzt ist das Problem aber nicht mehr zu lösen. Wer sich um das Raster eines Sequencers nicht kümmert, darf auch nicht erwarten, daß dieser auf Knopfdruck Timing-Fehler verbessert. Das kann er nämlich nur im Rahmen vorgegebener Möglichkeiten, dafür aber richtig gut und musikalisch sinnvoll.
2. Man muß möglichst auf den Takt Bezug nehmen. Ein freies Jazz-Solo mit verschleppten Noten sollte möglichst nicht quantisiert werden. Sonst geht seine Natürlichkeit verloren. Soloarbeit sollte man demnach als letztes aufnehmen, zu-

nächst müssen die Spuren stehen, die die Basis bilden. Man kann ohne Veränderung der Tonhöhe langsamer aufnehmen als das Tempo, in dem das Stück wiedergegeben werden soll. Spiele so genau wie möglich. Wenn du bereits weißt, daß du keine kleineren Notenwerte als Sechzehntel einspielen wirst, kannst du das Quantisierungs-Raster schon vor der Aufnahme auf „16" stellen. Bei der Überprüfung deiner Spur auf der EDIT-Seite sollten alle Events (das sind die Noten u.a.) auf Positionen stehen wie etwa: 5 3 1 1, 6 1 1 1, 6 3 1 1, 7 1 1 1. Wenn eine „2" oder „4" in der dritten Spalte auftaucht, solltest du sicher sein, daß du an dieser Stelle eine Sechzehntelnote haben willst. Ansonsten hat der Computer dir eine Note falsch quantisiert (eigentlich liegt der Fehler an deinem Einspielen).

Verbesserung des Notenbildes

Um ein sauberes, gut lesbares Notenbild zu erhalten, gibt es einige Funktionen wie Taste „i" (Interpretation Mode On / Off), „r" (Rest Correction On / Off) sowie Polyphonie, Drum Map etc. Diese Dinge sind nicht nur für einen Ausdruck wichtig, sondern sie sind auch beim Editieren hilfreich. Durch „i" und / oder „r" werden überflüssige Pausen beseitigt, die das Notenlesen erschweren. Gut zu wissen: Bei Haltebögen läßt sich nur die linke Note anwählen, eigentlich logisch, aber es wird immer wieder versucht, die rechte Note zu verschieben. Es läßt sich ein anderer Schlüssel anwählen, z.B. Baß-Schlüssel, um die unnötigen Hilfslinien zu beseitigen. Wer diesen nicht lesen kann, sollte sich mit dem Violinschlüssel 8bassa (Gitarrennotation) behelfen. Wenn das immer noch zu tief sein sollte, läßt sich unter Menuepunkt Edit, die Funktion Display Parameter anwählen, der Wert +12 oder +24 eingeben, und schon werden alle Noten 1 bzw. 2 Oktaven höher dargestellt, ohne die erklingende Tonhöhe zu verändern.

Wenn die Vorzeichen im Notentext stören, sollte man rechts neben dem Schlüssel mehrmals mit einer der Maustasten klicken (= Eingabe von Vorzeichen, linke Taste Kreuze, rechte Taste Be). Die Tonart stimmt, wenn alle Vorzeichen aus den Noten verschwunden sind. Sollten immer noch einige Vorzeichen vorhanden sein, z.B. ein „as" in C-Dur, so läßt sich dieses durch Shift und „h" in ein gis umwandeln. Einfacher wäre es, auf der Edit-Page die Tonart a-Moll (A min) anzuwählen, dann werden alle „as" als „gis" dargestellt. Aber erst mal wissen, daß es sich um a-Moll handelt! Mit der gleichen Funktion Display Parameter läßt sich eine Einspielung in Normalstimmung als Bb-Stimme ausdrucken (Wert: +2, 2 Kreuze mehr), ohne ihren tatsächlichen Klang zu ändern.

Der große Vorteil liegt meines Erachtens beim Notator in der Verknüpfung von Notenbild und den anderen Formen der Darstellung. Ich klicke eine Note an, sehe zugleich ihre Werte Tonhöhe, Lautstärke, Länge und kann sie hören. Mit Cursor rauf / runter kann ich meine Spur im Standbetrieb durchfahren und anhören.

Durch diese Koppelung ergeben sich für musikalisch Unvorbelastete Möglichkeiten: Sie können Noten zusammenstellen per Hand, Akkorde in ganzen Noten, bei

Nichtgefallen einzelne Töne verschieben, so daß andere Akkorde entstehen, das Ganze sofort anhören, bis es stimmt. Ohne spielen zu können, sind sie in der Lage, Akkordfolgen, Drum-Spuren, Gitarren-Parts zu erstellen und — das soll betont werden — anhand ihres Umgangs mit dem eigenen Songmaterial musikalisch dazulernen. Aus diesem Grund bringe ich ein paar Notenbeispiele, die sich besonders für die Einarbeitung in ein Sequencer-Programm eignen. Jeweils gleiche Ziffern passen zusammen und lassen sich zu einem kleinen Song arrangieren. Dabei ist die Baß-Stimme und der Gitarren-Part aus den Harmonien entwickelt. Die Gitarre bringt beispielsweise die Dreiklangstöne in der Figuration: u o m u o m u o (u=unten, o=oben, m=Mitte, für den Dreiklang C- Dur (c,e,g) demnach die Tonfolge: c g e c g e c g).

Arrange-Tabelle

Je nach Arbeitsweise wird man des öfteren Patterns oder Tracks kopieren. Hierzu gibt es einen eigenen Menuepunkt. Auch erstellt man hier ein Gesamtpattern zum Ausdrucken (Arr-To- Patt). Um einen kompletten Song aufzubauen, der aus vielen Teilen wie Intro, Verse, Bridge, Refrain, Solo etc. besteht, benutzt man die Arrange-Tabelle (linke Hälfte der Hauptseite). Der Eintrag „1 Pattern 1" läßt sich mit der Maus herunterziehen und verdoppelt sich. Die Taktposition läßt sich verstellen, ebenso die Pattern-Nummer. Statt Pattern läßt sich über Doppelklick auch ein Name eingeben. Hat man die Titelzeile eines Patternfensters mit Namen versehen, so erscheint dieser Eintrag auch in der Arrange- Tabelle. Man kann sich also doppelte Arbeit sparen. Die Arrange-Liste arbeitet allerdings nur, wenn in der Kopfleiste Arrange auf „On" gestellt ist. Tracks lassen sich stummschalten (Mute) oder ganz ausschalten (Hide). Zum Thema Taktposition wäre zu sagen, daß jedes Pattern seine eigene Zählweise hat, d.h. es beginnt mit Takt 1 1 1 1. Erst der Eintrag in der Arrange-Tabelle weist dem Pattern die absolute Taktnummer zu. So kann es vorkommen, daß Takt 1 von Pattern 3 im Takt 25 des Songs gespielt wird. Wer damit nicht zurechtkommt, kann unter „Edit" den Punkt Global Position anklicken. Nun entspricht die Taktnummer im Pattern der Position im Song.

Viele Funktionen konnte ich in diesem Rahmen nicht beschreiben: Insert Mode, Triolen-Quantisierung, Capture Range (prozentuale Quantisierung). Wichtiger erschien mir, auch für den Computer-Laien die Möglichkeiten des normalen alltäglichen Umgangs mit Sequencing aufzuzeigen. Wenn ausgefuchste MIDI-Freaks mehrere Patterns auf verschiedenen Arrange-Ebenen zeitlich versetzt ablaufen lassen, alle 3 Noten einen Program Change setzen, mit Transpose und Double Speed Klangteppiche weben, so sind dies fortgeschrittene Anwendungen, die nur erwähnt werden sollen, um die Leistungsfähigkeit des Systems zu unterstreichen.

Arrangier-Programme

Ähnlich der Begleitautomatik eines Keyboards arbeitet ein Arrangier-Programm nach den eingegebenen Akkorden eine Begleitung aus, die sich nach Tempo, Stil und anderen Kriterien variieren läßt. Die Programme Big Band, Session Partner, Band-In-A-Box, Freestyle arbeiten alle etwas unterschiedlich, gemeinsam ist ihnen, daß sie in kurzer Zeit ein Arrangement erstellen, mit dem man über Export als Standard-MIDI-File in einem Sequencer weiterarbeiten kann. Puristen werden über die Gleichartigkeit der Patterns die Nase rümpfen, auch bei Plattenaufnahmen kann man auf diese Konservenmusik nicht zurückgreifen, aber im Bereich der Pädagogik gibt es viele Anwendungsmöglichkeiten: Der Gitarrist, der seine Standards mit Begleitung üben möchte, der Songwriter, der seine Harmonien arrangiert hören möchte, der Solo-Spieler, der wechselnde Harmonien und Rhythmen braucht, der Musiklehrer, der seine Schüler improvisieren lehrt.

Die Handhabung eines solchen Programms ist relativ einfach. Ich beschreibe es anhand von Band-In-A-Box: Nach dem Laden des Programms gibt man seine Akkordfolge in standardisierter Form ein. Manche Akkorde bedürfen einer besonderen Schreibweise, siehe Handbuch, damit sie vom Programm angenommen werden. Nach der Einstellung des MIDI-Setups, d.i. MIDI-Kanal und Sound-Nummer (beispielsweise: Drums auf Kanal 8, Program 09, Piano auf Kanal 3, Soundnummer 41 und Bass auf Kanal 2, Programm 26), drückt man die Tastenkombination „Alternate" und „x", das Programm generiert eine Begleitung und nach einem Vorzähler spielt der angeschlossene Synthesizer per MIDI das erzeugte Arrangement. Dieses läßt sich in Stil und Tempo variieren, ein formaler Ablauf läßt sich eingeben: End Of Chorus bei Takt xy, Anzahl der Wiederholungen. Mit der Taste „p" läßt sich ein Wechsel im Arrangement zu einer Variante ab Takt xy eingeben (Hinter der Taktzahl erscheint ein kleines b). Das Arrangement läßt sich als Song, aber auch unter Save Standard MIDI File abspeichern.

Für Bastler gibt es seit neuester Version auch die Möglichkeit, eigene Stile zu programmieren. Hier sehe ich aus eigener Erfahrung doch gewisse Grenzen. Schließlich sind hier u.a. Bass-Figuren zu programmieren, die gleichermaßen auf Dur- wie Moll-Akkorde passen sollen. Es ist zu bezweifeln, daß hierbei über den Spaß des Machens hinaus sinnvolle Dinge entstehen.

Gehörbildung, Algorythm Composer

Die Gehörbildungsprogramme wie Steinberg „Das Ohr" oder C-Lab „Aura" zielen auf die Verbesserung des musikalischen Gehörs durch Vorspiel und Nachspielen von Intervallen, Akkorden, Rhythmen und Skalen. Eine vergleichsweise langweilige Angelegenheit, selbst wenn man eigene Lektionen und Akkordbibliotheken erstellen und abspeichern kann.

Unter dem Begriff Algorithm Composer faßt man eine Gruppe von Programmen, wie Dr.T.'s „Fingers“, „Tunesmith“, „M“, „Kandinsky“, bei denen „Komponieren“ nach mathematischen Regeln vonstatten geht. Für den experimentell aufgeschlossenen Musiker vielleicht eine Herausforderung. Ich habe jedenfalls damit noch keine musikalisch befriedigenden Ergebnisse erzielt. Oder sollte es mir an Kreativität mangeln?

Weitere Programme

Für nahezu jeden Typ von Synthesizer gibt es sogenannte Editoren, das sind Programme, mit denen sich die Sounds bearbeiten, auf Diskette speichern und zu neuen Bänken zusammenstellen lassen. Da es sich hierbei um reine Utility- Programme handelt, die mit SysEx(System Exclusive)-Daten arbeiten, möchte ich sie nicht weiter beschreiben. Ich verweise auf die Handbücher der einzelnen Programme (Fachhandel). Das neue Zauberwort heißt Hard-Disk-Recording. Hier sind zu nennen Programme wie Sound Tools, die über Mikrophon oder Kabel eingespielte Signale digital umwandeln und in Echtzeit direkt auf eine große Festplatte (ab 100 Megabyte) schreiben. Mit diesen Programmen kann man in CD-Qualität Musik bearbeiten, komprimieren (time stretching) und neu zusammenstellen. Eine Art umfangreiches Sampling. Ob sich dieses Verfahren durchsetzen wird, bleibt abzuwarten. Es muß ja nicht alles mit Computer gemacht werden. Und selber spielen ist ja auch ganz schön...

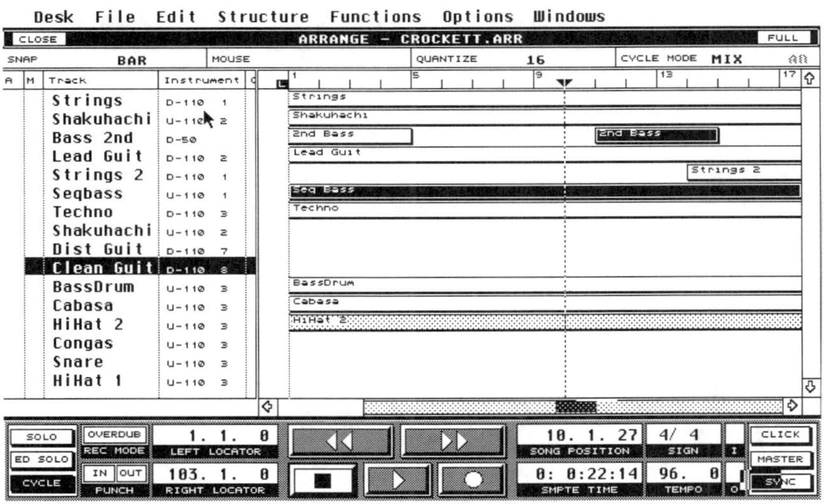

Hauptseite von Cubase (Steinberg)

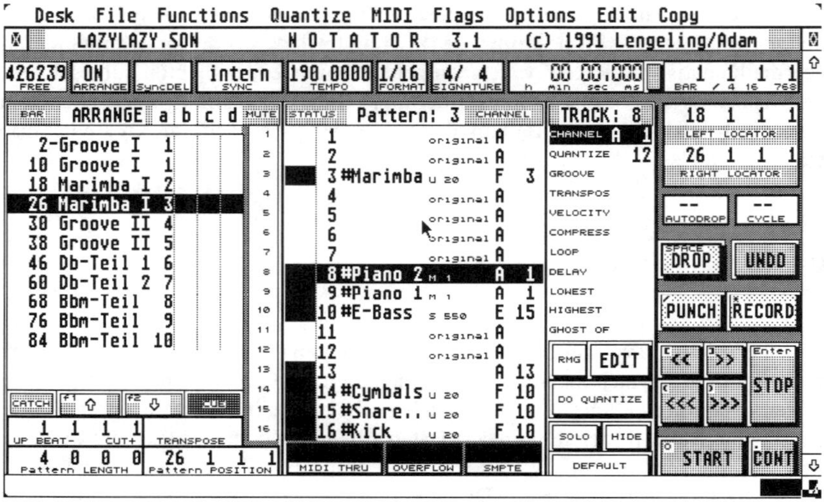

Hauptseite von C-LAB Notator

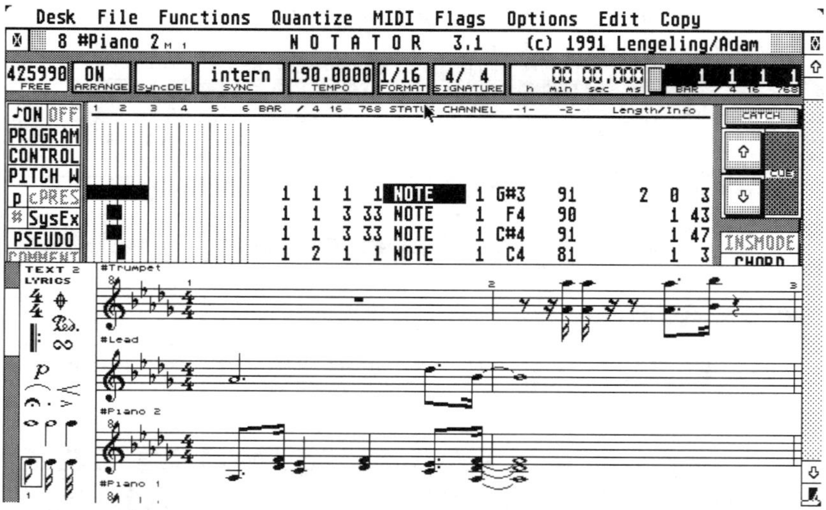

Edit Page von C-LAB Notator

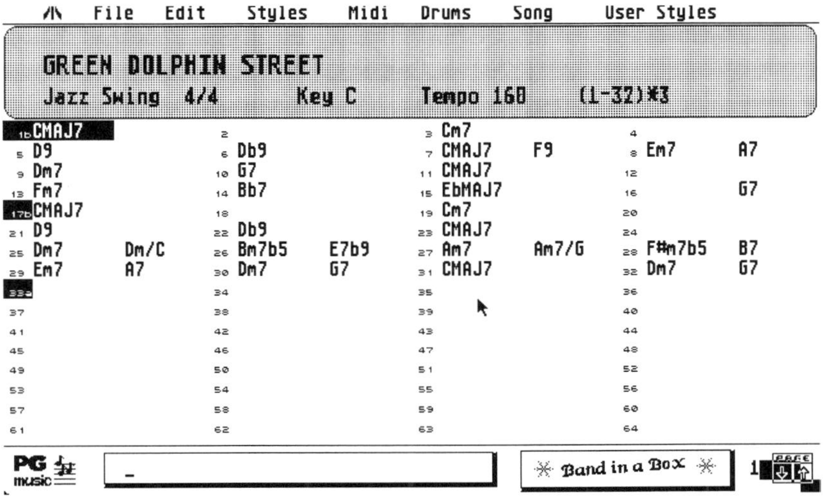

Arrangierprogramm Band-In-A-Box

Wir geben Melodien ein
a) mit der Maus   b) einspielen

Wir geben Harmonien ein
a) stepweise b) realtime

Wir geben Bass–Figuren ein

Wir geben Drum–Patterns ein

Wir entwickeln Gitarren–Licks

Literatur zum Thema[17]:

Ackermann, Philipp: Computer und Musik, Wien / New York 1991 (Springer Verlag)
Penford, R. A.: Computer in der Musik — Eine Einführung, Aachen 1991 (Elektor Verlag)
Timmermanns, Hans: MIDI, Musik und Computer, Aachen 1990 (Elektor Verlag)
Waehneldt, Johannes: Das große Creator / Notator Handbuch, München 1990 (GC Carstensen Verlag)
Gorges, Peter / Merck, Alex: Keyboards-MIDI-Homerecording, München 1989 (GC Carstensen Verlag)
Aicher, Richard: Das MIDI Praxisbuch (Signum Verlag)
Haunschild, Frank: Rock / Pop / Harmonielehre, Brühl 1988 (ama Verlag)
Jungbluth, Axel: Jazz-Harmonielehre, Mainz 1981 (Schott-Verlag)
Hofmann, Siegfried: Rhythmische Grooves & Patterns, Bonn-Bad Godesberg (Voggenreiter Verlag)
Petereit, Dieter / Quick, Herb: Solid Grooves, Bonn-Bad Godesberg (Voggenreiter Verlag)
Dobbins, Bill: Jazz Arranging And Composing, Rottenburg (advance music)
Dreksler, Jacky / Härle, Quirin: 1000 Tips für Keyboards, Bonn-Bad Godesberg (Voggenreiter Verlag)
Moser, Jürgen, o.J.: Rock Piano I / II (mit Cassette), Mainz (Schott)
Moser, Jürgen, o. J.: Folk Complete für Keyboards, Köln (Edition Metropol)
Hufeisen, Hans-Jürgen, o.J.: Band-Schule, München (Strube Verlag)

Günter Pleiner

Ideen brauchen Geld — Finanzierungswege für Rock-Projekte. Ein Orientierungsrahmen für EinsteigerInnen

Eigentlich müßte, was die Begründung einer notwendigen öffentlichen Förderung anbelangt, für die Pop- und Rockmusik längst alles klar sein:

— Pop- und Rockmusik stehen in Mittelpunkt jugendlicher Freizeitinteressen: So ermittelte z.B. 1983 das Institut für Demoskopie Allensbach, daß 70 - 80 % der befragten Jugendlichen „Musikhören" als ihre bevorzugte Freizeitbeschäftigung angaben.

— Die Shell-Studie des Jahres 1985 hat als ein Ergebnis, daß die Hälfte der 14-20jährigen und 58 % der 21 - 29jährigen Beat- und Popmusik zur favorisierten Musikrichtung erklären und mehr als zwei Drittel aller befragten Jugendlichen von Rock- und Popkonzerten nachhaltig beeindruckt wurden. Die Shell-Studie 1992 kommt zu ähnlichen Bewertungen.

Soweit zum Statistischen.

Die zur Verfügung gestellte öffentliche Förderung musikbezogener Initiativen nimmt sich demgegenüber eher bescheiden aus. Der Hamburger Musikwissenschaftler Hermann Rauhe faßt diese auseinanderstrebenden Entwicklungen zusammen: „Die Popularmusik und Unterhaltungsindustrie beeinflussen die Sozialisation und Persönlichkeitsentwicklung des Menschen nicht nur im Hinblick auf sein musikbezogenes Verhalten, sondern auch im Hinblick auf sein allgemeines Wahrnehmen, Erleben, Fühlen, Denken und Handeln. Die gegenwärtige Wirklichkeit in der Bundesrepublik ist gekennzeichnet durch eine auffällige Diskrepanz zwischen dieser Bedeutung der Popularmusik und populärer Kulturgestaltung für Jugendliche und Erwachsene einerseits und dem Erziehungs-, Bildungs- und Kulturangebot andererseits" (zit. nach Deutscher Rockmusikerverband, 1990, 15).

Diese Situation gilt einmal mehr für den Jugendhilfebereich: Auch hier fehlt es an transparenten Förderwegen für Musikprojekte[18] und nicht zuletzt an speziellen oder „anzapfbaren" Haushaltspositionen für derlei Vorhaben. Dies trifft gleichermaßen für die Bundes-, Landes-, Kreis- und Kommunalförderung zu.

Im Folgenden soll versucht werden, einige Förderwege nachzuzeichnen, die insbesondere auf den Erfahrungen solcher „hessischer" KollegInnen beruhen, die bei der Geldsuche ein „Positiv" vermelden konnten. Wir hoffen, damit auch für andere — alte wie neue — Bundesländer eine gewisse Orientierung vermitteln zu können und warnen zugleich vor allzu großen Erwartungen an diesen Beitrag. „Es kommt letztlich immer auf den Einzelfall an", wie ein Amtsleiter einstmals anzumerken beliebte ....

Nehmen wir einmal an, der Sozialpädagoge — nennen wir ihn Klaus Unverzagt — stellt sich die Aufgabe, der Nachfrage seiner „Jugendzentrums-Kids" im Stadtteil Lichterloh gerecht zu werden und endlich „auch 'ne Band" mit ihnen zu „machen". Natürlich fängt Klaus bei Null an: Keine Instrumente, keine großartigen Honorarmittel für Musik-TeamerInnen, ein minimaler Anschaffungsetat, selbst nie Musiker gewesen oder musikalische Grundkenntnisse — "damals beim Klavierunterricht" — nachhaltig verdrängt usw.... Räume und Kids dagegen vorhanden....

Zur Verkürzung des Verfahrens lassen wir nun die zeit- und energieraubenden vorbereitenden Beschreitungen des „Dienstweges" außer acht und kommen gleich zur Sache (wir gehen einfach 'mal von einem sensiblen Dezernat und einer ebenso sensiblen Amtsleitung aus: *„Ja, ja, das waren schon Zeiten, damals mit den Beatles" / „Wir haben damals ja auch Musik gemacht, aber das waren Provisorien, sage ich Ihnen..." / „Ich bin Freund der Volksmusik, na warum nicht auch mal sowas..."*)[19]

Sozialpädagoge Unverzagt hat sich erste Vorstellungen gemacht: Kosten in einem Musikprojekt („Rock-Band") entstehen für das Equipment[20], für das Personal (Honorarkräfte oder Hauptamtliche), ggf. für die musikadäquate Ausstattung der jeweiligen Räumlichkeit, möglicherweise für Miete nebst Nebenkosten, für die „laufenden Betriebskosten" (Ergänzung des Instrumentariums, Reparaturen u.ä.), für größere und kleinere Veranstaltungen im Zusammenhang mit dem Projekt, möglicherweise auch für die Qualifikation/Fortbildung der TeamerInnen, für Fahrtkosten u.a.

Der angehende Musikpraktiker kann sich, nachdem innerhalb der Bürokratie die „Freigabe" erfolgt ist, für folgende Finanzierungswege bzw. -ebenen entscheiden und entsprechende Anträge vorbereiten:

— für den an die Kommune bzw. den Landkreis gerichteten Förderantrag,
— für die an das (Bundes-) Land gerichtete Antragsstellung,
— für ein Antragsverfahren zur Förderung aus Bundesmitteln,
— für das Unterstützungsgesuch gegenüber öffentlichen oder privaten Stiftungen und Modellprogrammen,
— für „Bettelbriefe" an lokale oder sonstige Privatpersonen („Sponsoring").

Die Entscheidung, welcher der erfolgversprechendste Weg ist, möchten wir Sozialpädagoge Klaus nicht abnehmen, es kommt, wie gesagt, „auf den Einzelfall" an....

Weniger uneindeutig ist dagegen die Erfahrung, daß „Ansprechpartner" in den öffentlichen Verwaltungen umso weniger inhaltlich „greifbar" werden, je mehr sie das soziale Geschehen aus einer Art Vogelperspektive erleben. Zunächst wird sich Pädagoge Unverzagt der „rechtlichen Grundlagen" seines Vorhabens vergewissern und als erstes einen Blick in die Jugendhilfegesetzgebung werfen, die im Folgenden kurz skizziert werden soll.

Rechtliche Grundlage für kulturpädagogische Ansätze im Praxisfeld Rockmusik

Rechtlich steht der Arbeit im Praxisfeld Rockmusik seitens des Jugendhilferechts nichts im Wege.

Für den Jugendhilfebereich stellt das Kinder- und Jugendhilfegesetz (KJHG) von 1990 die umfassende Rechtsgrundlage für Bund, Länder und Gemeinden dar. Das KJHG, seit 1.1.1991 in Kraft, wird in Ausführungsgesetzen der einzelnen Bundesländer spezifiziert, ist zunächst einmal als rechtlicher Orientierungsrahmen zu verstehen und nur z.T. als „Pflichtkatalog" mit zwingend zu erbringenden Leistungen der öffentlichen Hand.

Das KJHG betont das — grundsätzliche — Recht aller junger Menschen auf Förderung ihrer Entwicklung und auf „Erziehung zu einer eigenverantwortlichen und gemeinschaftsfähigen Persönlichkeit" (§ 1.1). U.a. soll — in unserem Zusammenhang von programmatischer Bedeutung — die Jugendhilfe zur Verwirklichung dieses Rechts

— „junge Menschen in ihrer individuellen und sozialen Entwicklung fördern und dazu beitragen, Benachteiligungen zu vermeiden oder abzubauen (§ 1.3, Satz 1)
— „dazu beitragen, positive Lebensbedingungen für junge Menschen und ihre Familien sowie eine kinder- und familienfreundliche Umwelt zu erhalten oder zu schaffen" (§ 1.3, Satz 4).

Die hier genannte Zielgruppe sog. „Junger Menschen" bezeichnet alle noch nicht 27jährigen (§ 7.1), wobei z.B. Angebote der „Jugendarbeit" auch über „27jährige" in angemessem Umfang einbeziehen können (§ 11.4).

Die Leistungs- und Aufgabenbereiche der Kinder- und Jugendhilfe sind in § 2 aufgeführt und erhalten — an erster Stelle genannt — u.a. „Angebote der Jugendarbeit, der Jugendsozialarbeit und des erzieherischen Kinder und Jugendschutzes" (§§ 11 bis 14).

Entsprechende Angebote können sowohl von „Trägern der Freien Jugendhilfe" wie von „Trägern der Öffentlichen Jugendhilfe" durchgeführt werden, wobei den „Freien" gemäß Subsidiaritätsprinzip ein Vorrang bei der Schaffung und Betreibung „geeigneter Einrichtungen, Dienste und Veranstaltungen" zugestanden wird (§ 4.2).

Aktivitäten freier Träger sollen darüber hinaus — zur Stärkung der verschiedenen „Formen der Selbsthilfe" — durch die öffentliche Jugendhilfe gefördert werden (§ 4.3). Die im KJHG aufgeführten „Leistungsverpflichtungen" richten sich dagegen an die Träger der öffentlichen Jugendhilfe (§ 3.2).

Für die Arbeit im Praxisfeld Rockmusik sind die Gesetzesausführungen zur „Jugendarbeit" von besonderer Bedeutung. Als Zielperspektive wird hierzu in § 11.1 zugrundegelegt:

„Jungen Menschen sind die zur Förderung ihrer Entwicklung erforderlichen Angebote der Jugendarbeit zur Verfügung zu stellen. Sie sollen an den Interessen junger Menschen anknüpfen und von ihnen mitbestimmt und mitgestaltet werden, sie zur Selbstbestimmung befähigen und zu gesellschaftlicher Mitverantwortung und zu sozialen Engagement anregen und hinführen".

Jugendarbeit kann nach dem Willen des Gesetzgebers von unterschiedlicher Seite angeboten werden: von Verbänden, Gruppen und Initiativen, von anderen Trägern der Jugendarbeit und den Trägern der öffentlichen Jugendhilfe (§ 11.2). Sie umfaßt, insgesamt betrachtet, „für Mitglieder bestimmte Angebote, die offene Jugendarbeit und gemeinwesenorientierte Angebote“ (§ 11.2).

Zu den Schwerpunkten der Jugendarbeit gehören — unter dem von uns gewählten Blickwickel ausgewählt — nach § 11.3 u.a.:

- außerschulische Jugendbildung mit allgemeiner, sozialer, gesundheitlicher, kultureller, naturkundlicher und technischer Bildung;
- innerdeutsche und internationale Jugendarbeit;
- arbeitswelt-, schul- und familienbezogene Jugendarbeit, die z.T. in § 13 („Jugendsozialarbeit“) näher geregelt und auf sozialpädagogische Hilfen angelegt ist.

Der „Gleichberechtigung von Mädchen und Jungen“ wird im neuen KJHG ein eigener Abschnitt gewidmet, der — als „Sind-zu-Bestimmung“ — fordert, — „die unterschiedlichen Lebenslagen von Mädchen und Jungen zu berücksichtigen, Benachteiligungen abzubauen und die Gleichberechtigung von Mädchen und Jungen zu fördern“ (§ 9, Satz 3).

Die „jeweiligen besonderen sozialen und kulturellen Bedürfnisse und Eigenarten junger Menschen und ihrer Familien“ sind in diesem Zusammenhang besonders zu berücksichtigen“ (§ 9, Satz 2).

Jugendarbeiter Unverzagt ist nun rechtlich vororientiert, weiß um die Bedeutung seines Rock-Projekts im Rahmen kultureller Jugendbildung und um die Beachtung entsprechender Zugangswege für Jungen und Mädchen.

Er wird sich sodann auf Kommunal- und Landesebene nach weiteren Gesetzen und Richtlinien umschauen und bei seiner Suche auf eine Reihe von Fördermöglichkeiten stoßen[21].

Auf Länderebene wurden — hier beziehen wir uns exemplarisch, wenn auch keineswegs länderübergreifend übertragbar auf das Land Hessen[22] — z.T. eigene Jugendgesetze erlassen. In Hessen ist hier zum einen das Hessische Jugendbildungsförderungsgesetz (JBFG)[23]zu nennen, das als Zielsetzungen nennt, „die Jugendlichen zu befähigen, ihre persönlichen und sozialen Lebensbedingungen selbst zu erkennen, ihre gesellschaftlichen Interessen durchzusetzen und die Demokratisierung in allen Bereichen zu verwirklichen“ (§ 1 Abs. 2). Den „Veranstaltern der außerschulischen Jugendbildung“ — Jugendbildungswerke bei Städten, Landkreisen, Jugendverbänden und landesweit tätigen anderen Freien Trägern — wird in diesem Zusammenhang die Aufgabe zugewiesen, „den Teilnehmern ihrer Veranstaltungen Möglichkeiten zur Emanzipation zu eröffnen und ihnen die Aneignung von Kenntnissen und Fähigkeiten für Arbeitswelt, Freizeit und gesellschaftliche Tätigkeit zu ermöglichen“ (§ 1 Abs. 2). Die Inhalte der außerschulischen Jugendbildung richten sich dabei „nach den Bedürfnissen der Jugendlichen“ (§ 1 Abs. 1).

D.h. in Hessen besteht, wie in einigen weiteren Bundesländern[24], die Möglichkeit, daß „Jugendbildungswerke“ ein- oder mehrtägige Seminare oder auch längerfristige Arbeitsgruppen anbieten, in denen, am Bedürfnis der Jugendlichen orientiert, z.B. zum Thema „Rockmusik“ gearbeitet wird[25].

Das „Hessische Gesetz über den Anspruch auf Bildungsurlaub" aus dem Jahre 1974 legt, auf Arbeitgeberseite lange heftig umstritten, den Anspruch jedes Arbeitnehmers und Auszubildenden auf einen jährlich fünftägigen bezahlten „Bildungsurlaub" fest. Dieser hat der politischen Bildung und / oder der beruflichen Weiterbildung zu dienen und soll die Teilnehmer „in die Lage versetzen, gesellschaftliche Zusammenhänge zu erkennen und.... zu befähigen, staatsbürgerliche Aufgaben zu erfüllen" (§ 1 Abs. 1-3). Die „berufliche Weiterbildung" soll dem Arbeitnehmer ermöglichen, seine berufliche Qualifikation und Allgemeinbildung zu erhalten, zu verbessern und zu erweitern und ihm zugleich die Kenntnis gesellschaftlicher Zusammenhänge vermitteln, damit er seinen Standort in Betrieb und Gesellschaft erkennt" (§ 1 Abs. 4). Bildungsurlaub wird von durch das Land anerkannten Bildungsträgern durchgeführt, die gegenüber dem Land berichtspflichtig sind.

Das Thema „Rockmusik" kann, auf Grundlage der oben skizzierten Zielsetzung, insofern im Rahmen entsprechender Veranstaltungen zum Inhalt von Bildungsurlaub werden und dabei nicht zuletzt den Ausgangspunkt für die Untersuchung gesellschaftlicher Zusammenhänge — Stichworte etwa: „Unterhaltungsindustrie", „Kultur" oder „Technologische Entwicklung" abgeben.

Die Förderung der Jugendarbeit ist in Hessen darüber hinaus durch die „Maßnahmenförderungsrichtlinien" des sog. „Hessenjugendplans" geregelt (1976), der z.B. eine Förderung im Mitarbeiter-Fortbildungsbereich, im Rahmen internationaler Jugendarbeit, bei Modellprojekten der Freizeitpädagogik und im Fall zu vergütender TeamerInnen vorsieht und auch die Anschaffung von „Material für die Jugendarbeit" finanziell erleichtert.

An die Mittelgewährung sind allerdings, dies gilt im übrigen für alle Jugendgesetze und -richtlinien, eine Reihe von Voraussetzungen gebunden, etwa Antragsfristen, Abrechnungsmodalitäten etc.

Für bestimmte Bereiche — etwa für die Arbeit in Sozialen Brennpunkten, mit Ausländern, Drogenabhängingen oder mit der Zielgruppe „Mädchen" — gelten auf Landesebene z.T. spezifische Förderrichtlinien für Personal- und Sachmittel, die Anschaffung von „Gegenständen" (Investivmittel) usw.

In Hessen werden darüber hinaus mit einer besonderen Förderkapazität solche „Jugendinitiativen" bedacht, „deren Ziel selbstbestimmte Jugendarbeit ist, die ihren Sitz im Bereich des Landes Hessen haben und keinem Jugendverband oder einer sonstigen Organisation angehören, außerdem seit mindestens einem Jahr bestehen" (Hessenjugendplan, 1976). Die örtlichen Jugendämter können über einzelne Bestimmungen i.d.R. nähere Auskünfte erteilen.

Die Städte und Gemeinden haben z.T. für Jugendhilfeangebote eigene Richtlinien erlassen, auf deren Grundlage örtliche Jugendgruppen, Jugendvereine und -verbände etc. Zuschüsse erhalten können, wenn bestimmte Voraussetzungen gegeben sind und ausreichende Haushaltsmittel zur Verfügung stehen.

So fördert etwa eine Mittelstadt[26] anerkannte Jugend-Initiativen bei der „Beschaffung, Erneuerung und Ergänzung von jugendpflegerischem Arbeitsmaterial", bei „Lehrgängen und Veranstaltungen mit musisch-kulturellem Inhalt", bei der Gestaltung von Jugend-Räumen, Fahrten im In- und Ausland und bei Maßnahmen zur MitarbeiterInnenfortbildung. Die Zuschüsse sind i.d.R. relativ geringe „Pro-TeilnehmerIn-Zuschüsse“ und werden nur ergänzend und auf rechtzeitigen Antrag gewährt. Die Koordination derartiger Förderanliegen übernimmt in aller Regel das zuständige Jugendamt.

Wohin sich wenden mit der „Rockmusik-Idee“ im Kopf... ?

„Vernetzt denken und pädagogische Zusammenhänge herstellen“, lautet die Devise...!

In seinem unmittelbaren Arbeitszusammenhang wird sich Sozialpädagoge Unverzagt zunächst an seinen „Träger“, d.h. an seine jeweilige Arbeitgeber-Institution wenden, um Finanzmittel für sein geplantes Rock-Projekt zu eruieren. Dies bedeutet im Falle des „öffentlichen Mitarbeiters“ die „Einhaltung des Dienstweges“.[27]

Ist die Rock-Idee „genehmigt“, wenn auch vermutlich mit dem Vermerk „sieh‘ mal zu, woher Du dafür Geld kriegst, wir haben jedenfalls keines....“, kann Kollege Unverzagt seine Nachforschungen zunächst „vor Ort“ beginnen:

1. Er fragt, sofern nicht ohnehin dort Mitarbeiter, bei dem zuständigen Jugendamt um Unterstützung an;
2. Er wird dort u.U. auf das vorhandene Jugendbildungswerk verwiesen oder auf das örtliche Jugendzentrum;
3. Möglicherweise existiert die Institution eines/r „Rockbeauftragten“, wie z.B. in Berlin, Frankfurt/M oder im ähnlich gelagerten Falle des Rockbüros Nordrhein-Westfalen;[28]
4. Der Weg zum städtischen Kulturamt kann unserem Pädagogen gleichfalls nicht erspart bleiben, möglicherweise wird hier bereits über „Popularmusik“ als Form kultureller Betätigung nachgedacht(?!);
5. U.U. lohnt der Gang zur Volkshochschule, die für ein entsprechendes Kursangebot offen sein könnte und z.B. das Teamerhonorar zu übernehmen bereit ist;
6. Falls an die Musikförderung von Mädchen gedacht ist, sollten ggf. vorhandene Mädchen- und Frauen-Fördereinrichtungen angefragt werden oder auch die u.U. vorhandene zuständige Frauenbeauftragte;
7. Vielleicht bieten — ganz im Verborgenen — andere Träger bereits seit langem Rockmusikangebote für Jugendliche an und sind an einer Kooperation oder an einem neuen Projekt interessiert; die Palette potentieller Interessenten reicht hier grundsätzlich von Jugendtreffs bis zu Erziehungsheimen etc;
8. Sofern eine Jugend-Musikschule existiert, wäre nachzufragen, inwiefern diese mit der ins Auge gefaßten Zielgruppe und dem geplanten Projekt-Konzept etwas anfangen und bei der Realisierung behilflich sein kann;
9. Kann ein Rock-Projekt ggf. im Rahmen der vielerorts stattfindenden örtlichen „Ferienspiel-Aktionen“ begonnen werden?

Auf Ebene der Bundesländer können Projektanträge grundsätzlich — wenn auch oft mit eher zweifelhaften Erfolgsaussichten — an folgende Ministerien oder Institutionen gerichtet werden:[29]

a) an das Kultusministerium und / oder das Ministerium für Bildung und Wissenschaft / Kunst;
b) an das Jugend- bzw. Sozialministerium, sofern es sich um einen eher sozialpädagogischen Projektzuschnitt handelt; Anfrage hier z.B. auch: Wer kann sog. „Lotto-Toto-Mittel" (Sportwettengesetz) erhalten?
c) an das „Frauenministerium", wenn es um Mädchen und Frauen gehen soll;
d) an das Wirtschaftsministerium, wenn das Projekt z.B. mit der Arbeitswelt in Verbindung steht;
e) an die Landeswohlfahrtsverbände / Landschaftsverbände / Landesjugendämter bei Projekten mit eher sozialpädagogischem Zuschnitt und entsprechenden Zielgruppen;
f) an Landes- (-Jugend-) Bildungsstätten und Fortbildungsinstitute, wenn, insbesondere im letzteren Falle, Mitarbeiter-Qualifikationen im Vordergrund stehen;
g) an den jeweiligen Landesmusikrat oder an eine vergleichbare Institution zur Musikförderung, über die u.U. weitere „Adressen" in Erfahrung gebracht werden können[30].

Auf Bundesebene sind Anträge insbesondere an die jeweils aktuellen Bundesjugendplan-Modellprogramme des „Jugendministeriums" (1992: Bundesministerium für Frauen und Jugend / BMFH) zu richten. Der Bundesjugendplan selbst existiert seit über 40 Jahren und ermöglicht freien Trägern die Förderung ihrer Projekte. Innerhalb des Förderschwerpunktes „Kulturelle Jugendbildung" werden z.B. eine Reihe jugendkultureller „VIPs" kontinuierlich gefördert, so etwa der Wettbewerb „Jugend musiziert" oder der „Deutsche Jugendfotopreis". Kulturellen „nobodys" dagegen wird der Einstieg nicht leicht gemacht, insbesondere, wenn hinter der guten Idee kein längerer Arm eines bundesweiten Spitzenverbandes der Wohlfahrtspflege steht, der Finanzkontingente des Bundes zur weiteren Verteilung erhalten hat[31].

Die im Bundesjugendplan verfolgte „Kulturelle Jugendbildung" soll im übrigen „jungen Menschen die Teilhabe am kulturellen Leben der Gesellschaft erschließen und zum differenzierten Umgang mit Kunst und Kultur befähigen".

Ggf. lohnt sich für potentielle Antragsteller auch der Blick in die weiteren Jugendplan-Förderschwerpunkte, wie „Politische Bildung", „Jugendsozialarbeit", „Mädchenarbeit" (seit 1991) oder „Internationale Jugendarbeit"![32]

Für bestimmte Zielgruppen und Aufgabenstellungen bieten z.T. — wenn auch oft „schwer zugänglich" — andere Bundesministerien Fördermöglichkeiten an, etwa das Innenministerium im Bereich der Aus- und Übersiedlerarbeit, das Arbeitsministerium oder das Ministerium für Bildung und Wissenschaft[33].

Im Falle geplanter internationaler Musikprojekte sollte zur weiteren Information der Internationale Jugendaustausch- und Besucherdienst der Bundesrepublik Deutschland e.V. (IJAB)[34] befragt werden, für deutsch-französische Jugendprojekte das Deutsch-Französische Jugendwerk[35].

Der Deutsche Musikrat[36] steht möglicherweise als — ergänzender — Finanzpartner für bestimmte (Konzert) Veranstaltungen zur Verfügung.

Die Bundesanstalt für Arbeit sei an dieser Stelle gleichfalls genannt, wenn es um „Kulturpädagogik" geht: Wie bereits im Einführungsteil des vorliegenden Bandes dargestellt, wird ein hoher Anteil von Kultur-Projekten notgedrungen mit zeitlich befristeten und oft nur unzureichend ausgestatteten „Arbeitsbeschaffungsmaßnahmen" (ABM) realisiert. Anträge sind an das örtlich zuständige Arbeitsamt zu richten, das i.d.R. auch beratend zur Seite steht.

Last not least im Jahr 1993: Jugendinitiativen können aus Mitteln der Europäischen Gemeinschaft (EG) die Förderung von Projekten beantragen, z.B. für die Schwerpunkte „Medien und neue Technologien", „Kontakt mit anderen Jugendinitiativen in Ländern der EG" oder „Förderung von benachteiligten Jugendlichen"[37]

Stiftungen, Fonds, Modellprogramme

Bei dem Wort „Stiftungen" fallen unserem zunehmend antragerprobten Jugendarbeiter Unverzagt zunächst die „Stiftung Deutsche Jugendmarke e.V." (Bonn), die „Robert Bosch Stiftung GmbH" in Stuttgart und die „Aktion Sorgenkind e.V." (Bonn) ein[38], dem einen oder der anderen möglicherweise auch Adressen wie „Freudenberg Stiftung GmbH", „Deutsches Kinderhilfswerk e.V." oder „Deutsche Bank Stiftung" usw.[39]. Der von uns für diesen Finanzierungs-Überblick herangezogene „Finanzierungsleitfaden"[40] spricht von mindestens 43 ähnlichen öffentlich-rechtlichen oder privaten Stiftungen. Die Leitfaden-Autoren ziehen indes eine eher pessimistisch stimmende Bilanz: „Grundsätzlich läßt sich sagen, daß die wenigsten Stiftungen eindeutig bejahen, daß sie Jugend- und Kulturprojekte fördern — auch wenn sie in Kurzbeschreibungen ihrer Stiftung dies angeben" (Birmes / Vermeulen, 1989, 103).

Allgemein gilt: Stiftungen bieten auf Grundlage ihrer satzungsgemäßen Zielsetzungen und der zur Verfügung stehenden Ertragsmasse die Möglichkeit, Anträge auf (Mit-) Förderung bestimmter Vorhaben zu stellen. Allgemein verfolgen derartige Stiftungen festgelegte, auch wechselnde Förderschwerpunkte, was Zielgruppen und Aufgabenbereiche anbelangt. Die Antragstellung erfolgt in der Regel auf anzufordernden Formularen. Ihr Erfolg hängt nicht unwesentlich von einer gelingenden „Lobbyarbeit" und den „Referenzen" des Antragstellers ab.

Der Bund unterhält eine Reihe von Kultur-Fonds und Förderprogrammen, in deren Rahmen auch freie Träger von der Bundesförderung profitieren können. Zu nennen sind für unser hier thematisiertes Anliegen „Rockmusik" in erster Linie das Programm „Bildung und Kultur"[41]. Der Fonds Soziokultur e.V.[42] fördert gleichfalls auch musikorientierte Kulturprojekte[43]. Anträge können im übrigen auch direkt an den Deutschen Musikrat (Bonn) gerichtet werden.

Sponsoring und andere Finanzierungswege

„Sponsoring" ist, wie Pädagoge Unverzagt weiß, eine Sache für sich, ein meist nur langfristig mögliches Unterfangen[44], das die „Sponsoren-Pflege" mit fundierter „Öffentlichkeitsarbeit", regelmäßigen Informationsschriften oder ähnlichen Kontakten voraussetzt und nur selten zu „kalkulierbaren" Einnahmen führt. Örtliche Firmen jedoch sind z.B. oft gerne bereit, im Rahmen einer „Festschrift", einer gutgemachten Broschüre o.ä. ihre Anzeige zu „schalten", sofern der Rahmen mit der jeweiligen Firma in Zusammenhang steht und eine gewisse Werbewirksamkeit verspricht.

Hier sind weniger Patentrezepte angesagt, als der Tip, sich im eigenen Arbeitszusammenhang die bisherigen „Geschäftspartner" zu vergegenwärtigen und diese wegen spezieller Vorhaben um eine „kleine Geld- oder Sachspende", ein Inserat usw. anzugehen. Der Handlungsspielraum für solche Aktionen muß sicherlich von jedem / jeder MitarbeiterIn im Einzelfall — auch dienstrechtlich! — abgewogen werden.

Unter „Sponsoring" fallen im Randbereich nicht zuletzt die „Spendenaufrufe für einen guten Zweck...". Besonderes Augenmerk sollte in diesem Zusammenhang auf Spenden gemeinnützig arbeitender Geldinstitute gerichtet werden, die einen Teil des erwirtschafteten Ertrags für „wohltätige", soziale und kulturelle Zwecke zur Verfügung stellen und damit Einrichtungen und Vereine etc. unterstützen, die i.d.R. dem unmittelbaren Geschäftsbereich zugehören.

Die in gerichtlichen Bußgeldverfahren verhängten Geldbeträge können kaum als „Sponsoring" bezeichnet werden, sind indessen für gemeinnützig anerkannte Einrichtungen potentielle Einnahmequellen. Die Entscheidung, welche Organisation in den Genuß einer solchen Einnahme kommt, obliegt dem einzelnen Richter / der einzelnen Richterin. Voraussetzung ist in jedem Falle die Eintragung der Organisation in die „Liste der Bußgeldempfänger". Über das Verfahren erteilen die Gerichte nähere Auskunft.

Da, wie gesagt, „Sponsoring" und „public relation" eng zusammenhängen, stellt eine kontinuierliche und „auf den Punkt" gebrachte effektive Öffentlichkeitsarbeit in Allgemein- und Fachpresse, Rundfunk und Fernsehen und in speziellen „hauseigenen" Info-Adreßsystemen eine wesentliche Voraussetzung für (meist eher langfristig) erfolgreiche Einnahmequellen dar.

Einen umfassenden und detaillierten Überblick über Adressen und Ansprechpartner innerhalb des Kultursektors bietet das zweijährig erscheinende „Presse-Taschenbuch Kultur und Kunst" (Kroll, 1990), geordnet nach Journalisten, Publikationen, kulturellen Zentren, Aus und Fortbildung, Behörden bei Bund, Ländern und Kommunen, Verbänden und Organisationen.

Für den engeren Musikbereich ist auf den regelmäßig fortgeschriebenen Musik-Almanach des Deutschen Musikrates (Deutscher Musikrat, 1989) hinzuweisen, außerdem auf das bereits genannte „Rockmusikerbuch" (Deutscher Rockmusikerverband, 1990).

Anmerkungen

1 „P.A.“ (= Public Adress) ist eine Kurzbezeichnung für größere Beschallungsanlagen, mit Hilfe derer in großen Sälen ein komplettes Ensemble verstärkt werden kann. In der Regel wird dann an einem im Saal befindlichen Mischpult der „Sound abgemischt“.

2 XLR-Steckverbindungen bezeichnen besonders robuste Steckverbinder, die sich schon seit einiger Zeit an Stelle der normalen Klinkenstecker im P.A.-Bereich durchgesetzt haben. Ihre dreipolige Ausführung ermöglicht die Abschirmung des übertragenen Signals gegenüber den Einstreuungen (Netzbrummen) von anderen Geräten. Solche technischen Details bis hin zum Erstellen einer Mehrspuraufnahme vermittelt anschaulich das Buch „Homerecording“ von BURSCH / KREUSGEN aus dem Voggenreiterverlag.

3 Mit Tremolosystemen wird die Saitenspannung verändert, wodurch der Ton während des Spiels nach oben oder unten verstimmt werden kann.

4 Vgl. den Beitrag von W. Hering: Rockmusik im Bildungsurlaub.

5 Vgl. auch den Beitrag von W. Hering zur Rockmusik im Bildungsurlaub.

6 Text / Idee: TeilnehmerInnen des Bildungsurlaubs „Technikentwicklung und Rationalisierung am Beispiel der Musikszene“ (Jugendbildungswerk des Kreises Groß-Gerau).

7 Der Autor ist seit einigen Jahren als Musikpädagoge bei der Rollenden Musikschule ROCKMOBIL tätig, die in Hessen regelmäßig knapp 30 „EinsteigerInnen“ -Bands in Jugendhäusern usw. betreut. Zu ‚Rockmobil‘ vgl. auch den Beitrag im vorliegenden Band.

8 Die Tabulaturschreibweise stellt die Fingerposition zwischen den Bünden am Gitarrenhals dar.

9 Die Angaben erfolgen so vollständig, wie dies im jeweiligen Falle möglich ist.

10 Vgl. etwa Kneif, 1979; ders. 1980; ders. 1980a

11 Vgl. dazu z.B. Spengler, Peter: Rockmusik und Jugend. Frankfurt / M. 1987 oder die Literaturangaben in Porcher / Ortmann, 1989.

12 Hier sind, neben verschiedenen „Empfehlungen“ diverser öffentlicher Institutionen zum Popularmusikbereich, auch Förderungseinrichtungen und Projekte im Popularmusikbereich aufgeführt. Adresse: Dt. Musikrat, Postfach 200462, 5300 Bonn 2

13 Gemeint sind hier nicht die verschiedenen Rockwettbewerbe für Amateure bzw. Semi-Professionals, wie sie z.B. durch den Dt. Rockmusikerverband oder durch den Norddeutschen Rundfunk veranstaltet werden, sondern Förderprogramme der öffentlichen Hand.

14 Vgl. auch die Ausschreibungen des Förderprogramms „Bildung und Kultur“.

15 Der Einsatz von Sequenzer-Programmen wird überall dort sinnvoll, wo es um Komposition und Arrangement von Musikstücken geht. Der Artikel richtet sich also an Fortgeschrittene bei der Gestaltung eigener Ideen, wofür der Computer ein ideales Hilfsmittel ist. Allerdings sollten ein solches Gerät und die entsprechenden Programme zur Verfügung stehen, da viele Beschreibungen im Text erst dann verständlich werden, wenn sie unmittelbar am Computer nachvollzogen werden können.

16 Der Sequenzer funktioniert im Prinzip wie ein Tonbandgerät, bei dem mehrere Spuren digital aufgezeichnet und abgespielt werden können.

17 Die Angaben erfolgen so vollständig, wie uns dies im jeweiligen Falle möglich ist.

18 Zur Rockförderung außerhalb des Jugendhilfebereichs vgl. etwa: Kulturpolitische Gesellschaft e.V.: Rock & Pop. Dokumentation 37, Hagen 1991; Dt. Rockmusikerverband / Ole Seelenmeyer: Rockmusikerbuch, Lüneburg 1990. Auf das defizitäre Verhältnis zwischen Kunst und Bürokratie weist am Beispiel der Musikschulen Reinhard Willer in seinem Beitrag hin: „Als wäre man ein Hofnarr bei den Kommunen. Oder: Kultur ist schön, nur kosten soll sie möglichst wenig / Der Streit zwischen Kunst und Verwaltung am Beispiel der Musikschulen.“ (Vgl. Willer, 1991, 14)

19 Es könnte sich bei Klaus Unverzagt ebenso um einen „öffentlichen“ wie bei einem „freien“ Träger angestellten Kollegen handeln. Die Zitate sind im übrigen durchaus im „O“ -Ton wiedergegeben!
20 Vgl. auch unser Kapitel „Equipment“
21 Die folgenden Informationen sind u.a. dem von Birmes / Vermeulen zusammengestellten „Finanzierungsleitfaden zur Jugend- und Kulturarbeit“ entnommen, der, unter dem Titel „Kursbuch Kulturförderung“ herausgegeben, eine gute Zusammenstellung für dieses Thema bietet und insbesondere am Beispiel der nordrhein-westfälischen Kulturförderung Finanzwege aufzeigt.
22 Für Nordrhein-Westfalen vgl. Birmes / Vermeulen, 1989 / 1991; darüber hinaus z.B. auch Deutscher Rockmusikerverband, 1990
23 Gesetz zur Förderung der außerschulischen Jugendbildung in der Fassung vom 5. Juni 1981, Wiesbaden 1981
24 Vgl. dazu die „Synopse ’91“ — Gesetze und Gesetzentwürfe zur Außerschulischen Jugendarbeit und Erwachsenenbildung, hg. v. Wannseeheim für Jugendarbeit, Hohenzollernstr. 14, 1000 Berlin 39, 1991
25 Vgl. auch den Beitrag zur „Bildungsarbeit“ im vorliegenden Praxishandbuch.
26 Gießen (Hessen)
27 Im Falle von Mitarbeitern „Freier Träger der Jugendhilfe“ (Wohlfahrtsverbände, Vereine u.ä.) dürfte gleichfalls ein gewisser „Dienstweg“, über Vorgesetzte, Vorstände oder die Abstimmung in der Kollegengruppe gelten.
28 Die seit einiger Zeit im Rahmen des Kulturdezernats tätige Frankfurter Rockbeauftragte etwa will mithelfen, Konzepte zur Jugendkulturarbeit zu verwirklichen, deren Schwerpunkt im Bereich Rockmusik liegen. In Nordrhein-Westfalen: Rockbüro NRW des Sekretariats für gemeinsame Kulturarbeit Nordrhein-Westfalen, Briller Str. 2, 5600 Wuppertal 1
29 Die genauen Bezeichnungen der hier nur als Ressorts aufgeführten Ministerien unterscheiden sich z.T. je nach Bundesland, auch was den jeweiligen Kompetenzbereich anbelangt.
30 In NRW z.B. die Landesarbeitsgemeinschaft kulturpädagogische Dienste Jugendkunstschulen NRW e.V., Luisenstr. 22, 4400 Unna. Informationen auch bei der Landesarbeitsgemeinschaft soziokulturelle Zentren NRW, Achtermannstr. 10-12, 4400 Münster und bei der Kulturpolitischen Gesellschaft, Hohenhof, Stirnband 10, 5800 Hagen, sowie bei der Bundesvereinigung Kulturelle Jugendbildung Projektbank Jugendkulturarbeit-, Küppelstein 34, 5630 Remscheid 1
31 Ratsam ist die Koordination der in‘s Auge gefaßten Projekte mit dem ggf. vorhandenen „Spitzenverband“, der möglicherweise über entsprechend einsetzbare Finanzkontingente aus Mitteln des Bundesjugendplans verfügt.
32 Information und Antragsformulare / Richtlinien: Bundesministerium für Frauen und Jugend, Kennedyallee 105-107, 5300 Bonn 2
33 Vgl. Kursbuch Kulturförderung, Birmes / Vermeulen, 1989 / 1991, S.82 ff.
34 IJAB e.V., Hochkreuzallee 20, 5300 Bonn 2, 0228 / 9506-0
35 Dt.-Französisches Jugendwerk, Postfach, 5300 Bonn 2
36 Dt. Musikrat, Postfach 200 462, 5300 Bonn 2
37 Information: DGV, Direktion f. Erziehung, Bildung und Jugendpolitik, DGV / C 1, 200 rue de la Loi, B-1049 Brüssel
38 Stiftung Deutsche Jugendmarke e.V., Kennedyallee 105-107, 5300 Bonn 2; Robert Bosch Stiftung GmbH, Postf. 100628, 7000 Stuttgart 1; Aktion Sorgenkind e.V., Franz-Lohe Str. 17, 5300 Bonn 1
39 Freudenberg Stiftung GmbH, Freudenbergstr. 2, 6940 Weinheim; Deutsches Kinderhilfswerk e.V., 8000 München; Deutsche Bank Stiftung, 6000 Frankfurt / M.

40 Vgl. Birmes / Vermeulen, 1989 / 1991

41 Information: Institut für Bildung und Kultur e.V., Küppelstein 34, 5630 Remscheid 1

42 Fonds Soziokultur e.V., Hohenhof, Stirnband 10, 5800 Hagen

43 Informationen dazu auch bei der Bundesvereinigung für kulturelle Jugendbildung e.V., Küppelstein 34, 5630 Remscheid und den entsprechenden Landesverbänden

44 Wir empfehlen zur vertiefenden Analyse dieser Materie einmal mehr Birmes / Vermeulen, 1989 / 1991, Kursbuch Kulturförderung, hier: S. 36 ff. und S. 120 ff. sowie die dort angegebene Spezial-Literatur

Literatur

Adorno, Theodor W.: Resümee über Kulturindustrie, in: Prokop 1974, S. 347ff.

Akademie Remscheid (Hrsg.): Kulturpädagogik in der offenen Jugendarbeit, Remscheid 1989

Alberts, Jürgen et al.: Segmente der Unterhaltungsindustrie, Frankfurt / M. 1974

Auerbach, Lore: Musik als Medium im Rahmen sozialpädagogischer Zielsetzung, in: Finkel, 1979, S 57ff.

Baacke, Dieter: An den Zauber glauben, der die Freiheit bringt — Pop- und Rockmusik und Jugendkulturen, Fünfzehn kondensierte Aussagen, in: Musikpädagogische Forschung, 1985, S 17ff.

Baacke, Dieter: Jugend und Jugendkulturen, Weinheim und München 1989

Bauer, Rudolf: Obdachlos in Marioth, Weinheim 1980

Bateson, Gregory: Ökologie des Geistes, Frankfurt / Main 1983

Bathel, Rainer / Fierlings, Sabrina: Laßt 1000 Steine rollen, in: Krauß et al., 1985, S. 85ff.

Beck, Ulrich: Risikogesellschaft — Auf dem Weg in eine andere Moderne, Frankfurt / Main 1986

Becker, H.J. et al.: Unterschiedliche Sozialräume von Jugendlichen in ihrer Bedeutung für sozialpädagogisches Handeln, in: Zeitschrift für Pädagogik 4 / 84, S. 499ff.

Berghaus, Wilfried / Kleem, Harald / Schnieders, Heinz-Wilhelm (Hrsg.): Musik in der offenen Jugendarbeit, Regensburg 1981

Bevollmächtigte der Hessischen Landesregierung für Frauenangelegenheiten (Hrsg.): Hessiche Mädchenstudie, Teile 1-3, Wiesbaden 1986

Binas, Susanne: Frauenphantasien / Männerphantasien, Populäre Musik als ein Medium geschlechtsspezifischer Sozialisationsformen, in: News 1 / 91 — Forschungszentrum populäre Musik, Berlin 1991

Birmes, Angela / Vermeulen, Peter: Kursbuch Kulturförderung, Finanzierungsleitfaden zur Jugend- und Kulturarbeit, herausgegeben vom Paritätischen Jugendwerk, Unna 1991 (1989)

Bödy, Veruschka / Weibel, Peter: Clip, Klapp, Bum, Von der visuellen Mimik zum Musikvideo, Köln 1987

Böhnisch, Lothar: Notizen zur Nachkriegsentwicklung der Jugendkulturarbeit in der Offenen Jugendarbeit, in: Stuttgarter Jugendhaus e.V. (Hrsg.), 1988, S. 40-43

Böhnisch, Lothar / Münchmeyer, Richard: Wozu Jugendarbeit? Orientierungen für Ausbildung, Fortbildung, Praxis, Weinheim und München 1987

Böhnisch, Lothar / Münchmeyer, Richard: Pädagogik des Jugendraumes, Zur Begründung und Praxis einer sozialräumlichen Jugendpädagogik, Weinheim und München 1990

Branik, Emil: Psychische Störungen und soziale Probleme von Kindern und Jugendlichen aus Spätaussiedlerfamilien, ein Beitrag zur Psychiatrie der Migration, Weinheim und Basel 1982

Brenner, Gert / Grubauer, Franz (Hrsg.): Typisch Mädchen? Typisch Junge? Persönlichkeitsentwicklung und Wandel der Geschlechtsrollen, Weinheim und München 1991

Burdon, Eric: Sex & Drugs & Rock'n Roll, in: Naumann / Penth 1979, S. 191ff.

Coblenzer, Horst / Muhar, Franz: Atem und Stimme, Wien 1976

Bundesarbeitsgemeinschaft der Landesjugendämter und überörtlichen Erziehungsbehörden (Hrsg.): Zur Zukunft der Offenen Jugendarbeit, Dokumentation der Fachtagung in Reinbek vom 7.-9. 1988, Hamburg 1989

Canacakis-Canas, Jorgos: Innovative Wege der Therapie — Mein therapeutischer Umgang mit Musik, in: Musikpädagogische Forschung Bd. 6, S. 59ff.

Clarke, John: Jugendkultur als Widerstand, Milieus — Rituale — Provokationen, Frankfurt / M. 1979

Deike, Joachim / Rausch, Burkhard: Stationen — Die Lebensstile der Rockepoche, Frankfurt / M. 1987
Deutscher Kulturrat (Hrsg.): Konzeption Kulturelle Bildung, Positionen und Empfehlungen, Bonn 1988
Deutscher Musikrat: Musik-Almanach, Musikleben in der Bundesrepublik Deutschland, Kassel und Regensburg 1989
Deutscher Rockmusikerverband / Ole Seelenmeyer: Rockmusikbuch, Lüneburg 1990
Deutscher Städtetag (Hrsg.): Hinweise zur Arbeit in Sozialen Brennpunkten, Bonn 1979
Deutscher Städtetag und Deutscher Landkreistag: Empfehlungen zur Musikschule, in: Deutscher Musikrat: Referate und Informationen Hamburg, 1986, S. 22-25
Deutscher Werkbund (Hrsg.): Schock & Schöpfung, Jugendästhetik im 20. Jahrhundert, Darmstadt und Neuwied 1986
DTV-Lexikon: Ein Konversationslexikon in 20 Bänden, München 1977.
Ebbecke, Klaus / Lüschper, Pit: Rockmusiker-Szene intern, Fakten und Anmerkungen zum Musikleben in einer industriellen Großstadt, Befragung Dortmunder Musiker, Witten 1987
Edwards, Betty: Der Künstler in Dir, Reinbek 1988
Erd / Hoß / Jacobi / Noller: Kritische Theorie und Kultur, Frankfurt / M. 1989
Faulstich, Werner: Zwischen Gitter und Punk, Rottenburg-Oberndorf 1986
Akademie Remscheid: Feministische Kulturpädagogik, Remscheider Arbeitshilfen u. Texte, Remscheid 1989
Ferchhoff, Wilfried: Jugendstile und Jugendmedien im Lichte des Strukturwandels der Jugendphase, in: Loccumer Protokolle / Dokumentation 39 der Kulturpolitschen Gesellschaft e.V., Hagen 1991, S. 143-165
Finkel, Klaus (Hrsg.): Handbuch Musik und Sozialpädagogik, Regensburg 1979
Flender, Reinhard / Rauhe, Hermann: Popmusik — Geschichte, Funktion, Wirkung und Ästhetik, Darmstadt 1989
Florstedt, Sylvia: Weibliche Kindheit und Adoleszenz und die Spannung zwischen den Geschlechtern, Seminarbericht des Bundes Deutscher Pfadfinder, o.O. 1988
Fluck, Walther: Populäre Kultur, Ein Studienbuch zur Funktionsbestimmung und Interpretation populärer Kultur, Stuttgart 1979
„Frauenforschung" am Institut für Sozialpädagogik an der TU Berlin (Hrsg.): Mittäterschaft und Entdeckungslust, Berlin 1989
Freire, Paulo: Pädagogik der Unterdrückten, Bildung als Praxis der Freiheit, Reinbek b. Hamburg 1973
Friedemann, L.: Trommeln, Tönen, Tanzen, Wien 1983
Frith, Simon: Jugendkultur und Rockmusik, Reinbek b. Hamburg 1981
Fuchs, Max: Kulturarbeit und offene Jugendarbeit, in: Jugend und Kultur 1, Remscheid 1989, S. 25-36
Gesetz zur Förderung der außerschulischen Jugendbildung in Hessen in der Fassung vom 5. Juni 1981, Wiesbaden 1981
Gesetz zur Neuordnung des Kinder- und Jugendhilferechts (Kinder- und Jugendhilfegesetz — KJHG) vom 26. Juni 1990 (BGBL 1990 I 1163), Bonn 1990
Geshwind, N.: Aufgabenteilung des Gehirns, in: Spektrum der Wissenschaft, Wahrnehmung u. visuelles System, Heidelberg 1986
Giesecke, Hermann: Das Ende der Erziehung, Stuttgart 1985
Giesecke, Hermann: Jugendarbeit als Kulturpädagogik, in: deutsche jugend, Heft 6 / 7, 1986, S297ff.
Glöckler, Uli: Die Arbeit der Musikwerkstatt Botnang, hrsg. v. Stuttgarter Jugendhausverein e.V., Stuttgart (Eigenvertrieb) 1990

Greverus, Ina-Maria: Kultur und Alltagswelt — eine Einführung in Fragen der Kulturanthropologie, München 1978
Hafeneger, Benno / Wittmeier, Manfred (Hrsg.): Lernen im Bildungsurlaub, Reinheim 1983
Hanusch, Rolf: Kulturelle Fragmente und Identität, in: deutsche jugend, Nr. 7-8, 1986, S. 315ff.
Harrer, Gerhart (Hrsg.): Grundlagen der Musiktherapie und Musikpsychologie, Stuttgart 1982
Harrer, Gerhart: Das „Musikerlebnis" im Griff naturwissenschaftlichen Experiments, in: Harrer, 1982, S. 3ff.
Harrer, Gerhart: Zur Bedeutung psychischer und somatischer Reaktionen beim Erleben von Musik, in: Rösing, 1991, S. 9ff.
Hartwig, Helmut: Jugendkultur, Ästhetische Praxis in der Pubertät, Reinbek b. Hamburg 1980
Heckmann, Wolfgang: Schafft gute Gründe, keine Drogen zu nehmen!, in: Krauß et al., 1985, S. 109ff.
Heimvolkshochschule Alte Molkerei Frille: Parteiliche Mädchenarbeit & antisexistische Jungenarbeit, Petershagen — Frille 1988 / 1989
Heister, Hanns-Werner: Die Musik-Box, Studien zur Ökonomie, Sozialpsychologie und Ästhetik eines musikalischen Massenmediums, in: Alberts, Jürgen et al.: Segmente der Unterhaltungsindustrie, Frankfurt / M. 1974, S. 11-65
Hering, Wolfgang / Widmer, Michel: Schlauer mit Rock-Power — Rockmusik in der Jugendbildungsarbeit, in: Sozial extra 12 / 86
Hessische Landesregierung: Hessische Jazzakademie eingerichtet, in: Hessen-Report Nr. 12 / Dez. 1990, S. 16
Hessisches Gesetz über den Anspruch von Bildungsurlaub vom 24. Juni 1974, Wiesbaden 1974
Hessenjugendplan — Maßnahmeförderungsrichtlinien, Abschnitt I,II Jugendarbeit der Jugendverbände, Erlaß des Hessischen Sozialministeriums vom 2.3.1976, Wiesbaden 1976.
Heuser, Jochen: „Hey, hey, hey, my Rock'n Roll will never die..." — Wie unendlich ist die Geschichte der Rockmusik?, in: ajs — informationen, Mitteilungsblatt der Aktion Jugendschutz, Nr. 4 / 25. Jahrgang, Stuttgart 1989
Hoffmeister, Klaus / Loh, Sabine / Pleiner, Günter / Stehn, Kay-Pieter: Die Siedlung am Rande der Stadt, Kap.: Die „Tune Up Band", Gießen (Eigenverlag) 1985
Hollstein, Walter: Männlichkeit als sozialpädagogisches Problem, in: Neue Praxis, Heft 3, 1991, S. 200-210
Hündgen, Gerald: Chasin' a dream — Die Musik des schwarzen Amerika von Soul bis Hip Hop, Köln 1989
Hüttenrauch, Oliver: Jimi Hendrix & Co., Rastatt 1989
Humann, Klaus / Reichert, Carl-Ludwig, (Hrsg.): Rock Session 4, Hamburg 1980
Humann, Klaus: Das Rowohlt Lesebuch der Rockmusik, Hamburg 1984
Hußing, Uli: Rockmusik und Identität, in: deutsche jugend 7 / 82, S. 311ff.
Inglehart, Robert: Kultureller Umbruch — Wertewandel in der westlichen Welt, Frankfurt / M. & New York 1989
Institut für Bildung und Kultur (Hrsg.): Kulturkontakte. Projektzeitung Nr. 2, Remscheid 1987
Jittler, Wolfgang: Wir stellen vor: Pädagogische Arbeit in einem Musikstudio, in: Unsere Jugend 6 / 91
Jogschies, Rainer: Rock & Pop als Lebensstil in der Bundesrepublik der 90er Jahre, in: Loccumer Protokolle / Dokumentation 39 der Kulturpolitischen Gesellschaft e.V., Loccum 1991, S. 166-174
Jogschies, Rainer, (Hrsg.): Rock & Pop '89 — Kritische Analysen, Dokumentation Nr. 37 der Kulturpolitischen Gesellschaft, Hagen 1991
Jordan, Erwin / Sengling, Dieter: Jugendhilfe, Einführung in Geschichte und Handlungsfelder, Organisationsformen und gesellschaftliche Problemlagen, Weinheim und München 1988

Landesarbeitsgemeinschaft Kulturpädagogische Dienste / Akademie Remscheid / Kulturpolitische Gesellschaft (Hrsg.): Jugend und Kultur 1, Kulturpädagogik in der offenen Jugendarbeit, Reader zur Fachtagung vom 1.-3. 89 in der Akademie Remscheid, Unna 1989
Kandel, Johannes: It's only Rock'n' Roll but we like it! — Überlegungen zur Behandlung von Rockmusik in der Erwachsenenbildung, Frankfurt / M. (Deutscher Volkshochschulverband) 1985
Kirchgässner, Hubert: Animation in Frankreich — Ist sie ein brauchbares Vorbild?, in: Stuttgarter Jugendhausverein (Hrsg.), 1988, S. 34-39
Klafki, Wolfgang: Didaktische Analyse als Kern der Unterrichtsvorbereitung,
in: Ders.: Studien zur Bildungstheorie und Didaktik, Weinheim 1963, S. 126-153
Klausmeier, Friedrich: Die Lust, sich musikalisch auszudrücken, Reinbek b. Hamburg, 1978
Klees, Renate / Marburger, Helga / Schumacher, Michaela: Mädchenarbeit, Weinheim und München 1989
Kneif, Tibor: Einführung in die Rockmusik, Wilhelmshafen 1979
Kneif, Tibor: Rock in den 70ern, Reinbek b.Hamburg 1980
Kneif, Tibor: Sachlexikon Rockmusik, Instrumente, Stile, Techniken, Industrie und Geschichte, Reinbek b. Hamburg 1980
Koch, Michael (Hrsg.): Jugendarbeit im Sozialen Brennpunkt, Info-Reader anläßlich des 8. Deutschen Jugendhilfetages 1988 in Saarbrücken, Offenbach (Eigenvertrieb) 1988a
Koch, Michael: Listen to the music, Bericht über die Rockmobil-Band „Akkordarbeiter" in Offenbach-Lohwald, in: Hessiche Jugend, Nr. 2 / 1988, S. 13-14
Kolland, Dorothea: Die Jugendmusikbewegung, Stuttgart 1979
Kossolapow, Line: Zusammenfassung der Arbeitsergebnisse des Forschungsprojektes „Aussiedlerjugendliche — Einschätzung fördernder Maßnahmen zur sozialen Integration deutscher aus dem Osten", in: Jugend, Beruf und Gesellschaft, Berichte und Informationen der BAG JAW, Sonderdruck 1986, S. 29ff.
Krauß, Günter M. / Steffan, Werner (Hrsg.): „...nichts mehr reindrücken!", Drogenarbeit, die nicht bevormundet, Weinheim 1985
Kroll, Jens M.: Presse-Taschenbuch Kultur & Kunst, Kroll-Verlag, Seefeld / Obb. 1990
Krüger, Helga: Mädchen in der Jugendhilfe, in: 6. Jugendbericht der Bundesregierung, Opladen 1985
La Motte-Haber, Helga: Handbuch der Musikpsychologie, Laaber 1985.
Landesarbeitsgemeinschaft zur Förderung der Popularmusik in der Kulturellen Jugendarbeit und Erwachsenbildung e.V. Hessen (LAG ROCK IN e.V. Hessen): Satzung, Wiesbaden 1987
Landeswohlfahrtsverband Württemberg-Hohenzollern / Landesjugendamt (Hrsg.): Mobile Jugendarbeit mit arbeitslosen Jugendlichen. Verlauf und Ergebnisse eines Förderprogramms 1979-1984, Stuttgart 1985
Loccumer Protokolle / Dokumention 39 der Kulturpolitschen Gesellschaft e.V.: Lebensstil und Gesellschaft — Gesellschaft der Lebensstile?, Neue kulturpolitsche Herausforderungen, Hagen / Loccum 1991
Leipold, Ulrike, u. a.: Ein liebes Männlein, ein trautes Heim, mag wohl das Schönste auf Erden sein, in: Broschüre „Mädchenarbeit der Jugendpflege und des Jugendbildungswerkes der Stadt Rüsselsheim", Rüsselsheim 1991
Lenz, Karl: Die vielen Gesichter der Jugend, Jugendliche Handlungstypen in biografischen Portraits, Frankfurt / M. 1988
Lohmer, Mathias: Stationäre Psychotherapie bei Borderlinepatienten, Berlin 1988
Lorenzer, Alfred: Sprache, Lebenspraxis und szenisches Verstehen in der Pschoanalytischen Therapie, in: Psyche 2, Stuttgart 1983
Luhmann, Niklas: Sozialisation und Erziehung, in: Rotthaus (Hrsg.) 1987, S. 77ff.

Lugert, Wolf-Dieter / Schütz, Volker (Hrsg.): Aspekte gegenwärtiger Musikpädagogik, Ein Fach im Umbruch, Stuttgart 1991
Lyng, Robert: Die Praxis im Musikbusiness, München 1990
Maase, Kaspar: Leben einzeln und frei wie ein Baum und brüderlich wie ein Wald...", Wandel der Arbeiterkultur und Zukunft der Lebensweise, Köln 1987
Mädchen in der Jugendhilfe — Beschluß der Konferenz der Jugendminister und -senatoren der Länder vom 19. Mai 1989, Köln 1989
Marcuse, Herbert: Über den affirmativen Charakter der Kultur, in: Marcuse, Herbert: Kultur und Gesellschaft 1, Frankfurt / M. 1975
Martens, Gitta: Mädchenkulturarbeit in der offenen Jugendarbeit, in: Akademie Remscheid, 1989, S. 169ff.
Martini, Ulrich: Musikinstrumente — erfinden, bauen, spielen, Stuttgart 1986
Mayrhofer, Hans / Zacharias, Wolfgang: Kommunale Netzwerke für Spiel und Kultur, Ein kulturpädagogisches Handlungskonzept, in: Stuttgarter Jugendhausverein (Hrsg.), 1988, S. 44-57
Meister, H. W. (1974): Die Musikbox — Studie zur Ökonomie, Sozialpsychologie, Ästhetik eines musikalischen Massenmediums, in: Alberts, 1974, S. 11-65
Metzger, Albrecht: Einer, der kein Rock'n' Roller ist, dreht sich um und geht, Berichte und Materialien von Amateur-Rock-Gruppen, in: ästhetik und kommunikation, Nr. 35 / 79, S. 11ff.
Müller, K. D.: Musik in der Sozialpädagogik — Arbeit mit verhaltensgestörten Kindern und Jugendlichen, in: Unsere Jugend, Nr. 7 / 88
Müller-Rolli, Sebastian (Hrsg.): Kulturpädagogik und Kulturarbeit, Grundlagen, Praxisfelder, Ausbildung, Weinheim und München 1988
Müller-Rolli, Sebastian: Kulturpädagogik heute, in: Müller-Rolli 1988, S. 11-32
Münchmeier, Richard: 40 Jahre Jugendhilfe, in: dji-Bulletin, Heft 13, hrsg. v. Deutschen Jugendinstitut e.V., München 1989
Nachtwey, Reiner: Kulturpädagogische Konzeptionen als möglicher Orientierungsrahmen für die offene Jugendarbeit, in: LAG Kulturpolitische Dienste (Hrsg.): Infodienst 7 / 88, S. 21-22
Nachtwey, Reiner: Kulturpädagogische Konzepte in der offenen Jugendarbeit, in: Akademie Remscheid (Hrsg.), Remscheid 1989, S. 69-94
Nacke, Winfried: Kebabträume in der Mauerstadt, in: Sozial Extra, Nr. 9 / 86
Naumann, Michael / Penth, Boris: Living in a Rock'n Roll Phantasy, Berlin 1979
Oelschlägel, Dieter: Gemeinwesenarbeit, Kulturarbeit, Heimat, Sieben Thesen, in: Kulturpolitische Gesellschaft e.V. (Hrsg.): Soziale Kulturarbeit und Kulturelle Sozialarbeit, Loccumer Protokolle 5 / 84, Loccum 1984
Orff, Carl et al.: Orff — Schulwerk Bd.I., London — Mainz 1950
Peinhardt, Ingrid / Sparschuh, Ute: Einblicke — Jugendkultur in Beispielen, Baden-Baden 1983
Perincioli, Christina / Rentmeister, Cilli: Auge & Ohr — Computer und Kreativität, Heft der Bildungsstätte „Wannseeheim für Jugendarbeit e.V.", Berlin 1990a
Perincioli, Christina / Rentmeister, Cilli: Computer und Kreativität, Köln 1990b
Planungsgruppe PETRA: Analyse von Leistungsfeldern in der Heimerziehung, Manuskript, Frankfurt / M. 1987
Pleiner, Günter: Musik „von unten", Rock auf Rädern, in: Sozialmagazin, Juni 1987, S. 22-25
Pleiner, Günter: Rockmobil — Die Rollende Musikschule für Jugendliche aus Sozialen Brennpunkten, in: Hessische Jugend, Nr. 2 / 1988, S. 11-13
Pleiner, Günter: Rockmobil, Die Rollende Musikschule, hrsg. von LAG Soziale Brennpunkte Hessen e.V. (Eigenvertrieb), Frankfurt / M. 1988b
Pleiner, Günter: Rockmobil — Die Rollende Musikschule, Mobile Bildungs- und Kulturarbeit mit benachteiligten Jugendlichen, in: DIAKONIE 11 / 12 / 1989, S. 336-340

Pleiner, Günter: Rockmobil, in: Porcher / Ortmann, 1989, S. 37-39
Pleiner, Günter: Das Rockmobil, in: SPD-Landtagsfraktion Rheinland-Pfalz (Hrsg.): „Abenteuer now!“ Mobiles soziokulturelles Projekt gegen Rechtsradikalismus, Mainz 1990
Pleiner, Günter: Kulturpädagogische Bildungsarbeit mit benachteiligten Jugendlichen, in: deutsche jugend 7-8 / 1991, S. 322-328
Porcher, Dietmar / Ortmann, Peter (Hrsg.): Musikwerkstätten — Zukunft der Szene?!, Dokumentation aus Anlaß einer Tagung vom 14.-16. Okt. 1988 in der Akademie Remscheid, Remscheid 1988
Preuss-Lausitz, Ulf et al.: Kriegskinder, Konsumkinder, Krisenkinder, Zur Sozialisationsgeschichte seit dem 2. Weltkrieg, Weinheim und Basel 1989
Prokop, Dieter, (Hrsg.): Massenkommunikationsforschung 1: Produktion, Frankfurt / M. 1974
Radde, Martin / Sander, Uwe / Vollbrecht, Ralf, (Hrsg.): Jugendzeit — Medienzeit, Weinheim und München 1988
Regionalzusammenschlüsse der selbstverwalteten Jugendzentren und Initiativen (Hrsg.): Zwischen Disco und Dis-dur — Musik im Jugendzentrum, München (AG SPAK) 1980 / 81
Rentmeister, Cillie: Frauenwelten — Männerwelten, Für eine neue kulturpolitische Bildung, Alltag und Biographie von Mädchen, Bd. 8., Opladen 1985
Richard, Jörg: Kulturarbeit machen, Regensburg 1984
Rizzi, Werner: Musik in der Offenen Jugendarbeit, in: Akademie Remscheid (Hrsg.), 1989, S. 163-168
Rösing, Helmut (Hrsg.): Musik als Droge?, Zu Theorie und Praxis bewußtseinsverändernder Wirkungen von Musik, Tagungsdokumentation des Arbeitskreises Studium populärer Musik e.V. (ASPM) vom März 1990, Villa Musica, Mainz 1991
Rohlfs, Eckhard: Handbuch der Musikberufe, Studium und Berufsbilder, Regensburg 1988
Rockbuch Bayern 91 / 92: Bezug über Rockbüro Süd, Hansastr. 39, 8000 München
Rotthaus, Wilhelm (Hrsg.): Erziehung und Therapie in systemischer Sicht, Dortmund 1987
Rotthaus, Wilhelm: Stationäre systemische Kinder- und Jugendpsychiatrie, Dortmund 1990
Sander, Wolfgang, (Hrsg.): Rockmusik — Aspekte zur Geschichte, Ästhetik, Produktion, Mainz 1977
Savier, Monika et al.: Licht- und Schattenseiten, Forschungspraxis Mädchenarbeit, München 1987
Savier, Monika / Wildt, C.: Mädchen zwischen Anpassung und Widerstand, München 1978
Schäfer, Brigitte: Praxis Kulturpädagogik — Entwicklungsstand und Perspektiven, Unna 1988
Scheding, Günter: Jugendzentrums-Blues, in: Frey, Jürgen: Das haben wir daraus gelernt — neue politische Musik zum Leben und Überleben, Reinbek b. Hamburg 1979
Schlapeit / Beck D. (Hrsg.): Mädchenträume, Hamburg 1987
Schnack, Dieter / Neutzling, Rainer: Kleine Helden in Not. Jungen auf der Suche nach Männlichkeit, Reinbek b. Hamburg 1990
Schnieders, Heinz-Wilhelm: Musik in der offenen Jugendarbeit, in: Finkel, 1979, S. 109-122
Schober, Ingeborg,: Maskulin / Feminin — Ein Gefühlsausbruch Anfang der 80er Jahre, in: Humanns, et al. 1980
Schriever, E.: Kulturarbeit als Perspektive, Lernen zwischen Sinn und Sinnlichkeit, zit. nach: Mayrhofer / Zacharias, 1988, S. 44f.
Schütz, Volker: Rockmusik — eine Herausforderung für Schüler und Lehrer, Oldenburg 1982
Schütz, Volker: Ganzheitliche Erfahrung durch Rock- und Popmusik, in: Zeitschrift für Musikpädagogik, Nr. 45 / Mai 1988, S. 9-17
Seidel, Almut: Soziale Kulturarbeit am Beispiel Musik, Regensburg 1980
Shapiro, Harry: Drugs & Rock‘n Roll, London und New York 1988
Sielert, Uwe: Jungenarbeit, Praxishandbuch für die Jugendarbeit, Teil 2, Weinheim und München 1989

Spengler, Peter: Rockmusik und Jugend, Bedeutung und Funktion einer Musikkultur für die Identitätssuche im Jugendalter, Frankfurt / M. 1985

Spintge, Ralf: Die therapeutisch funktionalen Wirkungen von Musik aus medizinischer und neurophysiologischer Sicht, in: Rösing, 1991, S 13ff.

Stark, Jürgen / Kurzawa, Michael: Der große Schwindel, Punk — New Wave — Neue Welle, Frankfurt / M. 1981

Stroh, Wolfgang Martin: Leben ja!, Zur Psychologie musikalischer Tätigkeit, Musik in Kellern, auf Plätzen und vor Natodraht, Stuttgart 1984

Stroh, Wolfgang Martin: Außerschulische Musikerziehung, in: Müller-Rolli, 1988, S. 141-157

Stuttgarter Jugendhausverein (Hrsg.): Tagungsdokumentation „Jugendarbeit und Kulturarbeit" — Werkstatt & Kultur, Stuttgart 1988 (Eigenvertrieb)

Synopse '91 — Gesetze und Gesetzentwürfe zur Außerschulischen Erwachsenenbildung, hrsg. v. Wannseeheim für Jugendarbeit, Berlin 1991

Täschner, Karl Ludwig: Therapie bei Abhängigkeit von Rauschdrogen, in: Deutsches Ärzteblatt 23, 6 / 88

Terry, Keith: Body Music, in: Percussive Notes (Presseorgan der U.S.Percussive Arts Society), Volume 23, No. 1 / 1984

Thiessen, Rudi: It's only Rock'n' Roll but I like it, Berlin 1981

Thole, Werner / Krombach, Uwe: Stand und Perspektiven offener Jugendarbeit, in: Jugend und Kultur 1, 1989, S. 109-116

Treptow, Rainer: Kulturelles Mandat, Soziale Kulturarbeit und Kulturelle Sozialarbeit, in: Müller-Rolli (Hrsg.), 1988, S. 81-103

Treptow, Rainer: Jugendarbeit und Kulturarbeit, in: Bundesarbeitsgemeinschaft der Landesjugendämter und überörtlichen Erziehungsbehörden, Zur Zukunft der offenen Jugendarbeit, Dokumentation der Fachtagung in Reinbek vom 7.-9. September 1988, Köln 1989a

Treptow, Rainer: Das Kulturelle in der Sozialarbeit, in: Kulturpolitische Mitteilungen, Zeitschrift der Kulturpolitischen Gesellschaft, Hagen, Nr. 45, Heft II / 1989b

Vollbrecht, Ralf: Rock & Pop, Versuche der Wiederverzauberung von Welt, in: Radde et al., 1988, S. 72ff.

Vouillème, Helmut: Die Faszination der Rockmusik, Überlegungen aus bildungstheoretischer Sicht, Opladen 1987

Wahl, Christian: Die „Rollenden Steine" von Hamburg, in: Sozialmagazin 6 / 87, S. 27ff.

Weiß, Wolfgang: Musik ist mehr als nur Musik, in: Landeszentrale für politische Bildung Baden-Württemberg, (Hrsg.): Jugend — Jugendprobleme — Jugendprotest, Stuttgart 1982, S. 84ff.

Wicke, Peter: Popmusik als Medium für die Konstituierung von Lebenstil, in: Loccumer Protokolle 1991, S. 175-188

Widmer, Michel: Keep on Rockin', in: Sozial Extra, Nr. 9 / 1985

Widmer, Michel: Rock'In — Initiative zur Förderung der sozio-kulturellen Arbeit mit Rockmusik, in: Hessische Jugend, Nr. 2 / 1988, S. 5-7

Wiesner, Reinhard / Zarbock, Walter H.V. (Hrsg.): Das neue Kinder- und Jugendhilfegesetz (KJHG) und seine Umsetzung in der Praxis, Köln / Berlin / Bonn / München 1991

Willer, Reinhard: Als wär man ein Hofnarr bei den Kommunen, oder: Kultur ist schön, nur kosten soll sie möglichst wenig, Der Streit zwischen Kunst und Verwaltung am Beispiel der Musikschulen, in: Frankfurter Rundschau v. 13.04.1991, S. 14 und: Verband Deutscher Musikschulen (Hrsg.) Neue Musikzeitung, Regensburg April / Mai 1991

Willis, Paul, 1981: Profane Culture — Rocker, Hippies: Subversive Stile der Jugendkultur, Frankfurt / M. 1981

Witte, Wolfgang: Populäre Kultur in der Jugendbildungsarbeit, in: Naumann et al., 1979, S. 268ff.

Witte, Wolfgang et al.: Pop-Musik und Mode in der Jugendarbeit, in: Sozial Extra Nr 7-8 / 1986
Zimmer, Jochen: Popmusik — Zur Theorie und Sozialgeschichte, Dortmund 1973
Zimmermann, Peter: Aufwachsen mit Rockmusik, in: Preuss-Lausitz, 1989, S. 107ff.

Die dargestellten Musikprojekte (Adressen)

1. Arbeitskreis Open Flair e.V., Alter Bahnhof, 3440 Eschwege
2. Ausbildungsverbund Metall GmbH (AVM), Bernhard-Adelung-Str. 42, 6090 Rüsselsheim, Tel.: 06142-63071
3. Bergische Diakonie Aprath / Heilpädagogische Gruppe „Buche", Otto-Ohl-Weg 10, 5603 Wülfrath, Tel.: 0202-7291304
4. Haus der Jugend Hamburg-Eidelstedt, Stadt Hamburg, Postfach
5. Hessisches Diakoniezentrum Hephata, Hermann-Schuchard-Schule, 3578 Schwalmstadt-Treysa, Tel.: 06691-18136
6. Jugendgemeinschaftswerk / Internationaler Bund für Sozialarbeit, Königstr. 153, 4150 Krefeld, Tel.: 02151-801677
7. Landesarbeitsgemeinschaft zur Förderung der Popularmusik in der kulturellen Jugendarbeit und Erwachsenenbildung e.V. Hessen, c/o LAG Hessen e.V., Moselstr. 25, 6000 Frankfurt / M. 1, Tel.: 069-250038
8. Marie-Juchacz-Heim, Masloh 1, 3546 Vöhl, Tel.: 05635-259
9. Musikwerkstatt Botnang, Stuttgarter Jugendhausverein e.V., Paulinerstr. 47, 7000 Stuttgart 1, Tel.: 0711-624451
10. Rockbüro Süd / Feierwerk e.V., Hansastr.39, 8000 München 70, Tel.: 089-7698090
11. Rockmobil — Rollende Musikschule Frankfurt / M.-Gießen-Kassel / Landesarbeitsgemeinschaft Soziale Brennpunkte Hessen e.V. (LAG), Moselstr. 25, 6000 Frankfurt / M. 1, Tel.: 069-250038
12. Verein Jugendberatung und Jugendhilfe e.V., Therapeutische Nachsorge-Wohngemeinschaft „Eschenbachhaus", Eschenbachstr. 29, 6000 Frankfurt / M. 70, Tel.: 069-6313020
13. Verein Jugendberatung und Jugendhilfe e.V., Drogenberatungsstelle Hofheim, Hattersheimerstr. 5, 6238 Hofheim, Tel.: 06192-7062
14. Wiesbadener Jugendwerkstatt GmbH, Hasengartenstr. 10-12, 6200 Wiesbaden, Tel.: 0611-79070

Nützliche Adressen (Auswahl)

A) Rockmusikprojekte / -förderung

1. Amt für Jugendarbeit / Ev. Kirche Berlin-Tiergarten, Wickelstr. 32, 1000 Berlin 21, Tel.: 030-3962613, (PA-Verleih und Musikarbeit)
2. Arbeit und Leben / Landesverband Hessen, Königsteiner Str. 29, 6370 Oberursel, Tel.: 06171-57622, (Bildungsurlaube zum Thema „Rockmusik")
3. Arbeitskreis Open Flair e.V., Alter Bahnhof, 3440 Eschwege (Musik- und Kleinkunst-Veranstalter)
4. Auftakt e.V., Alfred-Bozi-Str. 10, 4800 Bielefeld, Tel.: 0521-65252
5. Ausbildungsverbund Metall GmbH (AVM), Bernhard-Adelung-Str. 42, 6090 Rüsselsheim, Tel.: 06142-63071
6. Band Club Hannover e.V., c / o Rockbüro Hannover, Kornstr. 37, 3000 Hannover, Tel.: 0511-7011050
7. Brandenburg Musikbüro, Rockmusikverband Land-Brandenburg, Clubhaus „Philipp Müller", Steinstr. 42 / Werderstr. 8, O-1800 Brandenburg, Tel.: 0037-38-24357
8. Bergische Diakonie Aprath / Heilpädagogische Gruppe „Buche", Otto-Ohl-Weg 10, 5603 Wülfrath, Tel.: 0202-7291304
9. Con-Takt / Musikinitiative Lippe e.V., Folkmar Müller, August-Funke-Str. 12, 4902 Bad Salzuflen 5
10. Cumulus-Jugendinformation Stuttgart, Hohe Str. 9, 7000 Stuttgart 1, Tel.: 0711-294430, (Musik-Vernetzung)
11. „Die Kulturwerkstatt", Museumstr. 7, 7410 Reutlingen, Tel.:07121-320335, (Popularmusik-Netz Bielefeld / Kooperation Kulturamt; Fortbildung)
12. „Die Rockwerkstatt" ein Projekt des Senates für Bildung, Wissenschaft und Kunst der Freien Hansestadt Bremen, Katharinenstr. 12-14, 2800 Bremen
13. Ev. Regionalverband, Kurt-Schuhmacher-Str.23, 6000 Frankfurt / M., Tel.: 069-21651, (Workshops; Kinder-Rockmusik)
14. „Haste Töne?" Mädchen + Rockmusik, c / o Birgit Neugebauer, Ringelbachstr. 221, 7410 Reutlingen, Tel.: 07121-22148
15. Haus der Jugend Hamburg-Eidelstedt, Stadt Hamburg, Postfach
16. Hessisches Diakoniezentrum Hephata, Hermann-Schuchard-Schule, 3578 Schwalmstadt-Treysa, Tel.: 06691-18136
17. JUBEZ, Am Kronplatz 1, 7500 Karlsruhe, Tel.: 0721-1334021
18. Jugendgemeinschaftswerk / Internationaler Bund für Sozialarbeit, Königstr. 153, 4150 Krefeld, Tel.: 02151-801677
19. Jugendkunstschule Grevenbroich, Schloßstr. / „Alte Feuerwache", 4048 Grevenbroich , Tel.: 02181 / 608377

20. Kommunen mit Rockprojekten (Auswahl):
   a) Stadt Dortmund, Kulturamt, Südwall 2-4, 4600 Dortmund
   b) Stadt Freiburg, Sozial- u. Jugendamt, Kaiser-Joseph-Str. 143, 7800 Freiburg
   c) Stadt Göttingen, Kulturamt, Postf. 3831, 3400 Göttingen
   d) Stadt Hildesheim, Jugendamt, Schuhstr. 46, 3200 Hildesheim
   e) Stadt Karlsruhe, Kulturreferat, Rathaus, 7500 Karlsruhe
   f) Stadt Koblenz, Kulturamt, Postf. 2080, 5400 Koblenz
   g) Stadt Moers, Jugendamt, Unterwall Str. 9, 4130 Moers
   h) Stadt Nürnberg, Jugendamt, Marientorgraben 11, 8500 Nürnberg
   i) Stadt Solingen, Kulturamt, Postf. 100165, 5650 Solingen
21. Kreuzberger Musikalische Aktion e.V., Waldemarstr. 37, 1000 Berlin 36, Tel.: 030-657326, (Sozial-Kulturelle Bildung im Kinder- und Jugendbereich; Musik, Theater, Tonstudio, Produktionen)
22. Kulturamt Aachen, Stadt Aachen, Kulturamt, 5100 Aachen, Tel.: 0241-4324110
23. LAG Rock IN e.V. Hessen — Landesarbeitsgemeinschaft zur Förderung der Popularmusik in der Kulturellen Jugendarbeit und Erwachsenenbildung e.V., c / o LAG Hessen e.V., Moselstr. 25, 6000 Frankfurt / M. 1, Tel.: 069-250038, (Kontakte, Praxisberatung, Fortbildung)
24. Landesarbeitsgemeinschaft Rock / Niedersachsen, Kornstr. 37, 3000 Hannover 1, Tel.: 0511-7011050
25. LARI e.V., Bromberger Str. 31, 7120 Bietigheim-Bissingen, Tel.: 07142-63849
26. „Laßt 1000 Steine rollen…“, Spohrstr. 1, 2000 Hamburg, Tel.: 040 / 2791127, (Band-Förderung, Drogenarbeit / „Rock statt Drogen“)
27. Löwenhertz / Stadt Braunschweig-Jugendamt, Postfach, 3300 Braunschweig, (Musikförderung, Studioangebote)
28. Marie-Juchaz-Heim, Masloh 1, 3546 Vöhl, Tel.: 05635-259
29. Mobiler Musiktreff e.V., An der Höh 5, 5912 Hilchenbach, Tel.: 02733-60184
30. Musikertreff „Auf dem Stennert e.V.“, Auf dem Stennert 10, 4690 Herne, Tel.: 02323-63134
31. Musik im JUZ MARK, Neutorstr. 16, A-5020 Salzburg, (Workshops, Proberäume, Seminare, Musikflohmarkt)
32. Musikinitiative Feedback Bünde, ZAK Bünde, Auf'm Rott 8, 4980 Bünde, Tel.: 05733-7039
33. Musikinitiative Moers, Südring 2a, 4130 Moers 1, Tel.: 02151-408171
34. Musikinitiative Rock e.V. Stuttgart, Gutenbergstr. 54B, 7000 Stuttgart, Tel.: 0711-616353
35. Musikkooperative Auftakt e.V., Alfred-Bozi-Str. 10, 4800 Bielefeld, Tel.: 0521-65252, (Popularmusik-Netz Bielefeld / Kooperation Kulturamt; Fortbildung)
36. Musik-Szene e.V., Schönhauser Allee 36-39, O-1058 Berlin, Tel.: 0037-2-4409209
37. Musikwerkstatt Botnang, Stuttgarter Jugendhausverein e.V., Paulinerstr. 47, 7000 Stuttgart 1, Tel.: 0711-624451
38. Musikzentrale e.V., Kernstr. 32, 8500 Nürnberg, (Popularmusikförderung auf vielen Ebenen)
39. Out-O-Space, Rote Str. 16, 3400 Göttingen, Tel.: 0511-485811
40. Osnabrücker Musikerinitiative, Rheiner Landstr. 16, 4500 Osnabrück, Tel.: 0541-431370
41. Rock AG Langenfeld, Rockbüro Fröbelstr., Postfach 1350, 4018 Langenfeld / Rhld., Tel.: 02173-76655
42. Rockbeauftragte der Stadt Frankfurt am Main / Stadt Frankfurt / M. — Kulturamt —, Postfach, 6000 Frankfurt / M., Tel.: 069-21201, (Kommunale Rockbeauftragte)
43. Rockbeauftragter des Senators für kulturelle Angelegenheiten, Europacenter, 1000 Berlin 30; Tauentzienstr. 9, Tel.: 030-21233278

44. Rockbüro Hamburg e.V., Holzmühlenstr. 88, 2000 Hamburg 70
45. Rockbüro Hannover, Kornstr. 37, 3000 Hannover 1, Tel.: 0511-7011050, (Rock-Förderung)
46. Rockbüro Leipzig, Haus Leipzig, Elsterstr. 22-24, O-7010 Leipzig, Tel.: 0037-41-209655
47. Rockbüro M'Gladbach, Carsten Kremer, Michael Nilgen, Manfred Grasse, Günter Rautenberg, Sophienstr. 21, 4050 Mönchengladbach, Tel.: 02161-45990
48. Rockbüro NRW des Sekretariats für gemeinsame Kulturarbeit Nordrhein-Westfalen, Briller Str. 2, 5600 Wuppertal, Tel.: 0202-5632305
49. Rockbüro Saarbrücken, Johannisstr. 13, 6600 Saarbrücken, Tel.: 0681-9051400
50. Rockbüro Süd / Feierwerk e.V., Hansastr.39, 8000 München 70, Tel.: 089-7698090
51. RockCity-Hamburg, Kleine Freiheit 1, 2000 Hamburg 50, Tel.: 040-3196060
52. Rock-Haus, Schallmoser Hauptstr., A-5020 Salzburg, (Probe- und Raum- Zentrum für Salzburgs RockmusikerInnen)
53. Rockinitiative Nordfriesland e.V., Süderweg 33, 2251 Drelsdorf
54. Rockmobil — Rollende Musikschule Frankfurt / M.-Gießen-Kassel / Landesarbeitsgemeinschaft Soziale Brennpunkte Hessen e.V. (LAG), Moselstr. 25, 6000 Frankfurt / M. 1, Tel.: 069-250038
55. Rockprojekt Solingen, Katja Vogler, Herscheider Str. 77, 5650 Solingen 1
56. Verein Bonner Rockmusiker, Moltkestr. 41, 5300 Bonn 2, Tel.: 0228-362082
57. Verein Jugendberatung und Jugendhilfe e.V., Therapeutische Nachsorge-Wohngemeinschaft „Eschenbachhaus", Eschenbachstr. 29, 6000 Frankfurt / M. 70, Tel.: 069-6313020
58. Verein Jugendberatung und Jugendhilfe e.V., Drogenberatungsstelle Hofheim, Hattersheimerstr. 5, 6238 Hofheim, Tel.: 06192-7062
59. „Waggong" — Gesellschaft zum Transport von Jugendkultur, Germaniastr. 89, 6000 Frankfurt / M., Tel.: 069-466202
60. „Weiße Rose" / Haus der Jugend Schöneberg, Martin-Luther-Str. 77, 1000 Berlin 62, (Jugend-Musiklabor)
61. Wilhelmshavener Musikinitiative, Parkstr. 2, 2940 Wilhelmshaven, Tel.: 04421-44149
62. Wiesbadener Jugendwerkstatt GmbH, Hasengartenstr. 10-12, 6200 Wiesbaden, Tel.: 0611-79070

B) Institutionen und Organisationen

1. Akademie Remscheid, Küppelstein 34, 5630 Remscheid 1, Tel.: 02191-794219, (Fortbildung Popularmusik u.a., Fachtagungen)
2. Arbeitsgemeinschaft zur Talentförderung in der Populärmusik und Unterhaltung, Rosenheimer Str. 11, 8000 München 80, Tel.: 089-4800300
3. Arbeitskreis für Rock und Pop in der Musikschule (ARPS), Bilker Str. 11, 4000 Düsseldorf 1
4. Arbeitskreis Studium populärer Musik e.V. (ASPM), Ahornweg 154, 2083 Holstenbek
5. Archiv für Populäre Musik, Ostertorsteinweg 3, 2800 Bremen, Tel.: 0421-78587
6. Bundesverband der Jugendkunstschulen und Kulturpädagogischen Einrichtungen e.V. (BJKE), Luisenstr. 22, 4750 Unna; Landesgeschäftsstellen, (Förderung kultureller Bildung von Kindern, Jugendlichen und Eltern)
7. Berufsverband der Musiktherapeuten Deutschlands e.V. (BMO), Waldhüterpfand 38, 1000 Berlin 37
8. Bundesvereinigung Kulturelle Jugendbildung e.V. (BKJ), Küppelstein 34, 5630 Remscheid; Landesvereinigungen, (Förderung kultureller Jugendbildung)
9. Deutsche Gesellschaft für Musiktherapie e.V., Ziegelhäuser Landstr. 1, 6900 Heidelberg, Tel.: 06221-470450

10. Deutsche Phono-Akademie e.V., Heimhuder Str. 8, 2000 Hamburg 13, Tel.: 040-4101066
11. Deutscher Musikrat, Am Michaelishof 4a, 5300 Bonn 2, (Empfehlungen zur Popularmusik; Landesmusikräte), Tel.: 0228-364085
12. Deutscher Rockmusikerverband e.V., Kolbergstr. 30, 2120 Lüneburg, Tel.: 04131-38182, (Amateur- und Profiverband, Wettbewerbe / Bundesrockfestival, Infos)
13. Deutsches Musikarchiv, Gärtnerstr. 25 / 32, 1000 Berlin 45, Tel.: 030-7716026
14. Förderkreis Unterhaltungsmusik e.V. (FKU), Ringstr. 4, 4223 Voerde
15. Fonds Soziokultur e.V., Stirnband 10, 5800 Hagen 1, (Förderung kultureller Praxis)
16. Friedrich-Ebert-Stiftung, Postfach, 5300 Bonn, (Fortbildung / Tagungen, u.a. Musik)
17. Gesellschaft für musikalische Aufführungs- und mechanische Vervielfältigungsrechte GEMA, Bayreutherstr. 37-38, 1000 Berlin 30, Tel.: 030-21041
18. „hörfest" / Norddeutscher Rundfunk, Rothenbaumchaussee 132-134, 2000 Hamburg 13, Tel.: 040-4131, (Nachwuchsförderung Popularmusik)
19. IG Medien, Fischers Allee 72, 2000 Hamburg 50, Tel.: 040-397193
20. IG Medien / Berufsgruppe Jazz, Rock, Pop, Postfach 102451, 7000 Stuttgart 10
21. INPOP / Institut für PopKultur, Postfach 201414, 5600 Wuppertal, Tel.: 0202-785023, (PopKomm-Musikmesse)
22. Institut für Bildung und Kultur e.V., Küppelstein 34, 5630 Remscheid 1, Tel.: 02191-794296 / 297, (Kulturförderung)
23. Institut für Didaktik populärer Musik, Hauptstr. 34, 2095 Oldershausen
24. Institut für musikalische Bildung, (Fortbildungsinfo „ROCK / JAZZ" in der BRD)
25. Institut für musikalische Bildung, Schlüterstr. 14, 2000 Hamburg 13, (Rock-Jazz-Informationen)
26. Internationaler Arbeitskreis Frau und Musik e.V., Frobenstr. 6, 4000 Düsseldorf, Tel.: 0211-627821
27. Internationale Gesellschaft für musikpädagogische Fortbildung e.V. (IGMF), Postf. 1443, 5920 Bad Berleburg, (praxisorientierte Fortbildung)
28. Kulturamt Bochum, Stadt Bochum, 4630 Bochum 1, Tel.: 0234-9103945
29. Kulturpolitische Gesellschaft e.V., Stirnband 8-10, 5800 Hagen, Tel.: 02331-586553, (Modellförderung, konzeptionelle Arbeit)
30. Landesarbeitsgemeinschaft zur Förderung der Popularmusik in der kulturellen Jugendarbeit und Erwachsenenbildung e.V. Hessen (ROCK IN), LAG Hessen e.V. Moselstr. 25, 6000 Frankfurt / M. 1, Tel.: 069-250038
31. Landesgemeinschaft Kulturpädagogische Dienste Jugendkunstschulen NRW e.V., Massener Str. 37, 4750 Unna, Tel.: 02303-16808
32. Landesmusikrat Schleswig-Holstein, Nikolaistr. 5, 2390 Flensburg, Tel.: 0461 / 22131
33. Verband Deutscher Musikschulen, Villichgasse 17, 5300 Bonn 2, Tel.: 0228-354214, (Informationen / Kontakte)
34. Wettbewerb „Jugend rockt" / Landesmusikrat Nordrhein-Westfalen, Dagobertstr. 29, 5000 Köln 1, Tel.: 0221-123344, (Nachwuchswettbewerb)
35. Zentralstelle für musikpädagogische Dokumentation, Senkenberganlage 15, 6000 Frankfurt / M. 1, Tel.: 069-7982492

C) „Adressbücher" Musik / Kulturarbeit

1. Adreßbuch Kultur NRW. Eine Orientierungshilfe über kulturelle Dienstleistungsangebote, hg.v.d. Gesellschaft zur Information und Beratung örtlicher Beschäftigungsinitiativen und Selbsthilfegruppen GMBH, Essener Str. 255, 4250 Bottrop, Tel.: 0241-69990

2. BKJ Projektbank Jugendkulturarbeit / Bundesvereinigung kulturelle Jugendbildung, Küppelstein 34, 5630 Remscheid 1, Tel.: 02191-794291, (Sammlungen von Jugend-Kulturprojektbeschreibungen)
3. Deutscher Musikrat (Hrsg.): Musik-Almanach 1990 / 91, Musikleben in der Bundesrepublik Deutschland, Kassel / Regensburg 1989, kommentierte Adressen; deutsches Musikwesen im detaillierten Überblick von A-Z, 830 Seiten
4. KULTURINFO" — junges forum, Recklinghausen Festspielhaus, 4350 Recklinghausen (Aktuelle Adressen von Rockgruppen, Fundgruppe mit Adressen aus dem gewerkschaftlichen Bereich)
5. Presse-Taschenbuch Kultur & Kunst. Kroll-Verlag, Postfach 1153, 8031 Seefeld / Obb. (Kostenlose Eintragung und lfd. Fortschreibung; Eldorado für Adressophile; ca. 400 S.)
6. Rockmusikerbuch, hg. v.: Deutscher Rockmusikerverband / Ole Seelenmeier, Lüneburg 1990

Die Herausgeber

Wolfgang Hering, Dipl.-Pädagoge, Mainzer Str. 41A, 6080 Groß-Gerau, Jugendbildungsreferent; Veröffentlichungen; Lehrbeauftragter; Songschreiber; spielt Gitarre und Baß in der Kindermusik-Gruppe „TRIO KUNTERBUNT“

Burkhard Hill, Dipl.-Sozialpädagoge (erg.), Wissenschaftlicher Mitarbeiter der Rollenden Musikschule ROCKMOBIL / BMFJ-Modellprojekt „Musikpädagogische Arbeit mit Jugendlichen in beruflichen Fördermaßnahmen-Verbund Kassel; Musiker; arbeitet an einer Dissertation zur Musik-und Kulturpädagogik; Lehrbeauftragter

Günter Pleiner, Dipl.-Pädagoge, Grundstr. 6, 6338 Hüttenberg-Weidenhausen, Professor für gemeinwesenorientierte Kulturarbeit an der Fachhochschule Erfurt; davor Bildungsreferent und Initiator der Rollenden Musikschule ROCKMOBIL bei der Landesarbeitsgemeinschaft Soziale Brennpunkte Hessen e.V. (Frankfurt / M); Veröffentlichungen zur Bildungs- und Kulturarbeit.

Autorinnen und Autoren dieses Bandes

Altenheim, Nora, Erzieherin, Basdorfer Str. 1, 3546 Vöhl

Arbeitskreis Open Flair e.V., Alter Bahnhof, 3440 Eschwege

Bauer, Roland, Musiker / Student, Eichenstr. 13, 6097 Trebur

Brauer, Karlheinz, Dipl.-Sozialpädagoge, Ginsheimer Str. 9, 6094 Bischofsheim, tätig als Jugendpfleger

Claas, Rainer, Dipl.-Sozialpädagoge, Tenderingstr. 9, 4150 Krefeld, tätig als Sozialpädagoge im Jugendgemeinschaftswerk Krefeld und dort Leiter des Rockmusik-Projekts

Ernst, Hans, Absolvent Filmhochschule München, Vilsstraße 14, 8451 Hahnbach, tätig als Redakteur bei einer Videozeitschrift

Fey, Walter, Dipl.-Sozialpädagoge, Schwindstr. 16, 6000 Frankfurt / M. 1, tätig als Sozialarbeiter in der Therapeutischen Nachsorge-Wohngemeinschaft „Eschenbachhaus“

Fokken, Herma, Dipl.-Sozialarbeiterin / -pädagogin, Goethestr. 73, 3500 Kassel, tätig als Honorarkraft des Kasseler „ROCKMOBIL“

Glöckler, Ulrich, Dr., promov. Erziehungswissenschaftler und Diplom-Pädagoge, Musiker und Komponist, Vogelsangstr. 38, 7000 Stuttgart 1, tätig in der Musikwerkstatt Botnang (Stuttgarter Jugendhausverein e.V.)

Hartgenbusch, Klaus, Sozialarbeiter grad., Im Leimen 2, 6500 Mainz, tätig als Drogenberater in Hofheim (Main-Taunus-Kreis)

Jittler, Wolfgang, Dipl.-Psychologe, Schillerstr. 6, 5830 Schwelm, tätig als Fachbereichsleiter der Heilpädagogischen Gruppen / Bergische Diakonie Aprath

Kart, Ursula, Pädagogin M.A., Metzstr. 11, 8000 München 80, tätig als Kulturpädagogin / Geschäftsführung bei Rockbüro Süd / Feierwerk e.V. München

Koch, Michael, Dipl.-Pädagoge, Schubertstr. 9, 6054 Rodgau 2, tätig als Sozialpädagoge in einem hessischen „Sozialen Brennpunkt“ (Bereich Jugendarbeit), Lehrbeauftragter FH Frankfurt / M.

Läßig, Johann, Dipl.-Soziologe, Damaschkestr. 85a, 8000 München 82, tätig als Sachbearbeiter für Jugendkultur bei Rockbüro Süd / Feierwerk e.V.

LAG ROCK IN — Landesarbeitsgemeinschaft zur Förderung der Popularmusik in der Kulturellen Jugendarbeit und Erwachsenenbildung e.V. Hessen, c / o LAG Hessen e.V., Moselstr. 25, 6000 Frankfurt / M. 1

Linnemann, Harald, Dipl.-Sozialarbeiter, Weißenburgstr. 10, 6200 Wiesbaden, tätig als Theorielehrer im Ausbildungsverbund Metall (AVM) Rüsselsheim

Lorch, Hans-Konrad, Sonderschullehrer / Dipl.-Pädagoge, Sybelstr. 4A, 3550 Marburg / L., tätig als Sonderschullehrer

Meinig, Ute, Lehrerin (Kunst / Deutsch), Am Felde 3, 2000 Hamburg 50, tätig als Anleiterin für Rockgruppen im Haus der Jugend Hamburg-Eidelstedt

Moser-Hagel, Jürgen, Musikstudium, Koblenzer Str. 6, 6000 Frankfurt / M., tätig als Musikpädagoge; Veröffentlichungen (Musik-Lehrbücher)

Müller, Thomas, Sozialarbeiter grad., Bönstädter Str. 14, tätig als Musiker / Musikpädagoge in der Rollenden Musikschule ROCKMOBIL (Frankfurt / M.)

Munderloh, Wolfgang, Dipl.-Pädagoge, Im Wiesental 18, 6270 Idstein, tätig in der therapeutischen Drogenhilfe

Nacke, Winfried, Sozialpädagoge, Kiefernweg 18, 6500 Mainz, tätig als Sozialpädagoge in der Wiesbadener Jugendwerkstatt GmbH

Ölke, Stefan, Hessemer Str. 30, 6090 Rüsselsheim, tätig als Musiker

Pohl, Manuela, Dipl.-Soziologin, Grempstr. 26, 6000 Frankfurt / M., tätig als Musikerin, Referentin und Teamerin; Geschäftsführerin einer Schule für Mode Graphik Design

Rieger, Gert, Musiktherapeut, Crön 26, 4150 Krefeld, tätig als Leiter des Jugendgemeinschaftswerkes in Krefeld (Internationaler Bund für Sozialarbeit)

Schmitter, Heiner, Dornbergstr. 32, 8000 München 81, tätig als Kultupädagoge / Geschäftsführung bei Rockbüro Süd / Feierwerk e.V. München

Widmer, Michel, Dipl.-Sozialpädagoge, A-5101 Hallwang Nr. 80, tätig als freiberuflicher Sozial- und Musikpädagoge, Lehrbeauftragter